마스터링 이더리움

스마트 컨트랙트 및 댑 구축하기

Mastering Ethereum

by Andreas M. Antonopoulos and Dr. Gavin Wood

ⓒ 2019 by J-Pub Co., Ltd.
Authorized Korean translation of the English edition of Mastering Ethereum
ISBN 9781491971949 ⓒ 2019 the Ethereum Book LLC, Gavin Wood.
This translation is published and sold by permision of O'Reilly Media, Inc., which owns or
controls all rights to published and sell the same.

마스터링 이더리움
스마트 컨트랙트 및 댑 구축하기

1쇄 발행 2019년 5월 23일
4쇄 발행 2022년 10월 9일

지은이 안드레아스 M. 안토노풀로스, 개빈 우드
옮긴이 박성훈, 류길성, 강동욱
펴낸이 장성두
펴낸곳 주식회사 제이펍

출판신고 2009년 11월 10일 제406-2009-000087호
주소 경기도 파주시 회동길 159 3층 / **전화** 070-8201-9010 / **팩스** 02-6280-0405
홈페이지 www.jpub.kr / **원고투고** submit@jpub.kr / **독자문의** help@jpub.kr / **교재문의** textbook@jpub.kr

소통기획부 김정준, 이상복, 송영화, 권유라, 송찬수, 박재인, 배인혜
소통지원부 민지환, 이승환, 김정미, 서세원 / **디자인부** 이민숙, 최병찬

교정·교열 김경희 / **내지디자인** 디자인 숲 · 이기숙
용지 신승지류유통 / **인쇄** 해외정판사 / **제본** 일진제책사

ISBN 979-11-88621-60-6 (93000)
값 30,000원

제이펍은 독자 여러분의 아이디어와 원고 투고를 기다리고 있습니다. 책으로 펴내고자 하는 아이디어나 원고가 있는
분께서는 책의 간단한 개요와 차례, 구성과 저(역)자 약력 등을 메일(submit@jpub.kr)로 보내 주세요.

마스터링 이더리움

스마트 컨트랙트 및 댑 구축하기

Mastering Ethereum

안드레아스 M. 안토노풀로스, 개빈 우드 지음 | 박성훈, 류길성, 강동욱 옮김

O'REILLY®   **Jpub** 제이펍

차례

CHAPTER 7

스마트 컨트랙트와 솔리디티 141

감수의 글

이더리움에 관심을 가지기 시작한 지 벌써 5년이 넘었다. 내가 가진 컴퓨터로 직접 코인을 채굴할 수 있다는 게임 같은 콘셉트에 매료되어서 암호화폐에 관심을 가지기 시작했지만, 이더리움의 스마트 컨트랙트 개념을 접하고 나서부터는 블록체인에 기반한 탈중앙화된 애플리케이션들이 앞으로 어떤 역할을 할 수 있을지에 대해 본격적으로 고민하기 시작했다. 초기의 기대와는 달리 갈수록 독점화, 집중화되어 가고 있는 인터넷 산업의 문제들에 대한 새로운 돌파구를 열어줄 수 있을 것이라는 기대감 때문이었다.

국가 단위의 경계를 넘어서서 더욱 거대한 공룡처럼 성장해 가고 있는 글로벌 정보 통신 독점기업들, 그리고 그들의 경제적, 사회적 파워에 비해 그들이 제공하는 서비스를 사용하는 사람들은 점점 더 자신들의 권리가 축소되어 가고 있음을 경험해 왔다. 인터넷과 모바일 서비스 사용자가 늘어나면 날수록, 그리고 1인당 사용량이 늘어나면 늘어날수록 이러한 정보와 통제력의 불균형은 더욱 심화할 수밖에 없는 구조적 문제를 안고 있다.

탈중앙화된 블록체인과 이에 기반을 둔 애플리케이션은 기술적 효율성의 향상 자체가 목적이라기보다는, '신뢰'를 구축하기 위한 사회/경제적 비용을 줄여서 중앙화된 주체에 의존하지 않게 되거나 덜 의존하게 만들고, 나아가 이러한 기술이 사용되는 사회적 맥락에 대한 근본적인 재성찰을 요구하고 있다.

하지만 암호화폐에 대한 열풍이 잦아들면서 탈중앙화라는 블록체인의 지향성은 그야말로 비현실적인 이념일 뿐, 말하자면 죽은 개 취급을 당하기도 한다. 블록체인으로부터 이념적인 성격과 암호화폐를 둘러싼 투기적인 요소를 걷어내고 순수한 기술만을 정제해서 발전시켜야 한다는 논리도 그런 발상이다. 개인들의 관심이 주춤하고 있는 사이, 사실 가장 중앙화되어 있다고 할 수 있는 글로벌 독점기업들과 국가기관들이 블록체인을 사용한 여러 실험을 매우 광범위하게 실행하고 있는 것도 매우 아이러니하다. 중앙화의 혜택을 가장 많이 누려온 주체들 자신도 극단적인 중앙화의 결과가 시스템 전체의 효율성과 안정성을 해칠 수 있다는 것을 자각하고 있다는 증거이며, 새로운 사회적 균형점을 찾아내야 한다는 시대적 흐름에 대응하고자 하는 시도라고 보인다.

이러한 흐름은 블록체인 생태계가 매우 빠른 속도로 확산되게 하는 데 큰 역할을 담당할 것으로 기대하지만, 결국 블록체인이 사회에 가장 크게 기여하게 될 대목은 역시 탈중앙화다. 거대한 글로벌 독점기업과 국가권력의 파워를 견제하기 위한 탈중앙화된 퍼블릭 네트워크 인프라의 성장을 통해서만 블록체인은 새로운 사회 구성의 원리를 구현하기 위한 현실성 있는 대안임을 입증하게 될 것이다.

이더리움은 탈중앙화 가치에 매우 강한 집착을 가지고 있으면서도 블록체인에 기반을 둔 애플리케이션이 사회 전 분야에 걸쳐서 사용될 수 있도록 노력하고 있는, 매우 야심만만한 네트워크이자 커뮤니티다. 탈중앙성을 훼손하고 확장성의 문제를 해결하려는 많은 경쟁 솔루션이 선택하는 쉬운 길을 마다하고 어렵고 시간이 오래 걸리는 길을 선택하고자 하는 것은 블록체인의 근본적인 가치에 대한 확고한 신념 때문이다. 그래서 혁신적인 프로토콜의 진화를 수용하는 데에 대해 매우 보수적인 비트코인과는 달리, 이더리움은 이전 프로토콜과의 단절이 있더라도 개선이 필요하다면 하드 포크를 두려워하지 않는다. 이미 여러 차례의 하드 포크를 통해 프로토콜을 개선해 왔고, 앞으로도 이더리움 2.0을 위한 여러 차례의 하드 포크가 있을 예정이다.

《Mastering Ethereum》은 《Mastering Bitcoin》의 저자인 안드레아스 안토노풀로스와 이더리움 황서(yellow paper)를 작성한 개빈 우드가 집필한 이더리움 안내서다. 이더리움의 기본적인 구조와 로직뿐만 아니라, 이더리움을 사용하고 이를 활용한 애플리케이션을 개발하는 데 필요한 여러 유틸리티와 정보를 매우 잘 정리했다. 이더리움에 입문하기 위한 개발자들에게 매우 큰 도움이 될뿐더러 이더리움을 체계적으로 이해하고자 하는 일반인들에게도 도움이 될 만한 내용을 많이 포함하고 있다. 스마트 컨트랙트의 보안 문제들의 유형과 실제 사례, 대응 방법에 대해서도 잘 정리하고 있다. 댑(DApp)을 개발하는 사람들은 반드시 정확히 이해하고 숙지해야 할 내용이다. 계속 진화하고 있는 기술에 대한 포괄적인 책을 집필하기는 쉽지 않은 일이다. 하지만 이 책은 이더리움의 기반이 되는 가장 핵심적인 요소를 포괄적으로 잘 정리했다는 점에서 이더리움 학습을 위한 표준적인 교과서 역할을 할 수 있을 것이다.

기술 서적을 번역하는 작업도 쉽지 않은 일이다. 일반적인 단어와는 다른 뉘앙스를 가진 영어 단어에 대응하는 한글 단어를 찾는 일이 쉽지 않다. 기술적인 정확성을 기하기 위해 가능한 원문의 내용을 그대로 직역해서 옮기다 보면, 매우 생경하고 읽기 쉽지 않은 번역이 되고 만다. 이 책을 번역한 분들도 마찬가지의 고충을 겪었을 것이고, 감수하는 과정에서도 이런 어려움을 많이 느꼈다. 이를 보완하기 위해 번역이 애매한 단어는 가급적 영어 단어를 그대로 사용하거나 괄호로 보여주었고, 프로그래밍과 직접 관련이 없는 부분은 필요한 경우 일부 의역도 사용했다. 이 번역서가 한국 이더리움 개발자 커뮤니티를 위한 좋은 교육 자료가 되기를 바라며, 더욱더 많은 사람이 이더리움이 지향하는 탈중앙화 운동에 동참하는 작은 계기가 되었으면 한다.

한국 이더리움 사용자 그룹 운영자

정우현

옮긴이 머리말

블록체인은 '인공지능(AI)', '빅 데이터(Big Data)' 등과 함께 4차 산업혁명을 견인하는 핵심 기술 중 하나입니다. 최근 금융권과 정부 주도의 프로젝트 그리고 해외에서도 블록체인과 관련된 프로젝트가 한창이고, 산업 전반에 걸쳐서 블록체인 기술을 적용하려는 노력도 활발합니다. 학계와 산업계에서도 여러 다른 시각에서 분석과 전망을 내놓고 있으며, 그 효용성과 가치에 대한 의견도 분분합니다.

번역하면서 절실하게 느낀 것은 '이해하기 어렵지만 흥미로운 주제'라는 것입니다. 탈중앙화(Decentralization), 스마트 컨트랙트(Smart Contract), 채굴(Mining), 합의 알고리즘(Consensus Algorithm), 댑(DApp) 등의 생소한 개념과 이들을 프로그램으로 구현한 구현체를 이해하고 응용하는 것은 쉬운 일이 아니었기 때문입니다. 하지만 블록체인은 새로움을 갈망하는 열정을 자극하기에 충분한 주제이고, 관련 플랫폼과 기술에 대해서 정확히 이해하는 것이 무엇보다 중요하다는 생각이 듭니다. 블록체인이 사회, 경제적인 측면에서 어떤 역할을 하든 분명한 것은 명확한 이해와 적절한 활용이 새로운 가치를 만들어내기 때문입니다. 이러한 측면에서 분명 탐구해 볼 만한 가치가 있습니다.

이 책은 블록체인의 대표적인 플랫폼인 '이더리움(Ethereum)'의 기본 개념과 스마트 컨트랙트의 동작 원리 그리고 스마트 컨트랙트를 만들고 실행하는 방법에 관해 자세히 설명하고 있습니다. 좀 더 구체적으로는 '지갑(Wallet)', '트랜잭션(Transaction)', '토큰(Token)', '스마트 컨트랙트(Smart Contract)', '오라클(Oracle)' 등과 같은 이더리움의 핵심 개념을 각 장에 잘 풀어놓았을뿐더러 그에 관한 코드도 곁들이고 있어서 어렵지 않게 이해할 수 있을 겁니다.

번역하는 과정에서 적절한 용어 선택이 쉽지 않았는데, 블록체인 관련 서적, 커뮤니티, 기타 문서 등에서는 영어 원문을 그대로 차용하는 경우가 많았고, 그 의미 또한 해석이 난해하여 더욱 고심이 컸던 것 같습니다. 그래서 표현할 수 있는 많은 후보 용어 중 가장 많이 통용되고 의미가 적절한 것을 선택하여 원서가 전달하려는 의미를 최대한 잘 전달하고자 하였습니다.

마지막으로, 번역 작업을 잘할 수 있게 응원해 준 가족과 번역 과정을 끝까지 신뢰해 준 제이펍 대표님 그리고 냉철한 비평과 조언을 아끼지 않은 감수자와 베타리더 분들께 진심으로 고마운 마음을 전합니다.

함께 고생한 역자들을 대신하여

박성훈

이 책은 안드레아스 M. 안토노풀로스(Andreas M. Antonopoulos)와 개빈 우드(Gavin Wood) 박사의 공동 작품이다. 이 두 저자는 운 좋게도 여러 차례 우연히 만났고, 수백 명의 기고가를 자극하여 오픈 소스와 크리에이티브 커먼즈(Creative Commons) 문화라는 최고의 정신으로 이 책을 만들게 되었다.

개빈은 한동안 황서(Yellow Paper, 이더리움 프로토콜에 대한 기술 설명)를 확장한 책을 쓰고 싶었다. 가장 큰 이유는 그리스 문자가 주입된 원본 문서가 할 수 있는 것보다 더 많은 독자에게 이더리움을 알리고 싶었기 때문이다.

개빈이 안드레아스와 이야기를 나누었을 때 계획은 진행 중이었고, 이미 한 출판사를 찾은 상태였다. 그는 이더리움과 함께 테뉴어(tenure)를 시작한 지 얼마 지나지 않아 안드레아스가 그 분야에서 유명한 인물이라는 사실을 알았다.

안드레아스는 몇 년 전에 《비트코인, 블록체인과 금융의 혁신(Mastering Bitcoin: Unlocking Digital Cryptocurrencies)》을 출간했으며, 그 책은 비트코인과 암호화폐의 권위 있는 기술 지침서가 되었다. 책을 출판하자마자 독자들은 물었다. "《Mastering Ethereum》은 언제 쓸 건가요?" 안드레아스는 이미 다음 프로젝트를 고려하고 있었고, 이더리움이 매력적인 기술 주제임을 알았다.

마침내 2016년 5월에 개빈과 안드레아스는 같은 도시에서 우연히 만났다. 그들은 커피를 마시려고 만났다가 공동 집필 건으로 이야기가 흘러갔다. 안드레아스와 개빈은 모두 오픈 소스 패러다임에 헌신하고 있으며, 크리에이티브 커먼즈 라이선스(CCL)에 따라 공동 작업을 하기로 약속했다. 고맙게도 오라일리 출판사는 이에 기꺼이 동의했으며, 이렇게 해서 '마스터링 이더리움' 프로젝트가 공식적으로 시작되었다.

이 책을 사용하는 방법

이 책은 이더리움을 샅샅이 파헤쳐서 이더리움 참고 매뉴얼을 목표로 집필되었다. 1장과 2장은 초보자에게 맞도록 친절하게 기술되어 있는데, 예제는 약간의 기술적인 재능을 가진 사람이면 누구나 완성할 수 있다. 그 두 장은 이더리움의 기본을 잘 이해하도록 해줄 것이고, 이더리움의 기본 도구를 사용할 수 있도록 해줄 것이다. 3장과 그 이후는 주로 프로그래머를 대상으로 하며, 많은 기술 주제와 프로그래밍 예제를 포함하고 있다.

이더리움에 대한 상세한 기술과 참고 매뉴얼로 사용하기 위해 이 책은 어쩔 수 없이 몇 가지 중복된 내용을 포함하고 있다. 가스(gas) 같은 일부 주제는 나머지 주제를 이해할 수 있도록 먼저 소개하고 있지만, 또한 각각의 절에서 심도 있게 검토하고 있다.

마지막으로, 책의 '찾아보기'를 통해 매우 구체적인 주제와 관련 절을 키워드로 쉽게 찾을 수 있다.

대상 독자

이 책은 주로 컴퓨터 프로그래머를 대상으로 한다. 프로그래밍 언어를 사용할 수 있다면 이 책은 스마트 컨트랙트 블록체인의 작동 방식, 사용 방법, 스마트 컨트랙트 및 분산 애플리케이션 개발 방법을 배울 수 있다. 앞부분의 장들은 프로그래머가 아닌 분들을 위한 이더리움의 심층적인 소개로도 적합하다.

이 책에 사용된 규칙

이 책에서는 다음과 같은 표기상의 규칙을 사용한다.

고딕체(Gothic)
> 새로운 용어, URL, 전자 메일 주소를 나타낸다.

고정폭 서체(Constant width)
> 프로그램 목록뿐만 아니라 변수 또는 함수 이름, 데이터베이스, 데이터 유형, 환경 변수, 명령문, 키워드 같은 프로그램 요소를 표시한다.

고정폭 볼드체(Constant width bold)

문자 그대로 사용자가 입력해야 하는 명령 또는 기타 텍스트를 표시한다.

고정폭 이탤릭체(*Constant width italic*)

사용자 제공 값 또는 문맥에 따라 결정되는 값으로 대체되는 텍스트를 표시한다.

이것은 간단한 팁이나 제안을 나타낸다.

이것은 일반적인 보충 설명을 나타낸다.

이것은 경고나 주의사항을 나타낸다.

코드 예제

예제는 솔리디티(Solidity), 바이퍼(Vyper) 및 자바스크립트(JavaScript)로 설명하고, 유닉스(Unix) 계열 운영체제의 커맨드 라인을 사용한다. 모든 코드 발췌 문장은 깃허브(GitHub) 저장소의 코드 하위 디렉터리에서 사용할 수 있다. 책 코드를 골라서 코드 예제를 시도하거나, 깃허브 (https://bit.ly/2wh9znD)를 통해 수정사항을 제출하면 된다.

모든 코드 발췌 문장은 해당 언어의 컴파일러, 인터프리터, 라이브러리를 최소한으로 설치하여 대부분의 운영체제에서 복제할 수 있다. 필요하다면 기본 설치 지침과 해당 지침의 결과에 대한 단계별 예제를 제공한다.

일부 코드 발췌 문장과 코드 결과는 인쇄용으로 다시 재배열되었다. 이런 모든 경우에 줄은 백슬래시(\) 문자와 줄바꿈 문자로 구분한다. 예제를 옮길 때 이 두 문자를 제거하고 행을 다시 결합하면 예제에 표시된 것과 동일한 결과가 나타난다.

모든 코드 스니펫은 가능한 경우 실제 값과 계산을 사용했다. 따라서 주어진 예제 코드로 예제를 빌드할 수 있고, 동일한 값을 계산하기 위해 작성한 모든 코드로 동일한 결과를 확인할 수 있다. 예를 들어 개인키, 해당 공개키, 주소는 모두 실제다. 샘플 트랜잭션, 계약서, 블록 및 블록체인 참조는 실제 이더리움 블록체인에 모두 도입되어 공공 장부에 포함되어 있으므로 그것들을 확인할 수 있다.

코드 예제 사용하기

이 책은 작업을 완성할 수 있도록 도와준다. 일반적으로 이 책과 함께 제공된 예제 코드는 프로그램과 문서에서 사용할 수 있다. 코드의 상당 부분을 다시 작성하지 않는 한 우리에게 허가를 요청할 필요는 없다. 예를 들어, 이 책의 코드 몇 개를 이용해 프로그램을 작성하는 데는 권한이 필요하지 않다. 오라일리 서적에서 예제 시디롬을 판매하거나 배포하려면 허가가 필요하다. 이 책을 인용하고 예제 코드를 사용하여 질문에 답하는 것은 허가가 필요하지 않다. 이 책의 상당량의 예제 코드를 제품 설명서에 통합하려면 허가가 필요하다.

저작자 표시에는 감사하지만 필요하지는 않다. 저작자 표시에는 일반적으로 제목, 저자, 발행인, ISBN 및 저작권이 포함된다. 예를 들면, 다음과 같다. "안드레아스 안토노풀로스와 개빈 우드(오라일리)의 이더리움 마스터링(Mastering Ethereum). 978-1-491-97194-9. 저작권 2018."

《이더리움 마스터링(Mastering Ethereum)》은 크리에이티브 커먼즈 국제 라이선스(CC BY-NC-ND 4.0)에 따라 제공된다.

코드 예제를 사용하는 것이 공정 사용 또는 위에 주어진 권한 밖에 있다고 생각되면 언제든지 다음 주소(permissions@oreilly.com)로 연락하기 바란다.

회사 및 제품에 대한 참고

회사 및 제품에 대한 모든 참조는 교육, 시연 및 참조용으로 작성되었다. 저자는 언급된 회사 또는 제품을 보증하지 않는다. 이 책에 나와 있는 제품, 프로젝트 또는 코드 세그먼트의 작동이나 보안을 테스트하지 않았다. 전적으로 여러분 자신의 책임하에 사용하라!

이 책의 이더리움 주소와 트랜잭션

이 책에서 사용한 이더리움 주소, 트랜잭션, 키, QR 코드 및 블록체인 데이터는 대부분 실제 있는 것이다. 즉, 블록체인을 검색하고, 예제로 제공된 트랜잭션을 살펴보고, 자신의 스크립트나 프로그램 등을 사용하여 트랜잭션을 검색할 수 있다.

그러나 이 책에서 인쇄된 주소를 구성하는 데 사용되는 개인키는 소멸되었다는 점을 유의하자. 즉, 이 주소 중 하나에 돈을 보내면 이 책을 읽은 사람이 여기에 인쇄된 개인키를 사용하여 가져갈 수 있기 때문에 돈이 영원히 손실되거나 빼앗길 가능성이 있다.

 이 책의 주소 중 어느 곳에도 돈을 보내지 마라. 여러분의 돈은 다른 독자가 가져가거나 영원히 잃어버릴 수 있다.

연락 방법

《Mastering Ethereum》과 오픈 에디션(Open Edition), 그리고 기타 번역에 관한 정보는 https://ethereumbook.info/에서 볼 수 있다.

안드레아스에게 연락하기

그의 개인 사이트를 통해서 안드레아스 M. 안토노폴로스에게 연락할 수 있다. https://antonopoulos.com/

유튜브: https://www.youtube.com/aantonop

페이스북: https://www.facebook.com/AndreasMAntonopoulos

트위터: https://twitter.com/aantonop

링크드인: https://linkedin.com/company/aantonop

안드레아스는 또한 매월 기부를 통해서 자신의 일을 지원하는 모든 후원자들에게 감사한다. 패트리온(Patreon)에서 안드레이스를 지원할 수 있다. https://patreon.com/aantonop

개빈에게 연락하기

그의 개인 사이트를 통해서 개빈 우드 박사에게 연락할 수 있다. http://gavwood.com/

트위터: https://twitter.com/gavofyork

개빈은 보통 라이엇 임(Riot.im)의 폴카도트 워터쿨러(Polkadot Watercooler)에서 시간을 보낸다. http://bit.ly/2xciG68

안드레아스의 감사 인사

모든 벽을 책으로 감싼 집에서 나를 키워주신 어머니인 테레사 덕분에 나는 글과 책을 사랑하게 되었다. 그리고 어머니는 스스로 말씀하시길 신기술에 두려움이 있으시다면서도 1982년에 나에게 첫 컴퓨터를 사주셨다. 80세의 나이에 첫 번째 책을 출간한 토목 기사인 나의 아버지인 메넬라오스는 논리적이고 분석적인 사고와 과학 및 공학에 대한 사랑을 가르쳐 주셨다.

이 여행을 통해 저를 지지해 주신 모든 분께 감사드린다.

개빈의 감사 인사

어머니는 내가 아홉 살 때 이웃에게서 첫 컴퓨터를 구해 주셨고, 그 컴퓨터 덕에 더욱 지식을 쌓을 수 있었다. 또한, 어머니 때문에 어린 시절 전기에 대한 두려움에 시달리기도 했는데, 시간이 지나면서 '전기 플러그 꽂는 나를 지켜보기'라는 중대한 임무를 수행한 트레버와 조부모님께 감사드린다. 그분들이 없었다면 컴퓨터는 아무 쓸모도 없었을 것이다. 인생에서 운 좋게 만났던 교육자분들께도 감사의 인사를 드린다. 이웃인 션은 나에게 첫 번째 컴퓨터 프로그램을 가르쳐 주었고, 초등학교 교사인 퀸은 내가 역사보다 프로그래밍을 더 많이 공부하도록 해 주었고, 중학교 교사인 리처드 퍼롱 브라운은 내가 럭비보다 프로그래밍을 더 할 수 있도록 해주었다.

나는 내 아이들의 엄마인 주타가 보여준 끊임없는 믿음과 지지에 대해서도 감사를 보낸다. 그리고 내 인생의 많은 사람들, 새롭고 오래된 친구들에게도 '나를 제정신으로 유지시켜 준 것'에 감사드린다. 마지막으로, 에어론 뷰캐넌에게 엄청난 감사의 표현을 하고 싶다. 그가 없었다면 나의 지난 5년간의 삶은 결코 그렇게 펼쳐질 수 없었고, 그의 지원과 지도가 없었다면 이 책이 지금처럼 좋은 모습을 갖추지도 못했을 것이다.

기여

많은 기여자가 깃허브에 조기 출시된 초안에 대해 논평과 첨삭, 내용 추가를 해주었다.

깃허브에 대한 기여는 프로젝트 관리, 검토, 편집, 병합, 깃허브에 올린 글과 이슈 승인을 위해 자원한 두 명의 깃허브 편집자 덕분에 가능했다.

- 메인 깃허브 편집자: 프란시스코 하비에르 로하스 가르시아(Francisco Javier Rojas Garcia, fjrojasgarcia)
- 보조 깃허브 편집자: 윌리엄 빈스(William Binns, wbnns)

주된 기여는 댑(DApp), 이더리움 네임 서비스(Ethereum Name Service, ENS), 가스(gas), 포크 역사(fork history), 이더리움 가상 머신(Ethereum Virtual Machine, EVM), 오라클(Oracles), 스마트 컨트랙트 보안, 바이퍼(Vyper) 같은 주제들이었다. 시간 및 공간 제약으로 인해 이번 초판에 포함되지 않은 추가 기여는 깃허브 저장소의 contrib 폴더에서 찾을 수 있다. 이 책 전체에 걸쳐 수천 개의 작은 기여 덕택에 품질, 가독성 및 정확성이 향상되었으며, 기여한 모든 분께 진심으로 감사드린다!

다음은 괄호 안에 깃허브 아이디를 포함하여 모든 깃허브 기여자를 알파벳순으로 정렬한 목록이다.

- 아피셰크 산딜야(abhishandy)
- 아담 자렘바(zaremba)
- 아드리안 리(adrianmcli)
- 아드리안 매닝(agemanning)
- 알레한드로 산탄데르(ajsantander)
- 알레호 살레스(fiiiu)
- 알렉스 마누스킨(amanusk)
- 알렉스 반 데 산드(alexvandesande)

- 앤서니 루사디(pyskell)
- 아사프 요시포프(assafy)
- 벤 코프만(ben-kaufman)
- 복 쿠(bokkypoobah)
- 브랜든 아르바나기(arvanaghi)
- 브라이언 에시에르(dbe)
- 브라이언트 아이젠바흐(fubuloubu)
- 캐넌 색(chanan-sack)
- 크리스 레무스(chris-remus)
- 크리스토퍼 곤덱(christophergondek)
- 코넬 블록체인(CornellBlockchain)
  - 알렉스 프롤로프(sashafrolov)
  - 브라이언 구오(BrianGuo)
  - 브라이언 레퓨(bleffew99)
  - 기안카를로 파센자(GPacenza)
  - 루카스 스위저(LucasSwitz)
  - 오하드 코론요(ohadh123)
  - 리처드 선(richardsfc)
- 코리 솔로베비치(CorySolovewicz)
- 댄 실즈(NukeManDan)
- 다니엘 장(WizardOfAus)
- 다니엘 맥클루어(danielmcclure)
- 다니엘 피터슨(danrpts)
- 데니스 밀리세비치(D-Nice)
- 데니스 자스니코프(zasnicoff)
- 디에고 H. 구르페기(diegogurpegui)
- 디미트리스 트사파키디스(dimitris-t)
- 엔리코 캄비아소(auino)

- 에르신 바이라크타르(ersinbyrktr)
- 플래시 셰리든(FlashSheridan)
- 프랑코 다니엘 베르둔(fMercury)
- 해리 모레노(morenoh149)
- 혼 라우(masterlook)
- 허드슨 제임슨(Souptacular)
- 유리 마티아스(iurimatias)
- 이반 몰토(ivanmolto)
- 자크 다프론(jacquesd)
- 제이슨 힐(denifednu)
- 하비에르 로하스(fjrojasgarcia)
- 제이센 호턴(jaycenhorton)
- 조엘 구거(guggerjoel)
- 존 람비(ramvi)
- 조너선 벨란도(rigzba21)
- 줄스 라이네(fakje)
- 카롤린 시버트(karolinkas)
- 케빈 카터(kcar1)
- 크시슈토프 노박(krzysztof)
- 레인 레티그(lrettig)
- 레오 아리아스(elopio)
- 리앙 마(liangma)
- 루크 쇼엔(ltfschoen)
- 마르셀로 크라이머(mcreimer)
- 마틴 버거(drmartinberger)
- 마시 다우드(mazewoods)
- 매튜 세다그핫파르(sedaghatfar)
- 마이클 프리먼(stefek99)

- 미겔 바이잔(mbaiigl)
- 마이크 펌프리(bmmpxf)
- 모빈 호세이니(iNDicat0r)
- 나제시 수브라마남(chainhead)
- 니차난 케손팟(nichanank)
- 닉 존슨(arachnid)
- 오마르 부클리-하센(oboukli)
- 파울로 트레제토스(paulotrezentos)
- 펫3알팬(pet3r-pan)
- 피에르-진 수베르비(pjsub)
- 퐁 치차렌(Pongch)
- 차오 왕(qiaowang26)
- 라울 안드레스 가르시아(manilabay)
- 로저 하우저만(haurog)
- 솔로몬 빅토리노(bitol)
- 스티브 클리스(sklise)
- 실뱅 티셔(SylTi)
- 테일러 매스터슨(tjmasterson)
- 팀 누젠트(timnugent)
- 티모시 맥캘럼(tpmccallum)
- 토모야 이시자키(zaq1tomo)
- 비네시 카티키얀(meshugah)
- 윌 빈스(wbnns)
- 사비에르 라베이시에르(xalava)
- 야시 부트왈라(yashbhutwala)
- 예라민 산타나(ysfdev)
- 젠 왕(zmxv)
- ztz(zt2)

위에 나열된 모든 사람의 도움이 없었다면 이 책은 불가능했을 것이다. 오픈 소스와 개방 문화의 힘을 보여준 여러분의 도움에 감사를 전한다.

소스

이 책은 다양한 공개 및 오픈 라이선스 소스를 참고한다.

https://bit.ly/2DjOWrp
> MIT 라이선스(MIT)

https://bit.ly/2WPQan8
> MIT 라이선스(MIT)

https://bit.ly/2WC2TK1
> MIT 라이선스(MIT)

https://bit.ly/2oFdGDT
> Arxiv 비 배타적 배포

https://bit.ly/2D6VhGo
> MIT 라이선스(MIT)

https://bit.ly/2BlKF6j
> 아파치(Apache) 2.0

https://bit.ly/2RBMLnR
> 크리에이티브 커먼즈 CC0

https://bit.ly/2S9YEqy
> 크리에이티브 커먼즈 CC BY 4.0

베타리더 후기

📖 김태정(루트원소프트)

《비트코인, 공개 블록체인 프로그래밍(Mastering Bitcoin)》 책을 접해 본 개발자라면 누구나 기대하고 기다렸던 책이라고 생각합니다. 그리고 이 책은 그 기대에 충분히 부응합니다. 이더리움을 이해하기 위해 알아야 할 개념과 이해를 도울 수 있는 쉬운 예제들이 가득합니다. 이 책을 읽으면서 인터넷을 통해서 접했던 파편화되어 있는 저의 이더리움 지식을 정리할 좋은 기회였습니다. 이 책이 아니었다면 이더리움은 저에게 여전히 너무 어려운 기술로 남았을 겁니다.

📖 박태현(삼성전자)

1장부터 낯선 용어들이 저를 덮쳤습니다. 하지만 2장부터는 개발자로서 흥미로운 내용이 계속되었고, 특히 이더리움 네트워크의 발전 과정과 기존에 발생했던 여러 이슈에 관한 내용은 정말 잘 정리되어 있었습니다. 초반의 고비만 넘긴다면 달콤한 과실을 얻을 수 있을 것입니다.

📖 송근(네이버)

이 책은 초보자들이 하나씩 따라 하며 배울 수 있는 다양한 예제와 훌륭한 설명으로 가득 차 있습니다. 반대로, 처음 접하는 이들에게는 너무 자세한 설명이 오히려 어려워 보일 수 있으나, 오솔길처럼 따라가다 보면 점차 넓은 대로로 나올 수 있도록 도와주는 책입니다.

📖 신성기(투비소프트)

베타리딩에 선정됐다는 소식을 듣고 원문이 있는 깃허브에서 원문과 소스를 먼저 읽어 봤습니다. 내용이나 첨부된 소스의 질이 생각했던 것보다 훨씬 고급 내용이어서 감탄하며 읽었습니다. 베타리딩용으로 전달받은 PDF는 훨씬 좋았습니다. 전체적인 번역의 질도 높았고, 내용전달에서도 몇 가지 부분만 보완하면 좋았습니다. 이 책은 이더리움의 개념부터 구조, 개발 환경, 보안에 이르기까지 말 그대로 이더리움의 전 분야를 깊이 있게 다루고 있어, 이더리움 플랫폼을 활용한 서비스를 준비하는 개발자들이 꼭 읽어야 할 필독서라고 감히 말씀드립니다. 수많은 사례를 통해 시스템의 설계 및 보안, 그리고 효율적이면서도 안전한 컨트랙트를 작성하는 데에도 도움이 될 것입니다. 입문자보다는 실제 업무를 하시거나 준비하는 분들에게 추천합니다.

 이민호(블록체인개발자협의회)

기다리던 《Mastering Ethereum》의 한국어판이 출판되어 기쁩니다. 원서로 볼 때의 어려움이 많이 해소될 수 있을 것으로 기대합니다. 하나의 새로운 기술을 배우기 위해서는 전체적으로 살펴볼 수 있는 시야가 필요합니다. 원서는 언어와 문화의 차이로 완독이 어려우나 한국어판이 출판되면 많은 독자가 이 책을 완독하고 전체적으로 이해할 기회가 될 것으로 기대합니다.

 이현수(무스마 기술연구소)

블록체인, 이더리움, 솔리디티, 스마트 컨트랙트 등은 사실 이름만 들어봤을 뿐 그것이 어떤 기술이고 어떻게 사용되는지를 솔직히 잘 알지 못했습니다. 업무 밖의 주제이다 보니 그동안 제대로 공부할 기회가 없었는데, 이번 기회를 통해 새로운 지식에 한 걸음 다가서게 되었습니다. 최근 이더리움 하드 포크와 관련한 뉴스가 자주 소개되고 있었는데, 책에서 배운 내용으로 뉴스 내용을 알아듣고 이더리움의 동향을 따라갈 수 있어서 유익했습니다.

 임완섭(이드콘 준비위원장)

한국어 사용자들은 그동안 언어적 장벽으로 인해 정확한 가이드 콘텐츠도 없이 인터넷에 산재한 정보로만 이더리움이 어떤 것인지를 이해해 왔습니다. 《마스터링 이더리움》은 한국어 사용자들이 이더리움이란 어떤 것이고, 무엇을 알아야 하는지 빠르게 파악할 수 있도록 그 시간을 줄여줄 수 있는 귀중한 도우미가 될 수 있을 것입니다.

 정상효(블록체인개발자협의회)

이 책은 블록체인 입문자들이 《Mastering Bitcoin》과 함께 반드시 읽어야 할 책 중 하나입니다. 많은 블록체인 기술이 두 가지 블록체인 플랫폼으로부터 출발했고, 비록 암호화폐 시장에 대한 인기는 시들었지만 기술 자체는 지속해서 발전하고 있습니다. 이 책의 내용을 기존의 시스템으로 해결하지 못한 문제에 적용한다면 실생활에서 사용할 수 있는 서비스들도 많이 나올 것으로 기대합니다.

조형재(열두시반)

수학에는 《수학의 정석》이 있고 영어에는 《성문 기초 영문법》이 있습니다. 기초를 단단히 하려면 무조건 봐야 하는 책이었습니다. 블록체인 분야에서도 맘잡고 공부하고자 한다면 꼭 봐야 하는 책이 있습니다. 《Mastering Bitcoin》, 그리고 바로 이 책 《Mastering Ethereum》입니다. 영문 버전밖에 없어 아쉬웠던 터라 이번 번역판이 무척 반갑습니다. 개념 설명부터 응용, 지갑부터 토큰, 솔리디티, 보안까지 이더리움을 공부한다면 알아야 할 내용을 종합적으로 담고 있습니다.

Pablo Kim(CHAiNSIDER)

《마스터링 이더리움》의 베타리딩을 통해 블록체인 산업에 종사하며 매일같이 접하는 이더리움 네트워크에 더욱 깊이 접근할 수 있는 계기가 되었습니다. 동시에 이 책이 다루는 광범위한 지식을 접하며 솔리디티와 EIP, ERC에 한정된 얕은 지식만으로 마치 전문가처럼 굴던 저 자신에 대한 뜨거운 참회와 깊은 반성을 하게 되었습니다. 이 책을 읽게 될 다른 블록체인 업계 종사자들 또한 이러한 순간을 경험하지 않을까 싶습니다. 끝으로, 여러 번의 베타리딩과 감수를 통해 처음에 받아보았던 원고에 비해 상당히 나아져 베타리딩에 참여한 한 사람으로서 보람을 느낍니다.

제이펍은 책에 대한 애정과 기술에 대한 열정이 뜨거운 베타리더의 도움으로
출간되는 모든 IT 전문서에 사전 검증을 시행하고 있습니다.

1

이더리움이란 무엇인가?

이더리움(Ethereum)은 종종 '월드 컴퓨터(world computer)'라고 하는데, 그 의미는 무엇인가? 우선은 컴퓨터 과학의 관점에서 설명하고, 그런 후에 이더리움의 기능과 특성을 좀 더 실용적인 분석을 통해 밝혀보고자 한다. 그와 동시에 비트코인(Bitcoin) 및 그 외 탈중앙화된 정보 교환 플랫폼(또는 간단히 '블록체인')과 이더리움을 비교할 것이다.

컴퓨터 과학의 관점에서 보자면 이더리움은 결정론적(deterministic)이지만, 사실상 한정되지 않은 상태 머신(unbounded state machine)이며, 이것은 전역적으로(globally) 접근 가능한 싱글톤(singleton) 상태와 그 상태를 변화시킬 수 있는 가상 머신으로 구성되어 있다.

"좀 더 실용적인 관점에서 볼 때, 이더리움은 **스마트 컨트랙트(smart contract)**라는 프로그램을 실행하는 오픈 소스에 기반을 둔, 전 세계에 걸쳐 탈중앙화된 컴퓨팅 인프라스트럭처다." 블록체인을 사용하여 시스템의 상태 변화를 동기화하고 저장하며, **이더(ether)**라고 하는 암호화폐를 이용하여 실행 자원 비용을 측정하고 제한한다.

개발자는 이더리움 플랫폼을 사용해서 경제적 기능들을 내장한 강력하면서도 탈중앙화된 애플리케이션을 개발할 수 있다. 그리고 이더리움 플랫폼은 고가용성, 감사 가능성, 투명성, 중립성을 제공하는 동시에 검열을 줄이거나 없애고, 거래상대방의 위험을 줄인다.

비트코인과의 비교

많은 사람이 비트코인 같은 암호화폐를 이미 경험해 본 뒤에 이더리움을 접하게 될 것이다. 이더리움은 다른 개방형 블록체인과 많은 공통 요소를 공유한다. 예를 들면, 참여자들을 연결하는 피어투피어(peer-to-peer) 네트워크, 상태 변경을 동기화하는 비잔틴 결함 허용 합의(Byzantine fault-tolerant consensus) 알고리즘(작업증명 블록체인), 디지털 서명과 해시, 디지털 화폐(이더) 같은 암호학 기반 기술의 사용 등이 그런 공통 요소에 해당한다.

그러나 여러 면에서 이더리움의 목적과 구성은 비트코인을 포함한 이전의 개방형 블록체인과는 현저하게 다르다.

이더리움의 주된 목적은 그 자체로 디지털 화폐 지급 네트워크가 되는 것이 아니다. 디지털 화폐인 이더는 이더리움의 한 부분으로서 그 운용에 있어서 필수적이기는 하지만, 이더의 사용 목적은 월드 컴퓨터로서의 이더리움 플랫폼 사용료를 지불하기 위한 **유틸리티 화폐(utility currency)**다.

매우 제한된 스크립트 언어를 사용하는 비트코인과 달리, 이더리움은 임의성과 무한 복잡성을 가진 코드를 실행할 수 있는 **가상 머신(virtual machine)**을 운영하는 범용 프로그래밍이 가능한 블록체인으로 설계되었다. 비트코인의 스크립트(Script) 언어가 의도적으로 지불 조건에 대한 단순한 참/거짓 평가에만 제한되어 있는 반면, 이더리움 언어는 **튜링 완전(Turing complete)** 언어다. 이것은 이더리움이 범용 컴퓨터로 직접 작동할 수 있음을 의미한다.

블록체인 구성요소

공개 블록체인(public blockchain)의 구성요소는 일반적으로 다음과 같다.

- 표준화된 '가십(gossip)' 프로토콜을 기반으로 참여자를 연결하고 트랜잭션 및 검증된 트랜잭션 블록을 연결하는 피어투피어(P2P) 네트워크
- 상태 전이를 나타내는 트랜잭션 형식의 메시지
- 트랜잭션의 구성 요건과 트랜잭션의 유효성을 판단하는 합의 규칙의 집합
- 합의 규칙에 따라 트랜잭션을 처리하는 상태 머신
- 검증되고 적용된 모든 상태 전이의 장부(journal) 역할을 해줄 수 있는, 암호학적으로 보

호된 체인(chain)

- 합의 규칙들을 적용하는 데 모든 참여자가 협력할 수 있도록 강제함으로써 블록체인의 통제 권한을 탈중앙화하는 합의 알고리즘
- 공개된 환경에서 상태 머신에 경제적인 보안성을 제공할 수 있는 게임 이론적으로 유효한 인센티브 메커니즘(예: 작업증명 비용 + 블록 보상)
- 위에서 언급된 것들을 구현한 하나 이상의 오픈 소스 소프트웨어('clients')

일반적으로 이러한 구성요소의 전부 또는 대부분은 단일 소프트웨어 클라이언트로 통합된다. 예를 들어, 비트코인에서 기준이 되는 구현체(reference implementation)는 **비트코인 코어(Bitcoin Core)** 오픈 소스 프로젝트가 개발하고, 이것은 **bitcoind**라는 클라이언트 소프트웨어로 개발된다. 이와 달리 이더리움에는 기준이 되는 구현체가 아닌 **기준 사양(reference specification)**을 사용하는데, 황서(Yellow Paper)에서 밝히고 있는 시스템의 수학적 기술이 바로 그것이다(9페이지의 '더 읽을거리' 절 참고). 그래서 이더리움에는 기준 사양에 따라 만들어진 많은 클라이언트가 있다.

과거에는 위의 모든 구성요소를 포함하는 기술 조합으로 간략하게 표현하기 위해 '블록체인'이라는 용어를 사용했다. 그러나 오늘날에는 서로 다른 속성을 지닌 많은 종류의 블록체인이 존재한다. 우리는 위의 구성요소들을 이용하여 여러 블록체인들의 성격을 파악하기 위해 **개방성(open)**, **공공성(public)**, **국제화(global)**, **탈중앙화(decentralized)**, **중립성(neutral)**, **검열 저항성(censorship-resistant)** 등과 같은 블록체인이 가지는 핵심적 성격을 식별하게 해줄 평가 기준들이 필요하다.

모든 블록체인이 동일한 것은 아니다. 그리고 누군가가 어떤 것을 블록체인이라고 부른다고 해서 그것이 블록체인이 되는 것도 아니다. 오히려 사람들이 '블록체인'이라는 단어를 사용할 때 그 의미를 분명히 하기 위해서 여러분은 많은 질문을 해야 한다. 먼저 위의 구성요소에 관해서 물어보고, 그다음은 개방성, 공공성 등의 특징을 지니고 있는지를 물어봐야 한다.

이더리움의 탄생

모든 위대한 혁신은 실제 문제를 해결하고 있는데, 이더리움도 예외는 아니다. 사람들은 비트코인 모델의 힘을 인식하고 암호화폐 애플리케이션을 넘어서려고 시도했던 당시에 이더리움을

구상하기 시작했다. 그러나 개발자는 비트코인 기반 위에 구축하거나, 아니면 새로운 블록체인을 시작해야 하는 난제에 직면했다. 비트코인 기반 위에 구축한다는 건, 네트워크의 의도적인 제약 조건들을 전제한 상태에서 해결책을 찾아야 한다는 뜻이었다. 제한된 트랜잭션 타입, 데이터 타입 및 데이터 스토리지 크기는 비트코인에서 직접 실행할 수 있는 애플리케이션의 종류를 제한하는 것으로 보였다. 그 밖의 것들은 부가적인 오프체인(off-chain) 계층을 필요로 했고, 이는 곧 공개 블록체인을 사용하는 많은 장점을 없애버렸다. 온체인(on-chain) 상태에서 더 많은 자유와 유연성이 필요한 프로젝트에는 새로운 블록체인이 유일한 옵션이었다. 하지만 그것은 모든 인프라 요소의 부트스트래핑(bootstrapping), 철저한 시험 등의 수많은 작업이 필요하다는 것을 의미했다.

2013년 말에 젊은 프로그래머이자 비트코인 지지자인 비탈릭 부테린(Vitalik Buterin)은 비트코인과 마스터코인(Mastercoin, 비트코인을 확장하여 가장 기초적인 스마트 컨트랙트를 제공하는 오버레이 프로토콜)의 기능을 확장하는 방안을 생각하기 시작했다. 그해 10월, 비탈릭은 마스터코인 팀에 좀 더 일반적인 접근 방식을 제안했다. 이 접근법은 융통성 있고 스크립트 가능한(튜링 완전은 아님) 컨트랙트가 마스터코인의 특수한 컨트랙트 언어를 대체하도록 하는 것이었다. 마스터코인 팀이 깊은 인상을 받긴 했지만, 그들의 개발 로드맵에 반영하기엔 이 제안은 너무 급진적이었다.

2013년 12월에 비탈릭 부테린은 튜링 완전한 범용 블록체인인 이더리움의 개념을 설명하는 화이트 페이퍼를 공유했다. 수십 명의 사람이 이 초기 초안을 살펴보고 비탈릭이 제안서를 발전시킬 수 있도록 의견을 제시했다.

이 책의 두 저자 모두는 백서의 초기 초안을 받았고, 그것에 대해 자신들의 의견을 제시했다. 안드레아스 M. 안토노풀로스(Andreas M. Antonopoulos)는 이 아이디어에 흥미를 느껴 비탈릭에게 스마트 컨트랙트의 실행에 있어서 합의 규칙을 강제할 수 있는 별도의 블록체인을 사용하는 것, 그리고 튜링 완전 언어의 함의에 관한 많은 질문을 했다. 안드레아스는 계속해서 큰 관심을 가지고 이더리움의 진행을 지켜보고 있었지만, 그의 책 《Mastering Bitcoin》(O'Reilly Media)을 쓰는 초기 단계였고, 그 이후에도 이더리움에 직접 참여하지 않았다. 그러나 개빈 우드(Gavin Wood) 박사는 비탈릭에게 먼저 연락하여 C++ 프로그래밍 기술을 도와주겠다고 제안한 초기의 사람들 중 한 명이었다. 개빈은 이더리움의 공동 설립자이자 공동 설계자이자 CTO가 되었다.

비탈릭은 그의 '이더리움 선사시대(Ethereum Prehistory)' 게시물(http://bit.ly/2T2t6zs)에서 다음과

같이 언급했다.

이때는 이더리움 프로토콜을 전적으로 나 혼자 개발하던 때였다. 그러나 이때부터 새로운 참가자들이 합류하기 시작했다. 프로토콜 측면에서 가장 두드러진 것은 개빈 우드였다…

또한 개빈은 이더리움을 블록체인 기반의 컨트랙트를 이용하여 프로그래밍 가능한 화폐를 만들기 위한 플랫폼으로 보는 것에서 범용 컴퓨팅 플랫폼으로 비전의 미묘한 변화를 일으키는 데 크게 기여했다. 블록 체인 기반의 컨트랙트는 디지털 자산을 보유하고 사전 설정된 규칙에 따라 보유한 자산을 이동시킬 수 있다. 이것은 강조와 용어의 미묘한 변화로 시작되었고, 나중에 이 영향은 이더리움을 탈중앙화 기술의 한 부분으로 보았던 '웹3(Web3)'에 중점을 두면서 더욱 강해졌다. 웹3에 포함된 다른 두 가지 탈중앙화 기술은 위스퍼(Whisper)와 스웜(Swarm)이다.

2013년 12월부터 비탈릭과 개빈은 이 아이디어를 개선하고 진화시켜 지금의 이더리움이 된 프로토콜 계층을 구축했다.

이더리움의 창립자들은 프로그래밍을 통해 다양한 애플리케이션을 지원할 수 있는 특정 목적에 국한되지 않는 블록체인에 대해 생각하고 있었다. 이 생각은 이더리움과 같은 범용 블록체인을 사용하여 개발자가 피어투피어 네트워크, 블록체인, 합의 알고리즘 등의 기본 메커니즘을 구현하지 않고도 특정 애플리케이션을 프로그래밍할 수 있다는 것이다. 이더리움 플랫폼은 이러한 세부사항을 추상화하고 탈중앙화 블록체인 애플리케이션을 위한 결정적이고 안전한 프로그래밍 환경을 제공한다.

사토시(Satoshi)와 마찬가지로, 비탈릭과 개빈은 단지 새로운 기술을 발명한 것이 아니었다. 발명한 신기술과 기존 기술을 새로운 방식으로 결합했고, 그들의 아이디어를 세상에 증명하기 위해 프로토타입 코드를 배포했다.

창립자들은 수년간 비전을 구축하고 개선했다. 그리고 2015년 7월 30일, 첫 번째 이더리움 블록이 채굴되었다. 드디어 월드 컴퓨터가 세상에 서비스를 제공하기 시작했다.

비탈릭 부테린의 기사 '이더리움의 선사 시대(A Prehistory of Ethereum)'는 2017년 9월에 발행되었으며, 매혹적인 1인칭 관점으로 이더리움의 가장 초기 순간을 보여준다. https://bit.ly/2SMV7un에서 읽을 수 있다.

이더리움 개발의 4단계

이더리움의 개발은 네 단계로 나누어 진행되었으며, 각 단계마다 주요 변경사항이 발생했다. 각 단계에는 이전 버전과 호환되지 않는 방식으로 기능을 변경하는 '하드 포크(hard fork)'라고 하는 하위 버전이 포함될 수 있다.

네 가지 주요 개발 단계는 **프론티어(Frontier)**, **홈스테드(Homestead)**, **메트로폴리스(Metropolis)**, **세레니티(Serenity)**라는 코드명으로 명명되었다. 현재까지 적용된(또는 예정된) 중간 하드 포크는 **아이스 에이지(Ice Age)**, **DAO**, **탠저린 휘슬(Tangerine Whistle)**, **스퓨리어스 드래곤(Spurious Dragon)**, **비잔티움(Byzantium)**, **콘스탄티노플(Constantinople)**이라는 코드명으로 불리는 하드 포크들이다. 개발 단계와 중간 단계의 하드 포크는 아래의 타임라인에 표시되며, 블록 번호에 따라 날짜가 표시된다.

블록 #0

> **프론티어(Frontier):** 2015년 7월 30일부터 2016년 3월까지 지속된 이더리움의 초기 단계

블록 #200,000

> **아이스 에이지(Ice Age):** 기하급수적으로 증가하는 난이도 증가를 도입하여 지분증명(PoS)으로 전환하도록 동기를 부여하는 하드 포크

블록 #1,150,000

> **홈스테드(Homestead):** 2016년 3월에 시작된 이더리움의 두 번째 단계

블록 #1,192,000

> **DAO:** 해킹된 DAO 컨트랙트의 피해자에게 보상금을 지급하고 이더리움 및 이더리움 클래식을 2개의 경쟁 시스템으로 분할하는 하드 포크

블록 #2,463,000

> **탠저린 휘슬(Tangerine Whistle):** 특정 I/O가 많은 작업에 대한 가스 계산을 변경하고, 해당 작업의 가스 비용이 낮은 서비스 거부(Denial-of-Service, DoS) 공격으로부터 축적된 상태를 지우는 하드 포크

블록 #2,675,000

> **스퓨리어스 드래곤(Spurious Dragon):** 더 많은 DoS 공격 벡터를 처리하고 다른 상태를 지우는 하드 포크. 또한, 재생 공격 방지 메커니즘

블록 #4,370,000

> **메트로폴리스 비잔티움(Metropolis Byzantium):** 메트로폴리스는 이더리움의 세 번째 단계로, 2017년 10월에 하드 포크되었으며 이 책을 저술한 시점이기도 하다. 비잔티움은 메트로폴리스를 위해 계획된 2개의 하드 포크 중 첫 번째 것이다.

비잔티움 이후에 메트로폴리스를 위해 계획된 또 하나의 하드 포크가 있는데, 그 코드명은 콘스탄티노플이다. 메트로폴리스에 이어서 이더리움의 마지막 단계인 코드명 세레니티(Serenity)가 나올 것이다.

이더리움: 범용 블록체인

최초의 블록체인, 즉 비트코인의 블록체인은 비트코인 단위 및 소유 상태를 추적한다. 비트코인은 트랜잭션이 **상태 전이(state transition)**를 일으켜 코인의 소유권을 변경하는 탈중앙화된 합의 **상태 머신(state machine)**이라고 생각할 수 있다. 상태 전이는 여러 블록이 채굴된 후 모든 참가자가 시스템의 공통(합의) 상태로 수렴할 수 있도록 합의 규칙에 의해 제한된다.

이더리움 또한 탈중앙화 상태 머신이다. 그러나 화폐 소유 상태만 추적하는 대신 이더리움은 범용 데이터 저장소, 즉 **키-밸류 튜플(key-value tuple)**로 표현할 수 있는 모든 데이터를 저장할 수 있는 저장소의 상태 전이를 추적한다. 특정 키는 키-밸류 데이터 저장소에서 임의의 값을 보유하고 그 값을 참고한다. 예를 들어, 키 '책 제목'이 참조하는 값은 '마스터링 이더리움'이다. 어떤 면에서는 대부분의 범용 컴퓨터에서 사용되는 **랜덤 액세스 메모리(Random Access Memory, RAM)**의 데이터 스토리지 모델과 동일한 용도로 사용된다. 이더리움에는 코드와 데이터를 저장하는 메모리가 있으며, 이더리움은 블록체인을 사용하여 이 메모리가 시간에 따라 어떻게 변하는지를 추적한다. 범용 저장 프로그램 컴퓨터와 마찬가지로, 이더리움은 상태 머신에 코드를 로드하고 그 코드를 실행하고 그 결과 상태를 저장할 수 있다. 범용 컴퓨터 대부분과의 중요한 차이점 중 두 가지는 이더리움의 상태 변화가 합의 규칙에 의해 관리되고 상태가 전체적으로 배포된다는 것이다. 말하자면, 이더리움은 다음과 같은 질문에 대한 대답이다. "임의의 상태를 추적하고 상태 머신을 프로그래밍하여 합의로 작동하는 월드-와이드 컴퓨터를 만들 수 있다면 어떨까요?"

이더리움의 구성요소

이더리움에서 2페이지의 '블록체인 구성요소' 절에 설명된 블록체인 시스템의 구성요소는 구체적으로 다음과 같다.

피어투피어 네트워크(P2P network)

이더리움은 TCP 포트 30303으로 접속 가능한 **이더리움 메인 네트워크(Ethereum main network)**에서 실행되며, ÐΞVp2p라는 프로토콜을 실행한다.

합의 규칙(consensus rules)

이더리움의 합의 규칙은 기준 사양인 황서(Yellow Paper)에 정의되어 있다(9페이지의 '더 읽을거리' 참고).

트랜잭션(transactions)

이더리움 트랜잭션은 보낸 사람, 받는 사람, 값 및 데이터 페이로드가 포함된 네트워크 메시지다.

상태 머신(state machine)

이더리움 상태 전이는 **바이트코드(bytecode, 기계어 명령어)**를 실행하는 스택 기반 가상 머신인 **EVM(Ethereum Virtual Machine, 이더리움 가상 머신)**에 의해 처리된다. '스마트 컨트랙트'라는 EVM 프로그램은 고수준 프로그래밍 언어(예: 솔리디티(Solidity))로 작성되고, EVM에서 실행되도록 바이트코드로 컴파일된다.

데이터 구조(data structures)

이더리움의 상태는 트랜잭션 및 시스템 상태가 **머클 패트리샤 트리(Merkle Patricia Tree)**라고 하는 시리얼라이즈(serialize)된 해시 데이터 구조로, 각 노드의 **데이터베이스(database, 일반적으로 구글의 레벨DB(LevelDB))**에 저장된다.

합의 알고리즘(consensus algorithm)

이더리움은 비트코인의 합의 모델인 나카모토 합의(Nakamoto Consensus)를 사용한다. 나카모토 합의는 순차 단일 서명 블록을 사용하여 작업증명(PoW)의 중요도 가중치가 가장 긴 체인(현재 상태)을 결정한다. 그러나 조만간 지분증명(PoS) 가중 투표 시스템인 코드명 **캐스퍼(Casper)**로 전환할 계획이다.

경제적 보안성(economic security)

이더리움은 현재 **이대시(Ethash)**라는 작업증명(PoW) 알고리즘을 사용하지만, 향후엔 결국 지분증명(PoS) 알고리즘을 사용할 예정이다.

클라이언트(clients)

이더리움은 클라이언트 소프트웨어를 상호운용할 수 있는 몇 가지 구현체를 갖고 있는데, 가장 유명한 것은 **게스(Go-Ethereum, Geth)**와 **패리티(Parity)**다.

더 읽을거리

다음의 참고 자료는 여기에 언급된 기술에 대한 추가 정보를 제공한다.

- 이더리움 황서: https://bit.ly/2G2RBFD
- 베이지 페이퍼(Beige Paper, 덜 공식적인 언어로 더 많은 청중을 위해 황서를 다시 작성한 것): https://bit.ly/2QO8rgd
- Ð&Vp2p 네트워크 프로토콜: http://bit.ly/2quAlTE
- 이더리움 가상 머신 자원 목록: http://bit.ly/2PmtjiS
- 레벨DB 데이터베이스(블록체인의 로컬 사본을 저장하는 데 가장 자주 사용됨): https://bit.ly/1zUxaq8
- 머클 패트리샤 트리: https://bit.ly/1roNZ9v
- 이대시 작업증명 알고리즘: https://bit.ly/2lvTeAZ
- 캐스퍼 지분증명 v2.1 실행 가이드: https://bit.ly/2Shut0n
- 게스(Geth) 클라이언트: https://geth.ethereum.org/
- 패리티 이더리움 클라이언트: https://parity.io/

이더리움과 튜링 완전

이더리움에 관해 읽기 시작하자마자 '튜링 완전'이라는 용어를 접하게 될 것이다. 사람들은 이더리움이 비트코인과 달리 튜링 완전하다고 하는데, 이것이 정확하게 무슨 의미인가?

이 용어는 컴퓨터 과학의 아버지로 불리는 영국인 수학자 앨런 튜링(Alan Turing)이 사용하였다. 1936년 그는 순차적 메모리(무한 길이의 종이 테이프와 유사)에서 기호를 읽고 쓰는 방식으로 기호를 조작하는 상태 머신으로 구성된 컴퓨터의 수학적 모델을 만들었다. 이 구성을 통해 튜링은 모든 문제를 해결할 수 있는지를 나타내는 **보편적 계산 가능성(universal computability)**에 대한 (부정적인) 질문에 답하기 위해 수학적 기초를 제공했다. 그는 계산할 수 없는 문제가 있음을 증명했다. 구체적으로 말하자면, 그는 **정지 문제**(halting problem, 임의로 주어진 튜링 머신이 주어진 입력 테이프에 대해 정지하는가 정지하지 않는가를 판정하는 알고리즘의 존재 여부를 묻는 문제)가 해결되지 않는다는 것을 증명했다.

앨런 튜링은 튜링 머신을 시뮬레이션하는 데 사용할 수 있다면 시스템이 **튜링 완전하다**(Turing complete)고 정의했다. 이러한 시스템을 **UTM**(Universal Turing machine, 유니버설 튜링 머신)이라고 한다.

이더리움 가상 머신이라는 상태 머신상에서 메모리에 데이터를 읽고 쓰면서 저장된 프로그램을 실행할 수 있는 이더리움 기능은 튜링 완전 시스템을 가능하게 하므로 UTM이라고 볼 수 있다. 이더리움은 한정된 메모리라는 제한 조건에서 모든 튜링 머신으로 계산될 수 있는 어떠한 알고리즘도 계산할 수 있다.

이더리움의 획기적인 혁신은 저장된 프로그램 컴퓨터의 범용 컴퓨팅 아키텍처와 탈중앙화된 블록체인을 결합하여 탈중앙화된 단일 상태(싱글톤) 월드 컴퓨터를 만든 것이다. 이더리움 프로그램은 '어디에서나' 실행되지만, 합의 규칙에 의해 보장되는 공통 상태를 만들어낸다.

'기능'으로서의 튜링 완전

'이더리움은 튜링 완전하다'라는 말을 들으면, 튜링 불완전한 시스템은 뭔가 빠진 **기능**(feature)이 있을 거라고 생각할 수 있다. 하지만 오히려 정반대로 튜링 완전은 아주 쉽게 달성할 수 있다. 실제로 알려진 가장 단순한 튜링 완전 상태 머신(http://bit.ly/2ABft33)은 22개의 명령어 길이를 갖는 상태의 정의와 함께 4개의 상태를 가지고 6개의 기호를 사용한다. 때로는 '우연하게 튜링 완전' 시스템이 발견된다. 그러한 시스템의 흥미로운 사례는 http://bit.ly/2Og1VgX에서 찾아볼 수 있다.

그러나 튜링 완전은 특히 개방형 액세스(open access) 시스템에서는 매우 위험하다. 왜냐하면 앞서 언급했듯이 정지 문제 때문이다. 예를 들어, 최신 프린터들은 튜링 완전해서 프린터가 작동 불능 상태가 될 때까지 인쇄 명령을 받을 수도 있다. 사실, 튜링 완전은 이더리움이 어떠한 복잡한 프로그램이라도 계산할 수 있음을 의미한다. 그러나 이러한 유연성은 보안과 자원 관리에 몇 가지 어려운 문제를 야기한다. 응답이 없는 프린터는 껐다가 다시 켜야 하지만, 이는 공개 블록체인에서는 불가능하다.

튜링 완전의 함축적 의미

튜링은 컴퓨터에서 프로그램을 시뮬레이션하여 프로그램 종료 여부를 예측할 수 없음을 증명했다. 간단히 말하면, 프로그램을 실행하지 않고서는 프로그램의 경로를 예측할 수 없다. 튜링 완전 시스템은 종료되지 않는 프로그램을 설명하기 위해 사용되는 용어인 (조금 과장하자면) '무한 루프'에서 실행될 수 있다. 끝나지 않는 루프를 실행하는 프로그램을 만들기는 쉽다. 그러나 시작 조건과 코드 간의 복잡한 상호작용으로 인해 의도하지 않은 무한 반복 루프가 경고 없이 발생할 수 있다. 이더리움에서 이것은 하나의 도전 과제다. 모든 참여 노드(클라이언트)는 모든 트랜잭션을 검증하고 그 트랜잭션이 호출하는 스마트 컨트랙트를 실행해야 한다. 그러나 튜링이 증명한 것처럼, 이더리움은 스마트 컨트랙트가 종료될지 혹은 실제로 스마트 컨트랙트를 실행하지 않고 얼마나 오랫동안 실행될지를 예측할 수 없다(경우에 따라서는 무한 실행의 가능성도 있다). 노드가 유효성 검사를 시도할 때 우연히 또는 의도적으로 스마트 컨트랙트가 영원히 지속하도록 만들 수 있다. 이것은 사실상 서비스 거부 공격이다. 물론, 프로그램의 유효성을 검사하는 데 1밀리초가 걸리는 프로그램과 영원히 실행되는 프로그램 중간에는 단순히 자원을 낭비하고 점유하거나, 메모리 부하를 유발하고 중앙처리장치를 과열시키는 정도에 따라 분류될 수 있는 다양한 프로그램이 있을 수 있다. 월드 컴퓨터에서 자원을 남용하는 프로그램은 세계의 자원을 남용한다. 이더리움이 사전에 자원 사용을 예측할 수 없다면 스마트 컨트랙트가 사용하는 자원을 어떻게 제한할까?

이 질문에 대답하기 위해 이더리움은 **가스(gas)**라는 과금 메커니즘을 도입한다. EVM이 스마트 컨트랙트를 실행하게 되면, 가스는 각 명령어(계산, 데이터 접근 등)의 비용을 일일이 계산한다. 각 명령어는 가스 단위로 미리 정해진 비용이 있다. 스마트 컨트랙트를 실행시킬 때 트랜잭션은 스마트 컨트랙트를 실행하는 데 사용할 수 있는 가스의 최대 사용량을 가지고 있어야 한다. 만약 계산에 소비되는 가스의 총량이 트랜잭션에서의 가스 가용량을 초과한다면 EVM은 실행을 중지할 것이다. 가스는 각 프로그램이 사용할 수 있는 리소스를 제한해서 이더리움 튜링 완전 계산을 허용하게 하는 메커니즘이다.

다음으로 물어볼 수 있는 질문은 **"이더리움 월드 컴퓨터에서 계산 비용을 지급하기 위한 가스를 어떻게 얻는가?"**이다. 어떠한 거래소에서도 가스를 직접 취급하는 곳은 찾을 수 없다. 오직 트랜잭션의 부분 구성요소로서만 구매할 수 있으며, 이더로만 살 수 있다. 이는 트랜잭션과 함께 보내야 하고, 가스 구매를 위해서 허용 가능한 가격을 명시적으로 지정해야 한다. 주유소처럼 가스의 가격은 정해져 있지 않다. 트랜잭션을 위해 가스가 구매되고, 계산을 수행하고,

사용하지 않은 가스는 발신자에게 반환된다.

범용적인 블록체인에서 탈중앙화 애플리케이션(DApp)으로

이더리움은 다양한 용도로 프로그래밍을 할 수 있는 범용적인 블록체인을 만들기 위한 하나의 방법으로 출발했다. 그러나 매우 빠르게 이더리움의 비전이 댑(DApp, 혹은 디앱이라고도 함) 프로그래밍을 위한 플랫폼으로 확대되었다. 댑은 '스마트 컨트랙트'보다 넓은 의미를 갖는다. 댑은 최소 구성 요건에서 보자면, 스마트 컨트랙트와 웹 사용자 인터페이스를 합한 것이다. 좀 더 넓게 보자면, 댑은 공개되고 탈중앙화된 피어투피어 기반 서비스 위에 제공되는 웹 애플리케이션이다.

댑의 최소 구성은 다음과 같다.

- 블록체인 스마트 컨트랙트
- 웹 프런트엔드 사용자 인터페이스

추가로, 많은 댑은 다음과 같은 탈중앙화 구성요소를 포함한다.

- 탈중앙화(P2P) 스토리지 프로토콜과 플랫폼
- 탈중앙화(P2P) 메시지 프로토콜과 플랫폼

 DApp의 철자가 ĐApp으로 표시될 수 있다. Đ 문자는 이더리움을 암시하는 'ETH'라는 라틴 문자다. 이 문자를 표시하려면 유니코드 코드포인트 0xD0을 사용하거나, 필요한 경우 HTML 문자 엔터티 eth로 하면 된다(또는 십진수 엔터티 #208).

제3세대 인터넷

2004년에 '웹 2.0'은 사용자 생성 콘텐츠, 반응형 인터페이스 및 상호작용성에 대한 웹의 진화를 설명하는 용어로 부각되었다. 웹 2.0은 기술 사양이 아니라 웹 애플리케이션의 새로운 초점을 설명하는 용어다.

댑의 개념은 웹 애플리케이션의 모든 측면에서 피어투피어 프로토콜로 탈중앙화를 도입하여, 월드 와이드 웹(World Wide Web)을 자연스럽게 다음 단계로 발전시키기 위한 것이다. 웹의 세 번째 '버전'을 의미하는 **웹3(web3)**는 이러한 진화를 설명하기 위해 사용하는 용어다. 개빈 우드 박사가 처음 제안한 것으로, 웹3는 웹 애플리케이션에 초점을 두는 새로운 버전을 말한다 (중앙 집중적으로 관리되는 애플리케이션으로부터 탈중앙화 프로토콜에 의해 구축된 애플리케이션으로의 전환).

이후의 장들에서는 이더리움 web3.js 자바스크립트 라이브러리를 살펴볼 것이다. web3.js는 브라우저 안에서 실행되는 자바스크립트 애플리케이션과 이더리움 블록체인을 연결한다. web3.js 라이브러리는 또한 **스웜(Swarm)**이라는 P2P 스토리지 네트워크와 **위스퍼(Whisper)**라는 P2P 메시징 서비스를 포함한다. 이 세 가지 구성요소는 웹 브라우저에서 동작하는 자바스크립트 라이브러리에 포함되어서 개발자들은 웹3 댑을 구축할 수 있는 완전한 애플리케이션 개발 세트를 갖게 된다.

이더리움의 개발 문화

지금까지 이더리움의 목표와 기술이 비트코인처럼 앞서 나온 다른 블록체인과 어떻게 다른가에 대해 얘기했다. 이더리움은 개발 문화 또한 매우 다르다.

비트코인에서 개발은 매우 보수적인 원칙을 따른다. 모든 변경사항은 기존 시스템이 중단되지 않도록 신중하게 검토된다. 대부분의 경우 변경은 이전 변경사항과 호환이 되는 경우에만 구현된다. 기존 클라이언트는 선택적으로 새로운 변경사항의 적용 여부를 결정(opt-in)할 수 있지만, 업그레이드를 원하지 않을 때는 기존 방식 그대로 운용할 수 있다.

그에 비해 이더리움에서는 커뮤니티의 개발 문화가 과거보다는 미래에 초점이 맞추어져 있다. 이더리움의 구호는 (완전히 공식적이지는 않다고 하더라도) '빨리 움직이고 파괴하라'는 것이다. 만약 변화가 필요하다면 때로는 이 변화가 이전에 설정했던 가정들을 무효화하거나, 호환성을 깨거나, 혹은 강제적인 업그레이드가 필요해지더라도 강행한다. 이더리움의 개발 문화는 이전 호환성을 다소 희생하더라도 빠른 혁신, 빠른 진화, 미래 지향적인 개선을 전개하는 것이 특징이다.

이는 개발자가 유연함을 유지하고 기본 가정의 일부가 변경되는 것에 따른 인프라스트럭처를 다시 구축할 준비를 해야 한다는 뜻이다. 이더리움에서 개발자가 직면한 가장 큰 과제 중 하나는 변경 불가능한 시스템에 코드를 배포하는 것과 여전히 진화 중인 개발 플랫폼 사이에 존재하는 본질적인 모순이다. 스마트 컨트랙트는 단순하게 '업그레이드'할 수 없다. 새로운 애플리케이션을 배포하고, 사용자와 앱, 자금을 이전하고 다시 시작할 준비가 되어야 한다.

역설적으로, 이것은 좀 더 자율적이고 덜 중앙화된 통제권을 가진 시스템을 만들겠다는 목표가 아직은 완전히 실현되지 않았다는 것을 의미한다. 자율성과 탈중앙화의 실현은 1~2년 내에 완성될 수 있을 정도의 수준보다는 더 큰 안정성이 요구된다. 플랫폼을 '진화시키기 위해서는 스마트 컨트랙트를 폐기하고 재시작할 준비가 되어야 한다. 즉, 스마트 컨트랙트를 어느 정도 통제할 수 있어야 한다는 뜻이다.

그러나 긍정적인 측면에서 이더리움은 매우 빠르게 앞으로 나아가고 있다. 원자력 발전소 뒤에 자전거 보관소를 어떻게 만드는지와 같은 사소한 논쟁으로 개발을 지연하는 것을 의미하는 '바이크 셰딩(bike-shedding)'을 할 기회는 거의 없다. 여러분이 바이크 셰딩을 시작한다면, 여러분이 한눈파는 동안에 나머지 개발팀이 자율 호버크래프트(hovercraft)를 위해 계획을 변경하고 자전거를 버렸음을 어느 순간 알게 될지도 모른다.

궁극적으로, 이더리움 플랫폼 역시 발전 속도가 느려지고 인터페이스들이 고정되기 시작할 것이다. 그러는 동안에도 혁신은 추진의 원천이다. 누구도 여러분을 위해 속도를 늦추지 않기 때문에 열심히 쫓아가야 한다.

왜 이더리움을 배우나?

블록체인은 하나의 도메인 내에 여러 분야를 조합함으로써(프로그래밍, 정보 보안, 암호학, 경제학, 분산 시스템, 피어투피어 네트워크 등) 학습 곡선이 매우 가파르다. 이더리움은 학습 곡선을 좀 덜 가파르게 만들어서 아주 빨리 시작할 수 있다. 그러나 언뜻 보면 매우 단순해 보이는 환경의 표면 아래에는 훨씬 더 많은 것이 놓여 있다. 공부하고 좀 더 깊이 있게 들여다보면, 복잡하고 놀라운 또 다른 계층이 늘 있다.

이더리움은 블록체인을 학습할 수 있는 훌륭한 플랫폼이고 여타 블록체인 플랫폼보다 빠르게 대규모 개발자 커뮤니티를 구축해 가고 있다. 또한 다른 어떤 블록체인보다 이더리움은 개발자가 개발자를 위해 만든 **개발자의 블록체인(developer's blockchain)**이다. 자바스크립트 애플리케이션에 익숙한 개발자라면, 작동 가능한 이더리움 코드들을 매우 빠르게 생산해 낼 수 있다. 이더리움의 초기 몇 년 동안은 '단지 5줄의 코드로 토큰을 만들 수 있다'라고 홍보하는 티셔츠를 흔히 볼 수 있었다. 물론, 이것은 양날의 검이다. 코드를 작성하는 것은 쉽다. 그러나 '좋고 안전한' 코드를 작성하기란 매우 어렵다.

이 책을 통해 배울 수 있는 것들

이 책은 이더리움의 모든 구성요소를 샅샅이 파헤친다. 간단한 트랜잭션부터 시작해서 그것이 어떻게 작동하는지 파악하고, 간단한 컨트랙트를 만들고, 그 컨트랙트를 더 좋게 만들어보면서 이더리움 시스템으로의 여행을 하게 될 것이다.

여러분은 이더리움을 어떻게 사용하는지, 어떻게 작동하는지 배울 뿐만 아니라, 왜 그렇게 설계되었는지를 배울 것이다. 그럼으로써 각 구성요소들의 작동 방식과 원리를 이해할 수 있을 것이다.

2

이더리움 기초

이 장에서는 이더리움에 대해 알아보고, 지갑 사용 방법과 트랜잭션 생성 방법, 기본 스마트 컨트랙트 수행 방법을 배운다.

이더 화폐 단위

이더리움의 화폐 단위는 **이더(ether)**라고 불리며, 'ETH' 또는 기호 Ξ(대문자 E처럼 보이는 그리스 문자 'Xi'에서 유래) 또는 자주 쓰이진 않지만 ◆를 사용한다. 예를 들어 1이더, 1ETH, Ξ1, ◆1과 같이 표기할 수 있다.

 Ξ에는 유니코드 문자 U+039E를 사용하고, ◆에는 U+2666을 사용하라.

이더는 더 작은 단위로 세분화되어 **웨이(wei)**라는 가능한 가장 작은 단위까지 내려간다. 1개의 이더는 100경(quintillion) 웨이(1 * 10^{18}, 즉 1,000,000,000,000,000,000)다. 사람들이 '이더리움' 화폐라고 언급하는 경우도 있는데, 이것은 초보자의 흔한 실수다. 이더리움은 시스템이고, 이더가 화폐다.

이더의 가치는 항상 이더리움 내부에서 웨이로 표시된 부호 없는 정숫값으로 표현된다. 1이더를 거래할 때, 그 트랜잭션은 1000000000000000000웨이 값으로 인코딩해서 표기한다.

이더의 다양한 단위에는 SI(International System of Units)를 이용한 **학명(scientific name)**뿐만 아니라 컴퓨터와 암호학 분야의 위대한 인물들에게 경의를 표하는 구어체 이름도 함께 사용한다.

표 2-1은 다양한 단위의 구어(일반) 이름과 SI 이름을 보여준다. 값의 내부 표현에 따라 표에는 웨이(첫 번째 행)의 모든 명칭이 표시되며, 이더는 7행에 10^{18}웨이로 표시된다.

표 2-1 이더 명칭과 단위 명칭

값(웨이)	멱지수	일반 이름	SI 이름
1	1	웨이(wei)	웨이
1,000	10^3	배비지(babbage)	킬로웨이(kilowei) 또는 펨토이더(femtoether)
1,000,000	10^6	러브레이스(lovelace)	메가웨이(megawei) 또는 피코이더(picoether)
1,000,000,000	10^9	샤넌(shannon)	기가웨이(gigawei) 또는 나노이더(nanoether)
1,000,000,000,000	10^{12}	사보(szabo)	마이크로이더(microether) 또는 마이크로(micro)
1,000,000,000,000,000	10^{15}	피니(finney)	밀리이더(milliether) 또는 밀리(milli)
1,000,000,000,000,000,000	**10^{18}**	**이더(ether)**	**이더**
1,000,000,000,000,000,000,000	10^{21}	그랜드(grand)	킬로이더(kiloether)
1,000,000,000,000,000,000,000,000	10^{24}		메가이더(megaether)

이더리움 지갑 선택하기

오늘날 '지갑'이라는 용어는 많은 것을 의미하게 되었지만, 그 의미 모두는 서로 관련이 있고 결과적으로도 거의 같은 것이다. 우리는 이더리움 계정을 관리하는 데 도움이 되는 소프트웨어 애플리케이션이라는 의미로 '지갑(wallet)'이라는 용어를 사용할 것이다. 즉, 이더리움 지갑은 이더리움 시스템의 관문(gateway)이다. 지갑은 사용자의 키를 보유하고, 사용자를 대신하여 트랜잭션을 생성하고 브로드캐스트(broadcast)할 수 있다. 이더리움 지갑은 그 기능과 디자인이 다양하기 때문에 선택하기가 어려울 수 있다. 일부는 초보자에게 적합하고 일부는 전문가에게 더 적합하다. 이더리움 플랫폼 자체는 여전히 개선되고 있으며, '최상의' 지갑은 종종 플랫폼 업그레이드와 함께 발생하는 변화에 잘 적응하는 지갑이다.

그러나 걱정하지 마라! 지갑을 선택했는데 작동 방식이 마음에 들지 않거나 처음에는 좋아했지만 나중에 다른 것을 써보고 싶어질 경우 지갑을 아주 쉽게 변경할 수 있다. 이전 지갑에서 새 지갑으로 자금을 보내거나 개인키를 내보내고 새 키로 가져오는 트랜잭션만 수행하면 된다.

이 책에서는 예제로 사용할 수 있는 세 가지 유형의 지갑으로 모바일 지갑, 데스크톱 지갑 및 웹 기반 지갑을 선택했다. 광범위한 복잡성과 기능 때문에 이 세 가지 지갑을 선택했지만, 세 가지 지갑의 품질이나 보안을 보증하는 것은 아니다. 세 가지 지갑은 그저 시연과 테스트를 위한 좋은 출발점일 뿐이다.

지갑 애플리케이션이 작동하려면 개인키에 대한 접근 권한이 있어야 하므로 신뢰하는 소스에서 지갑 애플리케이션을 다운로드해서 사용하는 것이 중요하다. 다행히도 일반적으로 지갑 애플리케이션의 인기가 높을수록 더 신뢰할 수 있다. 그럼에도 불구하고, '모든 계란을 하나의 바구니에 담는 것'을 피하고 이더리움 계정을 2개의 지갑에 분산시켜 놓는 것이 좋다.

다음은 좋은 스타터 지갑이다.

메타마스크(MetaMask)

메타마스크는 브라우저(크롬(Chrome), 파이어폭스(Firefox), 오페라(Opera), 브레이브 브라우저(Brave Browser))에서 실행되는 브라우저 확장 지갑이다. 다양한 이더리움 노드와 테스트 블록체인에 연결할 수 있어서 사용하기 쉽고 테스트하기 편리하다. 메타마스크는 웹 기반 지갑이다.

잭스(Jaxx)

잭스는 안드로이드(Android), iOS, 윈도우(Windows), 맥OS, 리눅스(Linux)를 비롯한 다양한 운영체제에서 실행되는 다중 플랫폼 및 다중 화폐 지갑이다. 단순하고 사용하기 쉽도록 설계되어 새로운 사용자를 위한 좋은 선택이다. 잭스는 어디에 설치하느냐에 따라 모바일 또는 데스크톱 지갑이 된다.

마이이더월렛(MyEtherWallet, MEW)

마이이더월렛은 모든 브라우저에서 실행되는 웹 기반 지갑이다. 여기에는 많은 예제에서 살펴볼 여러 정교한 기능이 있다. 마이이더월렛은 웹 기반 지갑이다.

에메랄드 지갑(Emerald Wallet)

에메랄드 지갑은 이더리움 클래식(Ethereum Classic) 블록체인과 함께 작동하도록 설계되었지만, 그 밖의 이더리움 기반 블록체인과도 잘 동작한다. 오픈 소스 데스크톱 애플리케이션이며, 윈도우, 맥OS 및 리눅스에서 작동한다. 에메랄드 지갑은 풀 노드를 실행하거나 '가벼운' 모드에서 작동하는 공개 원격 노드에 연결할 수 있다. 또한 커맨드 라인에서 모든 작업을 수행할 수 있는 보조 도구가 있다.

데스크톱에 메타마스크를 설치하는 것으로 시작하겠지만, 먼저 키를 제어하고 관리하는 방법에 대해 간략하게 설명하겠다.

통제와 책임

이더리움 같은 개방형 블록체인은 탈중앙화된 시스템으로 작동하기 때문에 중요하다. 이것이 뜻하는 바는 많지만, 한 가지 중요한 측면은 이더리움의 각 사용자가 자금 및 스마트 컨트랙트에 대한 접근을 제어하는 자체 개인키를 관리하고 제어할 수 있어야 한다는 것이다. 때로는 자금 및 스마트 컨트랙트에 대한 접근 조합을 '계정' 또는 '지갑'이라고도 한다. 이러한 용어는 기능이 복잡할 수 있으므로 나중에 자세히 설명하겠다. 그러나 기본 원칙은 하나의 개인키가 하나의 '계정'과 동일한 것이라고 생각하면 쉽다. 일부 사용자는 온라인 거래소 같은 제3자 관리인을 이용하고 직접 개인키를 관리하지 않으려 한다. 이 책에서는 개인키를 제어하고 관리하는 방법을 알려줄 것이다.

통제에는 큰 책임이 따른다. 개인키를 분실하면 자금 및 컨트랙트에 대한 접근 권한을 잃게 된다. 어느 누구도 접근 권한을 회복하도록 도와줄 수 없으며, 자금은 영원히 잠겨 있을 것이다. 다음은 이 책임을 관리하는 데 도움이 되는 몇 가지 팁이다.

- 보안을 즉흥적으로 처리하지 마라. 검증된 표준 접근 방식을 사용하라.
- 계정이 더 중요할수록(예: 통제된 자금의 가치가 높을수록 또는 가능한 스마트 컨트랙트가 더 중요해질수록) 더 높은 보안 조치가 취해져야 한다.
- 에어 갭이 있는(air-gapped) 장치를 사용하면 최고 수준의 보안이 유지되지만, 이 수준이 모든 계정에 필요하지는 않다.

- 개인키를 플레인 형태(plain form)로, 특히 디지털 형식으로 저장하지 마라. 다행히도 오늘날 대부분의 사용자 인터페이스는 원시 개인키를 볼 수 없게 한다.
- 개인키는 암호화된 형식으로 디지털 '키저장소(keystore)' 파일로 저장할 수 있다. 암호화되어 있기 때문에 잠금을 해제하려면 패스워드가 필요하다. 패스워드를 선택하라는 메시지가 나타나면 패스워드를 강력하게(예: 길고 무작위로) 만들어 백업하고 공유하지 마라. 패스워드 관리자가 없다면 패스워드를 기록한 후 안전하고 은밀한 장소에 보관하라. 계정에 접근하려면 키저장소 파일과 패스워드가 모두 필요하다.
- 디지털 문서, 디지털 사진, 스크린샷, 온라인 드라이브, 암호화된 PDF 등에 패스워드를 저장하지 마라. 다시 한번 말하지만, 보안을 즉흥적으로 처리하지 마라. 패스워드 관리자나 펜과 종이를 사용하라.
- 키를 니모닉(mnemonic) 단어 시퀀스로 백업하라는 메시지가 나타나면 펜과 종이를 사용하여 실제 백업을 하라. 그 일을 나중으로 미루지 마라(분명히 잊어버릴 것이다). 이러한 백업은 시스템에 저장된 모든 데이터가 손실되었거나 패스워드를 잊어버리거나 잃어버렸을 경우 개인키를 다시 작성하는 데 사용할 수 있다. 그러나 공격자가 개인키를 알아내려고 사용할 수도 있으므로, 절대 디지털 방식으로 저장하지 말고 물리적인 사본을 잠긴 서랍이나 금고에 안전하게 보관하라.
- 많은 금액을 (특히 신규 주소로) 이전하기 전에, 먼저 작은 테스트 트랜잭션(예: $1 미만)을 수행하고 수령 확인을 기다린다.
- 새 계정을 만들 때 새 주소로 작은 테스트 트랜잭션만 보내는 것으로 시작하라. 테스트 트랜잭션을 받으면 해당 계좌에서 다시 송금해 보자. 계정 생성이 잘못될 수 있는 이유는 많으며, 잘못되었을 경우 작은 손실로 찾아내는 것이 좋다. 테스트가 잘 작동하면 전체도 잘될 것이다.
- 공개 블록 탐색기(public block explorer)는 트랜잭션이 네트워크에서 받아들여졌는지 여부를 독립적으로 쉽게 확인할 수 있는 방법이다. 그러나 이것은 사용자를 추적할 수 있는 주소를 드러내 보여주기 때문에 사용자의 개인정보 보호에 부정적인 영향을 미친다.
- 이 책에 나와 있는 어떤 주소로든 돈을 보내지 마라. 해당 개인키는 책에 나와 있으므로 누군가가 즉시 그 돈을 가져갈 것이다.

이제 핵심 관리 및 보안에 대한 기본 모범 사례를 살펴봤으므로 메타마스크를 사용하여 작업해 보자!

메타마스크 설치하기

구글 크롬 브라우저를 열고 https://bit.ly/1bHfcbG로 이동한다.

'MetaMask'를 검색하고 여우 로고를 클릭하라. 그림 2-1과 같이 표시된다.

그림 2-1 메타마스크 크롬 확장 프로그램의 세부 정보 페이지

악의적인 확장 프로그램을 잘못 설치할 경우, 사용자의 정보가 구글 필터를 통해 몰래 빠져나갈 수 있다. 따라서 실제 메타마스크 확장 프로그램을 다운로드하는지 확인하는 것이 중요하다. 진짜 프로그램은

- 검색 주소창에 ID가 표시된다.
- https://metamask.io에서 제공된다.
- 1,400개 이상의 리뷰가 있다.
- 1,000,000명 이상의 사용자가 있다.

올바른 확장 프로그램을 찾고 있음을 확인한 후 'ADD TO CHROME(크롬에 추가)'을 클릭하여 설치한다.

지갑 만들기

메타마스크가 설치되면 브라우저의 툴바에 새 아이콘(여우의 머리)이 나타난다. 시작하려면 클릭하라. 이용 약관에 동의한 다음, 그림 2-2와 같이 패스워드를 입력하면 새로운 이더리움 지갑을 생성하라는 메시지가 표시된다.

그림 2-2 메타마스크 크롬 확장 프로그램의 패스워드 페이지

 패스워드는 메타마스크에 대한 접근을 통제하므로 브라우저에 접근할 수 있는 어떤 사람도 이 패스워드를 사용할 수 있도록 해서는 안 된다.

패스워드를 설정하면 메타마스크가 지갑을 생성하고 12개의 영어 단어로 구성된 니모닉 백업을 표시한다(그림 2-3 참고). 메타마스크 또는 여러분의 컴퓨터에 어떤 문제가 생기면, 이 단어들을 호환되는 지갑에서 사용할 수 있다. 복구에는 패스워드가 필요하지 않으며 12개의 단어로 충분하다.

 종이에 니모닉(12개의 단어)을 두 번 백업하라. 2개의 용지 백업을 내화 금고, 잠긴 서랍, 안전 금고 같은 안전한 위치 두 곳에 보관하라. 종이 백업을 이더리움 지갑에 저장한 것과 동일한 가치의 현금처럼 취급하라. 이 단어에 접근할 수 있는 사람은 누구나 접근 권한을 획득하여 돈을 훔쳐 갈 수 있다.

그림 2-3 메타마스크로 생성된 지갑의 니모닉

니모닉을 안전하게 저장한 것을 확인하게 되면, 그림 2-4와 같이 이더리움 계정의 세부 정보를 볼 수 있다.

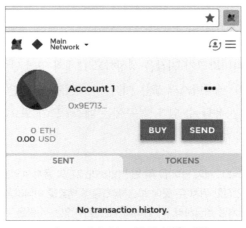

그림 2-4 메타마스크의 이더리움 계정

계정 페이지에는 계정 이름(기본적으로 '계정 1')과 이더리움 주소(이 예에서는 0x9E713...), 그리고 이 계정과 다른 계정을 시각적으로 구별할 수 있는 다채로운 아이콘이 표시된다. 계정 페이지의 상단에서 현재 작업 중인 이더리움 네트워크(이 예에서는 '메인 네트워크(Main Network)')를 볼 수 있다.

축하한다! 여러분의 첫 번째 이더리움 지갑을 설치했다.

네트워크 바꾸기

메타마스크 계정 페이지에서 볼 수 있듯이 여러 이더리움 네트워크 중에서 선택할 수 있다. 기본적으로 메타마스크는 메인 네트워크에 연결을 시도한다. 그 외에 공개 테스트넷(testnet)이나 원하는 이더리움 노드, 또는 자신의 컴퓨터(로컬 호스트)에서 사설 블록체인을 실행하는 노드를 선택할 수도 있다.

메인 이더리움 네트워크(Main Ethereum Network)
> 주된 공개 이더리움 블록체인. 실제 ETH, 실제 가치 및 실제 결과

롭스텐 테스트 네트워크(Ropsten Test Network)
> 이더리움 공개 테스트 블록체인 및 네트워크. 이 네트워크상의 ETH는 가치가 없다.

코반 테스트 네트워크(Kovan Test Network)
> 권한증명(proof of authority, 연합 서명)과 함께 아우라(Aura) 합의 프로토콜을 사용한 이더리움 공개 테스트 블록체인 및 네트워크. 이 네트워크상의 ETH는 가치가 없다. 코반 테스트 네트워크는 패리티(Parity)에서만 지원된다. 그 밖의 이더리움 클라이언트는 권한 기반 검증의 증거를 위해 나중에 제안된 클리크(Clique) 합의 프로토콜을 사용한다.

린케비 테스트 네트워크(Rinkeby Test Network)
> 권한증명(연합 서버)과 함께 클리크 합의 프로토콜을 사용하는 이더리움 공개 테스트 블록 및 네트워크. 이 네트워크상의 ETH는 가치가 없다.

로컬 호스트(Localhost) 8545
> 브라우저와 동일한 컴퓨터에서 실행 중인 노드에 연결한다. 노드는 공개 블록체인(메인 또는 테스트넷) 또는 개인 테스트넷의 일부가 될 수 있다.

사용자 지정 RPC
> 게스(Geth) 호환 원격 프로시저 호출(Remote Procedure Call, RPC) 인터페이스로 모든 노드

에 메타마스크를 연결할 수 있다. 노드는 공개 또는 사설 블록체인의 일부가 될 수 있다.

 메타마스크 지갑은 연결된 모든 네트워크에서 동일한 개인키와 이더리움 주소를 사용한다. 그러나 각 이더리움 네트워크의 이더리움 주소 잔액은 다르다. 여러분의 키는, 예를 들어 롭스텐에서 이더와 컨트랙트를 제어할 수 있지만 메인 네트워크에서는 제어할 수 없다.

테스트 이더 얻기

우리의 첫 번째 임무는 지갑에 자금을 조달하는 것이다. 메인 네트워크에서 그런 일을 하진 않을 텐데, 왜냐하면 진짜 이더는 비용이 들며 그것을 처리하는 데는 경험이 좀 더 필요하기 때문이다. 당분간은 지갑에 몇 개의 테스트넷 이더를 넣을 것이다.

메타마스크를 롭스텐 테스트 네트워크로 전환해 보자. 'Buy(구매)'를 클릭한 다음 'Ropsten Test Faucet(롭스텐 테스트 Faucet)'을 클릭하라. 메타마스크는 그림 2-5와 같이 새 웹 페이지를 연다.

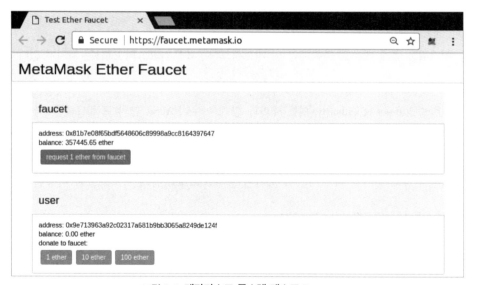

그림 2-5 메타마스크 롭스텐 테스트 Faucet

웹 페이지에 이미 메타마스크 지갑의 이더리움 주소가 있음을 알 수 있다. 메타마스크는 이더리움 사용 웹 페이지를 메타마스크 지갑과 통합하고 웹 페이지에서 이더리움 주소를 '볼' 수 있다. 예를 들어, 이더리움 주소를 표시하는 온라인 상점에 지급할 수 있다. 메타마스크는 웹 페이지가 요청할 경우 자신의 지갑 주소를 수신자 주소로 웹 페이지에 채울 수도 있다. 이 페이지에서는 Faucet 애플리케이션이 메타마스크에게 테스트 이더를 보낼 지갑 주소를 요청하고 있다.

녹색 'request 1 ether from faucet(Faucet에서 1이더 요청)' 버튼을 클릭해 보자. 트랜잭션 ID가 페이지 하단에 나타날 것이다. Faucet 앱이 트랜잭션을 생성하여 지급한다. 트랜잭션 ID는 다음과 같다.

```
0x7c7ad5aaea6474adccf6f5c5d6abed11b70a350fbc6f9590109e099568090c57
```

몇 초 후에 롭스텐 채굴자가 새 트랜잭션을 채굴하고 메타마스크 지갑의 잔액이 1ETH로 표시된다. 트랜잭션 ID를 클릭하면 브라우저가 **블록 탐색기(block explorer)**로 이동한다. 블록 탐색기는 블록, 주소 및 트랜잭션을 시각화하고 탐색할 수 있는 웹사이트다. 메타마스크는 인기 있는 이더리움 블록 탐색기 중 하나인 이더스캔(Etherscan, https://etherscan.io/)을 사용한다. 롭스텐 테스트 Faucet의 지급을 포함하는 트랜잭션은 그림 2-6과 같이 표시된다.

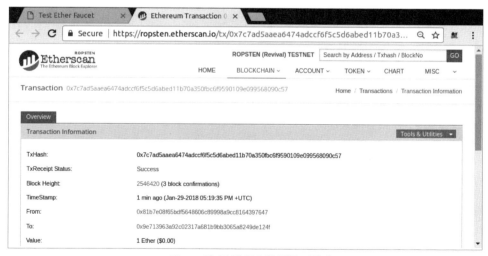

그림 2-6 이더스캔 롭스텐 블록 탐색기

트랜잭션은 롭스텐 블록체인에 기록되어 있으며, 트랜잭션 ID를 검색하거나 링크(http://bit.ly/2Q860Wk)를 방문하여 누구든지 언제든 볼 수 있다.

해당 링크를 방문하거나 ropsten.etherscan.io 웹사이트에 트랜잭션 해시를 입력하여 직접 확인해 보자.

메타마스크에서 이더 보내기

롭스텐 테스트 Faucet에서 첫 번째 테스트 이더를 받은 후 Faucet으로 일부를 다시 보냄으로써 이더 보내기를 실험할 수 있다. 롭스텐 테스트 Faucet 페이지에서 볼 수 있듯이 Faucet에 1ETH를 '기부하는' 옵션이 있다. 이 옵션은 테스트가 끝나면 나머지 테스트 이더를 반환하여 다른 사람이 다음에 사용하게 할 수 있다. 테스트 이더는 가치가 없음에도 그것을 지니고 있는 사람들이 있어서 다른 이들이 테스트 네트워크를 사용하기 어렵게 만든다. 테스트 이더를 모아두는 행위는 눈살을 찌푸리게 한다!

다행히도, 우리는 이더를 모아두는 사람이 아니다. 주황색 '1 ether(1이더)' 버튼을 클릭하여 메타마스크에게 Faucet 1이더를 지급하는 트랜잭션을 생성하도록 지시한다. 메타마스크는 트랜잭션을 준비하고 그림 2-7과 같이 확인 메시지를 표시한다.

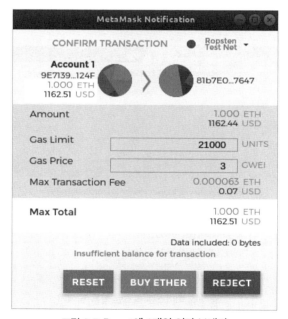

그림 2-7 Faucet에 1개의 이더 보내기

이런! 트랜잭션을 완료할 수 없다는 사실을 알았을 것이다. 메타마스크는 필요한 잔액이 부족하다고 말해 준다. 언뜻 보기에 이것은 혼란스러워 보일 수 있다. 여러분은 1ETH를 갖고 있고, 1ETH를 보내고 싶다. 그러면 메타마스크가 여러분에게 충분한 자금이 없다고 말하는 이유는 무엇일까?

대답은 **가스(gas)** 비용 때문이다. 이더 트랜잭션은 모든 트랜잭션이 유효한지 확인하기 위해 채굴자에게 수수료를 지급해야 한다. 이더리움의 수수료는 가스라고 하는 암호화폐로 청구된다. 트랜잭션의 부분 구성요소로 가스를 포함하는데, 이더로 가스비를 지불한다.

 테스트 네트워크에서도 요금이 필요하다. 수수료가 없으면 테스트 네트워크는 메인 네트워크와 다르게 동작하므로 부적절한 테스트 플랫폼이 된다. 또한 요금은 메인 네트워크를 보호하는 것과 마찬가지로 DoS 공격 및 잘못 구성된 컨트랙트(예: 무한 루프)로부터 테스트 네트워크를 보호한다.

트랜잭션을 보낼 때 메타마스크는 최근의 성공적인 트랜잭션의 평균 가스 비용을 계산해 본 결과, 3Gwei(gigawei)라는 가스비 값을 얻었다. 웨이(wei)는 17페이지의 '이더 화폐 단위' 절에서 논의한 것처럼 이더 화폐의 가장 작은 하위 단위다. 가스 한도는 기본 트랜잭션(21,000가스 단위)을 전송하는 비용으로 설정된다. 따라서 지출할 최대 ETH 금액은 3 * 21,000Gwei = 63,000Gwei = 0.000063ETH이다(평균 가스 가격은 채굴자가 주로 결정하기 때문에 변동될 수 있다. 이후의 장에서 가스 한도를 늘리거나 줄여 필요한 경우 트랜잭션을 우선적으로 수행할 수 있는 방법을 알아본다).

정리해 보면, 1ETH 트랜잭션을 만들기 위해 사용된 이더는 총 1.000063ETH이다. 메타마스크는 합계를 표시할 때 혼란스럽게 1ETH로 반올림하지만 필요한 실제 금액은 1.000063ETH인데, 여러분에겐 현재 1ETH만 있다. 이 트랜잭션을 취소하려면 'Reject(거부)'를 클릭하자.

테스트 이더를 좀 더 받아오자. 녹색 'request 1 ether from faucet(Faucet에서 1이더 요청)' 버튼을 다시 클릭하고 몇 초 기다린다. 걱정은 말자. Faucet에는 이더가 많이 있을 것이며, 요청한다면 더 많이 줄 것이다.

2ETH의 잔액이 생기면 다시 시도할 수 있다. 주황색 '1 ether' 기부 버튼을 클릭하면 이번에는 충분한 잔액을 가지고 있기 때문에 트랜잭션을 완료할 수 있다. 메타마스크가 지급 팝업창을 열 때 'Submit(제출)'을 클릭하자. 이 모든 작업 후에는 잔액이 0.999937ETH이어야 한다. 왜냐하면 가스로 0.000063ETH와 함께 Faucet에 1ETH를 보냈기 때문이다.

주소의 트랜잭션 내역 탐색

이제 여러분은 메타마스크를 사용하여 테스트 이더를 보내고 받는 전문가가 되었다. 지갑으로 2회 이상 지급받고, 1회 이상 지급했다. 그리고 ropsten.etherscan.io 블록 탐색기를 사용하여 이러한 모든 트랜잭션을 볼 수 있다. 지갑 주소를 복사하여 블록 탐색기의 검색 상자에 붙여넣거나 메타마스크에서 페이지를 열 수 있다. 메타마스크의 계정 아이콘 옆에는 3개의 점이 표시된 버튼이 보일 텐데, 계정 관련 옵션 메뉴를 보려면 이것을 클릭하면 된다(그림 2-8 참고).

그림 2-8 메타마스크 계정 컨텍스트 메뉴

그림 2-8과 같이 계정의 트랜잭션 내역을 보여주는 블록 탐색기에서 웹 페이지를 열고 'View account on Etherscan(이더스캔에서 계정 보기)'을 선택하라.

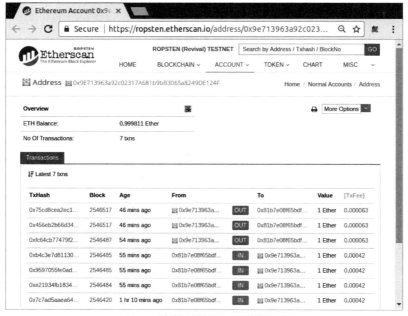

그림 2-9 이더스캔의 주소 트랜잭션 내역

이더리움 주소의 전체 트랜잭션 내역을 볼 수 있다. 여러분의 주소가 발신자 또는 수신자인 롭스텐 블록체인에 기록된 모든 트랜잭션을 보여준다. 자세한 내용을 보려면 트랜잭션 내역 중 하나를 클릭하라.

모든 주소의 트랜잭션 내역을 탐색할 수 있다. 롭스텐 테스트 Faucet 주소의 트랜잭션 내역을 살펴보라(힌트: 여러분 주소의 가장 오래된 지급 항목에 기재된 '발신인' 주소임). Faucet에서 나와 다른 주소로 보낸 모든 테스트 이더를 볼 수 있다. 여러분이 보는 모든 트랜잭션은 더 많은 주소와 트랜잭션으로 이어질 수 있다. 공개 블록체인은 엄청난 양의 정보를 포함하고 있으며, 이 모든 정보는 향후 예제에서 볼 수 있듯이 프로그래밍 방식으로 탐색할 수 있다.

월드 컴퓨터 소개

이제 지갑을 만들고 이더를 보내고 받았다. 지금까지 우리는 이더리움을 암호화폐로 취급했다. 그러나 이더리움은 이보다 훨씬 더 많은 기능을 갖고 있다. 사실, 암호화폐 기능은 탈중앙화된 월드 컴퓨터로서 이더리움의 기능에 부차적인 것이다. 이더는 **이더리움 가상 머신**(Ethereum Virtual Machine, EVM)이라고 하는 에뮬레이트된 컴퓨터에서 실행되는 컴퓨터 프로그램인 **스마트 컨트랙트**(smart contract)를 실행하는 데 사용되기 위한 것이다.

EVM은 글로벌 싱글톤으로, 마치 전 세계에 걸친 단일 인스턴스 컴퓨터인 것처럼 작동하며 세상 어디에서든 실행된다. 이더리움 네트워크의 각 노드는 컨트랙트 실행을 확인하기 위해 EVM의 로컬 사본을 실행하고, 이더리움 블록체인은 트랜잭션과 스마트 컨트랙트를 처리할 때 월드 컴퓨터의 변화하는 **상태**(state)를 기록한다. 이 내용은 13장에서 훨씬 더 자세하게 논의할 것이다.

외부 소유 계정(EOA) 및 컨트랙트

메타마스크 지갑에서 생성한 계정의 유형을 **외부 소유 계정**(Externally Owned Account, EOA)이라고 한다. 외부 소유 계정은 개인키가 있는 계정이다. 개인키를 갖는다는 건, 자금 또는 컨트랙트에 대한 접근을 제어한다는 뜻이다. 이제 또 다른 유형의 계정이 있다고 추측할 수 있을 텐데, 바로 **컨트랙트 계정**(contract account)이다. 컨트랙트 계정에는 단순한 EOA가 가질 수 없는 스마트 컨트랙트 코드가 있다. 또한 컨트랙트 계정에는 개인키가 없다. 대신, 컨트랙트 계정은 스마트 컨트랙트 코드의 로직으로 제어한다. 여기서 스마트 컨트랙트 코드는 컨트랙트 계정 생성 시 이더리움 블록체인에 기록되고 EVM에 의해 실행되는 소프트웨어 프로그램이다.

컨트랙트에는 EOA와 마찬가지로 주소가 있으며, 이더를 보내고 받을 수 있다. 그러나 트랜잭션 목적지가 컨트랙트 주소일 때 트랜잭션과 트랜잭션 데이터를 입력으로 사용하여 컨트랙트가 EVM에서 **실행된다(run)**. 이더 외에도 트랜잭션에는 실행할 컨트랙트의 특정 함수와 해당 함수에 전달할 파라미터를 나타내는 **데이터(data)**가 포함될 수 있다. 이렇게 해서 트랜잭션은 컨트랙트 내의 함수를 **호출(call)**할 수 있다.

컨트랙트 계정에는 개인키가 없으므로 트랜잭션을 시작할 수 없다. EOA만 트랜잭션을 **시작 (initiate)**할 수 있지만, 컨트랙트는 복잡한 실행 경로를 구축하여 다른 컨트랙트를 호출해서 컨트랙트에 **반응(react)**할 수 있다. 이것을 사용하는 전형적인 방법은 다중 서명 스마트 트랜잭션 지갑에 지급요청 트랜잭션을 전송하여 일부 ETH를 다른 주소로 보내는 것이다. 일반적인 댑 (DApp) 프로그래밍 패턴은 컨트랙트 A가 컨트랙트 B를 호출하게 하는 것인데, 이렇게 하면 컨트랙트 A의 사용자들 간에 공유된 상태를 유지할 수 있게 된다.

이후의 절들에서는 첫 번째 컨트랙트를 작성할 것이다. 그런 후에 롭스텐 테스트 네트워크에서 메타마스크 지갑과 테스트 이더로 컨트랙트를 생성하고, 컨트랙트에 자금을 조달하고, 컨트랙트를 사용하는 방법을 배우게 될 것이다.

간단한 컨트랙트: 테스트 이더 Faucet

이더리움에는 많은 고급 언어가 있으며, 모두 컨트랙트를 작성하고 EVM 바이트코드를 생성하는 데 사용할 수 있다. 144페이지의 '이더리움 고급 언어의 소개' 절에서 가장 두드러지고 흥미로운 내용들을 읽을 수 있다. 이 중 하나의 고급 언어가 스마트 컨트랙트 프로그래밍에서 가장 많이 사용되고 있는데, 솔리디티가 바로 그것이다. 솔리디티는 이 책의 공동 저자인 개빈 우드 박사가 창안했으며, 이더리움(그리고 그 너머)에서 가장 널리 사용되는 언어가 되었다. 우리는 솔리디티를 이용해서 첫 컨트랙트를 작성할 것이다.

첫 번째 예(예제 2-1)에서는 **Faucet**을 제어하는 컨트랙트를 작성할 것이다. 이미 롭스텐 테스트 네트워크에서 테스트 이더를 얻기 위해 Faucet을 사용했다. Faucet은 비교적 간단한데, 요청하는 모든 주소에 이더를 제공하고 주기적으로 다시 채워진다. 여러분은 Faucet을 사람이나 웹 서버가 관리하는 지갑으로 구현할 수 있다.

예제 2-1 Faucet.sol: Faucet을 구현하는 솔리디티 컨트랙트

```
1    // 우리의 첫 번째 컨트랙트는 Faucet이다.
2    contract Faucet {
3
4        // 요청하는 사람에게 이더 주기
5        function withdraw(uint withdraw_amount) public {
6
7            // 출금 액수 제한
8            require(withdraw_amount <= 100000000000000000);
9
10           // 요청한 주소로 금액 보내기
11           msg.sender.transfer(withdraw_amount);
12       }
13
14       // 입금 금액 수락
15       function () public payable {}
16
17   }
```

 이 책에 나오는 모든 코드 샘플은 책의 깃허브 저장소(https://bit.ly/2SZ2Gyc)의 code 하위 디렉터리에서 찾을 수 있다. 특히 Faucet.sol 컨트랙트는 code/Solidity/Faucet.sol에 있다.

이것은 우리가 만들 수 있는 매우 간단한 컨트랙트다. 또한 여러 가지 나쁜 습관과 보안 취약성을 보여주는, **결함을 가진(flawed)** 컨트랙트다. 이후 절에서 이 모든 결함을 검토하면서 배워보겠지만, 지금은 이 컨트랙트가 하는 일과 작동 방식을 한 줄씩 살펴볼 것이다. 솔리디티의 많은 부분이 자바스크립트나 자바, C++ 같은 기존 프로그래밍 언어와 유사하다는 사실을 금방 알아차릴 수 있다.

첫 번째 줄은 주석이다.

```
// 우리의 첫 번째 컨트랙트는 Faucet이다.
```

주석은 사람이 읽을 수 있으며, 실행 가능한 EVM 바이트코드에 포함되지 않는다. 대부분의 경우 주석은 설명하려고 하는 코드의 앞 줄에 넣거나 때로는 같은 줄에 넣는다. 주석은 2개의

슬래시(//)로 시작하는데, 첫 번째 슬래시부터 그 행 끝까지의 모든 것이 공백 행과 동일하게 취급되고 무시된다.

다음 줄은 실제 컨트랙트가 시작하는 곳이다.

```
contract Faucet {
```

이 줄은 다른 객체 지향 언어의 class 선언과 비슷하게 contract 객체를 선언한다. 컨트랙트는 **범위(scope)**를 정의하는 중괄호({}) 사이의 모든 줄을 포함해서 정의하는데, 다른 많은 프로그래밍 언어에서 중괄호가 사용되는 방식과 같다.

다음으로 Faucet 컨트랙트의 첫 번째 함수를 선언한다.

```
function withdraw(uint withdraw_amount) public {
```

이 함수의 이름은 withdraw이며, withdraw_amount라는 부호 없는 정수(uint) 인수 하나를 갖는다. 이 함수는 다른 함수에 의해 호출될 수 있는 공개(public) 함수로 선언된다. 함수 정의는 중괄호 사이에 온다. withdraw 함수의 첫 번째 부분은 출금에 대한 제한을 설정한다.

```
require(withdraw_amount <= 100000000000000000);
```

전제 조건을 테스트하기 위해 내장된 솔리디티 함수 require를 사용한다. 즉, withdraw_amount는 100,000,000,000,000,000웨이(이더의 기본 단위)보다 작거나 같으며(표 2-1 참고), 0.1이더에 해당한다. 해당 금액보다 큰 withdraw_amount로 withdraw 함수가 호출되면 여기의 require 함수는 컨트랙트 실행을 중지하고 **예외(exception)**로 실패 처리한다. 솔리디티에서 명령문은 세미콜론으로 끝나야 한다.

컨트랙트의 이 부분은 Faucet의 주요 로직이다. 출금에 한도를 두어 컨트랙트에서 자금 흐름을 제어한다. 매우 간단한 제어이지만 프로그래밍 가능한 블록체인의 힘을 볼 수 있다. 탈중앙화된 소프트웨어로 돈을 제어한다.

다음은 실제 출금이다.

```
msg.sender.transfer(withdraw_amount);
```

여기서 몇 가지 재미있는 일이 일어나고 있다. msg 객체는 모든 컨트랙트에서 접근할 수 있는 입력 중 하나로, 이 컨트랙트의 실행을 시작한 트랜잭션을 나타낸다. sender 속성은 해당 트랜잭션의 발신자 주소다. transfer 함수는 이더를 현재 컨트랙트에서 발신자의 주소로 전송하는 내장 함수다. 다시 말하자면, 이 컨트랙트 실행을 트리거한 msg의 sender(발신자)에게 transfer(전달)한다는 뜻이다. transfer 함수는 유일한 인수로서 양(amount)을 받는다. 몇 줄 앞에 선언된 withdraw 함수의 파라미터인 withdraw_amount 값을 전달한다.

바로 다음 줄은 마무리 중괄호이며, withdraw 함수 정의의 끝을 나타낸다.

다음으로 함수를 하나 더 선언한다.

```
function () public payable {}
```

이 함수는 소위 **폴백(fallback)** 또는 **기본(default)** 함수로, 컨트랙트를 실행한 트랜잭션이 컨트랙트에 선언된 함수 또는 어떠한 함수도 지정하지 않았거나 데이터를 포함하지 않은 경우에 호출된다. 컨트랙트에는 하나의 기본 함수(이름 없음)를 가질 수 있으며, 일반적으로 이더를 받는 함수다. 이런 이유로 기본 함수는 public(공개형)이고 payable 함수로 정의되며, 이는 이더를 컨트랙트에 받아들일 수 있음을 의미한다. 중괄호({}) 안의 비어 있는 정의가 나타내듯이, 이더를 받는 일 외에는 아무것도 하지 않는다. 이더를 지갑 같은 컨트랙트 주소로 보내는 트랜잭션을 발생시키면 이 함수가 처리한다.

우리의 기본 함수 바로 아래에는 Faucet 컨트랙트 정의를 끝마치는 마지막 마무리 중괄호가 있다.

Faucet 컨트랙트 컴파일

첫 번째 예제 컨트랙트를 만들었으니 솔리디티 컴파일러를 사용하여 솔리디티 코드를 EVM 바이트코드로 변환해야 한다. EVM은 바이트코드를 블록체인 자체에서 실행할 수 있다.

솔리디티 컴파일러는 독립 실행 파일, 다양한 프레임워크의 일부 그리고 통합 개발 환경(Integrated Development Environment, IDE)에 번들로 제공된다. 간단하게 하기 위해, 우리는 유명한 IDE 중 하나인 **리믹스(Remix)**를 사용할 것이다.

크롬 브라우저(앞서 설치한 메타마스크 지갑 포함)를 사용하여 https://remix.ethereum.org/에서 리믹스 IDE로 이동하자.

리믹스를 처음 로드하면 ballot.sol이라는 견본 컨트랙트로 시작된다. 필요하지 않으므로 그림 2-10과 같이 탭 모서리의 ×를 클릭하여 닫는다.

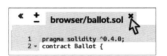

그림 2-10 기본 예제 탭 닫기

이제 왼쪽 툴바에서 더하기 기호를 클릭하여 새 탭을 추가한 다음, 그림 2-11과 같이 새 파일의 이름을 Faucet.sol로 지정한다.

그림 2-11 더하기 기호를 클릭하여 새 탭을 연다.

새 탭이 열리면 그림 2-12와 같이 예제 Faucet.sol의 코드를 복사하여 붙여넣는다.

그림 2-12 Faucet 예제 코드를 새 탭에 복사한다.

이제 Faucet.sol 컨트랙트를 리믹스 IDE에 로드하면 IDE가 자동으로 코드를 컴파일한다. 모두 잘되면 그림 2-13에서 볼 수 있듯이 'Compile(컴파일)' 탭 아래에 'Faucet'이 표시된 녹색 상자가 나타나고 컴파일이 성공적으로 완료되었음을 확인할 수 있다.

그림 2-13 리믹스가 Faucet.sol 컨트랙트를 성공적으로 컴파일한다.

만약 문제가 발생한다면, 가장 자주 발생하는 문제는 리믹스 IDE가 0.4.19와 다른 솔리디티 컴파일러 버전을 사용하는 경우다. 이럴 때 pragma 지시어는 Faucet.sol의 컴파일을 막을 것이다. 컴파일러 버전을 변경하려면 'Settings(설정)' 탭으로 이동하여 컴파일러 버전을 0.4.19로 설정하고 다시 시도해 보자.

솔리디티 컴파일러는 이제 Faucet.sol을 EVM 바이트코드로 컴파일한다. 만약 바이트코드에 관심이 있다면, 바이트코드는 다음과 같다.

```
PUSH1 0x60 PUSH1 0x40 MSTORE CALLVALUE ISZERO PUSH2 0xF JUMPI PUSH1 0x0 DUP1
REVERT JUMPDEST PUSH1 0xE5 DUP1 PUSH2 0x1D PUSH1 0x0 CODECOPY PUSH1 0x0 RETURN
STOP PUSH1 0x60 PUSH1 0x40 MSTORE PUSH1 0x4 CALLDATASIZE LT PUSH1 0x3F JUMPI
PUSH1 0x0 CALLDATALOAD PUSH29
0x100000000000000000000000000000000000000000000000000000000000
SWAP1 DIV PUSH4 0xFFFFFFFF AND DUP1 PUSH4 0x2E1A7D4D EQ PUSH1 0x41 JUMPI
JUMPDEST STOP JUMPDEST CALLVALUE ISZERO PUSH1 0x4B JUMPI PUSH1 0x0 DUP1 REVERT
JUMPDEST PUSH1 0x5F PUSH1 0x4 DUP1 DUP1 CALLDATALOAD SWAP1 PUSH1 0x20 ADD SWAP1
SWAP2 SWAP1 POP POP PUSH1 0x61 JUMP JUMPDEST STOP JUMPDEST PUSH8
0x16345785D8A0000 DUP2 GT ISZERO ISZERO ISZERO PUSH1 0x77 JUMPI PUSH1 0x0 DUP1
REVERT JUMPDEST CALLER PUSH20 0xFFFFFFFFFFFFFFFFFFFFFFFFFFFFFFFFFFFFFFFF AND
PUSH2 0x8FC DUP3 SWAP1 DUP2 ISZERO MUL SWAP1 PUSH1 0x40 MLOAD PUSH1 0x0 PUSH1
0x40 MLOAD DUP1 DUP4 SUB DUP2 DUP6 DUP9 DUP9 CALL SWAP4 POP POP POP POP ISZERO
ISZERO PUSH1 0xB6 JUMPI PUSH1 0x0 DUP1 REVERT JUMPDEST POP JUMP STOP LOG1 PUSH6
0x627A7A723058 KECCAK256 PUSH9 0x13D1EA839A4438EF75 GASLIMIT CALLVALUE LOG4 0x5f
PUSH24 0x7541F409787592C988A079407FB28B4AD000290000000000
```

EVM 바이트코드에서 직접 프로그래밍하는 대신 솔리디티 같은 고급 언어를 사용할 수 있어 기쁘지 않은가? 나도 그렇다!

블록체인에 컨트랙트 생성하기

그렇게 컨트랙트를 만들어서 바이트코드로 컴파일했다. 이제, 이더리움 블록체인에 컨트랙트를 '등록'해야 한다. 우리는 롭스텐 테스트넷을 사용하여 컨트랙트를 테스트할 것이고, 이 테스트넷 블록체인에 올리게 될 것이다.

블록체인에 컨트랙트를 등록하는 것은 목적지 주소가 0x00000000000000000000000000000000000000000(제로 어드레스(zero address)라고도 함)인 특수 트랜잭션을 만드는 것이다. 제로 어드레스는 컨트랙트를 등록하고자 하는 이더리움 블록체인에 알리는 특별한 주소다. 다행히도 리믹스 IDE가 이 모든 것을 처리하고 메타마스크에 트랜잭션을 보낸다.

먼저 'Run(실행)' 탭으로 전환하고 'Environment' 드롭다운 선택 상자에서 'Injected Web3'를 선택하라. 이렇게 하면 리믹스 IDE가 메타마스크 지갑에 연결되고, 메타마스크를 통해 롭스텐 테스트 네트워크에 연결된다. 일단 그렇게 하면 'Environment' 아래에서 'Ropsten'을 볼 수 있다. 또한 계정 선택 상자에는 지갑의 주소가 표시된다(그림 2-14 참고).

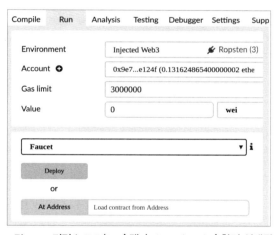

그림 2-14 리믹스 IDE 'Run' 탭, 'Injected Web3' 환경 선택됨

방금 확인한 'Run' 설정 바로 아래에 Faucet 컨트랙트가 생성될 준비가 되어 있다. 그림 2-14에 나타나 있는 'Deploy' 버튼을 클릭하라.

리믹스는 특별한 '생성' 트랜잭션을 생성할 것이고, 메타마스크는 그림 2-15와 같이 여러분에게 승인을 요청할 것이다. 컨트랙트 생성 트랜잭션에는 이더가 없지만, 258바이트(컴파일된 컨트랙트)의 데이터가 있으며 가스 10Gwei를 소비한다. 승인하려면 'Submit'을 클릭하라.

그림 2-15 컨트랙트 생성 트랜잭션을 보여주는 메타마스크

이제 여러분은 기다려야 한다. 롭스텐에서 컨트랙트 체결을 하는 데 약 15~30초가 소요된다. 리믹스가 일을 하지 않는 것처럼 보이겠지만, 인내심을 가져라.

컨트랙트가 생성되면 'Run' 탭 하단에 나타난다(그림 2-16 참고).

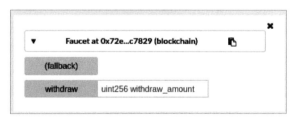

그림 2-16 Faucet 컨트랙트가 살아 있다!

Faucet 컨트랙트는 이제 자체 주소를 갖고 있다. 리믹스에서는 'Faucet at 0x72e...c7829'로 나타난다(임의의 문자와 숫자로 이루어진 여러분의 주소는 다를 수 있다). 오른쪽의 작은 클립보드 기호를 사용하면 컨트랙트 주소를 클립보드로 복사할 수 있는데, 다음 절에서 그것을 사용할 것이다.

컨트랙트 사용하기

지금까지 배운 내용을 요약해 보자. 이더리움 컨트랙트는 EVM이라고 하는 가상 시스템에서 실행되는 돈을 제어하는 프로그램이다. 컨트랙트는 블록체인에 바이트코드를 등록하는 특별한 트랜잭션에 의해 생성된다. 컨트랙트가 블록체인에서 생성되면 지갑과 마찬가지로 이더리움 주소를 갖게 된다. 누군가가 컨트랙트 주소로 트랜잭션을 보낼 때마다 그 트랜잭션을 입력값으로 하여 컨트랙트가 EVM에서 실행된다. 컨트랙트 주소로 보내지는 트랜잭션에는 이더, 데이터 또는 둘 다를 포함할 수 있다. 트랜잭션이 이더를 포함하면, 이는 컨트랙트 잔액에 '예치된다'. 데이터가 포함되어 있으면 데이터에서는 컨트랙트에서 명명된 함수를 지정하고 호출하여 함수에 인수를 전달할 수 있다.

블록 탐색기에서 컨트랙트 주소 보기

이제 우리는 블록체인에 기록된 컨트랙트를 갖고 있으며, 그 컨트랙트가 이더리움 주소를 갖고 있음을 볼 수 있다. ropsten.etherscan.io 블록 탐색기에서 이더리움 주소를 확인하고 컨트랙트 내용을 확인하라. 리믹스 IDE에서 이름 옆에 있는 클립보드 아이콘을 클릭하여 컨트랙트 주소를 복사하라(그림 2-17 참고).

그림 2-17 리믹스에서 컨트랙트 주소 복사

리믹스를 다시 사용하므로 열어둔 채 브라우저를 ropsten.etherscan.io로 이동하여 그림 2-18과 같이 검색 상자에 주소를 붙여넣어 보자. 컨트랙트의 이더리움 주소 기록을 볼 수 있다.

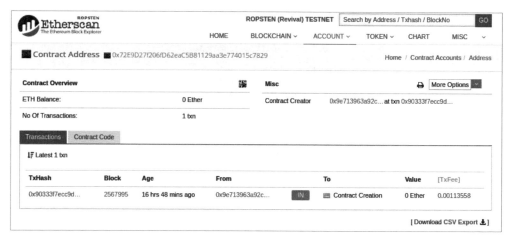

그림 2-18 이더리움 스캔 블록 탐색기에서 Faucet 컨트랙트 주소 보기

컨트랙트 자금 조달

현재 컨트랙트상에는 생성 트랜잭션 하나만 기록되어 있다. 보다시피 컨트랙트에는 이더(제로 잔액)도 없다. 왜냐하면 컨트랙트 생성 트랜잭션을 보낼 때 이더를 전혀 보내지 않았기 때문인데, 보내려고 했으면 같이 보낼 수 있기는 했었다.

Faucet에는 자금이 필요하다! 첫 번째 프로젝트는 메타마스크를 사용하여 이더를 컨트랙트로 보내는 것이다. 클립보드에 컨트랙트의 주소가 남아 있어야 한다(그렇지 않은 경우 리믹스에서 다시 복사하자). 다른 이더리움 주소와 마찬가지로 메타마스크를 열고 1이더를 보내보자(그림 2-19 참고).

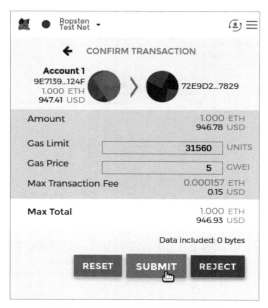

그림 2-19 **컨트랙트 주소로 1이더 보내기**

1분 안에 이더스캔 블록 탐색기를 다시 로드하면, 컨트랙트 주소에 대한 또 다른 트랜잭션과 업데이트된 1이더의 잔액이 표시된다.

Faucet.sol 코드의 이름 없는 공개형 기본 함수인 payable 함수를 기억하는가? 그것은 다음과 같다.

```
function () public payable {}
```

컨트랙트 주소로 트랜잭션을 전송할 때 호출할 함수를 지정하는 데이터가 없으면 이 기본 함수를 호출한다. 우리는 이 함수를 payable로 선언했기 때문에 1이더를 컨트랙트 계정 잔액에 입금한다. 트랜잭션으로 인해 EVM에서 컨트랙트가 실행되어 잔액이 업데이트되었다. 우리는 Faucet에 자금을 조달했다!

컨트랙트에서 출금

다음으로 Faucet에서 일부 자금을 출금해 보자. 출금하려면 withdraw 함수를 호출하고 withdraw_amount 인수를 전달하는 트랜잭션을 생성해야 한다. 이 작업을 간단하게 처리하기 위해 리믹스를 이용해 트랜잭션을 구성해 보고, 이 트랜잭션을 메타마스크에서 승인하도록 해볼 것이다.

리믹스 탭으로 돌아가서 'Run' 탭에서 컨트랙트를 보자. uint256 withdraw_amount라고 표시된 필드 항목으로 'withdraw'라는 빨간색 상자가 표시되어야 한다(그림 2-20 참고).

그림 2-20 리믹스에서 Faucet.sol의 출금 함수

이것은 컨트랙트의 리믹스 인터페이스다. 이를 통해 컨트랙트에 정의된 함수를 호출하는 트랜잭션을 구성할 수 있다. 출금 액수(withdraw_amount)를 입력하고 출금 버튼을 클릭하여 트랜잭션을 생성한다.

먼저, withdraw_amount를 알아보자. 우리는 컨트랙트에서 허용하는 최대 금액인 0.1이더를 출금하려고 한다. 이더리움의 모든 화폐 가치는 내부적으로 웨이(wei)로 표시되며, 출금 함수는 withdraw_amount가 웨이로 표기될 것으로 예상한다. 우리가 원하는 양은 0.1이더, 즉 100,000,000,000,000,000웨이(10^{17})다.

 자바스크립트의 한계 때문에 10^{17} 크기의 숫자는 리믹스에서 처리할 수가 없다. 대신, 그 숫자를 큰따옴표로 묶어서 리믹스가 그것을 문자열로 받아 BigNumber로 조작할 수 있도록 한다. 따옴표로 묶지 않으면 리믹스 IDE가 이를 처리하지 못하고 'Error encoding arguments: Error: Assertion failed'를 표시한다.

withdraw_amount 상자에 "100000000000000000"(따옴표와 함께)을 입력하고 'withdraw' 버튼을 클릭하라(그림 2-21 참고).

그림 2-21 리믹스에서 'withdraw'를 클릭하여 출금 트랜잭션을 만든다.

메타마스크는 승인을 위한 트랜잭션 창을 팝업으로 연다. 출금 신호를 컨트랙트로 보내려면 'Submit'을 클릭하라(그림 2-22 참고).

그림 2-22 **출금 기능을 호출하는 메타마스크 트랜잭션**

잠시 기다린 다음 이더스캔 블록 탐색기를 다시 로드하여 Faucet 컨트랙트 주소 기록에 반영된 트랜잭션을 확인해 보자(그림 2-23 참고).

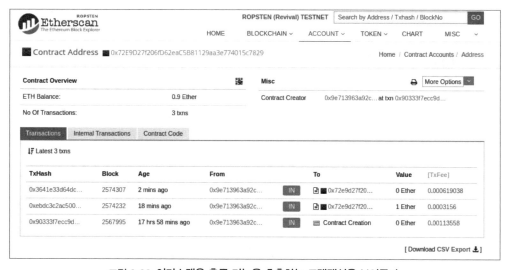

그림 2-23 **이더스캔은 출금 기능을 호출하는 트랜잭션을 보여준다.**

이제 컨트랙트 주소가 목적지이고 보내는 양이 0이더인 새로운 트랜잭션이 표시된다. 0.1이더를 보냈기 때문에 컨트랙트 잔액이 변경되었고 0.9이더가 되었다. 그러나 우리는 **컨트랙트 주소 기록**(contract address history)에서 'OUT' 트랜잭션을 보지 못한다.

나가는 출금은 어디 있는 것인가? 컨트랙트의 주소 기록 페이지에 'Internal Transactions'라는 새 탭이 나타난다. 0.1이더 전송은 컨트랙트 코드에서 시작되었기 때문에 내부 트랜잭션(**메시지**(message)라고도 함)이다. 그림 2-24에 표시된 'Internal Transactions' 탭을 클릭하라.

이 '내부 트랜잭션'은 Faucet.sol의 withdraw 함수를 통해 다음 코드 줄에서 컨트랙트에 의해 전송되었다.

```
msg.sender.transfer(withdraw_amount);
```

요약하자면, 우리는 메타마스크 지갑에서 withdraw_amount 인수 0.1이더를 사용하여 withdraw 함수를 호출하는 데이터 명령어가 포함된 트랜잭션을 보냈다. 이 트랜잭션으로 컨트랙트가 EVM 내부에서 실행되었다. EVM이 Faucet 컨트랙트의 withdraw 함수를 실행함에 따라 먼저 require 함수를 호출하고 우리의 금액이 0.1이더의 최대 허용 출금보다 작거나 같음을 확인한다. 그런 다음 transfer 함수를 호출하여 이더를 보낸다. transfer 함수를 실행하면 내부 트랜잭션이 생성되어 0.1이더가 컨트랙트 잔액에서 우리의 지갑 잔액으로 들어온다. 이것이 이더스캔의 'Internal Transactions' 탭에 표시된 내용이다.

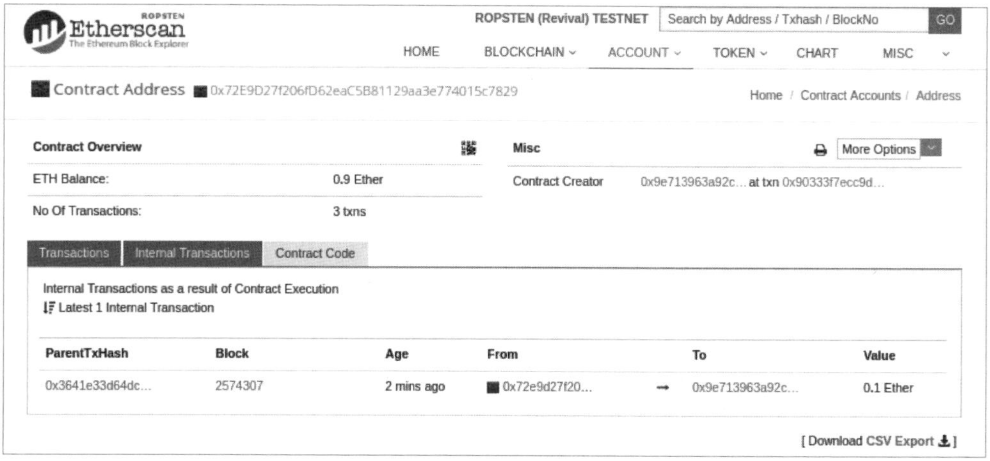

그림 2-24 **이더스캔은 컨트랙트에서 이더를 전송하는 내부 트랜잭션을 보여준다.**

결론

이 장에서는 메타마스크를 사용하여 지갑을 설정했으며, 롭스텐 테스트 네트워크의 Faucet을 사용하여 자금을 조달했다. 이더를 지갑의 이더리움 주소로 가져온 다음, Faucet 이더리움 주소로 보냈다.

다음으로 솔리디티로 Faucet 컨트랙트를 작성했다. 리믹스 IDE를 사용하여 컨트랙트를 EVM 바이트코드로 컴파일했다. 트랜잭션을 형성하기 위해 리믹스를 사용했고, 롭스텐 블록체인에서 Faucet 컨트랙트를 만들었다. 생성된 Faucet 컨트랙트에는 이더리움 주소가 있으며 일부 이더를 보냈다. 마지막으로, withdraw 함수를 호출하는 트랜잭션을 구성하고 성공적으로 0.1이더를 요청했다. 컨트랙트는 우리의 요청을 확인하고 내부 트랜잭션으로 0.1이더를 보냈다.

별로 대단해 보이지 않을 수도 있지만, 우리는 탈중앙화된 월드 컴퓨터에서 돈을 통제하는 소프트웨어와 성공적으로 상호작용했다.

7장에서 훨씬 더 많은 스마트 컨트랙트 프로그래밍을 수행해 본 후, 9장에서는 모범 사례와 보안 고려사항에 대해 배우게 될 것이다.

3

이더리움 클라이언트

이더리움 클라이언트는 이더리움 사양을 구현하고 다른 이더리움 클라이언트와 피어투피어 네트워크를 통해 통신하는 소프트웨어 애플리케이션이다. 기준 사양과 표준 통신 프로토콜을 준수한다면, 서로 다른 이더리움 클라이언트들끼리 **상호운용(interoperate)**이 가능하다. 이러한 서로 다른 클라이언트가 다른 팀과 다른 프로그래밍 언어로 구현되는 동안 이들은 모두 동일한 프로토콜로 '소통하고(speak)' 동일한 규칙을 따른다. 따라서 이들은 모두 동일한 이더리움 네트워크에서 운영 및 상호작용하는 데 사용될 수 있다.

이더리움은 오픈 소스 프로젝트이며, 모든 주요 클라이언트의 소스 코드는 오픈 소스 라이선스(예: LGPL v3.0)하에서 사용할 수 있으므로 무료로 다운로드하여 다른 용도로 자유롭게 사용할 수 있다. 오픈 소스란 단순히 자유롭게 사용할 수 있는 것 이상을 의미한다. 또한 이더리움은 공개 기여자 커뮤니티에 의해 개발되어 누구든지 수정할 수 있다. 참여자가 많을수록 신뢰할 수 있는 코드가 된다.

이더리움은 '황서'라는 공식 사양에 의해 정의된다(9페이지의 '더 읽을거리' 절 참고).

하지만 비트코인은 이와 달리 공식적인 방식으로 정의되지 않는다. 비트코인의 '사양'이 비트코인 코어(Core) 기준 구현체인 반면, 이더리움은 영어와 수학(공식) 사양이 결합되어 문서화되어 있다. 이 공식 사양은 다양한 이더리움 개선 제안과 함께 이더리움 클라이언트의 표준 작동 방식을 정의한다. 황서는 이더리움에 주요 변경사항이 적용됨에 따라 주기적으로 업데이트된다.

이더리움은 각 클라이언트가 구현해야 될 사양에 대해 명확한 기준을 제시하고 있기 때문에, 독립적으로 개발된 클라이언트들도 대부분 상호운용이 가능하다. 이더리움은 다른 블록체인 보다 네트워크에서 실행되는 구현의 다양성이 더 크며, 이는 일반적으로 좋은 점으로 평가된다. 실제로 이더리움은 네트워크 공격을 방어하기 위한 훌륭한 방법으로 입증되었다. 왜냐하면 특정 클라이언트의 구현 전략을 악용하는 것은 개발자가 공격을 패치하는 동안 개발자를 괴롭히지만 다른 클라이언트는 네트워크에 거의 영향을 주지 않기 때문이다.

이더리움 네트워크

이더리움 기반 네트워크 중에는 이더리움 '황서'에서 정의된 공식 사양에 부합하지만, 서로 간에 상호운용될 수도 있고 그렇지 않을 수도 있는 것들이 많이 있다.

이더리움 기반 네트워크는 이더리움, 이더리움 클래식(Classic), 엘라(Ella), 익스팬스(Expanse), 유비크(Ubiq), 뮤지코인(Musicoin) 및 기타 여러 네트워크가 있다. 대부분 프로토콜 수준에서 호환되는 반면, 이더리움 클라이언트 소프트웨어의 관리자가 각 네트워크를 지원하기 위해 작은 변경을 요구하는 기능 또는 속성을 갖고 있는 경우가 많다. 이 때문에 이더리움 클라이언트 소프트웨어의 모든 버전이 모든 이더리움 기반 블록체인을 실행하는 것은 아니다.

현재 여섯 가지 언어로 작성된 이더리움 프로토콜의 여섯 가지 기본 구현이 있다.

- 러스트(Rust)로 작성된 패리티(Parity)
- 고(Go)로 작성된 게스(Geth)
- C++로 작성된 cpp-ethereum
- 파이썬(Python)으로 작성된 pyethereum
- 스칼라(Scala)로 작성된 맨티스(Mantis)
- 자바(Java)로 작성된 하모니(Harmony)

이번 장에서는 가장 일반적인 2개의 클라이언트인 패리티와 게스에 대해 살펴보겠다. 각 클라이언트를 사용하여 노드를 설정하고 커맨드 라인(command-line) 및 애플리케이션 프로그래밍 인터페이스(Application Programming Interface, API) 중 일부를 탐색하는 방법을 학습한다.

풀 노드를 실행해야 하는가?

블록체인의 건전성(health), 복원력(resilience), 검열 저항(censorship resistance) 특성은 독립적으로 운용되고 지리적으로 분산된 풀 노드(full node)가 얼마나 많은지에 달려 있다. 각각의 풀 노드는 다른 새 노드가 블록 데이터를 얻어 작업을 부트스트랩(bootstrap)하고, 운영자에게 모든 트랜잭션 및 컨트랙트에 대해 신뢰할 수 있고 독립적인 검증을 제공할 수 있도록 도와준다.

그러나 풀 노드를 실행하면 하드웨어 자원 및 대역폭 비용이 발생한다. 풀 노드는 80~100GB 정도의 데이터를 다운로드해야 하며(2018년 9월 기준이며 클라이언트에 따라 다르다), 로컬 하드 디스크에 저장해야 한다. 새로운 트랜잭션 및 블록이 추가되면서 매일 이러한 데이터 부담이 상당히 빠르게 증가한다. 이 주제는 52페이지의 '풀 노드를 위한 하드웨어 요구사항' 절에서 좀 더 자세히 설명한다.

이더리움 개발에는 라이브 **메인넷(mainnet)** 네트워크에서 실행 중인 풀 노드가 필요하지 않다. **테스트넷(testnet)** 노드(작은 공개 테스트 블록체인 중 하나에 연결), 가나슈(Ganache) 같은 로컬 사설 블록체인 또는 인퓨라(Infura) 같은 서비스 공급자가 제공하는 클라우드 기반 이더리움 클라이언트로 원하는 대부분의 작업을 수행할 수 있다.

블록체인의 로컬 사본을 저장하지 않거나 블록 및 트랜잭션의 유효성을 확인하지 않는 원격 클라이언트를 실행할 수도 있다. 이 클라이언트는 지갑의 기능을 제공하며 트랜잭션을 생성하고 전파할 수 있다. 원격 클라이언트를 사용하여 자신의 풀 노드, 공개 블록체인, 공개 또는 허가된(권위증명(Proof-of-Authority)) 테스트넷 또는 개인 로컬 블록체인 같은 기존 네트워크에 연결할 수 있다. 실제로 다른 모든 노드 옵션 간에 전환하기 위한 편리한 방법으로 메타마스크(MetaMask), 에메랄드 지갑(Emerald Wallet), 마이이더월렛(MyEtherWallet), 마이크립토(MyCrypto) 같은 원격 클라이언트를 사용할 것이다.

'원격 클라이언트' 및 '지갑'이라는 용어는 혼용되어 사용되기도 하지만 서로 다른 점이 있다. 일반적으로 원격 클라이언트는 지갑의 트랜잭션 기능 외에도 API(예: web3.js API)를 제공한다.

이더리움의 원격 지갑 개념을 **라이트 클라이언트(light client, 비트코인의 간이 결제 확인(Simplified Payment Verification) 클라이언트와 유사함)**의 개념과 혼동하면 안 된다. 라이트 클라이언트는 블록 헤더의 유효성을 검사하고, 머클(Merkle) 증명을 사용하여 블록체인에서의 트랜잭션 포함 여부를 확인하고 그 영향도를 결정하여 풀 노드에 대해 비슷한 수준의 보안을 제공한다. 반대로, 이더리움 원격 클라이언트는 블록 헤더 또는 트랜잭션의 유효성을 검사하지 않는다. 그들은 풀 클라이언트(full client)를 신뢰하여 블록체인에 대한 접근 권한을 부여하므로 보안 및 익명성 보장 수준이 상당히 떨어진다. 여러분 스스로 실행하는 풀 클라이언트를 사용하여 이러한 문제를 완화할 수 있다.

풀 노드의 장단점

풀 노드를 실행하기로 선택하면 네트워크를 연결하는 데 도움이 되지만, 일정 수준의 비용이 발생한다. 몇 가지 장단점을 살펴보자.

장점

- 이더리움 기반 네트워크의 복원력과 검열 저항을 지원한다.
- 모든 트랜잭션을 정식으로 검증한다.
- 중개자 없이 공개 블록체인의 모든 컨트랙트와 상호작용할 수 있다.
- 중개자 없이 컨트랙트를 공개 블록체인에 직접 배포할 수 있다.
- 블록체인 상태(계정, 스마트 컨트랙트 등)를 오프라인에서 조회할 수 있다(읽기 전용).
- 여러분이 읽은 정보를 제3자에게 노출하지 않고 가져올 수 있다.

단점

- 하드웨어와 대역폭 자원의 확대가 필요하다.
- 처음 시작할 때 전체 동기화를 위해 여러 날이 소요된다.
- 동기화를 유지하기 위해 관리하고, 업그레이드하고, 온라인 상태로 유지해야 한다.

공개 테스트넷의 장단점

풀 노드를 선택하든 아니든, 여러분은 아마도 공개 테스트넷 노드를 실행하기를 원할 것이다. 공개 테스트넷을 사용할 때의 장단점을 알아보자.

장점

- 테스트넷 노드는 훨씬 적은 데이터(네트워크에 따라서 약 10GB)와 동기화를 필요로 한다 (2018년 4월 기준).
- 테스트넷 노드는 몇 시간 내에 전체 동기화를 할 수 있다.
- 컨트랙트 배포 및 트랜잭션 생성을 위한 테스트용 이더를 몇몇 Faucet으로부터 무료로

얻을 수 있다.

- 테스트넷은 다른 많은 스마트 컨트랙트가 '동작(live)' 실행 중인 공개 블록체인이다.

단점

- 여러분은 테스트넷에서 '실제(real)' 돈을 사용할 수 없다. 테스트 이더로 실행한다. 따라서 위험에 처할 만한 일이 없으므로 악의적 사용자들에 대응하는 실전 보안성 테스트를 할 수 없다.
- 테스트넷에서는 퍼블릭 블록체인에서만큼 실전 테스트를 할 수 없는 측면이 있다. 예를 들면, 테스트넷에서는 실제 트랜잭션 시 필수적으로 발생하는 비용인 가스 수수료를 고려하지 않는다. 더구나 테스트넷은 공개 메인넷에서 때때로 발생하는 네트워크 혼잡이 없다.

로컬 블록체인 시뮬레이션 장단점

많은 테스트 목적에 가장 좋은 선택은 단일 인스턴스 사설 블록체인을 실행하는 것이다. 가나슈(Ganache, 이전 이름은 testrpc)는 다른 어떤 참여자들 없이 상호작용할 수 있는 가장 인기 있는 로컬 블록체인 시뮬레이션 중 하나다. 가나슈는 공개 테스트넷의 많은 장단점을 공유하지만 약간의 차이가 있다.

장점

- 동기화가 없고 디스크에 데이터가 거의 없다. 직접 첫 번째 블록을 채굴한다.
- 테스트 이더를 얻을 필요가 없다. 테스트를 위해 사용할 수 있는 채굴 보상을 자신에게 '수여(award)'한다.
- 다른 사용자는 없고 단지 여러분만 있다.
- 다른 컨트랙트는 없고 단지 여러분이 시작하고 배포한 컨트랙트만 있다.

단점

- 다른 사용자가 없다는 건, 공개 블록체인과 동일하게 동작하지 않는다는 뜻이다. 트랜잭션 순서나 트랜잭션 공간을 두고 경쟁이 없다.
- 여러분 말고 채굴자가 없다는 건, 채굴이 더욱 예측 가능하다는 뜻이다. 그러므로 여러분은 공개 블록체인에서 발생하는 일부 시나리오를 테스트할 수 없다.
- 다른 컨트랙트가 없다는 건, 테스트를 위해 의존성을 갖는 것들과 컨트랙트 라이브러리

를 포함하여 여러분이 원하는 모든 것을 배포해야 한다는 뜻이다.

- 여러분은 어떤 시나리오를 테스트하기 위한 공개 컨트랙트와 주소를 다시 만들지 못할 수도 있다(예: DAO 컨트랙트).

이더리움 클라이언트 실행

만약 여러분에게 시간과 자원이 있다면, 절차에 대해 좀 더 배우기 위해서라도 풀 노드의 실행을 시도해 봐야 한다. 다음 절에서는 이더리움 클라이언트인 패리티(Parity)와 게스(Geth)를 다운로드, 컴파일, 실행할 것이다. 이를 위해 운영체제에서 커맨드 라인 인터페이스를 사용하는 데 익숙해져야 한다. 여러분이 테스트넷 노드로 풀 노드를 실행하는 것을 선택하든지 아니면 로컬 사설 블록체인을 위한 클라이언트를 선택하든지 간에, 이러한 클라이언트를 설치해 보는 것은 도움이 될 만한 일이다.

풀 노드를 위한 하드웨어 요구사항

시작에 앞서 여러분은 이더리움 풀 노드를 실행하기 위해 컴퓨터가 충분한 자원을 갖고 있는지 확인해야 한다. 이더리움 블록체인의 전체 사본을 저장하기 위해서는 적어도 80GB의 디스크 공간이 필요하다. 만약 이더리움 테스트넷에서 풀 노드를 실행하기를 원한다면 적어도 15GB가 더 필요하다. 80GB 블록체인 데이터를 다운로드하는 데는 오랜 시간이 걸린다. 그래서 고속 인터넷에 접속하기를 권한다.

이더리움 블록체인을 동기화하는 것은 매우 많은 입출력(I/O)을 필요로 한다. 가장 좋은 방법은 솔리드 스테이트 드라이브(Solid-State Drive, SSD)를 준비하는 것이다. 만약 기계식 하드 디스크 드라이브(Hard Disk Drive, HDD)를 갖고 있다면 캐시(cache)를 사용하기 위해 적어도 8GB RAM이 필요할 것이다. 그렇지 않으면 너무 느려서 완전히 동기화되지 않을 수도 있다.

최소 요구사항

- 2코어 이상의 CPU
- 적어도 80GB의 여유 스토리지 공간
- 최소 4G RAM SSD(HDD의 경우 8GB 이상)
- 다운로드 속도가 초당 8MBit인 인터넷 서비스

이것은 이더리움 기반 블록체인의 전체(하지만 정리된) 사본을 동기화하기 위한 최소 요구사항이다.

이 글을 쓰는 시점(2018년 4월)에 패리티 코드베이스(codebase)가 리소스를 좀 더 적게 사용하기 때문에 만약 제한된 하드웨어에 실행한다면 패리티를 사용하는 것이 더 낫다.

만약 좀 더 빠른 시간 내에 동기화하고 모든 개발 도구, 라이브러리, 클라이언트 및 이 책에서 논의한 블록체인을 저장하고 싶다면, 더 고성능의 컴퓨터를 사용하는 것이 좋다.

추천 사양

- 4코어 이상의 빠른 CPU
- 16GB 이상의 RAM
- 메모리 여유 공간이 적어도 500GB인 빠른 SSD
- 다운로드 속도가 초당 25MBit 이상인 인터넷 서비스

블록체인의 크기가 얼마나 빨리 증가할지, 디스크 공간이 더 필요할지 예측하기가 어렵기 때문에 동기화를 시작하기 전에 블록체인의 가장 최근 데이터 용량을 확인하는 것이 좋다.

 위에서 언급한 디스크 크기 요구사항은 오래된 상태 데이터에 대해 '분기된(pruned)' 블록체인에서 기본 설정으로 노드를 실행한다고 가정했다. 모든 상태가 디스크에 보관되는 전체 '기록(archival)' 노드를 실행한다면 1TB 이상의 디스크 공간이 필요할 수 있다.

다음 링크는 블록체인 크기에 대한 최신 추정치를 제공한다.

- 이더리움(https://bitinfocharts.com/ethereum/)
- 이더리움 클래식(https://bit.ly/2suhljU)

클라이언트(노드)를 빌드하고 실행하기 위한 소프트웨어 요구사항

이번 절에서는 패리티와 게스 클라이언트 소프트웨어에 대해 다룬다. 유닉스 같은 커맨드 라인 환경을 사용한다고 가정한다. 예제에서는 배시 셸(커맨드 라인 실행 환경)을 실행하는 우분투 GNU/리눅스 운영체제에서 나타나는 명령과 출력을 보여준다.

일반적으로 모든 블록체인에는 자체 버전의 게스가 있다. 패리티는 동일한 클라이언트 다운로드를 통해 여러 이더리움 기반 블록체인(이더리움, 이더리움 클래식, 엘라이즘, 익스팬스, 뮤지코인)을 지원한다.

이 장의 다양한 예시에서는 운영체제의 커맨드 라인 인터페이스를 사용할 것이다(이를 '셸 (shell)'이라고 한다). 셸은 프롬프트(prompt)를 출력할 것이다. 여러분이 명령을 입력하면 셸 이 다음 명령에 대한 텍스트와 새로운 프롬프트로 응답한다. 프롬프트는 여러분의 시스템에 서 다르게 보일 수 있지만, 다음 예에서는 $ 기호로 표시된다. 예에서 $ 기호 뒤에 텍스트가 나타나면 $ 기호는 입력하지 말고 즉시 명령을 입력한다(굵은 서체로 보임). 그런 다음 'Enter' 를 눌러 명령을 실행한다. 예에서 각 명령 아래의 행은 해당 명령에 대한 운영체제의 응답이 다. 다음 $ 접두어가 보이면 이것은 새로운 명령이므로 그 과정을 반복한다.

시작하기에 앞서, 설치된 몇 가지 소프트웨어를 확인할 필요가 있다. 만약 여러분이 현재 사용하는 컴퓨터에서 어떠한 소프트웨어 개발도 하지 않았다면 기본적인 도구를 설치할 필요가 있다. 다음에 나올 예제를 따라 하기 위해서는 소스 코드 관리 시스템인 git을 설치해야 한다. 그리고 고(Go) 언어와 표준 라이브러리를 위한 golang, 시스템 프로그래밍 언어인 러스트 (Rust)도 설치한다.

깃(Git)은 https://git-scm.com/을 참고하여 설치할 수 있다.

고(Go)는 https://golang.org/를 참고하여 설치할 수 있다.

 게스 요구사항은 다르지만, 고(Go) 버전은 1.10 이상이라면 원하는 어떤 버전의 게스라도 컴파일할 수 있다. 물론, 선호하는 게스를 선택하기 위해 항상 문서를 참조해야 한다.

운영체제에 설치되어 있거나 시스템의 패키지 관리자가 사용할 수 있는 golang 버전이 1.10 보다 훨씬 이전 것일 수 있다. 만약 그렇다면 이전 버전을 지우고 다시 최신 버전을 https:// golang.org/에서 찾아서 설치한다.

러스트는 http://www.rustup.rs/를 참고하여 설치할 수 있다.

 패리티는 러스트 버전 1.27 혹은 그 이상의 버전을 요구한다.

패리티는 OpenSSL과 libudev 같은 소프트웨어 라이브러리가 필요하다. 우분투 혹은 데비 안 GNU/리눅스 호환 시스템에 소프트웨어 라이브러리를 설치하기 위해 다음 명령을 사용 하라.

```
$ sudo apt-get install openssl libssl-dev libudev-dev cmake
```

그 밖의 운영체제를 위해서는 필요한 라이브러리를 설치하기 위해 운영체제의 패키지 관리자를 사용하거나 위키(Wiki) 지침(https://bit.ly/2w1VWFz)을 확인한다.

이제 git, golang, 러스트와 필요한 라이브러리를 설치했으니 실습해 보자!

패리티

패리티(Parity)는 풀 노드 이더리움 클라이언트 및 댑 브라우저를 구현한 것이다. 패리티는 모듈식의 안전하고 확장 가능한 이더리움 클라이언트를 구축하기 위해 시스템 프로그래밍 언어인 러스트를 기반으로 작성되었다. 패리티는 영국 회사인 패리티 테크(Parity Tech)에서 개발했으며, GPLv3 무료 소프트웨어 라이선스하에 출시되었다.

 이 책의 저자 중 한 명인 개빈 우드는 패리티 테크의 설립자이며, 패리티 클라이언트의 대부분을 개발했다. 패리티는 설치된 이더리움 클라이언트들 중에서 약 25%를 차지한다.

패리티를 설치하려면 러스트 패키지 관리자인 cargo를 사용하거나 깃허브(GitHub)에서 소스 코드를 다운로드할 수 있다. 패키지 관리자는 소스 코드를 다운로드할 수 있어서 두 가지 선택 간에 별 차이점은 없다. 다음 절에서는 패리티를 직접 다운로드하고 컴파일하는 방법을 보여줄 것이다.

패리티 설치

패리티 위키(https://wiki.parity.io/Setup)는 다른 환경과 컨테이너에서 패리티를 빌드하는 지침을 제공한다. 우리는 패리티 소스 코드를 어떻게 빌드하는지 보여줄 것이다. rustup을 사용하여 이미 러스트를 설치했다고 가정한다(53페이지 '클라이언트(노드)를 빌드하고 실행하기 위한 소프트웨어 요구사항' 절 참고).

먼저 깃허브에서 소스 코드를 받자.

```
$ git clone https://github.com/paritytech/parity
```

이제 parity 디렉터리로 변경하고 cargo를 사용하여 실행 파일을 작성한다.

```
$ cd parity
$ cargo install
```

만약 설치가 잘되었다면 다음과 같은 것을 볼 수 있다.

```
$ cargo install
    Updating git repository `https://github.com/paritytech/js-precompiled.git`
 Downloading log v0.3.7
 Downloading isatty v0.1.1
 Downloading regex v0.2.1

 [...]

Compiling parity-ipfs-api v1.7.0
Compiling parity-rpc v1.7.0
Compiling parity-rpc-client v1.4.0
Compiling rpc-cli v1.4.0 (file:///home/aantonop/Dev/parity/rpc_cli)
Finished dev [unoptimized + debuginfo] target(s) in 479.12 secs
$
```

--version 옵션으로 패리티가 설치되었는지 실행해 보자.

```
$ parity --version
Parity
  version Parity/v1.7.0-unstable-02edc95-20170623/x86_64-linux-gnu/rustc1.18.0
Copyright 2015, 2016, 2017 Parity Technologies (UK) Ltd
License GPLv3+: GNU GPL version 3 or later <http://gnu.org/licenses/gpl.html>.
This is free software: you are free to change and redistribute it.
There is NO WARRANTY, to the extent permitted by law.

By Wood/Paronyan/Kotewicz/Drwięga/Volf
   Habermeier/Czaban/Greeff/Gotchac/Redmann
$
```

잘했다! 이제 패리티가 설치되었다면 블록체인을 동기화하고 기본 커맨드 라인 옵션을 시작할
수 있다.

게스

게스(Go-Ethereum, Geth)는 이더리움 재단에서 고(Go) 언어로 개발하였으며, 이더리움의 '공식' 클라이언트다. 일반적으로 모든 이더리움 기반 블록체인은 자체 게스 구현을 갖고 있다. 만약 게스를 실행하고 있다면, 다음 저장소 링크 중 하나를 사용하여 블록체인에 적합한 버전을 찾아야 한다.

- 이더리움(https://bit.ly/1QeSfBr, 또는 https://geth.ethereum.org/)
- 이더리움 클래식(https://bit.ly/2FDmDGP)
- 엘라이즘(https://bit.ly/2HdLdAx)
- 익스팬스(https://bit.ly/2FvKIQC)
- 뮤지코인(https://bit.ly/2MauD3m)
- 유비크(https://bit.ly/2FuD8Wy)

 이러한 설명을 무시하고, 선택한 플랫폼에 맞는 바이너리(binary)를 설치할 수도 있다. 사전 컴파일된 배포본이 설치하기가 훨씬 쉽고 위에 나열된 저장소의 '배포(releases)' 섹션에서 찾을 수 있다. 그러나 소프트웨어를 직접 다운로드하고 컴파일함으로써 더 많은 것을 배울 수 있다.

저장소 클론

첫 번째 단계는 깃 저장소를 클론(clone)하여 소스 코드 사본을 얻는 것이다.

이 저장소의 로컬 클론을 만들기 위해 홈 디렉터리 또는 개발용 디렉터리에서 다음과 같이 git 명령을 사용하라.

```
$ git clone <저장소 링크>
```

저장소가 로컬 시스템에 복사되므로 진행 결과를 확인해야 한다.

```
Cloning into 'go-ethereum'...
remote: Counting objects: 62587, done.
remote: Compressing objects: 100% (26/26), done.
remote: Total 62587 (delta 10), reused 13 (delta 4), pack-reused 62557
Receiving objects: 100% (62587/62587), 84.51 MiB | 1.40 MiB/s, done.
Resolving deltas: 100% (41554/41554), done.
```

```
Checking connectivity... done.
```

잘했다! 이제 게스의 로컬 사본을 갖고 있으므로 플랫폼의 실행 파일을 컴파일할 수 있다.

소스 코드로 게스 빌드

게스 빌드를 위해 소스 코드를 다운로드한 디렉터리로 이동하고 make 명령을 사용하라.

```
$ cd go-ethereum
$ make geth
```

모든 것이 잘되었으면 고(Go) 컴파일러가 게스 실행 파일을 만들 때까지 각 구성요소를 빌드하는 모습을 볼 수 있다.

```
build/env.sh go run build/ci.go install ./cmd/geth
>>> /usr/local/go/bin/go install -ldflags -X
main.gitCommit=58a1e13e6dd7f52a1d5e67bee47d23fd6cfdee
github.com/ethereum/go-ethereum/common/hexutil
github.com/ethereum/go-ethereum/common/math
github.com/ethereum/go-ethereum/crypto/sha3
github.com/ethereum/go-ethereum/rlp
github.com/ethereum/go-ethereum/crypto/secp256k1
github.com/ethereum/go-ethereum/common
[...]
github.com/ethereum/go-ethereum/cmd/utils
github.com/ethereum/go-ethereum/cmd/geth
Done building.
Run "build/bin/geth" to launch geth.
$
```

게스를 실행하지 않고 구동 가능한 상태인지 확인해 보자.

```
$ ./build/bin/geth version

Geth
Version: 1.6.6-unstable
Git Commit: 58a1e13e6dd7f52a1d5e67bee47d23fd6cfdee5c
Architecture: amd64
Protocol Versions: [63 62]
Network Id: 1
Go Version: go1.8.3
Operating System: linux
[...]
```

`geth version` 명령은 약간 다른 정보가 표시될 수 있지만, 위와 유사한 버전 정보를 확인할 수 있다.

아직 geth를 실행하지 마라. 왜냐하면 블록체인을 '느린 방법'으로 동기화하기 시작할 것이고 아주 오래(몇 주) 걸릴 것이다. 다음 절에서는 이더리움 블록체인의 초기 동기화 문제에 대해 설명한다.

이더리움 기반 블록체인의 첫 번째 동기화

일반적으로 이더리움 블록체인을 동기화할 때 클라이언트는 처음부터, 즉 제네시스 블록 (genesis block) 이후 모든 블록 및 트랜잭션을 다운로드하고 유효성을 검사한다.

블록체인을 이런 식으로 완전히 동기화하는 것은 가능하지만, 동기화는 매우 오래 걸리고 많은 자원을 필요로 한다(RAM이 훨씬 더 필요하며, 빠른 스토리지가 없으면 실제로는 오랜 시간이 걸릴 것이다).

많은 이더리움 기반 블록체인이 2016년 말 서비스 거부 공격(Denial-of-Service, DoS)을 받았다. 공격을 받은 블록체인은 전체 동기화를 수행할 때 천천히 동기화되는 경향이 있다.

예를 들어, 이더리움에서 새로운 클라이언트는 블록 2,283,397에 도달할 때까지 빠르게 진행된다. 이 블록은 2016년 9월 18일에 채굴되었고, 공격의 시작을 표시한다. 이 블록에서 블록 2,700,031(2016년 11월 26일)까지 트랜잭션의 유효성 검사는 매우 느리고 많은 메모리와 입출력 (I/O)이 필요하다. 이로 인해 블록당 1분을 초과하는 유효성 검사 시간이 요구된다. 이더리움 은 하드 포크를 사용하여 서비스 거부 공격에서 악용된 근본 취약점을 해결하기 위해 업그레이드했다. 이러한 업그레이드를 통해, 스팸(spam) 트랜잭션으로 만들어진 2천만 개의 빈 계정을 삭제하여 블록체인을 정리했다.

만약 전체 유효성 검사로 동기화한다면, 클라이언트 속도가 느려지고 DoS 공격의 영향을 받는 블록을 확인하는 데만 며칠 혹은 더 오래 걸릴 수도 있다.

다행히 대부분의 이더리움 클라이언트는 트랜잭션의 전체 유효성 검사를 건너뛰고 블록체인의 일부에 동기화될 때까지 '빠른' 동기화를 수행하는 옵션을 포함한다. 그런 다음 유효성 검사를 다시 재개한다.

게스의 경우 빠른 동기화를 활성화하는 옵션으로 --fast가 있지만, 선택한 이더리움 체인의 특정 지침을 참고해야 할 수도 있다.

패리티는 기본적으로 빠른 동기화를 수행한다.

 게스는 빈 블록 데이터베이스로 시작할 때만 빠른 동기화를 수행할 수 있다. '빠른' 모드 없이 이미 동기화를 시작한 경우 게스는 변경할 수 없다. 블록체인 데이터 디렉터리를 삭제하고 처음부터 '빠른' 동기화를 시작하는 것이 전체 유효성 검사로 동기화를 계속하는 것보다 빠르다. 블록체인 데이터를 삭제할 때 지갑을 삭제하지 않도록 주의하라!

게스 또는 패리티 실행

이제 '첫 번째 동기화'의 문제점을 이해했고 이더리움 클라이언트를 시작하고 블록체인을 동기화할 준비가 되었다. 게스와 패리티 둘 다 --help 옵션을 사용하여 모든 구성 파라미터를 볼 수 있다. 앞 절에서 설명한 게스의 --fast를 사용하는 것 외에는 대부분의 경우 기본 설정이 일반적으로 적절하다. 필요에 따라서는 선택적 파라미터를 구성하는 방법을 선택한 다음 체인을 동기화하기 위해 게스 또는 패리티를 시작하고 기다리자.

 이더리움 블록체인을 동기화하면 RAM이 많은 매우 빠른 시스템에서는 반나절, 느린 시스템에서는 며칠까지 소요된다.

JSON-RPC 인터페이스

이더리움 클라이언트는 애플리케이션 인터페이스와 JSON(JavaScript Object Notation)으로 인코딩된 RPC(Remote Procedure Call) 명령을 제공한다. 여러분은 **JSON-RPC API**를 참고하여 이 명령을 볼 수 있을 것이다. 기본적으로 JSON-RPC API는 이더리움 클라이언트를 이더리움 네트워크 및 블록체인의 **게이트웨이(gateway)**로 사용하는 프로그램을 작성할 수 있게 해주는 인터페이스다.

일반적으로 RPC 인터페이스는 포트 8545에서 HTTP 서비스로 제공된다. 기본적으로 보안상의 이유로 로컬 호스트(사용자 컴퓨터의 IP 주소 127.0.0.1)의 연결만 허용하도록 제한된다.

JSON-RPC API에 접근하려면 사용 가능한 각 RPC 명령에 해당하는 '스텁(stub)' 함수 호출을 제공하는 특수 라이브러리(원하는 프로그래밍 언어로 작성됨)를 사용하거나, HTTP 요청과 JSON 으로 인코딩된 보내기/받기 요청을 수동으로 생성할 수 있다. curl 같은 일반적인 커맨드 라인 HTTP 클라이언트를 사용하여 RPC 인터페이스를 호출할 수도 있다. 먼저 게스가 구성되어 실행 중인지 확인한 다음, 새 터미널 창으로 전환하여 시도해 보자(예: 기존 터미널 창에서 Ctrl+Shift+N 혹은 Ctrl+Shift+T 사용).

```
$ curl -X POST -H "Content-Type: application/json" --data \
  '{"jsonrpc":"2.0","method":"web3_clientVersion","params":[],"id":1}' \
  http://localhost:8545

{"jsonrpc":"2.0","id":1,
"result":"Geth/v1.8.0-unstable-02aeb3d7/linux-amd64/go1.8.3"}
```

이 예제에서는 http://localhost:8545 주소로의 연결을 만들기 위해 curl 명령문을 사용한다. 우리는 이미 8545포트에서 HTTP 서비스로서 JSON-RPC API를 제공하는 게스를 실행하고 있다. HTTP POST 명령을 사용하고 Content-Type: application/json 유형의 콘텐츠를 식별하기 위해 curl을 지시한다. 마지막으로, HTTP 요청의 데이터 요소로서 JSON으로 인코딩된 요청을 전달한다. 대부분의 커맨드 라인은 올바른 HTTP 연결을 만들기 위해 curl을 설정하는 것이다. 흥미로운 부분은 우리가 발행한 실제 JSON-RPC 명령이다.

```
{"jsonrpc":"2.0","method":"web3_clientVersion","params":[],"id":1}
```

JSON-RPC 요청은 JSON-RPC 2.0 사양(https://bit.ly/2FAiweN)에 따라 형식이 지정된다. 각 요청에는 네 가지 요소가 포함된다.

jsonrpc

 JSON-RPC 프로토콜의 버전. 이것은 정확히 "2.0"이어야 한다.

method

 호출할 메서드의 이름

params

 메서드를 호출하는 동안 사용할 파라미터값을 보유하는 구조화된 값. params는 생략될 수 있다.

id

클라이언트가 설정한 식별자로 String, Number 혹은 (NULL 값이 포함된 경우) NULL도 포함된다. 이 멤버는 두 객체 간의 컨텍스트를 연결하는 데 사용한다.

 id 파라미터는 주로 단일 JSON-RPC 호출에서 여러 요청을 할 때 사용하고, 이러한 실행을 **배치(batch)**라고 한다. 배치는 매번 요청에 대해 새로운 HTTP 및 TCP 연결의 오버헤드를 피하기 위해 사용된다. 예를 들어, 이더리움 컨텍스트에서 하나의 HTTP 연결에 수천 개의 트랜잭션을 검색하려면 배치를 사용한다. 배치가 실행될 때 각 요청마다 다른 id가 설정된다. 그러면 각 요청의 id와 JSON-RPC 서버의 응답 id를 맞춘다. 이를 구현하는 가장 쉬운 방법은 카운터(counter)를 유지하고 각 요청의 값을 증가시키는 것이다.

응답 값은 다음과 같다.

```
{"jsonrpc":"2.0","id":1,
"result":"Geth/v1.8.0-unstable-02aeb3d7/linux-amd64/go1.8.3"}
```

이것은 JSON-RPC API가 게스 클라이언트 버전 1.8.0에서 서비스되고 있음을 알려준다.

좀 더 흥미로운 것을 시도해 보자. 다음 예제에서는 JSON-RPC API에 현재 가스 가격(웨이 단위)을 묻는다.

```
$ curl -X POST -H "Content-Type: application/json" --data \
'{"jsonrpc":"2.0","method":"eth_gasPrice","params":[],"id":4213}' \
http://localhost:8545

{"jsonrpc":"2.0","id":4213,"result":"0x430e23400"}
```

응답 0x430e23400은 현재 가스 가격이 18Gwei(기가웨이 또는 10억 웨이)임을 알려준다. 만약 16진수로 생각하지 않으면, bash-fu 커맨드 라인을 이용하여 십진수로 변환할 수 있다.

```
$ echo $((0x430e23400))

18000000000
```

전체 JSON-RPC API는 이더리움 위키(https://bit.ly/2HdLmE5)에서 살펴볼 수 있다.

패리티의 게스 호환 모드

패리티는 특별한 '게스 호환 모드'를 갖고 있으며, 게스에서 제공하는 것과 같은 JSON-RPC API를 제공한다. 게스 호환 모드로 패리티를 실행하려면 --geth를 변경하여 사용하라.

```
$ parity --geth
```

원격 이더리움 클라이언트

원격 클라이언트는 풀 클라이언트의 일부 기능을 제공한다. 원격 클라이언트는 더 빠르며 데이터 용량도 훨씬 더 적게 요구한다.

이러한 클라이언트는 일반적으로 다음 기능 중 하나 이상을 제공한다.

- 개인키와 이더리움 주소를 지갑에서 관리
- 트랜잭션 생성, 서명 및 브로드캐스트
- 데이터 페이로드(payload)를 사용하여 스마트 컨트랙트와 상호연동
- 브라우저와 댑(DApp) 간 상호연동
- 블록 탐색기 같은 외부 서비스 링크
- 이더 단위를 변환하고 외부 소스에서 환율을 검색
- 자바스크립트 객체로서 web3 인스턴스(instance)를 웹 브라우저에 삽입
- 다른 클라이언트가 브라우저에 제공/삽입한 web3 인스턴스를 사용
- 로컬 또는 원격 이더리움 노드에서 RPC 서비스로 접근

모바일(스마트폰) 지갑 같은 원격 클라이언트는 기본적인 지갑 기능만 제공한다. 다른 원격 클라이언트는 모든 기능을 갖춘 댑 브라우저다. 원격 클라이언트는 일반적으로 다른 곳에서 실행되고 있는 풀 노드에 연결하여 이더리움 블록체인의 로컬 사본으로 동기화하지 않고 풀 노드 이더리움 클라이언트의 기능 중 일부만 제공한다. 예를 들면, 로컬에서 여러분의 PC 혹은 웹 서버에서 또는 이더리움 서버에서 서드파티 제품을 통해 제공한다.

가장 인기 있는 원격 클라이언트와 제공되는 기능을 살펴보자.

모바일(스마트폰) 지갑

스마트폰에는 전체 이더리움 클라이언트를 실행하는 데 필요한 자원이 충분하지 않기 때문에 모든 모바일 지갑은 원격 클라이언트다. 라이트 클라이언트는 개발 중이고 아직은 이더리움을 위해 범용적으로 사용되고 있지는 않다. 패리티의 경우 '실험 중(experimental)'으로 표시되어 있고 --light 옵션을 실행하여 사용할 수 있다.

인기 있는 모바일 지갑은 다음과 같다(단지 예로 든 것일 뿐 이런 지갑들의 보안 혹은 기능을 보장하지 않는다).

잭스(Jaxx, https://jaxx.io)

비트코인(Bitcoin), 라이트코인(Litecoin), 이더리움(Ethereum), 이더리움 클래식(Ethereum Classic), 제트캐시(ZCash), 다양한 ERC20 토큰 및 기타 여러 화폐를 지원하는 BIP39 니모닉 시드(mnemonic seed) 기반의 다중 화폐 모바일 지갑. 잭스는 브라우저 플러그인 지갑으로 안드로이드(Android), iOS와 다양한 운영체제의 데스크톱에서도 동작한다.

스태터스(Status, https://status.im)

다양한 토큰과 인기 있는 댑(DApp)을 지원하는 모바일 지갑 및 댑 브라우저. 안드로이드와 iOS에서 사용할 수 있다.

트러스트월렛(Trust Wallet, https://trustwalletapp.com/)

ERC20 및 ERC223 토큰을 지원하는 모바일 이더리움 및 이더리움 클래식 지갑. 트러스트 지갑은 iOS와 안드로이드에서 사용할 수 있다.

사이퍼 브라우저(Cipher Browser, https://www.cipherbrowser.com)

모든 기능을 갖춘 이더리움 지원 모바일 댑 브라우저와 지갑. 이더리움 앱과 토큰 통합을 허용한다. 안드로이드와 iOS에서 사용할 수 있다.

브라우저 지갑

다양한 지갑과 댑 브라우저는 크롬 및 파이어폭스 같은 웹 브라우저의 확장 혹은 플러그인 형태로 사용이 가능하다. 이들은 브라우저 내부에서 실행되는 원격 클라이언트다.

인기가 많은 것으로는 메타마스크(MetaMask), 잭스(Jaxx), 마이이더월렛(MyEtherWallet), 마이크립토(MyCrypto), 미스트(Mist) 등이 있다.

메타마스크

2장에서 소개한 메타마스크(https://metamask.io/)는 다재다능한 브라우저 기반 지갑이며, RPC 클라이언트 및 컨트랙트 탐색기 기능도 지원한다. 크롬, 파이어폭스, 오페라, 브레이브 브라우저에서 사용할 수 있다.

여타 브라우저 지갑과 달리 메타마스크는 다양한 이더리움 블록체인(메인넷, 롭스텐 테스트넷, 코반 테스트넷, 로컬 RPC 노드 등)에 연결되는 RPC 클라이언트 역할을 하는 브라우저 자바스크립트 컨텍스트에 web3 인스턴스를 넣는다. web3 인스턴스 삽입 및 외부 RPC 서비스의 게이트웨이로서의 기능은 메타마스크를 개발자와 사용자를 위한 매우 강력한 도구로 만든다. 예를 들어, 마이이더월렛이나 마이크립토와 결합하여 해당 도구들을 위한 web3 공급자와 RPC 게이트웨이로서의 기능을 수행할 수 있다.

잭스

이전 절에서 모바일 지갑으로 소개된 잭스(https://jaxx.io)는 크롬, 파이어폭스 확장판과 데스크톱 지갑으로도 이용할 수 있다.

마이이더월렛

마이이더월렛(https://www.myetherwallet.com/)은 브라우저 기반 자바스크립트 원격 클라이언트로 다음과 같은 기능을 한다.

- 자바스크립트로 실행되는 소프트웨어 지갑
- 트레저(Trezor)와 레저(Ledger) 같은 인기 있는 하드웨어 지갑으로 연결
- 다른 클라이언트에 의해 주입된 web3 인스턴스에 연결할 수 있는 web3 인터페이스(예: 메타메스크)
- 이더리움 풀 클라이언트에게 연결할 수 있는 RPC 클라이언트
- 컨트랙트의 주소와 애플리케이션 바이너리 인터페이스(Application Binary Interface, ABI)가 있는 스마트 컨트랙트와 상호작용할 수 있는 기본적인 인터페이스

마이이더월렛은 테스트와 하드웨어 지갑을 위한 인터페이스로서 매우 유용하다. 마이이더월렛은 브라우저를 통한 공격에 노출되어 있고 안전한 키 저장 시스템이 아니기 때문에 주 소프트웨어 지갑으로 사용해서는 안 된다.

마이이더월렛과 기타 브라우저 기반의 자바스크립트 지갑에 접근할 때는 피싱(phishing)의 대상이 되기 때문에 매우 조심해야 한다. 검색 엔진이나 링크가 아닌 즐겨찾기를 사용하여 올바른 웹 URL에 접근하라.

마이크립토

이 책의 초판이 출간되기 직전에 마이이더월렛 프로젝트는 2개의 독립적인 개발팀이 주도하는 2개의 경쟁 구도로 나뉘었다(오픈 소스 개발에서는 '포크(fork)'라고 얘기한다). 이 2개의 프로젝트가 바로 마이이더월렛(원래 브랜드)과 마이크립토(https://mycrypto.com/)다. 분할 당시 마이크립토는 마이이더월렛과 동일한 기능을 제공했다. 두 개발팀이 각기 다른 목표와 우선순위를 채택함에 따라 두 프로젝트가 갈라질 가능성이 높았다.

미스트

미스트(https://bit.ly/2AN0gvw)는 이더리움 재단이 만든 최초의 이더리움 지원 브라우저였다. 또한 ERC20 토큰 표준의 첫 번째 구현인 브라우저 기반 지갑도 포함되어 있다(ERC20의 저자인 파비안 보겔스텔라(Fabian Vogelsteller)도 미스트의 주요 개발자였다). 미스트는 또한 카멜케이스 체크섬(camelCase checksum)을 소개한 최초의 지갑이었다(EIP-55). 미스트는 풀 노드를 실행하며 스웜 기반 스토리지 및 ENS 주소를 지원하는 전체 댑 브라우저를 제공한다.

결론

이 장에서는 이더리움 클라이언트를 살펴봤다. 여러분은 클라이언트를 다운로드하고 설치하고 동기화했으며, 이더리움 네트워크의 참여자가 되었다. 그리고 자신의 컴퓨터에 블록체인을 복제하여 시스템의 건전성과 안정성에 기여했다.

암호학

이더리움의 기반 기술 중 하나는 컴퓨터 보안에 광범위하게 사용되는 수학의 한 분야인 **암호학(cryptography)**이다. 암호학은 그리스어로 '비밀 작성'을 의미하지만, 암호학 연구는 **암호화(encryption)**라고 하는 단순한 비밀 작성 이상의 것을 포함한다. 예를 들어 암호학은 그 비밀을 밝히지 않고 비밀의 지식을 증명하거나(예: 디지털 서명을 사용하여), 데이터의 진위성을 증명하는 데(예: '해시'라고도 알려진 디지털 지문을 사용하여) 사용할 수 있다. 이런 유형의 암호화 증명은 이더리움 플랫폼(실제로 모든 블록체인 시스템)의 작동을 위한 중요한 수학 도구이며, 이더리움 애플리케이션에도 광범위하게 사용한다.

출판 시점 기준으로 이더리움 프로토콜의 어떤 부분도 암호화되어 있지 않다. 즉, 이더리움 플랫폼과 노드 간(트랜잭션 데이터 포함)의 모든 통신은 암호화되어 있지 않고, (따라서) 누구나 그 내용을 읽을 수 있다. 이렇게 해서 모든 사람이 상태 업데이트의 정확성을 확인할 수 있고, 합의에 도달할 수 있다. 향후에는 영 지식 증명(zero knowledge proof)과 동형 암호화(homomorphic encryption) 같은 고급 암호화 도구를 사용하여 여전히 합의를 가능하게 하면서도 암호화된 계산을 블록체인에 기록할 수 있을 것이다. 하지만 고급 암호화 도구를 제공할 준비는 마쳤으나 아직 배포되지는 않았다.

이 장에서는 이더리움에서 사용하는 암호 방식, 즉 개인키와 주소의 형태로 자금의 소유권을 제어하는 데 사용되는 공개키 암호화(Public Key Cryptography, PKC)를 소개한다.

키와 주소

앞서 봤듯이, 이더리움은 **외부 소유 계정**(Externally Owned Account, EOA)과 **컨트랙트**(contract)라는 두 가지 유형의 계정을 갖고 있다. 디지털 **개인키**(private key), **이더리움 주소**(Ethereum address), **디지털 서명**(digital signature)을 통해 외부 소유 계정의 이더 소유권을 확립한다. 개인키는 모든 사용자와 이더리움 간 상호작용의 핵심이다. 사실, 계정 주소는 개인키에서 직접 파생되고, 개인키는 **계정**(account)이라고도 불리는 단일 이더리움 주소를 고유하게 결정한다.

이더리움 시스템은 개인키를 이더리움에 전송하거나 저장하는 방식으로 직접 사용하지 않는다. 즉, 개인키는 비공개로 유지되어야 하고, 네트워크로 전달된 메시지에 나타나지 않으며, 체인에 저장되어서도 안 된다. 계정 주소와 디지털 서명만 이더리움 시스템에 전송되고 저장된다. 개인키를 안전하고 확실하게 보관하는 방법에 대한 자세한 내용은 20페이지의 '통제와 책임' 절과 5장을 참고하자.

개인키를 사용하여 생성된 디지털 서명을 통해 자금의 접근과 통제가 이루어진다. 이더리움 트랜잭션은 유효한 디지털 서명이 블록체인에 있어야 한다. 개인키의 사본을 가진 사람은 누구나 해당 계정과 해당 계정이 가진 이더를 제어할 수 있다. 사용자가 자신의 개인키를 안전하게 유지한다면, 이더리움 트랜잭션의 디지털 서명은 개인키의 소유권을 증명하기 때문에 자금의 실제 소유자임도 증명한다.

이더리움에서 사용하는 것과 같은 공개키 암호화 기반 시스템에서 키는 개인(비밀)키와 공개키로 구성된 쌍으로 제공한다. 공개키는 은행 계좌 번호와, 개인키는 PIN(개인 식별 번호)과 유사하다고 생각해 보자. 후자는 계정에 대한 제어권을 제공하고, 전자를 가지고 계정을 식별할 수 있다. 개인키 자체는 이더리움 사용자에게 드러나는 경우가 거의 없다. 대부분 암호화된 형태로 특수 파일에 저장하고, 이더리움 지갑 소프트웨어로 관리한다.

이더리움 트랜잭션의 지급 부분에서 지정된 수신자는 이더리움 주소로 표시하며, 이 주소는 은행 송금의 수익자 계좌 세부 정보와 동일한 방식으로 사용한다. 이후에 자세히 볼 수 있듯이 외부 소유 계정의 이더리움 주소는 공개키-개인키 쌍의 공개키 부분에서 생성된다. 그러나 모든 이더리움 주소가 공개키-개인키 쌍을 나타내는 것은 아니다. 7장에서 볼 수 있듯이 개인키로 뒷받침되지 않는 컨트랙트를 표시할 수도 있다.

이 장의 나머지 부분에서는 먼저 기본 암호학에 대해 좀 더 자세히 설명하고 이더리움에서 사용하는 수학을 설명한다. 그런 다음 키 생성, 저장 및 관리 방법을 살펴보겠다. 마지막으로 개인키, 공개키 및 주소를 나타내는 데 사용되는 다양한 인코딩 형식을 검토한다.

공개키 암호화와 암호화폐

공개키 암호화('비대칭 암호화'라고도 함)는 오늘날 정보 보안의 핵심 요소다. 1970년대 마틴 헬먼(Martin Hellman), 휫필드 디피(Whitfield Diffie), 랄프 머클(Ralph Merkle)이 처음 공개한 이 기법은 암호학 분야에서 대중의 관심을 불러일으킨 기념비적인 돌파구였다. 70년대 이전에, 정부는 강력한 암호학 지식을 비밀로 유지했다.

공개키 암호화는 고유한 키를 사용하여 정보를 보호한다. 이 키는 특수한 속성(계산하기는 쉽지만 그 역(inverse)을 계산하기는 어렵다)을 가진 수학 함수를 바탕으로 한다. 이런 함수를 바탕으로 한 암호화는 디지털 비밀과 위조 불가능한 디지털 서명을 만들 수 있으며, 이것은 수학 법칙에 의해 보장받는다.

예를 들어, 2개의 큰 소수를 곱하는 것은 아주 간단하다. 그러나 2개의 큰 소수의 곱을 감안할 때 소인수(소인수 분해(prime factorization)라고 하는 문제)를 찾는 문제는 매우 어렵다. 우리가 8,018,009라는 숫자를 제시하고 이것이 두 소수의 결과라고 말할 때를 가정해 보자. 그 두 소수를 찾는 것이 8,018,009를 만들기 위해 그 소수를 곱하는 것보다 훨씬 더 어렵다.

이런 수학 함수 중 일부는 비밀 정보를 알고 있을 때 쉽게 거꾸로 계산할 수 있다. 앞의 예에서 소인수 중 하나가 2,003이라고 하면, 간단히 나머지 소인수를 쉽게 찾을 수 있다(8,018,009 ÷ 2,003 = 4,003). 이런 함수는 역산하기 위한 단축키로 사용할 수 있는 비밀 정보가 없으면 거꾸로 계산하기 어렵기 때문에 **트랩 도어 함수(trapdoor function)**라고도 한다.

암호화에 유용한 수학 함수의 좀 더 발전된 범주는 타원 곡선의 산술 연산을 바탕으로 한다. 타원 곡선 산술에서 소수로 나눈 나머지를 곱하는 것은 간단하지만, 나눗셈(역함수)은 사실상 불가능하다. 이것을 **이산 로그 문제(discrete logarithm problem)**라고 하며, 현재는 알려진 트랩 도어는 없다. **타원 곡선 암호화(elliptic curve cryptography)**는 최신 컴퓨터 시스템에서 광범위하게 활용되며, 이더리움(및 기타 암호화폐)에서 개인키와 디지털 서명을 사용하는 기초가 된다.

최신 암호화에서 사용되는 암호 및 수학 함수에 대해 더 알고 싶다면 다음을 참고하자.

- 암호학(http://bit.ly/2DcwNhn)
- 트랩 도어 함수(http://bit.ly/2zeZV3c)

- 소인수 분해(http://bit.ly/2ACJjnV)
- 이산 로그(http://bit.ly/2Q7mZYI)
- 타원 곡선 암호화(http://bit.ly/2zfeKCP)

이더리움에서는 공개키 암호화(비대칭 암호화라고도 함)를 사용하여 이 장에서 설명한 공개키-개인키 쌍을 만든다. 공개키는 개인키에서 파생되므로 '쌍'으로 간주한다. 그와 함께, 그 쌍은 공개적으로 접근할 수 있는 계정 핸들(주소)과 계정의 이더에 대한 접근 권한, 그리고 스마트 컨트랙트를 사용할 때 계정이 필요로 하는 모든 인증에 대한 사적 제어권을 제공함으로써 이더리움 계정을 나타낸다. 개인키는 계정에서 자금을 지출하기 위해 트랜잭션에 서명해야 하는 **디지털 서명(digital signature)**을 만드는 데 필요한 고유한 정보의 접근을 제어한다. 디지털 서명은 7장에서 살펴보겠지만, 소유자 또는 컨트랙트 사용자를 인증하는 데도 사용한다.

대부분의 지갑 구현에서 개인키와 공개키는 편의상 키 쌍(key pair)으로 함께 저장한다. 그러나 공개키는 개인키로부터 간단하게 계산될 수 있으므로 개인키만 저장하는 것도 가능하다.

디지털 서명을 만들어 모든 메시지에 서명할 수 있다. 이더리움 트랜잭션에서는 트랜잭션 자체의 세부사항이 메시지로 사용된다. 암호 수학(이번 예는 타원 곡선 암호화)은 메시지(즉, 트랜잭션 세부 정보)를 개인키와 결합하여 개인키를 알아야만 만들 수 있는 코드 생성 방법을 제공한다. 이 코드를 디지털 서명이라고 한다. 이더리움 트랜잭션은 기본적으로 특정 이더리움 주소로 특정 계정에 접근하는 요청이다. 자금을 이동하거나 스마트 컨트랙트와 상호작용하기 위해 트랜잭션을 이더리움 네트워크로 보내면, 문제의 이더리움 주소에 해당하는 개인키로 생성된 디지털 서명도 함께 보내야 한다. 타원 곡선 수학이란 디지털 서명, 트랜잭션 세부 정보, 접근하려는 이더리움 주소가 일치하는지 확인하여 '누구나' 트랜잭션이 유효한지 확인할 수 있음을 의미한다. 이러한 확인 과정에는 개인키가 전혀 포함되지 않는다. 개인키는 개인 영역에 남아 있다. 그러나 검증 프로세스에서는 의심의 여지 없이 그 트랜잭션이 공개키에 대응되는 개인키를 가진 사람에 의해 만들어졌음을 확증할 수 있다. 이것이 공개키 암호화의 '마법'이다.

이더리움 프로토콜에는 암호화가 없기 때문에, 이더리움 네트워크 동작의 일부로 보내는 모든 메시지는 모든 사람이 (불가피하게) 읽을 수 있다. 따라서 개인키는 트랜잭션 인증을 위한 디지털 서명을 만드는 데에만 사용한다.

개인키

개인키는 단순히 무작위로 선택한 숫자다. 개인키의 소유권과 제어는 해당 주소를 승인하는 컨트랙트에 대한 접근뿐만 아니라 해당 이더리움 주소와 관련된 모든 자금에 대한 사용자 제어의 근원이다. 개인키는 트랜잭션에 쓰이는 자금의 소유권을 증명함으로써 이더를 소비하는 데 필요한 서명을 만드는 데 사용된다. 개인키는 항상 비밀로 유지해야 한다. 왜냐하면 개인키를 제3자에게 공개하는 행위는 개인키로 확보한 컨트랙트와 이더에 대한 제어 권한을 제3자에게 부여하는 것이나 마찬가지이기 때문이다. 개인키는 반드시 백업하여 우발적인 손실로부터 보호해야 한다. 한번 잃어버리면 되찾을 수 없으며, 해당 키로 확보한 자금도 영원히 잃어버리게 된다.

 이더리움 개인키는 숫자다. 비공개키를 무작위로 선택하는 방법 중 하나는 동전, 연필, 종이를 사용하는 것이다. 동전을 256번 던져서 이더리움 지갑에서 사용할 수 있는 2진수로 된 임의의 개인키를 얻을 수 있다(다음 절을 참고하라). 공개키와 주소는 이 개인키로부터 생성될 수 있다.

난수로 개인키 생성

키를 생성하는 가장 중요한 첫 번째 단계는 엔트로피, 즉 무작위성을 확보하는 것이다. 이더리움 개인키를 생성하는 것은 기본적으로 1에서 2^{256} 사이의 숫자를 선택하는 것이라고 볼 수 있다. 해당 번호를 선택하는 것이 예측 가능하거나 결정적이라면 이 번호 선택 방법은 중요해진다. 이더리움 소프트웨어는 기본 운영체제의 난수 생성기를 사용하여 256개의 임의 비트를 생성한다. 일반적으로 OS 난수 생성기는 사람이 무작위의 소스가 되어 초기화되므로 몇 초 동안 마우스를 움직이거나 키보드에서 임의의 키를 누르라는 요청을 받을 수 있다. 컴퓨터의 마이크로폰 채널에서 나오는 우주 방사선 노이즈가 대안이 될 수 있다.

좀 더 정확히 말하자면, 개인키는 2^{256}보다 약간 작은 0이 아닌 매우 큰 숫자(거대한 78자리 숫자, 대략 $1.158 * 10^{77}$)까지 가능하다. 정확한 숫자는 첫 번째 38자리를 2^{256}으로 공유하며, 이더리움에서 사용된 타원 곡선의 순서로 정의한다(73페이지의 '타원 곡선 암호화 설명' 참고). 비공개키를 생성하기 위해 256비트 숫자를 무작위로 추출하여 유효한 범위 내에 있는지 확인한다. 프로그래밍 측면에서 이것은 일반적으로 더 큰 임의의 비트 문자열(암호적으로 안전한 임의성 소스에서 수집됨)을 Keccak-256 또는 SHA-256 같은 256비트 해시 알고리즘에 공급함으로써 이루어진다. 두 가지 알고리즘 모두 편리하게 256비트 수를 생성한다. 결과가 유효한 범위 내에 있으면 적절한 개인키가 된다. 그렇지 않으면 다른 임의의 숫자로 다시 시도하기만 하면 된다.

 2^{256}(이더리움의 개인키 공간 크기)은 대단히 큰 숫자다. 10진수로 약 10^{77}, 즉 77자리 숫자다. 비교를 해보자면, 우리가 보는 우주는 10^{80}개의 원자를 포함하는 것으로 추정된다. 따라서 우주에 있는 모든 원자에 이더리움 계정을 제공하기에 충분할 만큼의 개인키가 있다. 여러분이 하나의 개인키를 무작위로 선택했을 때, 누군가가 그것을 추측하거나 스스로 같은 값을 선택할 수 있는 가능한 방법은 현재 없다.

개인키 생성 프로세스는 오프라인 프로세스다. 그것은 이더리움 네트워크와의 통신이나 다른 사람과의 통신을 필요로 하지 않는다. 따라서 아무도 선택할 수 없는 숫자를 선택하려면 그것은 정말로 무작위적이어야 한다. 만약 여러분이 직접 그 번호를 선택한다면, 다른 사람이 그것을 시도해서 같은 번호를 찾을 수 있는 확률(그러고 나서 여러분의 이더를 훔쳐서 달아날 확률)이 너무 높다. 나쁜 난수 생성기(대부분의 프로그래밍 언어에 있는 의사 난수 rand 함수와 같은)를 사용하는 것은 복제하기가 훨씬 더 쉽기 때문에 더 나쁘다. 온라인 계정의 암호와 마찬가지로 개인키도 추측할 수 없어야 한다. 다행히도 개인키를 기억할 필요가 없으므로 가능한 한 최선의 접근 방식을 취할 수 있다. 즉, 진정한 무작위성이다.

 임의의 숫자를 만들거나 프로그래밍 언어에서 제공하는 '간단한' 난수 생성기를 사용하는 코드는 작성하지 마라. 충분한 엔트로피 원천의 시드(seed)와 함께 암호로 안전한 의사 난수 생성기(예: CSPRNG)를 사용하는 것이 중요하다. 암호로 보호되어 있는지 확인하기 위해 여러분이 선택한 난수 생성기 라이브러리의 문서를 학습하라. CSPRNG 라이브러리의 올바른 구현은 키 보안에 중요하다.

다음은 임의로 생성한 16진수 형식의 개인키다(256비트는 64비트 16진수로 표시, 각 4비트).

```
f8f8a2f43c8376ccb0871305060d7b27b0554d2cc72bccf41b2705608452f315
```

공개키

이더리움 공개키는 타원 곡선에 있는 **점(point)**으로 타원 곡선 방정식을 만족하는 x와 y 좌표의 집합을 의미한다.

더 간단한 용어로, 이더리움 공개키는 함께 결합된 2개의 숫자다. 이 숫자는 개인키로부터 '단 방향으로만' 계산할 수 있다. 즉, 개인키가 있는 경우 공개키를 계산하기는 쉽지만, 공개키에서 개인키를 계산할 수는 없다.

수학이 곧 나올 것이다! 당황하지 마라. 다음 단락의 어느 시점에서 이해하기가 힘들어지면, 다음 몇 개 절을 건너뛰어도 된다. 여러분을 위해 수학을 할 수 있는 많은 도구와 라이브러리 가 있다.

공개키는 사실상 비가역적인 타원 곡선 곱셈을 사용하여 개인키로부터 계산된다. $K = k * G$, 여기서 k는 개인키, G는 **생성자 점**(generator point)이라고 불리는 상수점, K는 결과로 나오는 공개키, $*$는 특수 타원 곡선 '곱하기' 연산자다. 타원 곡선 곱셈은 일반적인 곱셈과 같지 않다. 일반적인 곱셈과 기능적 속성을 공유하지만 그것뿐이다. 예를 들어, '이산 로그 찾기'(K를 알고 있는 경우 k를 계산한다)로 알려진 역 연산(정상 수에 대한 나눗셈)은 가능한 모든 k 값을 시도하는 것만큼 어렵다(우주가 허용하는 것보다 더 많은 시간이 걸리는 무차별 대입 탐색).

간단히 말하면, 타원 곡선에 대한 산술 연산은 '정규' 정수 연산과 다르다. 점(G)에 정수(k)를 곱하여 다른 점(K)을 생성할 수 있다. 그러나 **나눗셈**(division) 같은 연산이 존재하지 않으므로 공개키 K를 G 점으로 간단히 '나누어서' 개인키 k를 계산할 수 없다. 이것은 69페이지에 있는 '공개키 암호화와 암호화폐' 절에서 설명한 단방향 수학 함수다.

타원 곡선 곱셈은 암호학자가 '단방향' 함수라고 부르는 함수 유형이다. 한 방향(곱하기)으로 는 수행하기 쉽고 반대 방향(나누기)으로는 수행하기가 쉽지 않다. 개인키의 소유자는 아무도 함수를 되돌려서 공개키에서 개인키를 계산할 수 없다는 것을 알고 공개키를 쉽게 생성하여 세상과 공유할 수 있다. 이 수학적 트릭은 이더리움 자금의 소유권과 계약 관리를 입증하는 위 조 불가능하고 안전한 디지털 서명의 기초가 된다.

개인키에서 공개키를 생성하는 방법을 설명하기 전에 타원 곡선 암호화를 좀 더 자세히 살펴 보겠다.

타원 곡선 암호화 설명

타원 곡선 암호화는 타원 곡선의 점에 더하기와 곱셈으로 표현되는 이산 대수 문제를 바탕으로 한 비대칭 또는 공개키 암호화 유형이다.

그림 4-1은 이더리움에서 사용하는 것과 비슷한 타원 곡선의 한 예다.

 이더리움은 비트코인처럼 secp256k1이라는 정확한 타원 곡선을 사용한다. 따라서 비트코인의 타원 곡선 라이브러리 및 도구를 재사용할 수 있다.

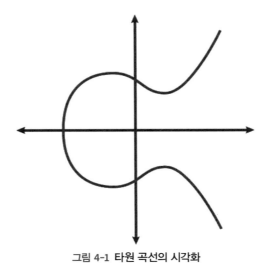

그림 4-1 타원 곡선의 시각화

이더리움은 미국 표준기술연구소(National Institute of Standards and Technology, NIST)에서 제정한 secp256k1이라는 표준에 정의한 대로 특정 타원 곡선과 수학 상수 집합을 사용한다. secp256k1 곡선은 타원 곡선을 생성하는 다음 함수로 정의한다.

$$y^2 = \left(x^3 + 7\right) \text{ over } \left(\mathbb{F}_p\right)$$

또는

$$y^2 \mod p = \left(x^3 + 7\right) \mod p$$

mod p(소수 p로 나눈 나머지)는 이 곡선이 $\mathbb{F}_p$라고 쓰인 소수 차수 p의 유한체상에 있음을 나타낸다. 여기서 $p = 2^{256} - 2^{32} - 2^9 - 2^8 - 2^7 - 2^6 - 2^4 - 1$로, 매우 큰 소수다.

이 곡선은 실수 대신에 소수 위수의 유한체상에 정의했기 때문에 2차원으로 흩어져 있는 점들의 패턴처럼 보인다. 그래서 시각화하기가 어렵다. 그러나 수학은 실수에 대한 타원 곡선 수학과 동일하다. 예를 들어, 그림 4-2에서 보여주는 좌표 위의 점 패턴은 훨씬 작은 유한체인 소수 위수 17의 타원 곡선과 동일하다. secp256k1 이더리움 타원 곡선은 헤아릴 수 없을 만큼 큰 좌표에서 훨씬 더 복잡한 점 패턴으로 생각할 수 있다.

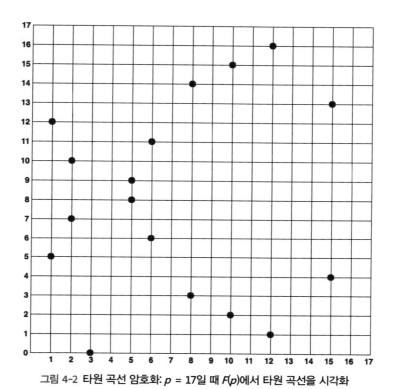

그림 4-2 타원 곡선 암호화: *p* = 17일 때 *F(p)*에서 타원 곡선을 시각화

예를 들어, 다음은 secp256k1 곡선상의 점인 좌표 (*x*, *y*)를 갖는 점 *Q*이다.

```
Q =
(49790390825249384448603314435591686460761608352010163868140397374925592453951
5,
59574132161899900045862086493921015780032175291755807399284007721050341297360)
```

예제 4-1은 파이썬을 사용하여 직접 확인하는 방법이다. 변수 x와 y는 앞의 예와 같이 점 *Q*의 좌표다. 변수 p는 타원 곡선의 소수(모든 모듈로 연산에 사용되는 소수)다. 파이썬의 마지막 줄은 타원 곡선 방정식이다(파이썬의 % 연산자는 모듈러 연산자다). x와 y가 실제로 타원 곡선상의 한 점의 좌표라면, 그들은 방정식을 만족하고 결과는 0이다(0L은 값이 0인 긴 정수임). 커맨드 라인에 **python**을 입력하고 목록에서 각 줄을 (>>> 프롬프트 다음에) 복사하여 직접 해보자.

예제 4-1 파이썬을 사용하여 이 점이 타원 곡선에 있음을 확인함

```
Python 3.4.0 (default, Mar 30 2014, 19:23:13)
[GCC 4.2.1 Compatible Apple LLVM 5.1 (clang-503.0.38)] on darwin
Type "help", "copyright", "credits" or "license" for more information.
>>> p = 115792089237316195423570985008687907853269984665640564039457584007908834671663
>>> x = 49790390825249384486033144355916864607616083520101638681403973749255924539515
>>> y = 59574132161899900045862086493921015780032175291755807399284007721050341297360
>>> (x ** 3 + 7 - y**2) % p
0L
```

타원 곡선 산술 연산

많은 타원 곡선 수학은 우리가 학교에서 배운 정수 산술과 매우 흡사하다. 특히 우리는 더하기 연산자를 정의할 수 있다. 이 연산자는 숫자 선을 따라 점프하는 대신 곡선의 다른 점으로 점프한다. 일단 우리가 덧셈 연산자를 가지면, 점과 정수의 곱셈을 정의할 수 있다. 이것은 반복되는 덧셈과 같다.

타원 곡선에 두 점 P_1과 P_2가 주어지면 세 번째 점 $P_3 = P_1 + P_2$가 타원 곡선 위에 있도록 타원 곡선 덧셈을 정의한다.

기하학적으로 이 세 번째 점 P_3은 P_1과 P_2 사이의 선을 그려 계산한다. 이 선은 정확하게 하나의 추가 장소(놀랍게도)에서 타원 곡선과 교차한다. 이 점을 $P_3' = (x, y)$라고 부르자. 이어서 x축에 반사하여 $P_3 = (x, -y)$를 구한다.

P_1과 P_2가 같은 점이라면 P_1과 P_2 사이의 선은 이 점 P_1에서 곡선에 대한 접선으로 확장되어야 한다. 이 접선은 정확히 하나의 새로운 점에서 곡선과 교차한다. 미적분 기법을 사용하여 접선의 기울기를 결정할 수 있다. 흥미롭게도 이 기술은 2차원 정수 좌표상에 있는 곡선 위의 점들에도 적용할 수 있다.

타원 곡선 수학에서는 '무한대 점'이라는 점도 있다. 이 점은 대략 숫자 0의 역할에 해당한다. 컴퓨터에서 $x = y = 0$으로 표시되는 예도 있다(타원 곡선 방정식을 만족하지는 않지만 쉽게 확인할 수 있다). 무한대 점의 필요성을 설명하는 몇 가지 특별한 예가 있다.

어떤 경우에는(예를 들어, P_1과 P_2의 x 값이 동일하고 y 값은 다르다면) 선이 정확히 수직일 것이고, 이때 $P_3 = $ 무한대 점이 된다.

P_1이 무한대 점이라면 $P_1 + P_2 = P_2$이다. 이와 비슷하게, P_2가 무한대 점이면 $P_1 + P_2 = P_1$이다.

무한대 점이 '정상적인' 산술에서 0이 되는 것을 볼 수 있다.

+는 결합성이 있는 것으로 밝혀졌는데, 이것은 $(A + B) + C = A + (B + C)$를 의미한다. 즉, 모호함 없이 $A + B + C$(괄호 없이)를 쓸 수 있다.

우리가 덧셈을 정의했으므로 덧셈을 확장하는 표준 방식으로 곱셈을 정의할 수 있다. 타원 곡선상의 점 P에 대해 k가 정수이면 $k * P = P + P + P + ... + P$($k$번 반복)이다. 이 경우에 k는 때때로(아마도 혼란스럽게) '지수(exponent)'라고도 한다.

공개키 생성

무작위로 생성한 숫자 k 형태의 개인키로 시작하여 **생성자 점**(generator point) G라고 하는 곡선의 미리 결정된 점에 개인키를 곱하여 곡선상의 다른 점, 즉 대응하는 공개키 K를 생성한다.

$$K = k * G$$

생성자 점은 secp256k1 표준의 일부로 지정되어 있다. secp256k1의 모든 구현에서 동일하며, 해당 곡선에서 파생된 모든 키는 동일한 점 G를 사용한다. 생성자 점은 모든 이더리움 사용자에 대해 항상 동일하기 때문에, G와 개인키 k를 곱한 결과는 항상 공개키 K로 동일하다. k와 K 사이의 관계는 고정되어 있지만, k에서 K까지 한 방향으로만 계산할 수 있다. 이런 이유로 이더리움 주소(K에서 파생됨)를 모든 사람과 공유할 수 있으며 사용자의 개인키(k)는 공개하지 않는다.

이전 절에서 설명했듯이, $k * G$의 곱셈은 반복되는 덧셈, 즉 $G + G + G + ... + G$(k번 반복)와 동일하다. 요약하면, 개인키 k로부터 공개키 K를 생성하기 위해 생성자 점 G를 그 자체에 k번 추가한다.

 개인키는 공개키로 변환할 수 있지만 공개키는 개인키로 다시 변환할 수 없다. 이는 수학이 한 방향으로만 작동하기 때문이다.

이제 이 계산을 적용하여 71페이지의 '개인키' 절에서 보여준 특정 개인키의 공개키를 찾아보자.

```
K = f8f8a2f43c8376ccb0871305060d7b27b0554d2cc72bccf41b2705608452f315 * G
```

암호화 라이브러리는 타원 곡선 곱셈을 사용하여 K를 계산하는 데 도움이 된다. 결과 공개키 K는 다음과 같은 점으로 정의한다.

```
K = (x, y)
```

여기서

```
x = 6e145ccef1033dea239875dd00dfb4fee6e3348b84985c92f103444683bae07b
y = 83b5c38e5e2b0c8529d7fa3f64d46daa1ece2d9ac14cab9477d042c84c32ccd0
```

이더리움에서는 16진수 문자(65바이트) 130개의 시리얼라이제이션(serialization)으로 표시되는 공개키를 볼 수 있다. 이것은 업계 표준인 능률 암호화 표준(Standards for Efficient Cryptography 1, SEC 1)(http://www.secg.org/sec1-v2.pdf)에서 문서화된 산업 컨소시엄 능률 암호 그룹 표준 (Standards for Efficient Cryptography Group, SECG)이 제안한 표준 시리얼라이제이션 형식에서 채택했다. 이 표준은 표 4-1에 나열된 타원 곡선의 점을 식별하는 데 사용할 수 있는 네 가지 가능한 접두어를 정의한다.

표 4-1 **시리얼라이즈된 EC 공개키 접두어**

접두어	의미	길이(접두어 바이트 수)
0x00	무한대를 가리킨다.	1
0x04	압축되지 않은 지점	65
0x02	짝수 y의 압축된 점	33
0x03	홀수 y의 압축된 점	33

이더리움은 압축되지 않은 공개키만을 사용한다. 따라서 관련된 유일한 접두어는 (16진수) 04 이다. 시리얼라이제이션은 공개키의 x와 y 좌표를 연결한다.

```
04 + x 좌표(32바이트/64(16진수)) + y 좌표(32바이트/64(16진수))
```

따라서 이전에 계산한 공개키는 다음과 같이 시리얼라이즈된다.

046e145ccef1033dea239875dd00dfb4fee6e3348b84985c92f103444683bae07b83b5c38e5e2b0 \
c8529d7fa3f64d46daa1ece2d9ac14cab9477d042c84c32ccd0

타원 곡선 라이브러리

암호화폐와 관련된 프로젝트에 사용되는 secp256k1 타원 곡선을 구현한 것이 몇 가지 있다.

OpenSSL(https://www.openssl.org/)

OpenSSL 라이브러리는 secp256k1의 전체 구현을 포함하여 포괄적인 암호학적 기반 요소(primitive)를 제공한다. 예를 들어, 공개키를 생성하려면 EC_POINT_mul 함수를 사용할 수 있다.

libsecp256k1(https://bit.ly/2rKZ1s7)

비트코인 코어(Bitcoin Core)의 libsecp256k1은 타원 곡선 및 기타 암호화 기초 요소를 C 언어로 구현한 것이다. 비트코인 코어 소프트웨어에서 OpenSSL을 대체하기 위해 완전히 새로 작성했으며, 성능과 보안 면에서 모두 뛰어난 것으로 여겨진다.

암호화 해시 함수

암호화 해시 함수(hash function)는 이더리움 전반에 걸쳐 사용된다. 사실, 해시 함수는 거의 모든 암호학적 시스템에서 광범위하게 사용되고 있다. 이것은 암호학자 브루스 슈나이어(Bruce Schneier, http://bit.ly/2Q79qZp)도 동의한 사실인데, 그는 이렇게 말했다. "암호화 알고리즘보다 단방향 해시 함수들이 현대 암호학을 더 잘 이끄는 견인차다."

이 절에서는 해시 함수에 대해 논의하고, 기본 속성을 탐색하며, 이러한 속성을 어떻게 현대 암호화 분야에서 매우 유용하게 사용하는지 살펴본다. 이더리움 공개키를 주소로 변환하는 작업에서 해시 함수가 일부분을 차지하기 때문에 여기에서 해시 함수를 다룬다. 또한 데이터 확인에 도움이 되는 **디지털 지문(digital fingerprints)**을 만드는 데 사용할 수 있다.

간단히 말하면, **해시 함수(hash function**, http://bit.ly/2CR26gD)는 '임의 크기의 데이터를 고정된 크기의 데이터로 매핑하는 데 사용할 수 있는 모든 함수'다. 해시 함수에 대한 입력을 **사전 이미지(pre-image)**, **메시지(message)** 또는 단순히 **입력 데이터(input data)**라고 한다. 그리고 그 결과를 **해시(hash)**라고 한다. **암호화 해시 함수(cryptographic hash function**, http://bit.ly/2Jrn3jM)는 이더리움 같은 플랫폼을 보호하는 데 유용한 특정 속성을 갖는 특별한 하위 범주다.

암호 해시 함수는 임의 크기의 데이터를 고정 크기의 비트 열로 매핑하는 **단방향(one-way)** 해시 함수다. '단방향' 특성은 결괏값 해시만 알고 있을 때 입력 데이터를 다시 작성하는 것이 계산적으로 불가능함을 의미한다. 가능한 입력을 결정하는 유일한 방법은 각 후보에 일치하는 결과가 있는지 확인하면서 무차별 대입 검색을 수행하는 것이다. 검색 공간이 사실상 무한하다는 점을 고려할 때 작업이 실제로 불가능하다는 것을 쉽게 이해할 수 있다. 일치하는 해시를 만드는 일부 입력 데이터를 찾는다고 하더라도 원본 입력 데이터가 아닐 수 있다. 해시 함수는 '다대일' 함수다. 동일한 결과에 해시 처리한 두 입력 데이터 집합을 찾는 것을 **해시 충돌(hash collision)** 찾기라고 한다. 간단히 말해서, 해시 함수가 좋을수록 해시 충돌이 덜 발생한다. 이더리움에서는 사실상 해시 충돌이 불가능하다.

암호화 해시 함수의 주요 속성을 자세히 살펴보자.

결정론(determinism)
주어진 입력 메시지는 항상 동일한 해시 결과를 생성한다.

검증성(verifiability)
메시지의 해시 계산은 효율적이다(선형 복잡성).

비상관성(noncorrelation)
메시지에 대한 작은 변화(예: 1비트 변경)는 해시 출력을 너무 광범위하게 변경해야 해서 원본 메시지의 해시와 상관 관계가 없다.

비가역성(irreversibility)
해시로부터 메시지를 계산하는 것은 불가능하다. 모든 가능한 메시지에 대한 무차별 검색(brute-force search)과 같다.

충돌 방지(collision protection)
같은 해시 결과를 생성하는 2개의 서로 다른 메시지를 계산하는 것은 불가능하다.

해시 충돌에 대한 저항은 특히 이더리움에서 디지털 서명 위조를 피하기 위해 중요하다.

이러한 속성을 조합하면 암호화 해시 기능이 다음과 같은 다양한 보안 애플리케이션에 유용하다.

- 데이터 핑거프린팅
- 메시지 무결성(오류 감지)
- 작업증명
- 인증(암호 해싱 및 키 스트래칭)
- 의사 난수 생성기
- 메시지 커밋(커밋-공개 메커니즘)
- 고유 식별자

우리는 시스템의 다양한 계층 전체를 살펴보면서 이더리움에서 이런 많은 것을 발견할 것이다.

이더리움의 암호화 해시 함수: Keccak-256

이더리움은 많은 곳에서 **Keccak-256** 암호화 해시 함수를 사용한다. Keccak-256은 2007년 국립 과학 기술 연구소(National Institute of Science and Technology)에서 개최한 SHA-3 암호화 해시 함수 경쟁 대회(SHA-3 Cryptographic Hash Function Competition)의 후보로 설계되었다. Keccak은 우승한 알고리즘으로, 2015년 FIPS(Federal Information Processing Standard) 202로 표준화되었다.

그러나 이더리움을 개발하는 기간 동안 미국 표준기술연구소(NIST)의 표준화는 아직 완료되지 않았다. NIST의 주장에 따르면, 표준 프로세스를 완료한 후 Keccak의 일부 파라미터를 조정하여 효율성을 향상했다고 한다. 하지만 이것은 미국 국가안보국(National Security Agency)의 부적절한 영향을 받아 Dual_EC_DRBG 난수 생성기 표준을 의도적으로 약화시켜 표준 난수 생성기에 백도어를 효과적으로 배치했다는 문서를 내부 고발자인 에드워드 스노든(Edward Snowden)이 공개했다. 이 논쟁의 결과는 제안한 변경에 대한 반발로 인해 SHA-3의 표준화에 상당한 지연을 초래했다. 당시 이더리움 재단은 NIST에서 수정한 SHA-3 표준이 아닌, 이 알고리즘의 발명가들이 제안한 대로 원래 Keccak 알고리즘을 구현하기로 결정했다.

 이더리움 문서와 코드에서 언급된 'SHA-3'을 볼 수도 있지만, 실제로 모든 예는 아니더라도 많은 것이 FIPS-202 SHA-3 표준이 아닌 Keccak-256을 참고한다. 구현 차이는 패딩 파라미터와 관련하여 미미하지만, Keccak-256이 동일한 입력에 대해 FIPS-202 SHA-3과는 다른 해시 결과를 생성한다는 점에서 중요하다.

어떤 해시 함수를 사용하고 있는가?

두 소프트웨어 모두 'SHA-3'이라면, 사용 중인 소프트웨어 라이브러리가 FIPS-202 SHA-3 또는 Keccak-256을 구현하는지 어떻게 알 수 있는가?

쉽게 알 수 있는 방법은 주어진 입력에 대해 예상되는 결과인 **테스트 벡터**(test vector)를 사용하는 것이다. 해시 함수에 가장 일반적으로 사용되는 테스트는 **빈 입력**(empty input)이다. 빈 문자열을 입력으로 해시 함수를 실행하면 다음과 같은 결과가 나온다.

```
Keccak256("") =
    c5d2460186f7233c927e7db2dcc703c0e500b653ca82273b7bfad8045d85a470

SHA3("") =
    a7ffc6f8bf1ed76651c14756a061d662f580ff4de43b49fa82d80a4b80f8434a
```

함수가 무엇인지에 관계없이 이 간단한 테스트를 실행하여 원래 Keccak-256인지 또는 최종 NIST 표준 FIPS-202 SHA-3인지 여부를 테스트할 수 있다. 이더리움은 코드에서 종종 SHA-3이라고 불리기는 하지만 Keccak-256을 사용한다.

 이더리움(Keccak-256)과 최종 표준(FIP-202 SHA-3)에서 사용한 해시 함수의 차이로 인해 혼란이 있기 때문에 모든 코드, 연산코드(opcode) 및 라이브러리의 sha3 인스턴스를 모두 keccak256으로 개명하기 위한 노력이 진행 중이다. 자세한 내용은 ERC59(https://bit.ly/2HmGcpG)를 참고하라.

다음으로 이더리움에서 Keccak-256의 첫 번째 애플리케이션을 살펴보자. 이 애플리케이션은 공개키로 이더리움 주소를 생성하는 것이다.

이더리움 주소

이더리움 주소는 Keccak-256 단방향 해시 함수를 사용하는 공개키 또는 컨트랙트에서 파생한 **고유 식별자**(unique identifier)다.

이전 예제에서는 개인키로 시작해서 타원 곡선 곱셈을 사용하여 공개키를 만들었다.

개인키 k:

```
k = f8f8a2f43c8376ccb0871305060d7b27b0554d2cc72bccf41b2705608452f315
```

공개키 K(x 및 y 좌표가 연결되고 16진수로 표시됨):

```
K = 6e145ccef1033dea239875dd00dfb4fee6e3348b84985c92f103444683bae07b83b5c38e5e...
```

 주소를 계산할 때 공개키가 접두어(16진수) 04로 포맷되지 않았다는 사실은 주목할 만한 가치가 있다.

Keccak-256을 사용하여 이 공개키의 **해시**를 계산한다.

```
Keccak256(K) = 2a5bc342ed616b5ba5732269001d3f1ef827552ae1114027bd3ecf1f086ba0f9
```

그런 다음, 이더리움 주소인 마지막 20바이트(최하위 바이트)만 유지한다.

```
001d3f1ef827552ae1114027bd3ecf1f086ba0f9
```

종종 이더리움 주소가 접두어 0x로 표시되어 다음과 같이 16진수로 인코딩된 것을 볼 것이다.

```
0x001d3f1ef827552ae1114027bd3ecf1f086ba0f9
```

이더리움 주소 형식

이더리움 주소는 16진수이며, 공개키 Keccak-256 해시의 마지막 20바이트에서 파생한 식별자다.

모든 클라이언트의 사용자 인터페이스에 내장된 체크섬을 포함하여 잘못 입력된 주소를 보호하도록 인코딩된 비트코인 주소와 달리 이더리움 주소는 체크섬이 없는 원시 16진수로 표시한다.

그 결정의 근거는 이더리움 주소가 결국 시스템의 상위 계층에서 추상화(예: 이름 서비스)에 숨겨지고 필요하다면 상위 계층에 체크섬을 추가해야 한다는 것이다.

현실적으로 이러한 상위 계층은 너무 느리게 개발되었으며, 이러한 설계 선택은 잘못 입력한 주소 및 입력 유효성 오류로 인한 자금 손실 등 생태계 초기에 여러 가지 문제를 발생시켰다. 또한 이더리움 이름 서비스가 처음 예상보다 느리게 개발되었기 때문에 지갑 개발자는 대체 인코딩을 매우 천천히 채택했다. 다음으로 인코딩 옵션 몇 가지를 살펴보자.

클라이언트 주소 상호교환 프로토콜

클라이언트 주소 상호교환 프로토콜(Inter exchange Client Address Protocol, ICAP)은 국제 은행 계좌 번호(International Bank Account Number, IBAN) 인코딩과 부분적으로 호환되는 이더리움 주소 인코딩으로, 이더리움 주소에 대해 다목적의 체크섬이 가능하고 상호운용 가능한 인코딩을 제공한다. ICAP 주소는 이더리움 이름 레지스트리에 등록한 이더리움 주소 또는 일반 이름을 인코딩할 수 있다. 이더리움 위키(Ethereum Wiki, http://bit.ly/2JsZHKu)에서 ICAP에 대해 더 많이 읽을 수 있다.

IBAN은 은행 계좌 번호를 식별하기 위한 국제 표준으로 주로 은행 송금에 사용하며, 유럽 단일 유로 지급 지역(Single Euro Payments Area, SEPA) 및 그 이상 지역에서 광범위하게 채택된다. IBAN은 중앙 집중적이고 엄격하게 규제되는 서비스다. ICAP는 탈중앙화형이지만 이더리움 주소에 대해 호환 가능하다.

IBAN은 국가 코드, 체크섬 및 은행 계좌 식별자(국가별)를 포함하는 최대 34개의 영숫자(대소문자를 구분하지 않음)로 구성된 문자열로 구성한다.

ICAP는 '이더리움'을 나타내는 비표준 국가 코드 'XE'를 도입한 후에 두 문자 체크섬과 계정 식별자의 세 가지 가능한 변형을 도입하여 동일한 구조를 사용한다.

직접(Direct)

이더리움 주소의 최하위 비트 155개를 나타내는 최대 30자의 영숫자로 구성된 빅엔디안(big-endian) base36 정수다. 이 인코딩은 일반 이더리움 주소의 전체 160비트보다 적기 때문에 하나 이상의 0바이트로 시작하는 이더리움 주소에서만 동작한다. 장점은 필드 길이와 체크섬 측면에서 IBAN과 호환된다는 것이다. 예: XE60HAMICDXSV5QXVJA7TJW47Q9CHWKJD(33자 길이)

기본(Basic)

직접 인코딩과 동일하지만 길이는 31자다. 이렇게 하면 이더리움 주소를 인코딩할 수 있지만 IBAN 필드 유효성 검사와 호환되지 않는다. 예: XE18CHDJBPLTBCJ03FE9O2NS0B POJVQCU2P(35자 길이)

간접(Indirect)

이름 레지스트리 공급자를 통해 이더리움 주소로 확인되는 식별자를 인코딩한다. **자산 식별자(asset identifier, 예: ETH)**, 이름 서비스(예: XREG) 및 사람이 읽을 수 있는 9자의 이름(예: KITTYCATS)으로 구성된 16개의 영숫자를 사용한다. 예: **XE##ETHXREGKITTYCATS**(20자 길이). 여기서 ##은 2개의 계산된 체크섬 문자로 대체해야 한다.

helpeth 커맨드 라인 도구를 사용하여 ICAP 주소를 만들 수 있다. 예제로 개인키를 만들어보자(0x로 접두어를 붙이고, 파라미터를 helpeth로 전달함).

```
$ helpeth keyDetails \
 -p 0xf8f8a2f43c8376ccb0871305060d7b27b0554d2cc72bccf41b2705608452f315

Address: 0x001d3f1ef827552ae1114027bd3ecf1f086ba0f9
ICAP: XE60 HAMI CDXS V5QX VJA7 TJW4 7Q9C HWKJ D
Public key: 0x6e145ccef1033dea239875dd00dfb4fee6e3348b84985c92f103444683bae07b...
```

helpeth 명령은 ICAP 주소뿐만 아니라 16진수 이더리움 주소를 만든다. 예제 키의 ICAP 주소는 다음과 같다.

```
XE60HAMICDXSV5QXVJA7TJW47Q9CHWKJD
```

예제 이더리움 주소는 0바이트로 시작하기 때문에 IBAN 형식으로 유효한 직접(Direct) ICAP 인코딩 방법을 사용하여 인코딩할 수 있다. 이것은 길이가 33자라는 점에서 알아차릴 수 있다.

주소가 0으로 시작하지 않으면 기본(Basic) 인코딩으로 인코딩한다. 길이는 35자이고 IBAN은 유효하지 않다.

 0바이트로 시작하는 이더리움 주소의 확률은 256분의 1이다. 이런 것을 생성하려면 IBAN과 호환 가능한 '직접(Direct)' 인코딩된 ICAP 주소로 작동하는 것을 찾기 전에 256개의 다른 임의의 개인키로 평균 256번을 시도해야 한다.

현재 ICAP는 불행히도 몇 가지 지갑에서만 지원한다.

대문자로 16진수 인코딩된 체크섬(EIP-55)

ICAP와 네임 서비스의 느린 배포 때문에 이더리움 개선 제안(Ethereum Improvement Proposal 55, EIP-55, https://bit.ly/2FPrc0P)에서 표준을 제안했다. EIP-55는 16진수 주소의 대소문자를 수정하여 이더리움 주소에 대해 이전 버전과 호환되는 체크섬을 제공한다. 이더리움 주소는 대소문자를 구분하지 않으며, 모든 지갑은 해석의 차이 없이 대문자 또는 소문자로 표현된 이더리움 주소를 수용해야 한다는 것이다.

주소의 알파벳 대소문자를 수정함으로써 입력의 무결성을 보호하기 위해 사용할 수 있는 체크섬을 전달할 수 있다. EIP-55 체크섬을 지원하지 않는 지갑은 주소에 대문자가 혼용된다는 사실을 무시하지만, 이를 지원하는 사용자는 주소를 확인하고 99.986%의 정확도로 오류를 감지할 수 있다.

혼합 대문자 인코딩은 미묘하기 때문에 처음에는 인식하지 못할 수도 있다. 예제 주소는 다음과 같다.

```
0x001d3f1ef827552ae1114027bd3ecf1f086ba0f9
```

EIP-55 혼합 대문자 체크섬을 사용하면 다음과 같이 된다.

```
0x001d3F1ef827552Ae1114027BD3ECF1f086bA0F9
```

차이점을 알 수 있는가? 16진수 인코딩 알파벳의 일부 알파벳(A~F) 문자는 이제 대문자인 반면, 그 밖의 문자는 소문자다.

EIP-55는 구현하기 쉽다. 소문자 16진수 주소의 Keccak-256 해시를 사용하는데, 이 해시는 주소의 디지털 지문 역할을 하여 편리한 체크섬을 제공한다. 입력(주소)이 조금만 변경되면 결과 해시(체크섬)가 크게 변경되어 오류를 효과적으로 감지할 수 있다. 그러면 주소의 해시가 주소 자체의 대문자로 인코딩된다. 단계별로 나누어보자.

1. 0x 접두어 없이 소문자 주소를 해시 처리한다.

```
Keccak256("001d3f1ef827552ae1114027bd3ecf1f086ba0f9") =
23a69c1653e4ebbb619b0b2cb8a9bad49892a8b9695d9a19d8f673ca991deae1
```

2. 해시의 해당 16진수가 0x8 이상인 경우 각 알파벳 문자를 대문자로 만들어라. 주소와 해시를 정렬하면 표시하기가 더 쉽다.

```
Address: 001d3f1ef827552ae1114027bd3ecf1f086ba0f9
Hash   : 23a69c1653e4ebbb619b0b2cb8a9bad49892a8b9...
```

우리 주소의 네 번째 위치는 알파벳 문자 d입니다. 해시의 네 번째 문자는 6이며, 이는 8보다 작습니다. 따라서 d를 소문자로 그대로 둡니다. 주소의 여섯 번째는 f이고, 해시의 여섯 번째는 c로 8보다 크기 때문에 F로 바꿉니다. 보다시피, 해시의 처음 20바이트(40자의 16진수)만 체크섬으로 사용한다. 주소에 20바이트(40자의 16진수)가 적절하게 대문자로 되어 있기 때문이다.

결과로 나온 혼합 대문자를 직접 확인하고, 대문자로 된 문자와 주소 해시에 해당하는 문자를 알 수 있는지 확인해 보자.

```
Address: 001d3F1ef827552Ae1114027BD3ECF1f086bA0F9
Hash   : 23a69c1653e4ebbb619b0b2cb8a9bad49892a8b9...
```

EIP-55로 인코딩된 주소의 오류 감지

이제 EIP-55 주소가 오류를 찾는 데 어떻게 도움이 되는지 살펴보자. EIP-55로 인코딩된 이더리움 주소를 인쇄했다고 가정해 보자.

```
0x001d3F1ef827552Ae1114027BD3ECF1f086bA0F9
```

이제 그 주소를 읽는 데 있어 기본적인 실수를 해보자. 마지막 문자 이전의 문자는 대문자 F 이다. 이 예에서는 그 문자를 대문자 E로 잘못 읽었다고 가정하고 다음 (잘못된) 주소를 지갑에 입력한다.

```
0x001d3F1ef827552Ae1114027BD3ECF1f086bA0E9
```

다행히도 지갑은 EIP-55를 준수한다! 대소문자가 혼용됐음을 확인하고 주소의 유효성을 검사한다. 소문자로 변환하고 체크섬 해시를 계산한다.

```
Keccak256("001d3f1ef827552ae1114027bd3ecf1f086ba0e9") =
5429b5d9460122fb4b11af9cb88b7bb76d8928862e0a57d46dd18dd8e08a6927
```

보다시피, 주소가 한 문자씩 변경되더라도(사실 e와 f가 1비트씩 떨어져 있기 때문에 실제로는 한 비트만 사용됨) 주소의 해시가 급격하게 변경되었다. 이것은 체크섬에 유용하게 쓸 수 있는 해시 함수의 속성이다!

이제 두 가지를 정리하고 대문자를 확인해 보자.

```
001d3F1ef827552Ae1114027BD3ECF1f086bA0E9
5429b5d9460122fb4b11af9cb88b7bb76d892886...
```

모두 잘못됐다! 알파벳 문자 중 일부가 대문자로 잘못 표시되었다. 대소문자는 '올바른' 체크섬의 인코딩임을 기억하자.

입력한 주소의 대문자 사용은 계산된 체크섬과 일치하지 않으므로 주소가 변경되어 오류가 발생했다.

결론

이 장에서는 공개키 암호화를 간략하게 살펴보고, 이더리움에서의 공개키 및 개인키 사용과 해시 함수 같은 암호화 도구를 사용하여 이더리움 주소를 만들고 검증하는 데 중점을 두었다. 또한 디지털 서명과 개인키를 공개하지 않고 개인키의 소유권을 입증할 수 있는 방법에 대해서도 살펴봤다. 5장에서는 이러한 아이디어를 종합해 지갑을 이용하여 키 수집을 관리하는 방법을 살펴볼 것이다.

5

지갑

이더리움에서는 '지갑'이라는 단어를 몇 가지 다른 것을 설명하는 데 사용한다.

넓은 의미에서 지갑은 이더리움의 주요 사용자 인터페이스를 제공하는 소프트웨어 애플리케이션이다. 지갑은 사용자 돈에 대한 접근을 통제하고, 키와 주소를 관리하며, 잔액을 추적하고, 트랜잭션 생성과 서명을 제어한다. 여기에 더해서 몇몇 이더리움 지갑은 ERC20 토큰처럼 컨트랙트와 상호작용할 수 있다.

개발자의 시각으로 좀 더 좁혀보면, **지갑(wallet)**이란 단어는 사용자의 키를 보관하고 관리하기 위해 사용되는 시스템을 의미하며, 모든 지갑은 키 관리 구성요소를 갖고 있다. 그 자체로 전부인 지갑도 있고, 좀 더 넓은 범주에서 이더리움 기반 탈중앙화 애플리케이션의 인터페이스인 브라우저(browser)의 일부이거나, 12장에서 더 상세하게 다룰 댑(DApp)의 한 부분인 지갑도 있다. 지갑이라는 단어에 함축된 다양한 범주를 구분할 수 있는 명확한 기준은 없다.

이번 장에서는 개인키를 담는 공간이자 키를 관리하는 시스템으로서 지갑을 살펴볼 것이다.

지갑 기술의 개요

이번 절에서는 사용자 친화적이고, 안전하며 유연한 이더리움 지갑을 구축하는 데 사용하는 다양한 기술을 정리한다.

지갑을 설계할 때 중요한 고려사항 하나는 편의성과 프라이버시 사이에 균형을 맞추는 것이다. 가장 편리한 이더리움 지갑은 하나의 개인키와 주소를 가지고 이를 재사용해서 모든 것을 처리하는 지갑이다. 하지만 불행하게도 그러한 솔루션(solution)은 누구나 쉽게 여러분의 모든 트랜잭션을 추적하고 연결하여 볼 수 있으므로 프라이버시에 대한 악몽이 될 수 있다. 모든 트랜잭션에 새로운 키를 사용하는 것이 프라이버시를 위해 가장 좋지만 관리하기가 몹시 어렵다. 그 사이에서 적절한 균형을 달성하기가 쉽지 않은데, 이것이 바로 좋은 지갑을 설계하는 것이 다른 무엇보다 중요한 이유다.

이더리움에 관한 일반적인 오해 중 하나는 이더리움 지갑이 이더 혹은 토큰을 보유한다는 것이다. 사실 매우 엄격하게 말하자면 지갑은 단지 키만 보유한다. 이더 혹은 다른 토큰은 이더리움 블록체인에 기록된다. 사용자는 지갑에 있는 키로 트랜잭션을 서명함으로써 네트워크에서 토큰을 제어한다. 이러한 맥락에서 이더리움 지갑은 **키체인(keychain)**이다. 지갑에 있는 키가 이더나 토큰을 전송하는 데 필요한 유일한 것이라고 생각하면, 실제로 이렇게 구분하는 것이 큰 의미는 없다. 중요한 것은 기존 은행(여러분과 은행만이 여러분의 계좌에 있는 돈을 볼 수 있고 트랜잭션을 위해 자금을 옮기고 싶다고 은행만 납득시키면 된다)의 중앙화된 시스템을 다루는 것에서부터 블록체인 플랫폼(모든 사람이 계좌의 이더 잔액을 볼 수 있고 계좌 주인을 알지 못하지만 소유자는 트랜잭션 진행을 위해 자금을 옮기고 싶어 한다는 것을 모든 사람에게 납득시켜야 한다)의 탈중앙화된 시스템으로 사고방식을 바꾸는 것이다. 실제로 이것은 지갑 없이도 계좌의 잔액을 확인하는 독립적인 방법이 있음을 의미한다. 더구나, 사용하던 지갑 앱(app)이 싫어지면 현재 지갑에서 다른 지갑으로 계정을 옮길 수 있다.

 이더리움 지갑은 키는 포함하고 이더나 토큰은 포함하지 않는다. 지갑은 개인키와 공개키 쌍을 포함하는 키체인과 같은 것이다. 사용자는 개인키로 트랜잭션에 서명함으로써 이더가 자신의 소유임을 증명한다. 이더는 블록체인에 저장된다.

지갑은 주요한 두 가지 형태가 있는데, 지갑이 포함하는 키가 서로 관련이 있느냐 없느냐에 따라 구분된다.

첫 번째 유형은 각기 다른 무작위 수로부터 각각의 키를 무작위적으로 추출하는 **비결정적 지갑(nondeterministic wallet)**이다. 이러한 형태의 지갑을 '그냥 열쇠뭉치(Just a Bunch Of Keys)'라는 뜻의 JBOK 지갑이라 부른다.

두 번째 유형은 모든 키가 **시드(seed)**라고 하는 단일 마스터 키로부터 파생된 **결정적 지갑(deterministic wallet)**이다. 이러한 지갑 형태의 모든 키는 서로 관련이 있고 원래의 시드를 갖고 있다면 다시 키를 파생시킬 수 있다. 결정적 지갑에는 여러 가지 **키 파생(key derivation)** 방식이 있는데, 가장 많이 사용하는 파생 방식은 93페이지의 'HD 지갑(BIP-32/BIP-44)' 절에서 설명하는 트리 같은 구조를 사용한다.

휴대전화를 도난당하거나 화장실에 떨어뜨림으로써 데이터를 분실할 수 있다. 따라서 좀 더 안전한 결정적 지갑을 만들기 위해서 시드는 단어 목록(영어 또는 기타 언어)으로 인코딩되어 불의의 사고에 대비할 수 있도록 적어두고 사용한다. 이를 지갑의 **니모닉 코드 단어(mnemonic code words)**라고 한다. 물론, 누군가가 여러분의 니모닉 코드 단어를 손에 넣으면 지갑을 재생성하여 여러분의 이더와 스마트 컨트랙트에 접근할 수 있다. 그러므로 복구 단어 목록은 아주 조심스럽게 다루고 절대로 컴퓨터나 휴대전화의 전자파일로 저장하지 말고 종이에 적어서 안전한 곳에 보관하기 바란다.

다음 절들에서는 이러한 각각의 기술을 상위 수준에서 소개한다.

비결정적(무작위) 지갑

첫 번째 이더리움 지갑(이더리움 사전 판매용으로 생성된)은 각 지갑 파일에 무작위로 추출된 단일 개인키를 저장했다. 이런 '이전 스타일' 지갑은 여러 측면에서 불편하기 때문에 결정적 지갑으로 대체되고 있다. 예를 들어, 이더리움을 사용하는 동안 프라이버시를 극대화한다는 차원에서는 이더리움 주소의 재사용을 피하는 것이 좋은 지침으로 간주된다. 즉, 자금을 받을 때마다 새로운 주소(새로운 개인키가 필요한)를 사용한다. 더 나아가 각 트랜잭션에 대해 새로운 주소를 사용할 수 있지만, 토큰을 많이 처리하면 비용도 많이 들 수 있다. 이렇게 하려면 비결정적 지갑은 정기적으로 키 목록을 증가시켜야 하는데, 이는 정기적인 백업이 필요하다는 뜻이다. 만약 지갑을 백업하기 전에 데이터(디스크 고장, 음료 사고, 휴대전화 도난)를 잃어버리면 자금과 스마트 컨트랙트에 접근할 수 없게 된다. '타입 0'으로 볼 수 있는 비결정적 지갑은 '때마다(just in time)' 모두 새로운 주소를 위한 새로운 지갑 파일을 만들기 때문에 다루기가 가장 어렵다.

그럼에도 불구하고 많은 이더리움 클라이언트(게스 포함)는 보안 강화를 위해 암호문으로 암호화된 단일(무작위로 생성된) 개인키가 들어 있는, JSON 인코딩 파일인 **키저장소(keystore)** 파일을 사용한다. JSON 파일의 내용은 다음과 같다.

```
{
    "address": "001d3f1ef827552ae1114027bd3ecf1f086ba0f9",
    "crypto": {
        "cipher": "aes-128-ctr",
        "ciphertext":
            "233a9f4d236ed0c13394b504b6da5df02587c8bf1ad8946f6f2b58f055507ece",
        "cipherparams": {
            "iv": "d10c6ec5bae81b6cb9144de81037fa15"
        },
        "kdf": "scrypt",
        "kdfparams": {
            "dklen": 32,
            "n": 262144,
            "p": 1,
            "r": 8,
            "salt":
                "99d37a47c7c9429c66976f643f386a61b78b97f3246adca89abe4245d2788407"
        },
        "mac": "594c8df1c8ee0ded8255a50caf07e8c12061fd859f4b7c76ab704b17c957e842"
    },
    "id": "4fcb2ba4-ccdb-424f-89d5-26cce304bf9c",
    "version": 3
}
```

키저장소 형식은 무차별(brute-force), 사전(dictionary) 및 레인보우 테이블(rainbow table) 공격을 대비해 암호 확장 알고리즘으로 알려진 **키 파생 함수(key derivation function, KDF)**를 사용한다. 간단히 말해서, 개인키는 암호문에 의해 직접적으로 암호화되지 않는다. 대신, 암호문은 반복적으로 해싱됨으로써 강화된다. 해시 함수는 262,144 라운드로 반복되며, 키저장소 JSON에서 파라미터 crypto.kdfparams.n으로 확인할 수 있다. 공격자가 암호문을 무차별적으로 생성하려면 암호화를 시도할 때마다 262,144 해시 라운드를 적용해야 할 것이다. 이것은 공격 속도를 늦추어 복잡하고 길이가 긴 암호문에 대한 공격을 불가능하게 한다.

자바스크립트 라이브러리 keythereum(https://bit.ly/2R2Jmyr)과 같이 키저장소 형식을 읽고 쓸 수 있는 여러 소프트웨어 라이브러리가 있다.

비결정적 지갑은 간단한 테스트 외에는 사용을 권장하지 않는다. 왜냐하면 가장 단순한 상황 이외에는 백업하고 사용하기가 매우 불편하기 때문이다. 대신, 백업을 위해 니모닉 시드가 있는 산업계 표준인 HD(hierarchical deterministic) 지갑을 사용하라.

결정적(시드) 지갑

결정적 혹은 '시드' 지갑은 단일 마스터 키 또는 '단일 시드'로부터 파생된 개인키를 포함하고 있다. 시드는 개인키를 만들기 위해 인덱스 번호나 '체인 코드(chain code)' 같은 데이터와 결합된 무작위로 추출된 번호다(103페이지의 '확장된 공개키와 개인키' 절 참고). 결정적 지갑에서 시드는 모든 파생된 키를 복구할 수 있다. 그러므로 생성 시점에 단일 백업으로 지갑에 있는 모든 자금과 컨트랙트를 안전하게 보호할 수 있다. 시드는 또한 지갑을 내보내거나(export) 가져오기 (import)에 활용되고 다른 지갑 간에 모든 키를 쉽게 이관할 수 있다.

이러한 구조로 인해 시드만 있으면 전체 지갑에 접근이 가능하기 때문에 시드의 보안이 최우선적인 과제가 된다. 한편, 보안 노력을 단일 데이터에 집중할 수 있다는 것은 장점으로 볼 수 있다.

HD 지갑(BIP-32/BIP-44)

결정적 지갑은 단일 시드로부터 아주 많은 키를 쉽게 추출하기 위해 개발되었다. 현재 가장 개선된 결정적 지갑은 비트코인의 **BIP-32 표준**(http://bit.ly/2B2vQWs)으로 정의된 **HD(hierarchical deterministic)** 지갑이다. HD 지갑은 트리 구조로 파생된 키들을 가지고 있다. 이러한 구조는 부모 키가 자식 키의 시퀀스(sequence)를 파생할 수 있고, 각각의 자식은 다시 또 손자 키의 시퀀스를 파생할 수 있다. 이 트리 구조는 그림 5-1에 나와 있다.

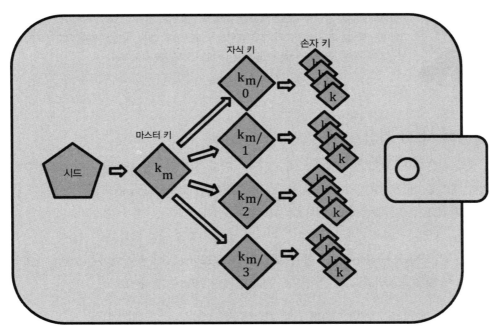

그림 5-1 HD 지갑: 단일 시드로부터 생성된 키 트리

HD 지갑은 결정적 지갑에 비해 몇 가지 장점을 지닌다. 먼저, 트리 구조는 예를 들어 하위 키의 특정 분기(branch)는 입금을 받는 데 사용하고 다른 분기는 송금 후 잔액을 받는 데 사용할수 있으며, 또한 부서, 자회사, 특정 기능 혹은 회계 범주로 다른 분기를 할당하여 기업 환경설정과 같은 구조적인 의미를 표현하는 데도 사용할 수 있다.

HD 지갑의 두 번째 장점은 개인키에 접속하지 않고 사용자가 공개키 시퀀스를 만들 수 있다는 것이다. HD 지갑은 보안상 안전하지 않은 서버, 보기 전용, 수신 전용의 용도로 사용할 수있는데, 이때 이 지갑에는 자금을 움직이는 개인키가 들어 있지 않게 만들 수 있다.

시드와 니모닉 코드(BIP-39)

안전한 백업 및 검색을 위해 개인키를 인코딩하는 데는 다양한 방법이 있다. 현재 많이 사용하는 방법은 단어 시퀀스를 사용하는 것인데, 이는 올바른 순서로 단어 시퀀스가 입력되면 고유한 개인키를 다시 만들 수 있다. 이러한 방법을 **니모닉(mnemonic)**이라 하고, 이러한 접근은 BIP-39(http://bit.ly/2OEMjUz)에 의해 표준화되었다. 요즘 많은 이더리움 지갑(기타 암호화폐 지갑을 포함하여)은 이 표준을 사용하여 백업 및 복구를 위해 호환이 가능한 니모닉으로 시드 가져오기(import)나 내보내기(export)를 할 수 있다.

왜 이러한 접근을 선호하는지 다음 예제를 확인해 보자.

```
FCCF1AB3329FD5DA3DA9577511F8F137

wolf juice proud gown wool unfair
wall cliff insect more detail hub
```

실용적인 측면에서, 16진수 시퀀스를 기록할 때는 오류가 발생할 확률이 매우 높다. 반대로 알려진 단어 목록은 단어(특히 영어 단어)들을 사용할 때 중복성이 커서 다루기가 매우 쉽다. 만약 'inzect'라고 우연히 기록된 게 있다면, 지갑을 복구해야 할 때 'inzect'는 유효한 영어 단어가 아니므로 'insect'를 사용해야 한다고 빠르게 결정할 수 있다. 이것은 HD 지갑을 관리할 때 시드를 어떻게 보관해야 하는가와 연결된 문제다. 데이터 손실(사고 혹은 도난)이 나서 지갑을 복구하려면 시드가 필요하므로 백업은 매우 중요하다. 그래서 시드는 디지털 백업보다는 종이에 써서 보관할 것을 추천한다.

요약하면, HD 지갑의 인코딩을 위한 복구 단어 목록을 사용하는 것이 오류 없이 고쳐 쓰고, 종이에 기록하고, 읽고, 안전하게 내보내고, 개인키들을 다른 지갑으로 가져오는 가장 쉬운 방법이다.

지갑의 모범 사례

암호화폐 지갑 기술이 성숙해짐에 따라 광범위하게 상호운용할 수 있고, 사용하기 쉽고, 안전하고, 유연한 지갑을 만들기 위한 일반적인 산업 표준이 등장했다. 또한 이러한 표준을 통해 지갑은 단일 니모닉에서 여러 개의 서로 다른 암호화폐에 대한 키를 파생시킬 수 있다. 이러한 일반적인 표준은 다음과 같다.

- BIP-39 기반 니모닉 코드 단어
- BIP-32 기반 HD 지갑
- BIP-43 기반 다목적(multipurpose) HD 지갑 구조
- BIP-44 기반 복수화폐(multicurrency) 및 복수계정(multiaccount) 지갑

이러한 표준은 향후 개발로 변경되거나 폐기될 수도 있지만, 현재 대부분의 블록체인 플랫폼과 암호화폐를 서로 열결해 주는 사실상의 기술적 지갑 표준으로 사용되고 있다.

이 표준은 소프트웨어 및 하드웨어 지갑에 광범위하게 채택되어 모든 지갑의 상호운용이 가능하게 되었다. 사용자는 이러한 지갑 중 하나에서 생성된 니모닉을 내보내고 다른 지갑으로 가져와서 모든 키와 주소를 복구할 수 있다. 이러한 표준을 지원하는 소프트웨어 지갑의 몇 가지 예로는 잭스(Jaxx), 메타마스크(MetaMask), 마이크립토(MyCrypto), 마이이더월렛(MyEtherWallet)이 있다(알파벳순으로 나열했음). 이러한 표준을 지원하는 하드웨어 지갑의 예로는 킵키(Keepkey), 레저(Ledger) 및 트레저(Trezor)가 있다.

다음 절들에서는 이러한 각각의 기술에 대해 상세하게 설명한다.

> 만약 이더리움 지갑을 구현하려면, 다음 절에서 설명할 BIP-32, BIP-39, BIP-43, BIP-44 표준을 따라 백업을 위해 니모닉 코드로 인코딩된 시드를 사용하여 HD 지갑을 구축해야 한다.

니모닉 코드 단어(BIP-39)

니모닉 코드 단어는 결정적 지갑을 파생하기 위해 시드로 사용되는 난수를 인코딩하는 단어 시퀀스다. 단어 시퀀스는 시드를 다시 만들어내고, 이 시드로부터 지갑과 모든 파생된 키들을 재생성할 수 있다. 니모닉 단어와 함께 결정적 지갑을 구현한 지갑 애플리케이션은 지갑을 처음 만들 때 12~24개의 단어 시퀀스를 보여줄 것이다. 단어 시퀀스는 지갑의 백업으로, 동일하거나 호환 가능한 지갑 애플리케이션에서 모든 키를 복구하고 다시 생성하는 데 사용할 수 있다. 앞서 설명했듯이, 니모닉 단어 목록을 사용하면 사용자가 쉽게 읽을 수 있고 정확하게 바꿔쓸 수 있으므로 지갑을 백업하기가 더 쉽다.

> 니모닉 단어를 '브레인월렛(brainwallet)'과 혼동하는데, 이들은 서로 같지 않다. 브레인월렛은 사용자가 고른 단어로 구성되는 반면, 니모닉 단어는 지갑이 무작위로 생성해서 사용자에서 보여준다는 것이 가장 큰 차이점이다. 이런 중요한 차이점은 니모닉 단어를 좀 더 안전하게 만든다. 왜냐하면 인간은 무작위성에 아주 약하기 때문이다. 아마도 더 중요하게는 '브레인월렛'이란 용어를 사용한다는 건 단어를 암기해야 한다는 것으로, 이는 아주 좋지 않은 아이디어일 뿐만 아니라 필요한 백업을 하지 않게 만드는 나쁜 방법이다.

니모닉 코드는 BIP-39에 정의되어 있다. BIP-39가 니모닉 코드 표준의 한 가지뿐임을 기억할 필요가 있다. 일렉트럼 비트코인(Electrum Bitcoin) 지갑에서 BIP-39 이전에 사용한 다른 단어 세트인 다른 표준도 있다. BIP-39는 트래저(Trezor) 하드웨어 지갑을 지원하는 회사가 제안했으며, 일렉트럼 구현과 호환되지 않는다. 그러나 BIP-39는 현재 수십 개의 상호운용이 가능한 구현으로 광범위하게 산업계 전반에 걸쳐 지원받고 있으며, 사실상 업계 표준으로 고려되어야 한다. 더욱이 BIP-39는 일렉트럼 시드와 달리 이더리움을 지원하는 복수화폐 지갑을 생산하는 데 사용할 수 있다.

BIP-39는 니모닉 코드와 시드의 생성을 정의하는데, 여기서는 아홉 단계로 설명한다. 명확하게 하기 위해 프로세스를 두 부분으로 나누는데, 1~6단계는 97페이지의 '니모닉 단어 생성' 절에서 보여주고, 7~9단계는 98페이지의 '니모닉에서 시드까지' 절에서 보여준다.

니모닉 단어 생성

니모닉 단어는 BIP-39에서 정의한 표준화된 절차에 따라 지갑에서 자동으로 생성된다. 지갑은 엔트로피의 원천에서 시작해서 체크섬을 추가하고 단어 목록에 엔트로피를 매핑한다.

1. 128~256비트의 무작위 암호화 시퀀스 S를 생성한다.
2. S를 SHA-256으로 해싱한 값을 32비트로 나눈 처음 길이를 체크섬으로 생성한다.
3. 무작위 시퀀스 S의 끝에 체크섬을 추가한다.
4. 시퀀스와 체크섬을 연결한 것을 11비트 단위로 나눈다.
5. 각각의 11비트 값을 사전에 정의된 2,048단어 사전과 매핑한다.
6. 단어의 시퀀스로부터 순서를 유지하면서 니모닉 코드를 생성한다.

그림 5-2는 엔트로피를 사용해서 어떻게 니모닉 단어를 생성하는지 보여준다.

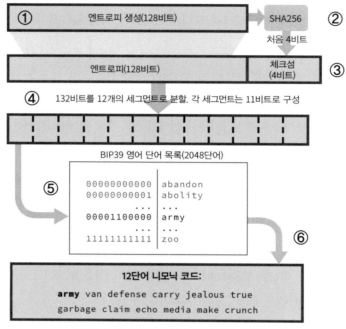

그림 5-2 엔트로피 생성과 니모닉 단어로 인코딩

표 5-1은 엔트로피 데이터 크기와 니모닉 코드 길이 간의 관계를 보여준다.

표 5-1 니모닉 코드: 엔트로피와 단어 길이

엔트로피(비트)	체크섬(비트)	엔트로피 + 체크섬(비트)	니모닉 길이(단어)
128	4	132	12
160	5	165	15
192	6	198	18
224	7	231	21
256	8	264	24

니모닉에서 시드까지

니모닉 단어는 128~256비트 길이의 엔트로피를 표현한다. 엔트로피는 키 스트레칭(key-stretching) 함수 PBKDF2를 사용하여 더 긴(512비트) 시드를 파생하는 데 사용되며, 생성된 시드는 결정론적 지갑을 구축하고 키를 파생하는 데 사용된다.

키 스트레칭 함수에는 니모닉과 **솔트(salt)**라는 두 가지 파라미터가 있다. 키 스트레칭 함수에서 솔트의 목적은 무차별 대입 공격을 가능하게 하는 조회 테이블(lookup table) 생성을 어렵게 하는 것이다. BIP-39 표준에서 솔트는 또 다른 목적을 갖는다. 100페이지의 'BIP-39 선택적 암호문' 절에서 자세히 설명하겠지만, 솔트는 추가적인 보안 요소 역할을 하는 암호문 추가를 사용할 수 있게 해준다.

7단계부터 9단계까지 설명하는 절차는 앞 절에서 설명한 절차에서 이어진다.

7. PBKDF2 키 스트레칭 함수의 첫 번째 파라미터는 6단계에서 생성된 **니모닉**이다.

8. PBKDF2 키 스트레칭 함수의 두 번째 파라미터는 **솔트**다. 솔트는 문자열 상수 "mnemonic"과 선택적으로 사용자가 지정한 암호문을 연결하여 구성한다.

9. PBKDF2는 최종 출력으로 512비트 값을 만드는 HMAC-SHA512 알고리즘으로, 2048 해시 라운드를 사용하여 니모닉과 솔트 파라미터를 확장하며, 이 결과로 나온 512비트 값이 시드다.

그림 5-3은 니모닉이 어떻게 시드를 생성하는지를 보여준다.

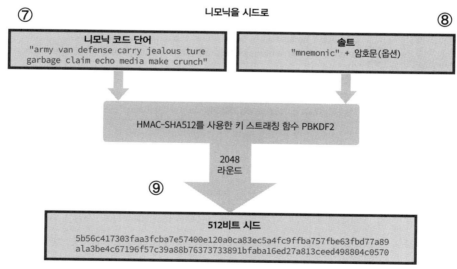

그림 5-3 **니모닉에서 시드까지**

 키 스트래칭 함수는 2048 해시 라운드로 니모닉 또는 암호문에 대한 무차별 대입 공격을 다소 효과적으로 막아준다. 수천 개 이상의 암호와 니모닉 조합을 시도하는 데는 비용(계산)이 많이 든다. 가능한 파생 시드의 수(2^{512}, 즉 약 10^{154})는 방대하고 가시적인 우주의 원자 수(약 10^{80})보다 훨씬 크다.

표 5-2, 5-3, 5-4는 생성한 니모닉 코드와 시드의 몇 가지 예를 보여준다.

표 5-2 128비트 엔트로피 니모닉 코드, 암호문 없음, 결과 시드

엔트로피 입력(128비트)	0c1e24e5917779d297e14d45f14e1a1a
니모닉(12단어)	army van defense carry jealous true garbage claim echo media make crunch
암호문	(없음)
시드(512비트)	5b56c417303faa3fcba7e57400e120a0ca83ec5a4fc9ffba757fbe63fbd77a89a1a3be4c671 96f57c39a88b76373733891bfaba16ed27a813ceed498804c0570

표 5-3 128비트 엔트로피 니모닉 코드, 암호문 있음, 결과 시드

엔트로피 입력(128비트)	0c1e24e5917779d297e14d45f14e1a1a
니모닉(12단어)	army van defense carry jealous true garbage claim echo media make crunch
암호문	SuperDuperSecret
시드(512비트)	3b5df16df2157104cfdd22830162a5e170c0161653e3afe6c88defeefb0818c793dbb28ab 3ab091897d0715861dc8a18358f80b79d49acf64142ae57037d1d54

표 5-4 256비트 엔트로피 니모닉 코드, 암호문 없음, 결과 시드

엔트로피 입력(256비트)	2041546864449caff939d32d574753fe684d3c947c3346713dd8423e74abcf8c
니모닉(12단어)	cake apple borrow silk endorse fitness top denial coil riot stay wolf luggage oxygen faint major edit measure invite love trap field dilemma oblige
암호문	(없음)
시드(512비트)	3269bce2674acbd188d4f120072b13b088a0ecf87c6e4cae41657a0bb78f5315b33b3a04 356e53d062e55f1e0deaa082df8d487381379df848a6ad7e98798404

BIP-39 선택적 암호문

BIP-39 표준은 시드의 파생에 선택적 암호문을 사용할 수 있다. 암호문을 사용하지 않으면 니모닉은 상수 문자열 "mnemonic"과 함께 솔트를 구성하여 연장되고, 주어진 니모닉으로부터 특정한 512비트 시드를 생성한다. 만약 암호문을 사용한다면 스트래칭 함수는 동일한 니모닉으로부터 '다른' 시드를 생성한다. 실제로, 단일 니모닉이 주어졌을 때 암호문이 다르면 다른 시드를 만들어낸다. 본질적으로 '잘못된' 암호문은 없다. 모든 암호문은 유효하며, 각각 다른 시드를 만들어내고, 가능한 한 초기화되지 않은 많은 지갑을 형성한다. 암호문이 충분히 복잡하고 길어서(2^{512}) 실제로 무차별 대입 혹은 우연히 사용 중인 것을 추측해 낼 가능성은 없다.

BIP-39에는 '잘못된' 암호문이 있을 수 없다. 모든 암호문은 별개의 지갑을 생성하게 되는데, 이전에 사용되지 않았던 것이라면 빈 지갑 상태가 된다.

선택적 암호문은 두 가지 중요한 특징을 지닌다.

- 니모닉 자체만으로는 의미가 없도록 만들어서, 니모닉 백업이 도난으로부터 보호될 수 있도록 하는 2차 팩터(추가적으로 기억해야 하는)로 기능한다.
- 공격자의 협박 때문에 암호문을 가르쳐 줘야 할 경우는 진짜 암호문 대신 그럴 듯한 가짜 암호문을 제공한다. 그러면 대부분의 자금을 담고 있는 '진짜(real)' 지갑 대신 적은 양의 자금이 있는 지갑으로 공격자의 주의를 돌릴 수 있다.

그러나 암호문의 사용은 손실의 위험 또한 가져온다는 점을 주목해야 한다.

- 만약 지갑의 주인이 의식을 잃었거나 사망했고 암호문을 알고 있는 사람이 없다면, 시드는 쓸모없어지고 지갑에 저장된 모든 자금을 영원히 잃게 된다.
- 반대로, 소유자가 암호문을 시드와 동일한 위치에 백업하는 것은 2차 팩터를 사용하는 목적에 어긋난다.

암호는 매우 유용하지만 상속인이 암호화폐를 복구할 수 있는 가능성을 고려해야 하므로, 신중하게 계획된 백업 및 복구 프로세스와 함께 사용해야 한다.

니모닉 코드로 작업하기

BIP-39는 여러 가지 프로그래밍 언어의 라이브러리로 구현되어 있다. 예를 들면 다음과 같다.

파이썬 니모닉(python-mnemonic, https://bit.ly/2Nbc04S)
　파이썬으로 BIP-39를 제안한 사토시랩(SatoshiLabs) 팀의 표준참조 구현

컨센시스/이더-라이트월렛(ConsenSys/eth-lightwallet, https://bit.ly/2FLNikS)
　노드와 브라우저용 경량 JS 이더리움 지갑(BIP-39 포함)

npm/bip39(https://bit.ly/2BF69eR)
　비트코인 BIP-39의 자바스크립트 구현: 결정적 키 생성용 니모닉 코드

테스트와 실습에 아주 유용한 독립형(standalone) 웹 페이지(그림 5-4)로 구현된 BIP-39 생성기가

있다. 니모닉 코드 변환기는 니모닉(Mnemonic Code Converter, https://iancoleman.io/bip39/), 시드 그리고 확장된 개인키를 생성한다. 또한 브라우저에서 오프라인으로 사용하거나 온라인으로 접속할 수 있다.

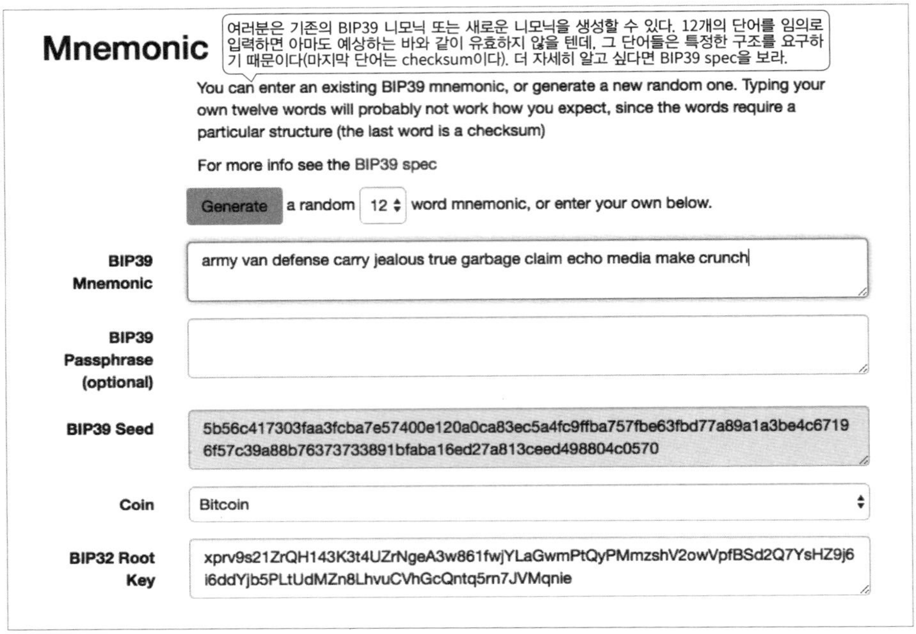

그림 5-4 독립형 웹 페이지 BIP-39 생성기

시드로 HD 지갑 생성하기

HD 지갑은 128, 256 또는 512비트 임의의 숫자인 단일 **루트 시드**(root seed)로 만든다. 일반적으로 앞 절에서 상세하게 설명했던 니모닉이 시드를 생성한다.

HD 지갑의 모든 키는 루트 시드에서 결정적으로 파생되었으며, 모든 호환 HD 지갑에서 그 시드로부터 전체 HD 지갑을 재생성할 수 있다. 이것은 루트 시드를 파생시킨 니모닉을 전송하는 것만으로도 수천 혹은 수백만 개의 키가 포함된 HD 지갑의 내보내기, 백업, 복원, 가져오기를 쉽게 만든다.

HD 지갑(BIP-32)과 경로(BIP-43/44)

대부분의 HD 지갑은 결정적 키 생성을 위한 산업계의 사실상 표준인 BIP-32 표준을 따른다.

여기서 BIP-32의 세부적인 부분까지 논의하지는 않을 것이나, 지갑에서 어떻게 사용되는지 이해하는 데 필요한 구성요소만 살펴볼 것이다. 가장 중요한 측면은 그림 5-1에서 볼 수 있듯이 파생된 키가 가질 수 있는 트리 같은 계층적인 관계다. 또한 다음 절에서 설명하는 **확장 키 (extended key)**와 **강화 키(hardened key)**의 아이디어를 이해하는 것이 중요하다.

상호운용이 가능한 수십 가지의 BIP-32 구현은 많은 소프트웨어 라이브러리에서 제공하고 있다. 이들은 대부분 비트코인 지갑용으로 설계되었다. 비트코인은 이더리움과 다른 방법으로 주소를 구현하지만, BIP-32 호환 가능 지갑과 동일한 키 파생(key-derivation) 구현을 공유한다. 이더리움을 위해 설계된(https://bit.ly/2FLNikS) 지갑을 사용하거나 이더리움 주소 인코딩 라이브러리를 추가하여 비트코인에서 채택한 것을 사용하라.

BIP-32로 테스트하고 실습하기에 아주 유용한 독립형 웹 페이지(http://bip32.org/)로 구현된 BIP-32 생성기가 있다.

독립형 BIP-32 생성기는 HTTPS 사이트가 아니다. 그것은 이 도구를 사용하는 것이 안전하지 않다는 사실을 상기시켜 주는 것이다. 오직 테스트용이므로, 이 사이트에서 생성된 키를 실제 자금에 사용해선 안 된다.

확장된 공개키와 개인키

BIP-32의 용어로 말하자면, 키는 '확장(extended)'될 수 있다. 적절한 수학적 연산을 사용하여 확장된 '부모(parent)' 키는 '자식(child)' 키를 파생시킬 수 있게 되고, 앞서 설명한 키와 주소의 계층 구조를 만들 수 있게 된다. 맨 앞에 있을 필요는 없으며, 트리 계층 구조의 어느 곳에서 든 부모 키를 선택할 수 있다. 키를 확장하는 것은 키 자체를 가져와서 특수 **체인 코드(chain code)**를 추가하는 것이다. 체인 코드는 자식 키를 생성하기 위해 각 키와 혼합된 256비트 이진 문자열이다.

만약 키가 개인키이면 접두어 xprv로 구분되는 **확장된 개인키(extended private key)**가 된다.

```
xprv9s21ZrQH143K2JF8RafpqtKiTbsbaxEeUaMnNHsm5o6wCW3z8ySyH4UxFVSfZ8n7ESu7fgir8i...
```

확장된 공개키(extended public key)는 접두어 xpub으로 구분된다.

```
xpub661MyMwAqRbcEnKbXcCqD2GT1di5zQxVqoHPAgHNe8dv5JP8gWmDproS6kFHJnLZd23tWevhdn...
```

HD 지갑의 매우 유용한 특징은 개인키가 없는 부모 공개키에서 자식 공개키를 파생할 수 있는 능력이다. 자식 공개키를 파생하기 위한 방법은 두 가지가 있다. 자식 개인키로부터 직접 파생하는 방법과 부모 공개키로부터 직접 파생하는 방법이다.

따라서 확장된 공개키는 HD 지갑 구조의 해당 분기(branch)에서 모든 공개키(그리고 단지 공개키들만)를 파생하는 데 사용될 수 있다.

이런 방법은 매우 안전한 공개키 전용 배포를 만드는 데 사용할 수 있다. 여기서 서버 또는 애플리케이션에는 확장된 공개키의 사본이 있지만 개인키는 없다. 이러한 배포는 무한한 수의 공개키와 이더리움 주소를 생성할 수 있지만, 그 주소로 보낸 돈은 쓸 수 없다. 한편 다른 보안 서버에서 확장된 개인키는 트랜잭션에 서명하고 돈을 사용하기 위해 관련된 모든 개인키를 파생할 수 있다.

이러한 방법의 일반적인 애플리케이션 중 하나는 전자상거래 애플리케이션을 제공하는 웹 서버에 확장된 공개키를 설치하는 것이다. 웹 서버는 공개키 파생 함수를 사용하여 모든 트랜잭션(예: 고객 쇼핑 카트)에 대한 새로운 이더리움 주소를 만들 수 있는 반면, 도난에 취약한 개인키는 가지고 있을 필요가 없다. HD 지갑 없이 이를 수행하는 유일한 방법은 별도의 보안 서버에서 수천 개의 이더리움 주소를 생성한 후에 전자상거래 서버에 미리 로드(preload)하는 것이다. 이 접근법은 번거롭고 서버의 키가 다 떨어지지 않도록 지속적인 유지보수가 필요하므로 HD 지갑의 확장된 공개키를 사용하는 것이 좋다.

이 솔루션의 또 다른 일반적인 애플리케이션은 콜드 스토리지(cold-storage) 또는 하드웨어 지갑이다. 이 시나리오에서 확장된 개인키는 하드웨어 지갑에 저장할 수 있으며, 확장된 공개키는 온라인으로 보관할 수 있다. 사용자는 '수신(receive)' 주소를 자유롭게 만들 수 있으며, 개인키는 오프라인으로 안전하게 저장된다. 자금을 사용하기 위해 사용자는 오프라인 서명 이더리움 클라이언트에서 확장된 개인키를 사용하거나 하드웨어 지갑 장치에서 트랜잭션을 서명할 수 있다.

강화된 자식 키의 파생

확장된 공개키 또는 **xpub**으로부터 공개키의 분기를 파생하는 능력은 매우 유용하지만 잠재적인 위험이 있다. xpub에 대한 접근이 자식 개인키에 대한 접근을 제공하지 않는다. 그러나 xpub이 체인 코드(부모 공개키에서 자식 공개키를 파생하는 데 사용)를 포함하므로, 만약 하위 개인키가 알려져 있거나 유출된 경우 다른 모든 자식 개인키를 파생시키기 위한 체인 코드로 될 수 있다. 유출된 하나의 자식 개인키와 부모 체인 코드는 모든 자식의 개인키를 노출시킬 수 있다. 더욱이, 부모 체인 코드와 함께 자식 개인키를 사용하여 부모 개인키를 추론할 수 있다.

이러한 위험에 대응하기 위해 HD 지갑은 **강화 파생(hardened derivation)**이라고 하는 대체 가능 파생 함수를 사용한다. 이 파생 함수는 부모 공개키와 자식 체인 코드 간의 관계를 '끊는다(break)'. 강화 파생 함수는 자식 체인 코드를 파생하기 위해 부모 공개키 대신에 부모의 개인키를 사용한다. 이것은 체인 코드를 이용하여 부모/자식 시퀀스에 '방화벽'을 생성하며, 이 때 체인 코드는 부모 또는 형제 개인키를 유출하는 데 사용할 수 없다.

간단히 말해서, 유출된 체인 코드의 위험에 노출되지 않고 편리하게 xpub을 이용해 공개키의 분기를 파생하기 위해서는 일반적인 부모가 아닌 강화된 부모로 공개키 분기를 파생해야 한다. 마스터 키의 유출을 방지하기 위해서는 항상 강화 파생으로 파생된 마스터 키의 1단계 자식 사용을 강력히 추천한다.

일반 및 강화 파생을 위한 인덱스 번호

하나의 부모 키에서 여러 개의 자식 키를 파생할 수 있다. 이를 관리하기 위해 인덱스 번호를 사용한다. 각 인덱스 번호는 특수한 자식 파생 함수를 사용해 부모 키와 결합될 때 각각 다른 자식 키를 만들어낸다. BIP-32 부모-자식 파생 함수에 사용하는 인덱스 번호는 32비트 정수다. 강화 파생을 통해 파생된 키와 일반(비강화) 파생 함수를 통해 파생된 키를 쉽게 구별하기 위해 인덱스 번호는 두 범위로 나뉜다. 0과 $2^{31} - 1$ 사이의 인덱스 번호(0x0~0x7FFFFFFF)는 오직 일반 파생을 위해서만 사용된다. 2^{31}과 $2^{32} - 1$ 사이의 인덱스 번호(0x80000000~0xFFFFFFFF)는 오직 강화 파생에만 사용된다. 그러므로 인덱스 번호가 2^{31}보다 작으면 자식은 일반이고, 반면에 인덱스 번호가 2^{31} 이상이면 자식은 강화된다.

인덱스 번호를 좀 더 읽기 쉽도록 표시하기 위해 강화된 자식 인덱스 번호가 소수 기호이지만, 0부터 시작하는 것으로 표현된다. 따라서 첫 번째 일반 자식 키는 0으로 표시되지만, 첫 번째 강화된 자식(인덱스 0x80000000)은 0'으로 표시된다. 순서대로 두 번째 강화된 키는

0x80000001의 인덱스를 가지며 1'로 표시된다. HD 지갑 인덱스 i'가 표시되면 이는 $2^{31} + i$를 의미한다.

HD 지갑 키 식별자(경로)

HD 지갑의 키는 '경로(path)' 이름 규칙을 사용하여 식별하며, 트리의 각 레벨은 슬래시(/) 문자로 구분한다(표 5-5 참고). 마스터 개인키에서 파생된 개인키는 m으로 시작하며, 마스터 공개키에서 파생된 공개키는 M으로 시작한다. 따라서 마스터 개인키의 첫 번째 자식 개인키는 m/0이며, 첫 번째 자식 공개키는 M/0이다. 첫 번째 자식의 두 번째 자식은 m/0/1이고, 나머지도 마찬가지다.

표 5-5 HD 지갑 경로 예제

HD 경로	키 설명
m/0	마스터 개인키(m)의 첫 번째(0) 자식 개인키
m/0/0	첫 번째 자식(m/0)의 첫 번째 자식 개인키
m/0'/0	첫 번째 강화된 자식(m/0')의 첫 번째 일반 자식
m/1/0	두 번째 자식(m/1)의 첫 번째 자식 개인키
M/23/17/0/0	24번째 자식의 18번째 자식의 첫 번째 자식의 첫 번째 자식 공개키

키의 '조상(ancestry)'은 키를 파생한 마스터 키에 도달할 때까지 오른쪽에서 왼쪽으로 읽는다. 예를 들어, m/x/y의 z번째 자식 키는 식별자 m/x/y/z, m/x의 y번째 자식 키는 m/x/y, m의 x번째 자식 m/x로 표현한다.

HD 지갑 트리 구조 탐색

HD 지갑 트리 구조는 대단히 유연하다. 뒤집어 말하면, 무한한 복잡성을 허용한다는 뜻이다. 각 부모의 확장 키는 40억 개의 자식을 가질 수 있다(20억 개의 정상적인 자식들과 20억 개의 강화된 자식들). 그 자식들은 각각 40억 개의 자식들을 가질 수 있다. 트리는 여러분이 원하는 만큼 깊을 수 있으며 무한한 세대가 될 수 있다. 이와 같은 잠재력 때문에 매우 큰 트리를 탐색하는 일이 상당히 어려워질 수 있다.

두 가지 BIP는 HD 지갑 구조의 표준을 만들어 잠재적인 복잡성을 관리할 수 있는 방법을 제공한다. BIP-43은 강화된 첫 번째 자식 인덱스를 트리 구조의 '목적(purpose)'을 나타내는 특수 식별자로 사용하도록 제안한다. BIP-43을 기반으로 한 HD 지갑은 트리의 구조와 나머지 레벨의 네임스페이스를 식별하여, 지갑의 목적을 정의하는 인덱스 번호와 함께 트리 레벨 1 분기만 사용해야 한다. 좀 더 구체적으로 말하자면, m/i'/... 분기만을 사용하는 HD 지갑은 특정 목적을 나타내기 위한 것이고, 그 목적은 인덱스 번호 i로 식별된다.

이 사양을 확장하여 BIP-44는 '목적' 번호를 44'로 설정하여 복수화폐 복수계정 구조를 제안한다. BIP-44를 따르는 모든 HD 지갑 구조는 단지 하나의 트리 분기(m/44'/*)만을 사용한다는 사실에 의해 식별된다.

BIP-44는 미리 정의된 다섯 가지 트리 레벨로 구성된 구조를 지정한다.

```
m / purpose' / coin_type' / account' / change / address_index
```

첫 번째 레벨인 purpose'는 항상 44'로 설정하는 것이다. 두 번째 레벨인 coin_type'은 암호화폐 동전의 유형을 지정하며, 각 통화가 두 번째 레벨 아래에 자체 하위 트리를 갖는 화폐 HD 지갑을 허용하는 것이다. SLIP0044(https://bit.ly/2UahY3r)라는 표준 문서에는 여러 화폐가 정의되어 있다. 예를 들어 이더리움은 m/44'/60'이고, 이더리움 클래식은 m/44'/61', 비트코인은 m/44'/0', 모든 화폐의 테스트넷은 m/44'/1'이다.

트리의 세 번째 레벨은 account'이며, 사용자는 지갑을 회계 또는 조직 목적을 위한 별도의 논리적 하위 계좌로 세분화할 수 있다. 예를 들어, HD 지갑에는 2개의 이더리움 '계정'(m/44'/60'/0', m/44'/60'/1')을 포함할 수 있다. 각 계정은 자체 하위 트리의 루트다.

BIP-44는 원래 비트코인을 위해 제작되었기 때문에 이더리움 세계와 관련이 없는 '특이점(quirk)'이 포함되어 있다. 경로의 네 번째 레벨인 change에서, HD 지갑에는 2개의 하위 트리가 있다. 하나는 입금 주소 작성용이고, 다른 하나는 잔액 주소 작성용이다. 이더리움은 비트코인에 있는 잔액 주소가 필요하지 않으므로 단지 '입금(receive)' 경로만 사용한다. 이전 레벨은 강화 파생을 사용했지만, 이 레벨은 일반 파생을 사용한다는 사실을 알아두자. 이는 비보안 환경에서 사용할 수 있도록 확장된 공개키를 트리의 계정 수준에서 내보낼 수 있게 한다. 사용 가능한 주소는 네 번째 레벨의 자식으로서 HD 지갑에서 파생된다. 트리의 다섯 번째 레벨을 address_index로 만드는 것이다. 예를 들어, 주 메인 계정에서 이더리움 지급을 위한 세 번째 입금 주소는 M/44'/60'/0'/0/2가 될 것이다. 표 5-6에서 몇 가지 예를 보여준다.

표 5-6 BIP-44 HD 지갑 구조 예

HD 경로	키 설명
M/44'/60'/0'/0/2	메인 이더리움 계정에 대한 세 번째 수신 공개키
M/44'/0'/3'/1/14	4번째 비트코인 계정의 15번째 잔돈 주소 공개키
m/44'/2'/0'/0/1	트랜잭션 서명을 위한 라이트코인 메인 계정의 두 번째 개인키

결론

지갑은 사용자를 상대하는 모든 블록체인 애플리케이션의 기본이다. 지갑을 이용하여 사용자는 키와 주소들을 관리한다. 또한 6장에서 살펴보겠지만, 지갑을 사용하면 사용자가 이더의 소유권을 입증하고 디지털 서명을 적용하여 트랜잭션을 승인할 수 있다.

6

트랜잭션

트랜잭션은 외부 소유 계정(EOA)에 의해 서명된 메시지인데, 이더리움 네트워크에 의해 전송되고 이더리움 블록체인에 기록된다. 이 기본 정의는 놀라울 정도로 매력적인 의미를 담고 있다. 다른 관점으로 바라보면, 트랜잭션은 EVM에서 상태 변경을 유발하거나 컨트랙트를 실행할 수 있는 유일한 방법이라는 것이다. 이더리움은 글로벌 싱글톤 상태 머신이며, 트랜잭션은 이 상태 머신을 움직여서 상태를 변경할 수 있도록 만든다. 컨트랙트는 독자적으로 실행되지 않는다. 또한 이더리움도 자율적으로 실행되지 않는다. 모든 것은 트랜잭션으로부터 시작된다.

이 장에서는 트랜잭션을 분석하고 작동 방식에 대해 자세히 살펴볼 것이다. 이 장의 대부분은 실제 지갑 애플리케이션을 개발하는 사람들과 같이 저수준에서 트랜잭션을 다루는 데 관심이 있는 사람들을 대상으로 한다. 흥미로운 세부 정보를 찾을 수도 있지만, 기존 지갑 애플리케이션 사용에 만족스럽다면 걱정할 필요가 없다!

트랜잭션 구조

먼저 이더리움 네트워크에서 시리얼라이즈(serialize)되어 전송되는 트랜잭션의 기본 구조를 살펴보자. 시리얼라이즈된 트랜잭션을 수신하는 각 클라이언트와 애플리케이션은 자체 내부 데이터 구조를 사용하여 트랜잭션을 메모리에 저장하며, 네트워크에서 시리얼라이즈된 트랜잭션 자체에는 존재하지 않는 메타데이터가 포함되어 있다. 네트워크 시리얼라이제이션은 트랜잭션의 유일한 표준 형식이다.

트랜잭션은 다음 데이터를 포함하는 시리얼라이즈된 바이너리 메시지다.

논스(nonce)

발신 EOA에 의해 발행되어 메시지 재사용을 방지하는 데 사용되는 일련번호

가스 가격(gas price)

발신자가 지급하는 가스의 가격(웨이)

가스 한도(gas limit)

이 트랜잭션을 위해 구입할 가스의 최대량

수신자(recipient)

목적지 이더리움 주소

값(value)

목적지에 보낼 이더의 양

데이터(data)

가변 길이 바이너리 데이터 페이로드

v, r, s

EOA의 ECDSA 디지털 서명의 세 가지 구성요소

트랜잭션 메시지의 구조는 이더리움에서 간단하고 완벽한 바이트 시리얼라이제이션을 위해 특별히 만들어진 RLP(Recursive Length Prefix) 인코딩 체계를 사용하여 시리얼라이즈된다. 이더리움의 모든 숫자는 8비트 배수 길이의 빅엔디안 정수로 인코딩된다.

명확성을 위해 여기에 필드 라벨(수신자, 가스 한도 등)이 표시되지만, 이 필드 값들은 RLP로 인코딩된 필드 값이 들어 있는, 시리얼라이즈된 트랜잭션 데이터의 일부가 아니라는 점을 유의하자. 일반적으로 RLP는 필드 구분자 또는 라벨을 포함하지 않는다. RLP의 길이 접두어는 각 필드의 길이를 식별하는 데 사용된다. 따라서 정의된 길이를 초과하는 것은 구조상 다음 필드에 속한다.

이것이 실제 전송되는 트랜잭션 구조인데, 내부 정보를 보여주거나 사용자 인터페이스를 시각화하기 위해서는 트랜잭션 구조 이외에도 트랜잭션이나 블록체인에서 파생된 추가 정보를 사

용한다.

예를 들어 발신자 EOA를 식별하는 주소에 '발신자(from)' 데이터가 없는데, 이것은 EOA의 공개키를 ECDSA 서명의 v, r, s 구성요소로부터 알아낼 수 있으며, 이는 공개키를 통해 주소를 알아낼 수 있음을 의미한다. 즉, 주소는 공개키에서 파생될 수 있다. '발신자' 필드가 표시된 트랜잭션이라면, 시각화하는 데 사용된 소프트웨어에 의해 추가된 것이다. 클라이언트 소프트웨어에 의해 트랜잭션에 자주 추가되는 다른 메타데이터는 블록 번호(채굴되고 블록체인에 포함된)와 트랜잭션 ID(계산된 해시)를 포함한다. 다시 말하면, 이 데이터는 트랜잭션에서 파생되며 트랜잭션 메시지 자체의 일부가 아니다.

트랜잭션 논스

논스(nonce)는 트랜잭션에서 가장 중요하고 이해하기 어려운 구성요소 중 하나다. 황서(9페이지의 '더 읽을거리' 참고)에서는 다음과 같이 정의한다.

> 논스: 해당 주소에서 보낸 트랜잭션 건수 또는 연결된 코드가 있는 계정의 경우 이 계정에서 만든 컨트랙트 생성 건수와 동일한 스칼라 값

엄밀히 말하면, 논스는 발신 주소의 속성이며 단지 발신 주소의 컨텍스트 안에서만 의미를 갖는다. 그러나 논스는 명시적으로 블록체인 계정 상태에 저장되지 않고, 해당 주소에서 발생한 확인된 트랜잭션 건수를 세어서 동적으로 계산되는 값이다.

아래의 두 가지 상황을 통해서 트랜잭션을 세는 논스의 중요성에 대해 알아보자. 하나는 트랜잭션 생성 순서대로 포함된다는 점에서 생기는 사용성상의 기능(usability feature)이며, 다른 하나는 트랜잭션 복제 방지라는 주요 기능에서의 측면이다. 이들 각각에 대한 예제 시나리오를 살펴보자.

1. 두 가지 트랜잭션을 한다고 생각해 보자. 하나는 6개의 이더를 지급해야 하는 중요한 트랜잭션이고, 또 하나는 8개의 이더를 지급해야 하는 트랜잭션이다. 먼저 6이더 트랜잭션에 서명하고 전파하는 것이 더 중요하기 때문에 이 트랜잭션을 먼저 한 뒤, 두 번째 8이더 트랜잭션에 서명하고 전파한다. 안타깝게도 계정에 이더가 10개밖에 없다는 사실을 간과했으므로, 네트워크에서 트랜잭션을 둘 다 받을 수 없어서 그중 하나는 실패한다.

더 중요한 6이더 트랜잭션을 먼저 보냈기 때문에 여러분은 당연히 앞선 트랜잭션은 성공하고 8이더 트랜잭션은 거부될 것으로 생각한다. 하지만 이더리움처럼 탈중앙화된 시스템에서 노드는 어떤 순서로든 트랜잭션을 수신할 수 있다. 특정 노드가 다른 노드보다 특정한 트랜잭션을 먼저 받을 것이라는 보장은 없다. 따라서 어떤 노드는 6이더 트랜잭션을 먼저 수신하고, 또 어떤 노드는 8이더 트랜잭션을 먼저 수신한다. 논스가 없다면 어느 것이 받아들여지고 어떤 것이 거부될지는 알 수 없다. 그러나 논스가 포함된 상태에서 보낸 첫 번째 트랜잭션은 논스 값이 예를 들어서 3이라고 하자. 8이더 트랜잭션은 다음 논스 값(즉, 4)을 갖는다. 그러면 0부터 3까지의 논스가 있는 트랜잭션이 처리될 때까지 해당 트랜잭션은 무시된다(8이더 트랜잭션이 먼저 수신되더라도). 휴!

2. 이제 여러분 계정에 100이더가 있다고 상상해 보자. 환상적이다! 여러분이 정말로 사고 싶어 하는 mcguffin-widget에 대한 지급을 이더로 받을 판매자를 찾는다. 그들에게 2 이더를 보내면 그들은 mcguffin-widget을 보낸다. 2이더를 지급하기 위해, 여러분의 계정에서 그들의 계정으로 2이더를 전송하는 트랜잭션에 서명한 다음, 트랜잭션을 이더리움 네트워크로 전파하여 검증한 후에 블록체인에 저장한다. 이제 논스 값 없이 2이더를 동일한 주소로 보내는 두 번째 트랜잭션은 첫 번째 트랜잭션과 정확히 동일하게 보인다. 즉, 이더리움 네트워크에서 트랜잭션을 보는 사람(수신자 또는 적을 포함하여 모든 사람을 의미함)은 원래 트랜잭션을 복사하여 붙여넣고 네트워크로 다시 보내는 방식으로 여러분의 이더가 소진될 때까지 계속 트랜잭션을 반복해서 '재실행(reply)'할 수 있다. 그러나 트랜잭션 데이터에 포함된 논스 값을 사용하면 동일한 수신자 주소에 동일한 양의 이더를 여러 번 보내는 경우에도 **각각의 개별 트랜잭션은 고유하다**. 따라서 트랜잭션의 일부로 논스를 증가시킴으로써 누군가가 지급한 금액을 '복제(duplicate)'하는 행위를 막을 수 있다.

요약하면, 비트코인 프로토콜의 '미사용 트랜잭션 아웃풋(Unspent Transaction Output, UTXO)' 메커니즘과 달리, **계정 기반(account-based)** 프로토콜은 논스를 사용하는 것이 실제로 필수적임을 유의해야 한다.

논스 추적

실질적으로 논스는 각 계정에서 발생한 확인된(즉, 체인상의) 트랜잭션 건수에 대한 최신 통계다. 논스 값을 알아내려면, 예를 들어 web3 인터페이스를 통해 블록체인을 조회해야 한다. 메타마스크를 실행 중인 상태에서 브라우저에서 자바스크립트 콘솔을 열거나 truffle console 명령을 사용하여 자바스크립트 web3 라이브러리에 접근한 후 다음을 입력하라.

```
> web3.eth.getTransactionCount("0x9e713963a92c02317a681b9bb3065a8249de124f")
40
```

 논스는 0부터 시작하는 카운터로, 첫 번째 트랜잭션의 논스는 0이다. 이 예에서 트랜잭션 건수는 40으로, 0부터 39까지의 논스가 사용되었다. 다음 트랜잭션의 논스는 40이어야 한다.

여러분의 지갑은 그 지갑에서 관리하는 각 주소에 대한 논스를 추적한다. 하나의 지갑에서만 트랜잭션을 만드는 경우에는 논스 추적이 매우 간단하다. 여러분이 자신의 지갑 소프트웨어 또는 트랜잭션을 발생시키는 어떤 애플리케이션을 작성한다고 하자. 논스를 어떻게 추적할 것인가?

새 트랜잭션을 만들 때 시퀀스상 다음 차례 논스 값을 부여한다. 그러나 이것이 컨펌될 때까지는 getTransactionCount 합계에 포함되지 않는다.

 대기 중인 트랜잭션 건수 계산을 위해 getTransactionCount 함수를 사용할 때는 주의해야 한다. 연속해서 몇 개의 트랜잭션을 보내는 경우 문제가 발생할 수 있기 때문이다.

예제를 살펴보자.

```
> web3.eth.getTransactionCount("0x9e713963a92c02317a681b9bb3065a8249de124f", \
"pending")
40
> web3.eth.sendTransaction({from: web3.eth.accounts[0], to: \
"0xB0920c523d582040f2BCB1bD7FB1c7C1ECEbdB34", value: web3.toWei(0.01, "ether")});
> web3.eth.getTransactionCount("0x9e713963a92c02317a681b9bb3065a8249de124f", \
"pending")
41
> web3.eth.sendTransaction({from: web3.eth.accounts[0], to: \
"0xB0920c523d582040f2BCB1bD7FB1c7C1ECEbdB34", value: web3.toWei(0.01, "ether")});
> web3.eth.getTransactionCount("0x9e713963a92c02317a681b9bb3065a8249de124f", \
"pending")
41
> web3.eth.sendTransaction({from: web3.eth.accounts[0], to: \
"0xB0920c523d582040f2BCB1bD7FB1c7C1ECEbdB34", value: web3.toWei(0.01, "ether")});
```

```
> web3.eth.getTransactionCount("0x9e713963a92c02317a681b9bb3065a8249de124f", \
"pending")
41
```

보다시피, 우리가 보낸 첫 번째 트랜잭션은 트랜잭션 건수를 41로 늘렸고 현재 상태는 보류 중
이다. 그러나 우리가 연속적으로 세 번 더 트랜잭션을 보냈을 때 getTransactionCount 호
출은 3개의 트랜잭션을 세지 않았다. 여러분은 멤풀(mempool)에 보류 중인 트랜잭션 3개가 있
을 것이라고 생각하지만, 오직 하나의 트랜잭션만 대기 중이다. 네트워크 통신이 완료될 때까
지 몇 초를 기다린 후에 getTtransactionCount를 호출하면 이번에는 예상했던 숫자를 반
환해 줄 것이다. 하지만 이것이 완료되기 전까지는 다수의 트랜잭션이 대기 중임에도 불구하
고 이를 확인할 수 없다.

트랜잭션을 구성하는 애플리케이션을 만들 때 대기 중인 트랜잭션들을 확인하기 위해
getTransactionCount에 의존할 수 없다. 대기 중인 트랜잭션 개수와 확인된 트랜잭션 개
수가 동일할 때만(미해결 트랜잭션이 모두 확인됨) getTransactionCount의 출력을 신뢰할 수
있고 논스 카운터를 시작할 수 있다. 그런 다음 각 트랜잭션이 확인될 때까지 애플리케이션의
논스를 추적하자.

패리티(Parity)의 JSON RPC 인터페이스는 트랜잭션에서 사용해야 하는 다음 논스를 반환하는
parity_nextNonce 함수를 제공한다. parity_nextNonce 함수는 각각의 트랜잭션을 확인
하지 않고 빠르게 연속적으로 만들더라도 논스를 올바르게 계산한다.

```
$ curl --data '{"method":" parity_nextNonce", \
  "params":["0x9e713963a92c02317a681b9bb3065a8249de124f"],\
  "id":1,"jsonrpc":"2.0"}' -H "Content-Type: application/json" -X POST \
  localhost:8545

{"jsonrpc":"2.0","result":"0x32","id":1}
```

 패리티에는 JSON RPC 인터페이스에 접근하기 위한 웹 콘솔이 있지만, 여기서는 커맨드 라인
HTTP 클라이언트를 사용하여 접근한다.

논스의 간격, 중복 논스 및 확인

트랜잭션을 프로그램을 통해서 생성하는 경우, 특히 여러 독립 프로세스에서 동시에 트랜잭션을 생성하는 경우에는 논스를 추적하는 것이 중요하다.

이더리움 네트워크는 논스에 따라 트랜잭션을 순차적으로 처리한다. 즉, 논스가 0인 트랜잭션을 전송한 다음 논스가 2인 트랜잭션을 전송하면, 두 번째 트랜잭션은 어떤 블록에도 포함되지 않는다. 이더리움 네트워크가 누락된 논스가 나타날 때까지 기다리는 동안 두 번째 트랜잭션은 멤풀(mempool)에 저장된다. 모든 노드는 누락된 논스가 단순히 지연되었고 논스가 2인 트랜잭션은 순서가 맞지 않게 수신되었다고 가정한다.

그런 다음 논스가 1인 누락된 트랜잭션을 전송하면, 두 트랜잭션(논스 1과 2)이 처리되고 블록에 포함된다(물론 유효한 경우). 갭(gap)을 메우면 네트워크는 멤풀에서 보유한 순서가 잘못된 트랜잭션을 처리할 수 있다.

즉, 여러 트랜잭션을 순서대로 생성하고 그중 하나가 공식적으로 모든 블록에 포함되지 않으면 이후의 모든 트랜잭션이 '멈추고' 누락된 논스를 기다린다. 유효하지 않거나 가스가 모자란 트랜잭션은 논스 시퀀스에 의도치 않게 '갭'을 만들 수 있다. 다시 트랜잭션이 계속되게 하려면 누락된 논스가 있는 유효한 트랜잭션을 전송해야 한다. '누락'된 논스가 있는 트랜잭션이 네트워크에 의해 유효성이 검증되면, 이후의 논스가 있는 모든 브로드캐스트된 트랜잭션이 차례대로 유효해진다는 점도 똑같이 염두에 두어야 한다. 트랜잭션을 '회수(recall)'하는 것은 불가능하다!

반면, 예를 들어 논스가 같지만 수신자나 값이 다른 2개의 트랜잭션을 전송하는 것과 같은 논스의 중복이 일어나면, 그중 하나가 확정되고 하나는 거부된다. 어떤 트랜잭션이 확정되는지는 그 트랜잭션이 첫 유효 노드에 도달하는 순서에 따라 결정된다. 즉, 이는 무작위적이다.

보다시피 논스를 추적하는 것은 필요하며, 애플리케이션이 해당 프로세스를 올바르게 관리하지 않으면 문제가 발생할 수 있다. 불행하게도, (다음 절에서 보게 되겠지만) 이것을 동시에 수행하려는 경우 상황이 더 어려워진다.

동시 실행, 트랜잭션 생성 및 논스

동시 실행은 컴퓨터 과학이 다루어야 하는 복잡한 문제이며, 때때로 예상치 못하게 발생할 수도 있는데, 특히 이더리움처럼 탈중앙화되어 있고 분산되어 있는 실시간 시스템에서는 더욱 그러하다.

간단히 말해, 동시 실행 문제는 여러 독립 시스템에 의한 동시적인 계산이 있는 경우다. 이들은 동일한 프로그램(예: 멀티스레딩), 동일한 CPU(예: 멀티프로세싱) 또는 다른 컴퓨터(즉, 분산 시스템)에 있을 수 있다. 이더리움은 정의상 작업(노드, 클라이언트, 댑)의 동시 실행을 허용하지만 합의를 통해 싱글톤 상태를 강제하는 시스템이다.

이제 동일한 주소에서 트랜잭션을 생성하는 여러 개의 독립적인 지갑 애플리케이션이 있다고 가정해 보자. 이러한 상황의 한 예가 거래소의 핫 월렛(hot wallet, 키가 온라인에 저장되지 않는 콜드 지갑(cold wallet)과 달리 키가 온라인에 저장된 지갑)에서의 출금이다. 이상적으로는 병목 현상이나 단일 실패 지점이 생기지 않도록 2대 이상의 컴퓨터가 출금 작업을 처리하도록 하는 것이 좋다. 그러나 이것은 문제가 될 수 있다. 둘 이상의 컴퓨터에서 출금을 수행하면 동시 실행 문제가 발생할 수 있다. 물론, 논스를 선택하는 것도 중요한 문제다. 동일한 핫 월렛 계정에서 여러 컴퓨터가 트랜잭션을 생성, 서명 및 브로드캐스트하는 방식은 어떻게 조율될 수 있을까?

단일 컴퓨터를 사용하여 트랜잭션에 서명하는 컴퓨터에 선착순으로 논스를 할당할 수 있다. 그러나 이 컴퓨터는 이제 단일 실패 지점이다. 더욱이, 여러 논스가 할당되고 그중 하나가 사용되지 않으면 (해당 논스로 트랜잭션을 처리하는 컴퓨터 오류로 인해) 모든 후속 트랜잭션이 중단된다.

또 다른 방법은 트랜잭션을 생성하고 논스를 할당하지 않는 것이다(그러면 트랜잭션은 서명되지 않은 상태로 남는다. 논스는 트랜잭션 데이터의 필수 부분이므로 트랜잭션을 인증하는 디지털 서명에 포함시켜야 한다). 그런 다음, 이 서명되지 않은 트랜잭션들을 한 노드의 대기열에 올려서 이 노드가 트랜잭션을 서명하고 논스를 관리할 수 있게 하는 것이다. 물론, 이것이 프로세스상 병목 지점이 될 수는 있다. 서명하고 논스를 관리하는 작업은 시스템 부하가 늘어남에 따라 혼잡해질수 있지만, 서명되지 않은 트랜잭션들을 생성하는 작업은 병렬 처리 문제를 고민하지 않아도된다. 여전히 동시 실행 문제가 남아 있기는 하지만, 크리티컬한 프로세스 부분에서는 더 이상존재하지 않게 된다.

결국, 이러한 동시 실행 문제는 각각의 독립적인 프로세스들이 어카운트 밸런스를 추적하고 트랜잭션을 컨펌해야 하는 어려움이 가중된다. 따라서 대부분의 구현 솔루션들이 동시 실행을 피하고 거래소에서 출금 트랜잭션을 처리하는 단일 프로세스를 만드는 것처럼 병목 지점을 어쩔 수 없이 받아들이거나, 독립적으로 작동하는 다수의 출금 담당 핫 월렛을 설치하고 중간중간에 각 지갑의 밸런스를 다시 채워주는 형식으로 해결하게끔 만든다.

트랜잭션 가스

이전 장들에서 가스에 대해 조금 이야기했고 358페이지의 '가스' 절에서 더 자세히 논의하겠지만, 여기서 트랜잭션의 구성요소 중 가스 가격(gasPrice) 및 가스 한도(gasLimit)의 역할에 대한 기본적인 사항을 살펴보자.

가스는 이더리움의 연료다. 가스는 이더가 아니라 이더에 대한 자체 환율을 가진 별도의 가상화폐. 이더리움은 가스를 사용하여 트랜잭션이 사용할 수 있는 자원의 양을 제어한다. 이는 전 세계 수천 대의 컴퓨터에서 처리되기 때문이다. 개방형(튜링 완전) 계산 모델은 DoS(Denial-of-Service) 공격이나 실수로 막대한 자원을 소모하는 트랜잭션을 피하기 위해 특정한 형태의 미터링(metering)이 필요하다.

가스는 이더 가치의 급격한 변화와 함께 발생할 수 있는 변동성으로부터 시스템을 보호하고, 가스가 지급하는 다양한 자원(즉, 계산, 메모리 및 저장)의 비용 사이의 중요하고 민감한 비율을 관리하기 위해 가스를 이더와 분리한다.

트랜잭션의 gasPrice 필드는 트랜잭션 생성자가 가스와 교환하여 지급할 가격을 설정할 수 있게 한다. 가격은 가스 단위당 웨이 단위로 측정된다. 예를 들어, 2장의 샘플 트랜잭션에서 지갑은 gasPrice를 3Gwei(3기가웨이 또는 300억 웨이)로 설정한다.

인기 있는 사이트 ETH 가스 충전소(https://www.ethgasstation.info/)는 이더리움 메인 네트워크의 가스 및 기타 관련된 가스 측정 항목의 현재 가격에 대한 정보를 제공한다.

지갑은 신속한 트랜잭션 컨펌을 위해 gasPrice를 조정할 수 있다. gasPrice가 높을수록 트랜잭션이 더 빨리 컨펌될 것이다. 반대로, 우선순위가 낮은 트랜잭션은 낮은 가격을 설정해서 컨펌이 느려지게 할 수 있다. gasPrice가 설정될 수 있는 최솟값은 0이고, 이것은 수수료 없는 트랜잭션을 의미한다. 블록 공간에 대한 수요가 낮은 기간에는 수수료가 0인 트랜잭션들도 블록에 포함될 수 있다.

최소 허용 gasPrice는 0이다. 이는 지갑이 완전히 무료 트랜잭션을 생성할 수 있음을 의미한다. 용량에 따라 이들은 영원히 컨펌되지 않을 수도 있지만, 프로토콜에 무료 트랜잭션을 금지하는 것은 없다. 이더리움 블록체인에 성공적으로 포함된 이와 같은 트랜잭션 사례들을 찾을 수 있다.

web3 인터페이스는 여러 블록에 걸친 중간 가격을 계산하여 getPrice를 제안하는 기능을 제공한다(트러플 콘솔 또는 자바스크립트 web3 콘솔을 사용하여 이를 수행할 수 있다).

```
> web3.eth.getGasPrice(console.log)
> null BigNumber { s: 1, e: 10, c: [ 10000000000 ] }
```

가스와 관련된 두 번째 중요한 필드는 gasLimit이다. 간단히 말하면, gasLimit는 트랜잭션을 완료하기 위해 트랜잭션을 시도하는 사람이 기꺼이 구매할 수 있는 최대 가스 단위 수를 제공한다. 단순 지급의 경우, 하나의 EOA에서 다른 EOA로 이더를 전송하는 트랜잭션을 의미하며, 필요한 가스양은 21,000개의 가스 단위로 고정된다. 얼마나 많은 양의 이더가 소비되는지 계산하려면, 지급하고자 하는 gasPrice에 21,000을 곱하라. 예를 들면 다음과 같다.

```
> web3.eth.getGasPrice(function(err, res) {console.log(res*21000)} )
> 210000000000000
```

트랜잭션 목적지 주소가 컨트랙트인 경우, 필요한 가스양을 추정할 수는 있지만 정확하게 결정할 수는 없다. 이는 컨트랙트가 각기 다른 실행 경로로 이어지는 조건을 가질 수 있어 총 가스 비용이 다를 수 있기 때문이다. 컨트랙트는 통제할 수 없거나 예측할 수 없는 조건들에 의해 단순한 계산으로 끝날 수도 있고, 더 복잡한 계산을 수행해야 할 수도 있다. 예를 한번 들어보자. 호출될 때마다 카운터를 증가시키고 호출 횟수와 같은 횟수만큼 특정 루프를 실행하는 스마트 컨트랙트를 작성할 수 있다. 100번째 호출에서 복권과 같은 특별한 상을 줄 수도 있지만, 그것을 계산하려면 추가적인 연산이 필요하다. 컨트랙트를 99번 호출하는 동안 결과가 있었고, 100번째 호출에서 매우 다른 일이 발생한다. 지급할 가스의 양은 트랜잭션이 블록에 포함되기 전에 얼마나 많은 다른 트랜잭션이 해당 기능을 호출했는지에 따라 다르다. 여러분의 추정치는 99번째 트랜잭션을 기반으로 하지만, 트랜잭션이 확인되기 직전에 다른 사람이 99번째 컨트랙트를 요청한다. 이제 여러분은 호출할 수 있는 100번째 트랜잭션이고 계산 작업(및 가스 비용)은 훨씬 더 높다.

이더리움에서 사용되는 일반적인 비유를 빌리자면 gasLimit를 자동차의 연료 탱크 용량으로 생각할 수 있다(자동차가 트랜잭션이다). 여행에 필요한 만큼의 가스를 탱크에 채운다(트랜잭션 유효성 확인에 필요한 계산). 금액을 어느 정도 예측할 수 있지만, 연료 소비를 증가시키는 우회(좀 더 복잡한 실행 경로) 같은 예기치 않은 변경사항이 있을 수 있다.

그러나 연료 탱크의 비유는 오해의 소지가 있고 여행이 완료된 후에 실제 가스 사용량에 따라 요금을 지급하는 주유 회사의 신용 계정과 좀 더 비슷하다. 트랜잭션을 전송할 때 첫 번째 유효성 확인 단계 중 하나는 그것이 발생된 계정이 (가스 가격 × 가스 요금)을 지급할 만큼 충분한 이더를 갖고 있는지 확인하는 것이다. 그러나 트랜잭션이 완료될 때까지 여러분의 계좌에서 금액이 실제로 차감되지 않는다. 트랜잭션에 의해 실제로 소비된 가스의 요금만 청구되지만, 트랜잭션을 보내기 전에 지급할 의사가 있는 최대 금액만큼 충분한 잔액이 있어야 한다.

트랜잭션 수신자

to 필드에 트랜잭션 수신자가 지정된다. 이것은 20바이트 이더리움 주소를 포함한다. 주소는 EOA 또는 컨트랙트 주소일 수 있다.

이더리움은 이 필드를 더는 검증하지 않는다. 모든 20바이트 값은 유효한 것으로 간주한다. 20바이트 값이 개인키가 없거나 상응하는 컨트랙트가 없는 주소의 경우에도 트랜잭션은 여전히 유효하다. 이더리움은 주소가 공개키(따라서 개인키)에서 올바르게 파생되었는지 여부를 알 수 있는 방법이 없다.

 이더리움 프로토콜은 트랜잭션의 수신자 주소를 검증하지 않는다. 해당하는 개인키 또는 컨트랙트가 없는 주소로 보낼 수 있다. 그러면 이더가 연소(burning)되어 영구적으로 사용할 수 없게 된다. 유효성 검사는 사용자 인터페이스 수준에서 수행되어야 한다.

트랜잭션을 잘못된 주소로 보내면, 대부분의 경우에 해당 주소에 대응하는 개인키도 알 수 없고 서명도 만들 수 없기 때문에, 보내진 이더는 다시 사용할 수 없는 상태가 되므로 영원히 소실된 것으로 간주할 수 있다. 주소 확인은 사용자 인터페이스 수준에서 처리해야 한다고 가정한다(86페이지의 '대문자로 16진수 인코딩된 체크섬(EIP-55)' 절 참고). 사실, 이더를 연소시키는 데는 여러 가지 정당한 이유가 있을 수 있다. 예를 들면, 지급 채널 및 기타 스마트 컨트랙트에서의 부정 행위를 저지하는 것이나, 이더의 양이 유한하므로 이더를 연소시키면 모든 이더 보유자에게 연소된 값을 효과적으로 분배한 것으로 이해할 수 있다(그들이 보유한 이더의 양에 비례하여).

트랜잭션 값과 데이터

트랜잭션의 주요 '페이로드(payload)'는 값(value)과 데이터(data)라는 2개의 필드에 포함된다. 트랜잭션은 값과 데이터, 값만, 데이터만 또는 값이나 데이터를 모두 가지지 않는 네 가지 조합이 모두 유효하다.

값만 있는 트랜잭션은 **지급(payment)**이다. 데이터만 있는 트랜잭션은 **호출(invocation)**이다. 값과 데이터 모두를 사용한 트랜잭션은 지급과 호출이다. 값과 데이터가 모두 없는 트랜잭션은 단지 가스 낭비일 뿐이다! 그러나 가능하긴 하다.

이 모든 조합을 시도해 보자. 먼저 데모를 읽기 쉽게 만들기 위해 지갑에서 출발지와 도착지 주소를 설정한다.

```
src = web3.eth.accounts[0];
dst = web3.eth.accounts[1];
```

첫 번째 트랜잭션에는 값(지급)만 포함되며 데이터 페이로드는 없다.

```
web3.eth.sendTransaction({from: src, to: dst, \
  value: web3.toWei(0.01, "ether"), data: ""});
```

지갑은 그림 6-1과 같이 보낼 값을 나타내는 확인 화면을 표시한다.

그림 6-1 **값은 있지만 데이터가 없는 트랜잭션을 보여주는 패리티 지갑**

다음 예제는 값과 데이터 페이로드가 모두 있는 경우다.

```
web3.eth.sendTransaction({from: src, to: dst, \
  value: web3.toWei(0.01, "ether"), data: "0x1234"});
```

지갑은 그림 6-2와 같이 전송할 값과 데이터 페이로드를 나타내는 확인 화면을 보여준다.

그림 6-2 값과 데이터가 있는 트랜잭션을 보여주는 패리티 지갑

다음 트랜잭션은 데이터 페이로드를 포함하지만 값은 0을 지정한다.

```
web3.eth.sendTransaction({from: src, to: dst, value: 0, data: "0x1234"});
```

지갑은 그림 6-3과 같이 0 값과 데이터 페이로드를 나타내는 확인 화면을 보여준다.

그림 6-3 값이 없고 데이터만 있는 트랜잭션을 보여주는 패리티 지갑

마지막으로, 이 트랜잭션에는 보낼 값이나 데이터 페이로드가 포함되지 않는다.

```
web3.eth.sendTransaction({from: src, to: dst, value: 0, data: ""}));
```

지갑은 그림 6-4와 같이 0 값을 나타내는 확인 화면을 보여준다.

그림 6-4 값이 없고 데이터가 없는 트랜잭션을 보여주는 패리티 지갑

EOA 및 컨트랙트에 값 전달

값을 포함하는 이더리움 트랜잭션을 구성하면 **지급(payment)**과 동일하다. 이러한 트랜잭션은 대상 주소가 컨트랙트인지 여부에 따라 다르게 작동한다.

EOA 주소의 경우 또는 블록체인의 컨트랙트로 표시되지 않은 주소의 경우 이더리움은 상태 변경을 기록하여 주소 잔액에 보낸 값을 추가한다. 이전에 주소가 표시되지 않은 경우, 클라이언트 내부 상태 표현에 추가되고 잔액은 지급 금액으로 초기화된다.

목적지 주소(to)가 컨트랙트라면 EVM은 컨트랙트를 실행하고 트랜잭션의 데이터 페이로드에 지정된 함수를 호출하려고 시도한다. 트랜잭션에 데이터가 없으면 EVM은 **폴백(fallback)** 함수를 호출하고, 해당 함수가 지급 가능하다면 다음에 수행할 작업을 결정하기 위해 함수를 실행한다. 폴백 함수가 없다면 트랜잭션의 효과는 지갑에 지급하는 것과 마찬가지로 컨트랙트의 잔액을 늘린다.

컨트랙트는 함수가 호출될 때 또는 함수에 코딩된 조건에 따라 즉시 예외를 발생시켜 입금을 거부할 수 있다. 함수가 예외 없이 성공적으로 끝나면, 컨트랙트의 상태가 이더 잔액이 증가했음을 반영하여 업데이트된다.

EOA 또는 컨트랙트에 데이터 페이로드 전달

트랜잭션에 데이터가 포함되어 있으면 받는 주소는 컨트랙트 주소가 될 가능성이 크다. 그렇다고 해서 이더리움 프로토콜에서 완전히 유효한 데이터 페이로드를 EOA에 보낼 수 없다는 뜻은 아니다. 그러나 이 경우 데이터 해석은 EOA에 접근하는 데 사용하는 지갑에 달려 있다. 그것은 이더리움 프로토콜에 의해 무시된다. 또한 대부분의 지갑은 자신이 제어하는 EOA에 대한 트랜잭션에서 수신된 모든 데이터를 무시한다.

미래에는 지갑이 컨트랙트 방식대로 데이터를 해석할 수 있도록 하는 표준이 등장할 수 있으므로 트랜잭션은 사용자 지갑 내부에서 실행되는 함수를 호출할 수 있다. 중요한 차이점은 EOA에 의한 데이터 페이로드의 해석은 컨트랙트 실행과 달리 이더리움의 합의 규칙의 적용을 받지 않는다는 것이다.

트랜잭션이 컨트랙트 주소로 데이터를 전달한다고 가정해 보자. 이 경우 데이터는 EVM에 의해 **컨트랙트 호출(contract invocation)**로서 해석된다. 대부분의 컨트랙트에서는 이 데이터를 **함수 호출(function invocation)**로 사용하며, 명명된 함수를 호출하고 인코딩된 인수를 함수에 전달한다.

ABI 호환 컨트랙트(모든 컨트랙트라고 가정할 수 있음)로 전송된 데이터 페이로드는 다음을 16진 수로 시리얼라이즈한 인코딩이다.

함수 선택기(function selector)
: 함수 선택기는 함수 프로토타입의 Keccak-256 해시의 처음 4바이트다. 이렇게 하면 컨 트랙트에서 호출할 함수를 정확하게 식별할 수 있다.

함수 인수(function argument)
: 함수의 인수는 ABI 사양에 정의된 다양한 기본 유형에 대한 규칙에 따라 인코딩된다.

예제 2-1에서는 출금하는 기능을 다음과 같이 정의했다.

```
function withdraw(uint withdraw_amount) public {
```

함수의 **프로토타입**(prototype)은 함수의 이름을 포함하는 문자열로 정의되고, 각 인수의 데이 터 유형이 괄호 안에 들어 있으며, 쉼표로 구분된다. 함수 이름은 withdraw이며, 여기에는 uint(uint256의 별칭)인 단일 인수가 사용되므로 withdraw의 프로토타입은 다음과 같다.

```
withdraw(uint256)
```

이 문자열의 Keccak-256 해시를 계산해 보자.

```
> web3.sha3("withdraw(uint256)");
'0x2e1a7d4d13322e7b96f9a57413e1525c250fb7a9021cf91d1540d5b69f16a49f'
```

해시의 처음 4바이트는 0x2e1a7d4d이다. 이것이 '함수 선택기' 값이다. 이 값은 우리가 원하 는 함수를 컨트랙트에게 알린다.

다음으로, withdraw_amount 인수로 전달할 값을 계산해 보자. 우리는 0.01이더를 출금하고 싶다. 이를 16진수로 시리얼라이즈된 부호 없는 빅엔디안 256비트 정수로 인코딩하여 웨이로 표현해 보자.

```
> withdraw_amount = web3.toWei(0.01, "ether");
```

```
'1000000000000000'
> withdraw_amount_hex = web3.toHex(withdraw_amount);
'0x2386f26fc10000'
```

이제 함수 선택기를 양(amount)에 추가한다(32바이트로 채워짐).

```
2e1a7d4d0000000000000000000000000000000000000000000000002386f26fc10000
```

이것이 우리 트랜잭션의 데이터 페이로드이며, `withdraw` 함수를 호출하고 0.01이더를 `withdraw_amount`로 요청한다.

특별 트랜잭션: 컨트랙트 생성

우리가 언급해야 할 특별한 경우 중 하나는 블록체인에 **새로운 컨트랙트를 만들어** 향후 사용을 위해 배포하는 트랜잭션이다. 컨트랙트 생성 트랜잭션은 **제로 어드레스**라고 하는 특수 대상 주소로 전송된다. 컨트랙트 등록 트랜잭션의 to 필드는 0x0 주소를 포함한다. 이 주소는 EOA(해당하는 개인키-공개키 쌍이 없음)나 컨트랙트를 나타내지 않는다. 결코 이더를 소비하거나 트랜잭션을 시작할 수 없다. 이 필드는 목적지로만 사용되며, '컨트랙트 작성'이라는 특별한 의미로 사용된다.

제로 어드레스는 컨트랙트 생성에만 사용하려는 의도로 만들어졌지만, 때로는 제로 어드레스를 목적지로 하는 다양한 트랜잭션이 있다. 이것에 대해서는 두 가지로 설명할 수 있다. 즉, 실수로 인한 이더 손실이나 의도적인 이더 연소(의도적으로 이더를 소비할 수 없는 주소로 보내서 이더를 파괴함)다. 그러나 이더의 의도적인 연소를 원한다면 네트워크에 의도를 분명히 하고 대신 지정된 주소를 사용해야 한다.

```
0x000000000000000000000000000000000000dEaD
```

 지정된 연소 주소로 보내진 이더는 영원히 사라질 것이다.

컨트랙트 생성 트랜잭션은 컨트랙트를 생성할 컴파일된 바이트코드를 포함하는 데이터 페이로드만 포함하면 된다. 이 트랜잭션의 유일한 효과는 컨트랙트를 작성하는 것이다. 새 컨트랙트를 특정 잔액으로 설정해서 시작하려면 값 필드에 이더 금액을 포함할 수 있지만, 이는 전적으로 선택사항이다. 데이터 페이로드(컨트랙트 없음) 없이 컨트랙트 생성 주소에 값(이더)을 보내면, 그 효력은 이더를 연소 주소로 전송하는 것과 같다. 트랜잭션이 일어날 컨트랙트가 없기 때문에 이더를 잃게 된다.

예를 들어, 데이터 페이로드에서 컨트랙트를 사용하여 트랜잭션을 수동으로 생성해서 2장에서 사용되는 Faucet.sol 컨트랙트를 생성할 수 있다. 컨트랙트는 바이트코드 표현으로 컴파일해야 한다. 이것은 솔리디티로 컴파일할 수 있다.

```
$ solc --bin Faucet.sol

Binary:
6060604052341561000f57600080fd5b60e58061001d6000396000f300606060406052600436106...
```

동일한 정보를 리믹스(Remix) 온라인 컴파일러에서도 얻을 수 있다.

이제 우리는 트랜잭션을 생성할 수 있다.

```
> src = web3.eth.accounts[0];
> faucet_code = \
  "0x6060604052341561000f57600080fd5b60e58061001d6000396000f300606...f0029";
> web3.eth.sendTransaction({from: src, to: 0, data: faucet_code, \
  gas: 113558, gasPrice: 200000000000});

"0x7bcc327ae5d369f75b98c0d59037eec41d44dfae75447fd753d9f2db9439124b"
```

실수로 0x0에 이더를 보내고 그것을 영원히 잃는 데 드는 비용이 너무 많기 때문에, 제로 어드레스 컨트랙트 생성 시에는 항상 to 파라미터를 지정하는 것이 좋다. gasPrice 및 gasLimit도 지정해야 한다.

컨트랙트가 채굴되면 그림 6-5처럼 이더스캔(Etherscan) 블록 탐색기에서 볼 수 있다.

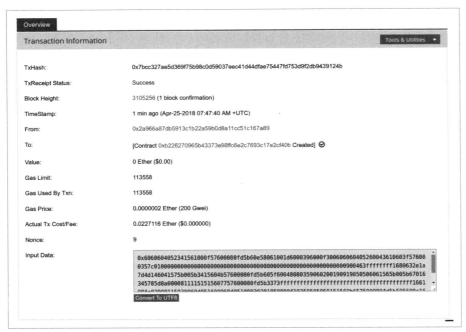

그림 6-5 성공적으로 채굴된 컨트랙트를 보여주는 이더스캔

컨트랙트에 대한 정보를 얻기 위해 트랜잭션 영수증을 확인할 수 있다.

```
> eth.getTransactionReceipt( \
  "0x7bcc327ae5d369f75b98c0d59037eec41d44dfae75447fd753d9f2db9439124b");

{
  blockHash: "0x6fa7d8bf982490de6246875deb2c21e5f3665b4422089c060138fc3907a95bb2",
  blockNumber: 3105256,
  contractAddress: "0xb226270965b43373e98ffc6e2c7693c17e2cf40b",
  cumulativeGasUsed: 113558,
  from: "0x2a966a87db5913c1b22a59b0d8a11cc51c167a89",
  gasUsed: 113558,
  logs: [],
  logsBloom: \
    "0x00000000000000000000000000000000000000000000000000...00000",
  status: "0x1",
  to: null,
  transactionHash: \
    "0x7bcc327ae5d369f75b98c0d59037eec41d44dfae75447fd753d9f2db9439124b",
  transactionIndex: 0
}
```

여기에는 컨트랙트 주소가 포함되어 있다. 컨트랙트 주소는 이전 절에서 설명한 대로 컨트랙트에 자금을 송금하고 자금을 받을 때 사용할 수 있다.

```
> contract_address = "0xb226270965b43373e98ffc6e2c7693c17e2cf40b"
> web3.eth.sendTransaction({from: src, to: contract_address, \
  value: web3.toWei(0.1, "ether"), data: ""});

"0x6ebf2e1fe95cc9c1fe2e1a0dc45678ccd127d374fdf145c5c8e6cd4ea2e6ca9f"

> web3.eth.sendTransaction({from: src, to: contract_address, value: 0, data: \
  "0x2e1a7d4d000000000000000000000000000000000000000000000000002386f26fc10000"});

"0x59836029e7ce43e92daf84313816ca31420a76a9a571b69e31ec4bf4b37cd16e"
```

잠시 후, 그림 6-6에서 보다시피 두 트랜잭션은 이더스캔에서 볼 수 있다.

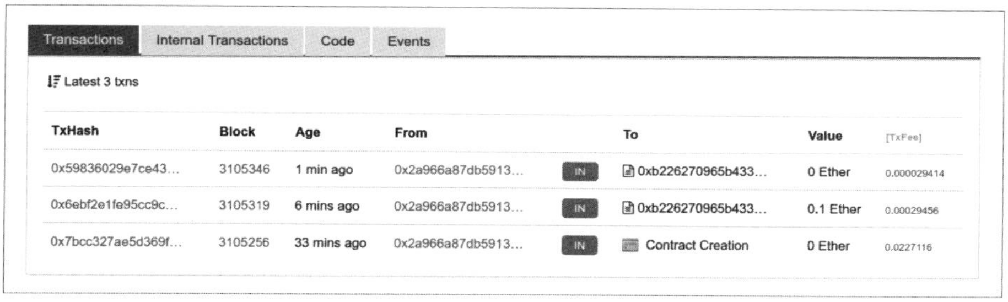

Transactions
Internal Transactions
Code
Events
Latest 3 txns
TxHash | Block | Age | From | | To | Value | [TxFee]
0x59836029e7ce43... | 3105346 | 1 min ago | 0x2a966a87db5913... | IN | 0xb226270965b433... | 0 Ether | 0.000029414
0x6ebf2e1fe95cc9c... | 3105319 | 6 mins ago | 0x2a966a87db5913... | IN | 0xb226270965b433... | 0.1 Ether | 0.00029456
0x7bcc327ae5d369f... | 3105256 | 33 mins ago | 0x2a966a87db5913... | IN | Contract Creation | 0 Ether | 0.0227116

그림 6-6 자금 송금 및 수령 트랜잭션을 보여주는 이더스캔

디지털 서명

지금까지 디지털 서명에 대해 자세히 설명하지 않았다. 이 절에서는 디지털 서명이 작동하는 방식과 디지털 서명이 개인키를 공개하지 않고 어떻게 개인키의 소유권을 증명하는지 살펴본다.

타원 곡선 디지털 서명 알고리즘

이더리움에서 사용되는 디지털 서명 알고리즘은 ECDSA(Elliptic Curve Digital Signature Algorithm)이다. 73페이지의 '타원 곡선 암호화 설명' 절에서 언급했듯이 타원 곡선의 개인키-공개키 쌍을 기반으로 한다.

디지털 서명은 이더리움에서 세 가지 용도로 사용된다(아래 박스 참고). 첫째, 서명은 이더리움 계정과 개인키의 소유자가 이더 지출 또는 컨트랙트 이행을 **승인**했음을 증명한다. 둘째, **부인 방지(non-repudiation)**를 보장한다. 즉, 허가의 증거는 부인할 수 없다. 셋째, 서명은 트랜잭션 이 서명된 후에는 트랜잭션 데이터가 수정되지 않았고 어느 누구도 트랜잭션 데이터를 **수정할 수 없음**을 증명한다.

위키피디아의 디지털 서명 정의

디지털 서명(digital signature)은 디지털 메시지나 문서의 진위를 표현하기 위한 수학적 기법이다. 유효한 디지털 서명은 메시지가 알려진 발신자(인증(authentication))에 의해 생성되었고, 보낸 사람이 메시지를 보내지 않았음을 부인할 수 없으며(부인 방지(non-repudiation)), 메시지가 전송 중에 변경되지 않았다고 믿을 수 있는 근거를 제공한다(무결성(integrity)).

출처: https://en.wikipedia.org/wiki/Digital_signature

디지털 서명 작동 방법

디지털 서명은 두 단계로 구성된 수학적 체계다. 첫 번째 부분은 메시지(여기서는 트랜잭션)에서 개인키(서명 키)를 사용하여 서명을 만드는 알고리즘이다. 두 번째 부분은 누구나 메시지와 공개키만 사용하여 서명을 검증할 수 있게 해주는 알고리즘이다.

디지털 서명 만들기

이더리움의 ECDSA 구현에서 서명된 '메시지'는 트랜잭션이다. 또는 좀 더 정확하게 말하자면, 트랜잭션의 RLP로 인코딩된 데이터의 Keccak-256 해시다. 서명 키는 EOA의 개인키다. 결과는 다음과 같다.

$$Sig = F_{sig}\left(F_{keccak256}(m), k\right)$$

여기서

- k는 서명 개인키다.

- m은 RLP 인코딩된 트랜잭션이다.
- $F_{keccak256}$은 Keccak-256 해시 함수다.
- F_{sig}는 서명 알고리즘이다.
- Sig는 결과 서명이다.

함수 F_{sig}는 일반적으로 r 및 s라고 하는 두 값으로 구성된 서명 Sig를 생성한다.

$$Sig = (r, s)$$

서명 확인

서명을 확인하려면 서명(r 및 s)과 시리얼라이즈된 트랜잭션, 그리고 서명을 만드는 데 사용된 개인키에 상응하는 공개키가 있어야 한다. 본질적으로, 서명 확인은 공개키를 생성한 개인키의 소유자만이 트랜잭션에서 서명을 생성할 수 있음을 의미한다.

서명 검증 알고리즘은 메시지(즉, 우리가 사용하기 위한 트랜잭션 해시), 서명자의 공개키 및 서명(r 및 s 값)을 가져와서 서명이 메시지와 공개키에 유효하면 true를 반환한다.

ECDSA 계산

앞서 언급했듯이, 서명은 2개의 값 r과 s로 구성된 서명을 생성하는 수학 함수 F_{sig}에 의해 생성된다. 이 절에서는 함수 F_{sig}를 좀 더 자세히 살펴보자.

서명 알고리즘은 처음에는 일시적인(임시) 개인키를 암호학적인 안전한 방법으로 생성한다. 이 임시 키는 이더리움 네트워크에서 서명된 트랜잭션을 보는 공격자가 발신자의 실제 개인키를 계산할 수 없도록 r 및 s 값을 계산하는 데 사용된다.

72페이지의 '공개키' 절에서 알 수 있듯이, 일시적인 개인키는 해당 공개키(임시)를 만드는 데 사용되므로 다음과 같은 이점이 있다.

- 임시 개인키로 사용되는 암호학적으로 안전한 난수 q
- q로부터 생성된 상응하는 임시 공개키 Q와 타원 곡선 생성자 점 G

디지털 서명의 r 값은 일시적인 공개키 Q의 x 좌표다.

여기서 알고리즘은 다음과 같이 서명의 *s* 값을 계산한다.

$$s \equiv q^{-1}\,(Keccak256(m) + r * k) \quad (mod\ p)$$

여기서

- *q*는 일시적인 개인키다.
- *r*은 일시적인 공개키의 *x* 좌표다.
- *k*는 서명(EOA 소유자의) 개인키다.
- *m*은 트랜잭션 데이터다.
- *p*는 타원 곡선의 소수 차수다.

검증은 *r* 및 *s* 값과 보낸 사람의 공개키를 사용하여 타원 곡선(서명 생성에 사용되는 임시 공개키)의 한 지점인 값 *Q*를 계산하는, 서명 생성 함수의 반대 프로세스다. 단계는 다음과 같다.

1. 모든 입력이 올바르게 구성되어 있는지 확인한다.
2. $w = s^{-1}\ mod\ p$를 계산한다.
3. $u_1 = Keccak256(m) * w\ mod\ p$를 계산한다.
4. $u_2 = r * w\ mod\ p$를 계산한다.
5. 마지막으로, 다음 타원 곡선을 계산한다.

$$Q \equiv u_1 *\_G + u_2 * K \quad (mod\ p)$$

여기서

- *r*과 *s*는 서명 값이다.
- *K*는 서명자의(EOA 소유자의) 공개키다.
- *m*은 서명된 트랜잭션 데이터다.
- *G*는 타원 곡선 생성자 점이다.
- *p*는 타원 곡선의 소수 차수다.

계산된 포인트 *Q*의 *x* 좌표가 *r*과 같으면, 검증자는 서명이 유효하다고 결론을 내릴 수 있다.

서명을 검증할 때 개인키는 알려지지도 공개되지도 않는다.

ECDSA는 상당히 복잡한 수학으로, 자세한 설명은 이 책의 범위를 벗어난다. 많은 훌륭한 온라인 가이드가 단계별로 설명해 주고 있으니 'ECDSA 설명'을 검색하거나 http://bit.ly/2r0HhGB를 참고하라.

트랜잭션 서명 실습

유효한 트랜잭션을 생성하려면 발신자는 ECDSA를 사용하여 메시지에 디지털 서명을 해야한다. '트랜잭션에 서명하시오'라고 할 때 실제로는 'RLP 시리얼라이즈된 트랜잭션 데이터의 Keccak-256 해시에 서명하시오'라는 뜻이다. 다시 말해, 서명은 트랜잭션 자체가 아니라 트랜잭션 데이터의 해시에 적용된다.

발신자는 이더리움에서 트랜잭션을 발생하기 위해 반드시 다음 과정을 거쳐야 한다.

1. nonce, gasPrice, gasLimit, to, value, data, chainID, 0, 0의 9개 필드를 포함하는 트랜잭션 데이터 구조를 만든다.
2. RLP로 인코딩된 트랜잭션 데이터 구조의 시리얼라이즈된 메시지를 생성한다.
3. 이 시리얼라이즈된 메시지의 Keccak-256 해시를 계산한다.
4. 원래 EOA의 개인키로 해시에 서명하여 ECDSA 서명을 계산한다.
5. ECDSA 서명의 계산된 v, r, s 값을 트랜잭션에 추가한다.

특수 서명 변수 v는 두 가지를 나타내는데, ECDSArecover 함수가 서명을 확인하는 데 도움이 되는 복구 식별자와 체인 ID이다. v는 27 또는 28 중 하나로 계산되거나, 체인 ID의 두 배에 35 또는 36이 더해져 계산된다. 체인 ID에 대한 자세한 내용은 133페이지의 'EIP-155를 사용한 원시 트랜잭션 생성' 절을 참고하라. 복구 식별자('구식' 서명의 27 또는 28, 전체 스퓨리어스 드래곤(Spurious Dragon) 유형 트랜잭션의 35 또는 36)는 공개키의 y 구성요소의 패리티를 나타내는 데 사용된다(자세한 내용은 134페이지의 '서명 접두어 값(v) 및 공개키 복구' 절을 참고하라).

블록 #2,675,000에서 이더리움은 '스퓨리어스 드래곤' 하드 포크를 구현했으며, 그 밖의 변경사항 중 하나로 트랜잭션 재생 방지(트랜잭션이 하나의 네트워크에서 다른 네트워크로 전파 및 재생되는 것을 방지)를 포함하는 새로운 서명 체계를 도입했다. 이 새로운 서명 체계는 EIP-155에 명시되어 있다. 이 변경은 트랜잭션의 형식과 서명에 영향을 미친다. 따라서 두 가지 형태 중 하나를 취하고 해싱되는 트랜잭션 메시지에 포함된 데이터 필드를 나타내는 세 가지 서명 변수 중 첫 번째 변수(즉, v)에 주의를 기울여야 한다.

원시 트랜잭션 생성 및 서명

이 절에서는 원시 트랜잭션을 생성하고 ethereumjs-tx 라이브러리를 사용하여 서명한다. 이는 일반적으로 사용자를 대신해서 트랜잭션에 서명을 하는 지갑 또는 애플리케이션의 함수가 어떻게 작동하는지를 보여준다. 이 예제의 소스 코드는 책의 깃허브 저장소(http://bit.ly/2yl2GL3)에 있는 raw_tx_demo.js 파일에 있다.

```
// 사전 요구사항 로드
//
// npm init
// npm install ethereumjs-tx
//
// $ node raw_tx_demo.js 실행
const ethTx = require('ethereumjs-tx');

const txData = {
nonce: '0x0',
    gasPrice: '0x09184e72a000',
    gasLimit: '0x30000',
    to: '0xb0920c523d582040f2bcb1bd7fb1c7c1ecebdb34',
    value: '0x00',
    data: '',
    v: '0x1c', // 이더리움 메인넷 체인ID
    r: 0,
    s: 0
};

tx = new ethTx(txData);
console.log('RLP-Encoded Tx: 0x' + tx.serialize().toString('hex'))

txHash = tx.hash(); // 이 단계는 RLP로 인코딩하고 해시를 계산한다.
console.log('Tx Hash: 0x' + txHash.toString('hex'))

// 트랜잭션 서명
const privKey = Buffer.from(
    '91c8360c4cb4b5fac45513a7213f31d4e4a7bfcb4630e9fbf074f42a203ac0b9', 'hex');
tx.sign(privKey);

serializedTx = tx.serialize();
rawTx = 'Signed Raw Transaction: 0x' + serializedTx.toString('hex');
console.log(rawTx)
```

예제 코드를 실행하면 다음과 같은 결과가 생성된다.

```
$ node raw_tx_demo.js
RLP-Encoded Tx: 0xe6808609184e72a0008303000094b0920c523d582040f2bcb1bd7fb1c7c1...
Tx Hash: 0xaa7f03f9f4e52fcf69f836a6d2bbc7706580adce0a068ff6525ba337218e6992
Signed Raw Transaction: 0xf866808609184e72a0008303000094b0920c523d582040f2bcb1...
```

EIP-155를 사용한 원시 트랜잭션 생성

EIP-155 '단순 재생 공격 방지(Simple Replay Attack Protection)' 표준은 서명하기 전에 트랜잭션 데이터 내부에 **체인 식별자(chain identifier)**를 포함하여 재생 공격 방지가 가능한 트랜잭션 인코딩을 지정한다. 이렇게 하면 하나의 블록체인(예: 이더리움 메인 네트워크)에 대해 생성된 트랜잭션이 다른 블록체인(예: 이더리움 클래식 또는 롭스텐 테스트 네트워크)에서 유효하지 않다. 따라서 표준의 이름 그대로 한 네트워크에서 전파된 트랜잭션은 다른 네트워크에서 재생될 수 없다.

EIP-155는 트랜잭션 데이터 구조의 주요 6개 필드에 체인 식별자, 0, 0의 3개 필드를 추가한다. 이 세 필드는 인코딩되고 해싱되기 전에 트랜잭션 데이터에 추가된다. 따라서 트랜잭션의 해시가 변경되어 나중에 서명이 적용된다. 체인 식별자가 서명된 데이터에 포함됨으로써, 트랜잭션 서명은 체인 식별자가 수정되면 서명이 무효화되어 데이터 변경을 식별할 수 있다. 따라서 EIP-155는 서명의 유효성이 체인 식별자에 의존하기 때문에 다른 체인에서 트랜잭션을 재생할 수 없다.

체인 식별자 필드는 표 6-1과 같이 트랜잭션이 의미하는 네트워크에 따라 값을 사용한다.

표 6-1 **체인 식별자**[1]

체인	체인 ID
이더리움 메인넷	1
모던(구식), 확장	2
롭스텐	3
린케비	4
루트스톡 메인넷	30
루트스톡 테스트넷	31
코반	42

---

1 옮긴이 https://bit.ly/2BigYDq, https://bit.ly/2REl9yG 참고

체인	체인 ID
이더리움 클래식 메인넷	61
이더리움 클래식 테스트넷	62
게스 사설 테스트넷	1337

결과로 생성되는 트랜잭션 구조는 RLP로 인코딩되고 해싱되고 서명된다. 서명 알고리즘은 v 접두어에 체인 식별자를 인코딩하기 위해 약간 수정된다.

자세한 내용은 EIP-155 사양(http://bit.ly/2CQUgne)을 참고하자.

서명 접두어 값(v) 및 공개키 복구

109페이지의 '트랜잭션 구조' 절에서 언급했듯이, 트랜잭션 메시지는 '발신자(from)' 필드를 포함하지 않는다. 이는 발신자의 공개키가 ECDSA 서명을 통해 직접 계산될 수 있기 때문이다. 공개키가 있으면 쉽게 주소를 계산할 수 있다. 서명자의 공개키를 복구하는 프로세스를 **공개키 복구**(public key recovery)라고 한다.

129페이지의 'ECDSA 계산' 절에서 계산된 값 r과 s가 주어지면, 2개의 가능한 공개키를 계산할 수 있다.

먼저 서명에 있는 x 좌표인 r 값에서 2개의 타원 곡선 점 R과 R'를 계산한다. 타원 곡선은 x 축에 대칭이므로, 어떤 값 x에 대해서도 곡선에 2개의 가능한 값이 있기 때문에 2개의 점이 있다.

r에서 우리는 또한 r의 곱셈 역함수인 r^{-1}을 계산한다.

마지막으로, 메시지 해시의 n 최하위 비트인 z를 계산한다. 여기서 n은 타원 곡선의 차수다.

가능한 2개의 공개키는 다음과 같다.

$$K_1 = r^{-1}(sR - zG)$$

$$K_2 = r^{-1}(sR' - zG)$$

여기서

- K_1과 K_2는 서명자의 두 가지 가능한 공개키다.
- r^{-1}은 서명 r 값의 곱셈 역함수다.
- s는 서명의 s 값이다.
- R과 R'는 두 가지 가능한 일시적인 공개키 Q이다.
- z는 메시지 해시의 n 최하위 비트다.
- G는 타원 곡선 생성자 점이다.

좀 더 효율적으로 하기 위해, 트랜잭션 서명에는 2개의 가능한 R 값 중 임시 공개키가 무엇인지 알려주는 접두어 값 v가 포함된다. v가 짝수이면 R이 올바른 값이고, v가 홀수이면 R'이다. 그런 식으로 R에 대해 하나의 값만, K에 대해 하나의 값만 계산해야 한다.

서명 및 전송 분리(오프라인 서명)

트랜잭션이 서명되면 트랜잭션은 이더리움 네트워크로 전송할 준비가 된다. 트랜잭션 생성, 서명, 브로드캐스트의 세 단계는 일반적으로 단일 작업(예: web3.eth.sendTransaction 사용)에 의해 처리된다. 그러나 132페이지의 '원시 트랜잭션 생성 및 서명' 절에서 봤듯이, 두 단계로 나누어 트랜잭션을 생성하고 서명할 수 있다. 서명된 트랜잭션이 있으면 web3.eth.sendSignedTransaction을 사용하여 트랜잭션을 16진수로 인코딩하고 서명해서 이더리움 네트워크에서 전송할 수 있다.

트랜잭션의 서명과 전송을 분리하려는 이유는 무엇인가? 가장 보편적인 이유는 보안이다. 트랜잭션에 서명하는 컴퓨터에는 잠금 해제된 개인키가 메모리에 로드되어 있어야 한다. 전송을 수행하는 컴퓨터는 인터넷에 연결되어 있어야 하며, 이더리움 클라이언트를 실행해야 한다. 이 두 기능이 하나의 컴퓨터에 있으면 온라인 시스템에 개인키가 있게 되며, 이는 매우 위험한 상황이 된다. 서명 및 전송 기능을 분리하여 각기 다른 시스템(오프라인 및 온라인 장치 각각)에서 수행하는 것을 **오프라인 서명(offline signing)**이라고 하며, 이는 일반적인 보안 방법이다.

그림 6-7은 이더리움 트랜잭션의 오프라인 서명 프로세스를 보여준다.

1. 현재의 논스 및 사용 가능한 자금을 검색할 수 있는 계정에서 서명되지 않은 트랜잭션

을 온라인 컴퓨터에 만든다.

2. 서명되지 않은 트랜잭션을 QR 코드 또는 USB 플래시 드라이브를 통해 트랜잭션 서명을 위한 '에어 갭(air-gapped)' 오프라인 장치로 전송한다.

3. 이더리움 블록체인에 브로드캐스트하기 위해, 서명된 트랜잭션을 QR 코드 또는 USB 플래시 드라이브를 통해 온라인 장치로 전송한다.

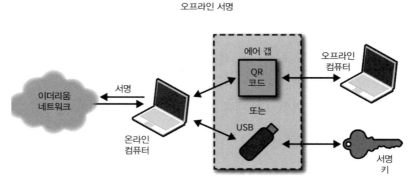

그림 6-7 **이더리움 트랜잭션의 오프라인 서명**

필요한 보안 수준에 따라, '오프라인 서명' 컴퓨터는 격리되고 방화벽이 있는 서브넷(온라인이지만 분리되어 있음)에서 에어 갭 시스템으로 알려진 완전히 오프라인인 시스템에 이르기까지 온라인 컴퓨터와 분리 정도를 다르게 할 수 있다. 에어 갭 시스템에서는 네트워크 연결이 전혀 없다. 즉, 컴퓨터는 '에어' 갭으로 온라인 환경과 분리되어 있다. 트랜잭션에 서명하려면 데이터 저장 매체 또는 웹캠과 QR 코드를 사용하여 에어 갭 컴퓨터와 주고받는 트랜잭션을 생성한다. 물론 이것은 서명하고자 하는 모든 트랜잭션을 수동으로 전송해야 한다는 뜻이며, 스케일링을 할 수도 없다.

많은 경우에 완전 에어 갭 시스템을 활용할 수는 없지만, 약간의 격리로도 상당한 보안 이점을 얻을 수 있다. 예를 들어, 메시지 대기열 프로토콜만 허용하는 방화벽이 있는 격리된 서브넷은 온라인 시스템에 서명하는 것보다 공격할 부분을 줄어들게 하고 훨씬 높은 보안을 제공할 수 있다. 많은 기업이 ZeroMQ(0MQ) 같은 프로토콜을 이 용도로 사용한다. 이와 같은 설정으로, 서명을 위해 트랜잭션이 시리얼라이즈되고 대기한다. 대기열 전송 프로토콜은 TCP 소켓과 비슷한 방식으로 시리얼라이즈된 메시지를 서명 컴퓨터로 전송한다. 서명 컴퓨터는 대기열에서 시리얼라이즈된 트랜잭션을 신중하게 읽고, 적절한 키와 함께 서명을 적용한 후에 보내는 대기열에 배치한다. 보내는 대기열은 서명된 트랜잭션을 대기열을 해소하고 전송하는 역할을 하는 이더리움 클라이언트가 있는 컴퓨터로 전송한다.

트랜잭션 전파

이더리움 네트워크는 '플러드 라우팅(flood routing)' 프로토콜을 사용한다. 각 이더리움 클라이언트는 (이상적으로) **메시(mesh)** 네트워크를 형성하는 **피어투피어(P2P)** 네트워크에서 **노드(node)** 역할을 한다. 어떠한 네트워크 노드도 특별하진 않다. 모두 동등한 역할을 한다. 우리는 '노드'라는 용어를 사용하며, 노드는 'P2P' 네트워크에 연결되어 참여하는 이더리움 클라이언트를 지칭한다.

트랜잭션 전파는 서명된 트랜잭션을 생성(또는 오프라인에서 수신)한 이더리움 노드에서 시작한다. 트랜잭션은 검증된 후에 트랜잭션을 생성한 '직접' 연결된 다른 모든 이더리움 노드로 전송된다. 평균적으로 각 이더리움 노드는 **이웃(neighbor)**이라고 불리는, 적어도 13개의 다른 노드에 대한 연결을 유지한다. 각 이웃 노드는 트랜잭션을 수신하자마자 즉시 유효성을 검사한다. 그들이 그것이 타당하다는 데 동의하면, 그들은 사본을 저장하고 모든 이웃에게 전파한다(출처를 제외하고). 결과적으로 트랜잭션은 네트워크의 모든 노드가 트랜잭션 사본을 가질 때까지 원래 노드에서 바깥쪽으로 '물결치며 퍼진다(flooding)'. 노드는 전달하는 메시지를 필터링할 수 있지만, 기본 규칙은 전달받은 모든 유효한 트랜잭션 메시지를 전파하는 것이다.

몇 초 내에 이더리움 트랜잭션이 전 세계의 모든 이더리움 노드로 전파된다. 각 노드의 관점에서 보면 트랜잭션의 출처를 식별할 수 없다. 노드로 전송한 이웃 노드는 트랜잭션의 생성자이거나 인접 노드 중 하나로부터 트랜잭션을 수신했을 수 있다. 트랜잭션의 출처를 추적하거나 전파를 방해하기 위해 공격자는 모든 노드 중 상당 부분을 제어해야 한다. 이것은 P2P 네트워크의 보안 및 개인 정보 보호 설계의 일부이며, 특히 블록체인 네트워크에 적용된다.

블록체인에 기록하기

이더리움의 모든 노드는 동등한 피어이지만, 일부는 채굴을 하며 고성능 그래픽 처리 장치(Graphics Processing Unit, GPU)가 장착된 컴퓨터인 **채굴 팜(mining farm)**에 트랜잭션 및 블록을 제공한다. 채굴 컴퓨터는 트랜잭션을 후보 블록에 추가하고 후보 블록을 유효하게 만드는 **작**

업증명을 찾으려고 시도한다. 이에 대해서는 14장에서 좀 더 자세히 논의할 것이다.

너무 자세한 이야기는 생략하고, 유효한 트랜잭션이 결국 트랜잭션 블록에 포함되어 이더리움 블록체인에 기록된다. 트랜잭션이 블록으로 채워지면 계정의 잔액을 수정하거나(단순 결제의 경우) 내부 상태를 변경하는 컨트랙트를 호출하여 트랜잭션은 이더리움 싱글톤 상태를 수정한다. 이러한 변경사항은 이벤트가 포함될 수 있는 트랜잭션 **영수증**(receipt) 형식으로 트랜잭션과 함께 기록된다. 13장에서 이 모든 내용을 자세히 살펴볼 것이다.

생성에서 EOA에 의한 서명, 전파, 그리고 마지막으로 채굴까지 완료된 트랜잭션은 싱글톤의 상태를 변경하고 블록체인에서 지울 수 없는 기록을 남긴다.

다중 서명 트랜잭션

비트코인의 스크립팅 기능에 익숙하다면, 여러 당사자가 트랜잭션에 서명할 때만 자금을 사용할 수 있는 비트코인 다중 서명(multiple-signature, multisig) 계정을 만들 수 있음을 알고 있을 것이다(예: 2개 개인키 중 2개 서명 또는 4개 개인키 중 3개 서명). 이더리움의 기본 EOA 값 트랜잭션에는 다중 서명 조항이 없다. 그러나 이더와 토큰을 전송하는 어떤 조건들도 처리할 수 있는 스마트 컨트랙트를 사용해 임의의 서명 제한룰을 적용할 수 있다.

이 기능을 이용하려면 이더를 다중 서명 요구사항이나 지출 한도(또는 둘의 조합)와 같이 원하는 지출 규칙으로 프로그래밍한 '지갑 컨트랙트'로 보내야 한다. 그리고서 지갑 컨트랙트는 지출 조건이 충족되면 승인된 EOA의 요청에 따라 자금을 보낸다. 예를 들어, 다중 상태에서 이더를 보호하려면 이더를 다중 서명 컨트랙트로 전송하라. 다른 계정으로 자금을 보낼 때마다 모든 사용자는 일반 지갑 애플리케이션을 사용하여 컨트랙트에 트랜잭션을 보내야 하며, 계약이 최종 트랜잭션을 수행할 수 있도록 효과적으로 승인해야 한다.

이러한 컨트랙트는 내부 코드를 실행하거나 다른 컨트랙트를 실행하기 전에 다중 서명을 요구하도록 설계될 수도 있다. 이와 같은 체계에서의 보안은 궁극적으로 다중 서명 컨트랙트 코드에 의해 결정된다.

스마트 컨트랙트로 다중 서명 트랜잭션을 구현하는 기능은 이더리움의 유연성을 입증한다. 그러나 이러한 유연성으로 인해 다중 서명 체계의 보안을 약화시키는 버그가 발생할 수 있으므로 양날의 검이다. 실제로 간단한 'M-of-N' 다중 서명 구성을 스마트 컨트랙트를 이용하지 않고 EVM에서 직접 다중 서명 명령을 처리하게 하자는 제안이 많다. 이는 핵심 합의 규칙의 일부이며, 강력하고 안전한 것으로 입증된 비트코인의 다중 서명 시스템과 동일하다.

결론

트랜잭션은 이더리움 시스템의 모든 활동의 시작점이다. 트랜잭션은 EVM이 컨트랙트를 평가하고, 잔액을 업데이트하며, 일반적으로 이더리움 블록체인의 상태를 수정하는 '입력'이다. 다음 장에서는 스마트 컨트랙트를 훨씬 더 자세하게 다루고 솔리디티 컨트랙트 지향 언어로 프로그래밍하는 방법을 배워보겠다.

7

스마트 컨트랙트와 솔리디티

2장에서 논의했듯이, 이더리움에는 외부 소유 계정(EOA)과 컨트랙트 계정이라는 두 가지 유형의 계정이 있다. EOA는 이더리움 플랫폼의 외부에 있는 지갑 애플리케이션 같은 소프트웨어를 통해 사용자가 제어한다. 반대로, 컨트랙트 계정은 이더리움 가상 머신에 의해 실행되는 프로그램 코드(일반적으로 '스마트 컨트랙트'라고 함)가 제어한다. 즉, EOA는 관련 코드나 데이터 저장소가 없는 간단한 계정이지만, 컨트랙트 계정은 관련 코드와 데이터 저장소를 모두 갖고 있다. 컨트랙트 계정은 개인키를 갖지 않으므로 스마트 컨트랙트에 규정된 미리 결정된 방식으로 '스스로 제어'하는 반면, EOA는 프로토콜의 외부에 있어서 프로토콜에 독립적인 '실제 세계'의 개인키로 생성되고 암호로 서명된 거래에 의해 제어된다. 두 가지 유형의 계정은 모두 이더리움 주소로 식별된다. 이 장에서는 컨트랙트 계정과 이를 제어하는 프로그램 코드에 대해 설명한다.

스마트 컨트랙트란 무엇인가?

스마트 컨트랙트(smart contract)라는 용어는 다양한 것들을 설명하기 위해 수년 동안 사용되어 왔다. 1990년대 암호학자 닉 사보(Nick Szabo)는 이 용어를 "당사자들이 다른 약속에 따라 수행하는 프로토콜을 포함하여 디지털 형식으로 지정된 일련의 약속"이라고 정의했다. 그 이후로 스마트 컨트랙트의 개념은, 특히 2009년 비트코인의 발명으로 탈중앙화 블록체인 플랫폼이 도입된 후에 진화했다. 이더리움의 컨텍스트에서 이더리움 스마트 컨트랙트는 스마트하지도 않고 법적 컨트랙트도 아니기 때문에 다소 잘못된 이름임에도 이미 확고하게 자리를 잡았다. 이 책에서는 '스마트 컨트랙트'라는 용어를 불변적인(immutable) 컴퓨터 프로그램을 지칭하는데, 이 프로그램은 이더리움 네트워크 프로토콜(즉, 탈중앙화된 이더리움 월드 컴퓨터)의 일부인 이더리움 가상 머신의 컨텍스트상에서 결정론적으로(deterministically) 작동한다. 이제 스마트 컨트랙트의 정의를 살펴보자.

컴퓨터 프로그램(computer programs)

스마트 컨트랙트는 단순히 컴퓨터 프로그램이다. '컨트랙트(contract)'라는 단어는 이런 맥락에서 법적인 의미는 없다.

불변의(immutable)

스마트 컨트랙트 코드는 일단 배포되면, 변경할 수 없다. 기존 소프트웨어와 달리 스마트 컨트랙트를 수정하는 유일한 방법은 새로운 인스턴스를 배포하는 것이다.

결정론적(deterministic)

스마트 컨트랙트를 실행한 결과물은 그것을 실행한 모든 이에게 동일한데, 실행을 시작한 트랜잭션의 컨텍스트와 실행 시점에 이더리움 블록체인의 상태가 동일하다는 전제가 있기 때문이다.

EVM 컨텍스트(EVM context)

스마트 컨트랙트는 매우 제한적인 실행 컨텍스트에서 작동된다. 이들은 자신의 상태, 호출한 트랜잭션의 컨텍스트 및 가장 최근 블록의 일부 정보에 접근할 수 있다.

탈중앙화된 월드 컴퓨터(decentralized world computer)

EVM은 모든 이더리움 노드에서 로컬 인스턴스로 실행되지만, EVM의 모든 인스턴스는 동일한 초기 상태에서 작동하고 동일한 최종 상태를 생성하기 때문에 시스템 전체가 단일 '월드 컴퓨터'로 작동한다.

스마트 컨트랙트의 생명주기

스마트 컨트랙트는 일반적으로 솔리디티 같은 고급 언어로 작성된다. 그러나 컨트랙트를 실행하려면 EVM에서 실행되는 저수준의 바이트코드로 컴파일되어야 한다. 일단 컴파일되면 고유한 **컨트랙트 생성(contract creation)** 트랜잭션을 사용하여 이더리움 플랫폼에 배포되며, 이 트랜잭션은 고유한 컨트랙트 생성 주소, 즉 0x0으로 전송된다(124페이지의 '특별 트랜잭션: 컨트랙트 생성' 절 참고). 각 컨트랙트는 이더리움 주소로 식별되며, 이 주소는 원래 계정 및 논스의 함수로 컨트랙트 생성 트랜잭션에서 파생된다. 컨트랙트의 이더리움 주소는 트랜잭션에서 수신자로 사용되거나 컨트랙트에 자금을 보내거나 컨트랙트 함수를 호출하는 데 사용할 수 있다. EOA와 달리 새 스마트 컨트랙트를 위해 생성한 계정과 관련된 키는 없다. 컨트랙트 작성자는 프로토콜 수준에서 특별한 권한을 얻지 못한다(명시적으로 스마트 컨트랙트로 코드를 작성할 수는 있지만). 여러분은 분명히 컨트랙트 계정을 위한 개인키(실제 존재하지 않음)를 받지 못한다. 여기서 우리는 스마트 컨트랙트 계정은 그들 자체를 소유하고 있다고 말할 수 있다.

중요한 것은 컨트랙트가 **트랜잭션에 의해 호출된 경우에만 실행된다**는 것이다. 이더리움의 모든 스마트 컨트랙트는 EOA에서 시작된 트랜잭션으로 인해 실행된다. 컨트랙트는 다른 컨트랙트를 호출할 수 있고 그 컨트랙트는 또 다른 컨트랙트를 호출할 수 있지만, 이러한 체인에서 첫 번째 컨트랙트 실행은 항상 EOA로부터 트랜잭션에 의해 호출된다. 컨트랙트는 '자체적으로' 또는 '백그라운드에서' 실행되지 않는다. 스마트 컨트랙트는 체인의 일부분으로 트랜잭션에 의해 직접 혹은 간접적으로 호출되기 전까지는 대기 상태에 놓여 있다. 스마트 컨트랙트가 '병렬적으로' 실행되지 않는다는 점도 주목할 만하다. 이런 의미에서 이더리움 월드 컴퓨터가 단일 스레드 컴퓨터라 할 수 있다.

트랜잭션은 호출하는 컨트랙트 수 또는 호출 시 해당 컨트랙트가 수행하는 작업과 상관없이 **원자성(atomic)**의 특징을 지닌다. 트랜잭션은 모든 실행이 성공적으로 종료된 경우에만 글로벌 상태(컨트랙트, 계정 등)의 모든 변경사항이 기록되고 전체가 실행된다. 성공적인 종료는 프로그램이 오류 없이 실행되었고 실행의 끝까지 도달했음을 의미한다. 오류로 인해 실행이 실패하면 모든 영향(상태 변경)은 트랜잭션이 실행되지 않은 것처럼 '롤백(rolled back)'된다. 실패한 트랜잭션은 여전히 시도된 것으로 기록되며, 실행을 위해 가스로 소비된 이더는 원 계정에서 차감되지만, 컨트랙트 또는 계좌 상태에는 영향을 미치지 않는다.

이전에 언급했듯이, 컨트랙트 코드는 변경할 수 없다는 사실을 기억하는 것이 중요하다. 그러나 컨트랙트를 '삭제'하여 해당 주소에서 코드와 내부 상태(스토리지)를 제거하고 빈 계정으로 남길 수 있다. 컨트랙트가 삭제된 후 해당 계정 주소로 전송된 트랜잭션은 더 이상 코드가 실행되지 않는다. 컨트랙트를 삭제하려면 SELFDESTRUCT(이전에는 SUICIDE라고 불림)라는 EVM

연산코드를 실행해야 한다. 이 작업은 '음의 가스(negative gas)', 즉 가스 환불이 일어나기 때문에 저장된 상태의 삭제로 인한 네트워크 클라이언트 자원을 반환하도록 하는 동기부여를 만든다. 이 방법으로 컨트랙트를 삭제해도 컨트랙트의 트랜잭션 내역(과거)이 제거되지는 않는다. 그 이유는 블록체인 자체를 변경하는 것은 불가능하기 때문이다. 또한 SELFDESTRUCT 기능은 컨트랙트 작성자가 해당 기능을 갖기 위해 스마트 컨트랙트를 프로그래밍한 경우에만 사용할 수 있다는 점도 중요하다. 컨트랙트 코드에 SELFDESTRUCT 연산코드가 없거나 접근할 수 없는 경우 스마트 컨트랙트는 삭제할 수 없다.

이더리움 고급 언어의 소개

EVM은 x86_64 같은 머신 코드를 실행하는 컴퓨터의 CPU와 유사한 **EVM 바이트코드**라는 특수한 형태의 코드를 실행하는 가상 머신이다. 13장에서 EVM의 작동 및 언어를 자세히 살펴볼 것이다. 이 장에서는 EVM에서 스마트 컨트랙트가 실행되는 방법을 살펴보겠다.

스마트 컨트랙트를 바이트코드로 직접 프로그래밍할 수는 있지만, EVM 바이트코드는 다루기가 까다로워서 프로그래머가 읽고 이해하기가 매우 어렵다. 대신, 대부분의 이더리움 개발자는 프로그램을 작성하는 데 고급 언어를 사용하고 바이트코드로 변환하는 컴파일러를 사용한다.

모든 고급 언어가 스마트 컨트랙트를 작성하는 데 적합할 수 있지만, EVM 바이트코드에 컴파일할 수 있도록 임의의 언어를 적용하는 것은 일반적으로 상당히 번거롭고 혼란스럽다. 스마트 컨트랙트는 고도로 제한된 최소 실행 환경(EVM)에서 작동한다. 또한 EVM 관련 세부 시스템 변수 및 기능 세트를 사용할 수 있어야 한다. 따라서 스마트 컨트랙트를 작성하는 데 적합한 범용 언어를 만드는 것보다 스마트 컨트랙트 언어를 처음부터 만드는 것이 더 쉽다. 그 결과로 스마트 컨트랙트를 프로그래밍하기 위해 많은 특수 용도의 언어가 등장했다. 이더리움에는 EVM 실행 가능 바이트코드를 생성하는 데 필요한 컴파일러와 함께 여러 언어가 있다.

일반적으로 프로그래밍 언어는 **선언형(declarative)** 프로그래밍과 **명령형(imperative)** 프로그래밍이라는 두 가지 프로그래밍 패러다임으로 분류할 수 있다. **함수형(functional)** 프로그래밍과 **절차적(procedural)** 프로그래밍이라고도 한다. 선언형 프로그래밍에서는 프로그램의 **논리(logic)**를 표현하지만, 그 **흐름(flow)**은 표현하지 않는 함수를 작성한다. 선언형 프로그래밍은 **부작용 (side effect)**이 없는 프로그램을 만드는 데 사용된다. 다시 말하면, 프로그램에 의해 함수 외부의 상태는 변경되지 않는다. 선언형 프로그래밍 언어에는 하스켈(Haskell)과 SQL이 포함된다. 반대로, 명령형 프로그래밍은 프로그래머가 프로그램의 논리와 흐름을 결합하는 일련의 절차를 작성한다. 명령형 프로그래밍 언어에는 C++ 및 자바가 포함된다. 일부 언어는 '하이브리드(hybrid)'로서 선언형 프로그래밍을 권장하지만, 명령형 프로그래밍 패러다임을 표현하는 데 사용할 수도 있다. 이러한 하이브리드에는 리스프(Lisp), 자바스크립트(JavaScript), 파이썬(Python)이 포함된다. 일반적으로 선언형 패러다임 작성에 명령형 언어를 사용할 수는 있지만, 종종 어색한 경우가 있다. 반면, 순수한 선언형 언어에는 '**변수(variable)**'가 없다. 즉, 이 언어는 명령형 패러다임 작성에 사용할 수 없다.

명령형 프로그래밍은 프로그래머가 일반적으로 사용하지만, '예상대로 정확하게' 실행되는 프로그램을 작성하는 것은 매우 어려울 수 있다. 프로그램의 모든 부분이 다른 프로그램의 상태를 변경하는 기능은 프로그램 실행에 관한 추론을 어렵게 만들고 버그 발생률도 높다. 이와 달리 선언형 프로그래밍은 프로그램이 어떻게 작동하는지 쉽게 이해할 수 있게 한다. 부작용이 없으므로 프로그램의 모든 부분을 독립적으로 이해할 수 있다.

스마트 컨트랙트에서 버그는 말 그대로 비용을 발생시킨다. 따라서 부작용 없는 스마트 컨트랙트를 작성하는 것이 중요하다. 그렇게 하기 위해서는 프로그램 동작에 대해 명확하게 추론할 수 있어야 한다. 따라서 선언형 언어는 범용 소프트웨어에서보다 스마트 컨트랙트에서 훨씬 더 큰 역할을 한다. 그럼에도 불구하고 스마트 컨트랙트에 가장 널리 사용되는 언어(솔리디티)는 명령형 언어다. 프로그래머는 대부분의 사람과 마찬가지로 변화를 쉽게 받아들이지 않기 때문이다!

스마트 컨트랙트에 대해 현재 지원되는 고급 프로그래밍 언어는 다음과 같다(개발 순서에 따라).

LLL(Low-level Lisp-like Language)
리스프(Lisp)와 유사한 구문을 사용하는 함수형(선언형) 프로그래밍 언어다. 이더리움 스마트 컨트랙트의 첫 번째 고급 언어였지만 지금은 거의 사용되지 않는다.

서펀트(Serpent)
파이썬과 유사한 구문을 사용하는 절차적(명령형) 프로그래밍 언어다. 부작용이 전혀 없는 것은 아니지만 함수형(선언형) 코드를 작성하는 데도 사용할 수 있다.

솔리디티(Solidity)
자바스크립트, C++, 자바와 유사한 구문을 사용하는 절차적(명령형) 프로그래밍 언어이며, 이더리움 스마트 컨트랙트에서 가장 널리 사용되고 자주 사용되는 언어다.

바이퍼(Vyper)

최근에 개발된 언어로서 서펀트나 파이썬과 비슷한 구문을 사용하며, 서펀트보다 파이썬과 비슷한 순수한 언어에 가깝지만 서펀트를 대체하지는 않는다.

밤부(Bamboo)

얼랭(Erlang)의 영향을 받았으며, 명시적 상태 전이와 반복 흐름(루프)이 없는 새로 개발된 언어다. 부작용을 줄이고 감사 기능을 높이기 위한 것으로, 아주 새롭지만 아직 널리 채택되지는 않는다.

보다시피, 선택할 수 있는 언어가 많이 있다. 그러나 이러한 언어 중 솔리디티는 이더리움을 비롯해 비슷한 EVM 시스템을 사용하는 블록체인들의 사실상의 표준 고급 언어라고 할 수 있을 만큼 가장 인기가 높다. 우리는 대부분 솔리디티를 사용하지만, 다른 고급 언어의 철학에 대한 이해를 얻기 위해 다른 언어도 탐구할 것이다.

솔리디티로 스마트 컨트랙트 생성

솔리디티는 개빈 우드(이 책의 공동 저자)에 의해 창안되었으며, 명시적으로 스마트 컨트랙트 작성을 위해 만들어진 언어인데, 이더리움 월드 컴퓨터의 탈중앙화된 환경에서의 실행을 직접적으로 지원한다. 그 결과, 언어의 속성이 매우 일반적이어서 다른 여러 블록체인 플랫폼에서 스마트 컨트랙트를 코딩하는 데 사용된다. 솔리디티는 크리스티안 라이티웨스너(Christian Reitiwessner)와 알렉스 베레그자시(Alex Beregszaszi), 리아나 후시키안(Liana Husikyan), 요이치 히라이(Yoichi Hirai)와 몇몇의 전 이더리움 코어 개발자들에 의해 개발되었다. 솔리디티는 이제 깃허브(https://bit.ly/2rzgKTE)에서 독립적인 프로젝트로 개발되고 유지된다.

솔리디티 프로젝트의 주된 '제품(product)'은 솔리디티 언어로 작성된 프로그램을 EVM 바이트 코드로 변환하는 솔리디티 컴파일러 solc이다. 이 프로젝트는 또한 이더리움 스마트 컨트랙트를 위한 중요한 애플리케이션 바이너리 인터페이스(Application Binary Interface, ABI) 표준을 관리한다. 이에 대해서는 이 장에서 자세히 설명한다. 솔리디티 컴파일러의 각 버전은 솔리디티 언어의 특정 버전에 해당하며, 해당 버전의 솔리디티 언어를 컴파일한다.

먼저 솔리디티 컴파일러의 바이너리 실행 파일을 다운로드할 것이다. 그런 다음 2장에서 시작한 예제를 따라 간단한 컨트랙트를 개발하고 컴파일할 것이다.

솔리디티의 버전 선택

솔리디티는 **시맨틱 버저닝**(semantic versioning, https://semver.org/)이라고 하는 버전 관리 모델을 따르며, 버전 번호는 점으로 구분된 3개의 숫자로 구성된다(*MAJOR.MINOR.PATCH*). '메이저(major)' 번호는 주요 기능 변경 및 이전 버전과의 호환이 변경될 때마다 증가하며, 주요 버전 간에 하위 호환 기능이 추가될 때 '마이너(minor)'가 증가하고, 이전 버전과 호환되는 버그 수정을 위해 '패치(patch)' 번호가 증가한다.

책을 쓰는 당시 솔리디티 버전은 0.4.24이다.[2] 프로젝트의 초기 개발을 위한 메이저 버전 0에 대한 규칙은 다르다. 즉, 언제든지 변경될 수 있다. 실제로 솔리디티는 '마이너'를 메이저 버전인 것처럼 처리하고 '패치' 번호를 마이너 버전인 것처럼 처리한다. 따라서 0.4.24에서는 4를 메이저 버전으로, 24를 마이너 버전으로 간주한다.

2장에서 살펴봤듯이, 솔리디티 프로그램에는 호환 가능한 솔리디티의 최소 및 최대 버전을 지정하고 컨트랙트를 컴파일하는 데 사용할 수 있는 pragma 지시문이 포함될 수 있다.

솔리디티가 빠르게 발전하고 있으므로 최신 배포판을 설치하는 것이 좋다.

다운로드 및 설치

솔리디티를 다운로드하고 설치하는 데 사용할 수 있는 여러 가지 방법이 있다(바이너리 릴리스 또는 소스 코드에서 컴파일). 솔리디티 설명서(http://bit.ly/2RrZmup)에서 자세한 지침을 찾을 수 있다.

apt 패키지 관리자를 사용하여 우분투/데비안 운영체제에 솔리디티의 최신 바이너리 릴리스를 설치하는 방법은 다음과 같다.

```
$ sudo add-apt-repository ppa:ethereum/ethereum
$ sudo apt update
$ sudo apt install solc
```

---

2 올긴이 번역하는 시점의 솔리디티 최신 버전은 0.5.8이다.

solc를 설치한 후에는 실행하여 버전을 확인하자.

```
$ solc --version
solc, the solidity compiler commandline interface
Version: 0.4.24+commit.e67f0147.Linux.g++
```

소스 코드에서 직접 컴파일하는 것을 포함하여 운영체제 및 요구사항에 따라 솔리디티를 설치하는 여러 가지 방법이 있다. 자세한 내용은 https://bit.ly/2rzgKTE를 참고하라.

개발 환경

솔리디티에서 개발하기 위해서 어떠한 텍스트 편집기를 사용해도 좋고, 커맨드 라인에서 solc를 사용해도 좋다. 그러나 이맥스(Emacs), 빔(Vim), 아톰(Atom)처럼 개발용으로 설계된 일부 텍스트 편집기는 구문 강조 표시 및 솔리디티 개발을 좀 더 쉽게 만드는 매크로 같은 추가 기능을 제공한다.

리믹스 IDE(https://remix.ethereum.org/) 및 EthFiddle(https://ethfiddle.com/) 같은 웹 기반 개발 환경도 있다.

본인의 생산성을 높여줄 수 있는 도구를 선택하라. 결국, 솔리디티 프로그램은 단순한 텍스트 파일이다. 멋진 편집기와 개발 환경은 작업을 더 쉽게 만들 수 있지만, 나노(nano, 리눅스/유닉스), 텍스트에디트(TextEdit, 맥OS) 또는 심지어 노트패드(NotePad, 윈도우) 같은 간단한 텍스트 편집기 이상은 필요하지 않다. 프로그램 소스 코드를 .sol 확장자로 저장하면 솔리디티 컴파일러가 솔리디티 프로그램으로 인식한다.

단순한 솔리디티 프로그램 작성

2장에서는 첫 번째 솔리디티 프로그램을 작성했다. 처음 Faucet 컨트랙트를 작성했을 때 리믹스 IDE를 이용하여 컨트랙트를 컴파일하고 배포했다. 이 장에서는 Faucet 컨트랙트를 개선하고 꾸밀 것이다.

첫 시도는 예제 7-1과 같다.

예제 7-1 Faucet.sol: Faucet을 구현하는 솔리디티 컨트랙트

```
1    // 우리의 첫 번째 컨트랙트는 Faucet이다.
2    contract Faucet {
3
4        // 요청하는 사람에게 이더 주기
5        function withdraw(uint withdraw_amount) public {
6
7            // 출금 금액 제한
8            require(withdraw_amount <= 100000000000000000);
9
10           // 요청한 주소로 금액 보내기
11           msg.sender.transfer(withdraw_amount);
12       }
13
14       // 입금 금액 수락
15       function () public payable{}
16
17   }
```

솔리디티 컴파일러(solc)로 컴파일

이제 커맨드 라인의 솔리디티 컴파일러를 사용하여 컨트랙트를 직접 컴파일한다. 솔리디티 컴파일러 solc는 다양한 옵션을 제공하며, 이는 --help 인수를 통해 볼 수 있다.

우리는 solc의 인수 --bin 및 --optimize를 이용하여 예제 컨트랙트의 최적화된 바이너리를 생성한다.

```
$ solc --optimize --bin Faucet.sol
======= Faucet.sol:Faucet =======
Binary:
6060604052341561000f57600080fd5b60cf8061001d6000396000f30060606060405260043610603e5
763ffffffff7c0100000000000000000000000000000000000000000000000000000000006000350416
632e1a7d4d81146040575b005b3415604a57600080fd5b603e60043567016345785d8a00008111156
06357600080fd5b73ffffffffffffffffffffffffffffffffffffffff331681156108fc0282604051
60006040518083038185888f19350505050151560a057600080fd5b505600a165627a7a723058203
556d79355f2da19e773a9551e95f1ca7457f2b5fbbf4eacf7748ab59d2532130029
```

solc가 생성하는 결과는 이더리움 블록체인에서 실행될 수 있는 시리얼라이즈된 16진수 바이너리다.

이더리움 컨트랙트 ABI

컴퓨터 소프트웨어에서 **애플리케이션 바이너리 인터페이스(Application Binary Interface, ABI)**는 두 프로그램 모듈 간 또는 때때로 운영체제와 사용자 프로그램 간의 인터페이스다. ABI는 데이터 구조와 함수가 어떻게 **기계 코드(machine code)**에서 사용되는지 그 방법을 정의한다. 이 것은 API와 혼동되어서는 안 되며, API는 사람이 읽을 수 있는 형식인 고수준의 **소스 코드 (source code)**로 정의한다. 따라서 ABI는 기계 코드와 데이터를 교환하기 위해 인코딩 및 디코딩하는 기본 방법이다.

이더리움에서 ABI는 EVM에서 컨트랙트 호출을 인코딩하고 트랜잭션에서 데이터를 읽는 데 사용된다. ABI의 목적은 컨트랙트에서 호출할 수 있는 함수를 정의하고 각 함수가 인수를 받아들이고 결과를 반환하는 방법을 설명하는 것이다.

컨트랙트의 ABI는 함수 설명(function description, 158페이지의 '함수' 절 참고) 및 이벤트(168페이지의 '이벤트' 절 참고)의 JSON 배열로 지정된다. 함수는 type, name, inputs, outputs, constant, payable 필드가 있는 JSON 객체다. 이벤트 객체에는 type, name, inputs, anonymous 필드가 있다.

solc 커맨드 라인 솔리디티 컴파일러를 사용하여 Faucet.sol 예제 컨트랙트의 ABI를 생성해 보자.

```
$ solc --abi Faucet.sol
======= Faucet.sol:Faucet =======
Contract JSON ABI
[{"constant":false,"inputs":[{"name":"withdraw_amount","type":"uint256"}], \
"name":"withdraw","outputs":[],"payable":false,"stateMutability":"nonpayab le", \
"type":"function"},{"payable":true,"stateMutability":"payable", \
"type":"fallback"}]
```

보다시피, 컴파일러는 Faucet.sol에 정의된 두 가지 함수를 설명하는 JSON 배열을 생성한다. 이 JSON은 일단 배포되면 Faucet 컨트랙트에 접근하려는 모든 애플리케이션에 사용할 수 있다. ABI를 사용하면 지갑이나 댑 브라우저 같은 애플리케이션은 올바른 인수와 인수 유형을 사용하여 Faucet의 함수를 호출하는 트랜잭션을 생성할 수 있다. 예를 들어, 지갑은 withdraw 함수를 호출하기 위해 withdraw_amount라는 이름과 uint256 유형 인수를 제공해야 한다는 것을 알고 있다. 지갑은 사용자에게 해당 값을 제공하라는 메시지를 표시한

다음, 이를 인코딩하는 트랜잭션을 작성하고 **withdraw** 함수를 실행한다.

애플리케이션이 컨트랙트와 상호작용하는 데 필요한 것은 ABI와 컨트랙트가 배포된 주소다.

솔리디티 컴파일러 및 언어 버전 선택

앞의 코드에서 봤듯이, Faucet 컨트랙트는 솔리디티 버전 0.4.21로 성공적으로 컴파일된다. 그러나 다른 버전의 솔리디티 컴파일러를 사용했다면 어떻게 될까? 언어는 여전히 유동적이며, 예상치 못한 방식으로 변경될 수 있다. 우리의 컨트랙트는 매우 단순하지만, 우리 프로그램이 솔리디티 버전 0.4.19에서만 추가된 기능을 사용하고 0.4.18로 컴파일하려고 하면 어떻게 될까?

이러한 문제를 해결하기 위해 솔리디티는 프로그램이 특정 컴파일러(및 언어) 버전이 필요하다는 것을 컴파일러에 지시하는, **버전 pragma**라고 하는 **컴파일러 지시문**(compiler directive)을 제공한다. 예제를 살펴보자.

```
pragma solidity ^0.4.19;
```

솔리디티 컴파일러는 버전 pragma를 읽고 컴파일러 버전이 버전 pragma와 호환되지 않으면 오류가 발생한다. 이 경우, 우리의 버전 pragma는 이 프로그램이 최소 버전 0.4.19인 솔리디티 컴파일러에 의해 컴파일될 수 있다고 말한다. 그러나 ^ 기호는 0.4.19 이상의 **마이너 수정**(minor revision)으로 컴파일을 허용한다는 것을 나타낸다. 예를 들어, 0.4.20이지만 0.5.0은 아니다(이는 메이저 수정사항이며 마이너 수정은 아니다). pragma 지시문은 EVM 바이트코드로 컴파일되지 않는다. 이 지시문은 호환성을 검사하기 위해 컴파일러에서만 사용된다.

Faucet 컨트랙트에 pragma 지시문을 추가하자. 예제 7-2에서 시작하는 예제를 진행하면서 변경사항을 추적하기 위해 새 파일에 Faucet2.sol이라는 이름을 지정한다.

예제 7-2 **Faucet2.sol: Faucet에 버전 pragma 추가하기**

```
1    // 이 프로그램은 다음과 같은 솔리디티 컴파일러 버전으로 작성되었다.
2    pragma solidity ^0.4.19;
3
4    // 우리의 첫 번째 컨트랙트는 Faucet이다.
5    contract Faucet {
6
7        // 요청하는 사람에게 이더 주기
```

```
 8      function withdraw(uint withdraw_amount) public {
 9
10          // 출금 금액 제한
11          require(withdraw_amount <= 100000000000000000);
12
13          // 요청한 주소로 금액 보내기
14          msg.sender.transfer(withdraw_amount);
15      }
16
17      // 입금 금액 수락
18      function () public payable {}
19
20 }
```

컴파일러 및 언어 버전이 맞지 않으면 문제가 발생하므로 버전 **pragma**를 추가하는 것이 좋다. 이 장에서는 다른 모범 사례를 탐구하면서 Faucet 컨트랙트를 계속 개선할 것이다.

솔리디티로 프로그래밍하기

이 장에서는 솔리디티 언어의 몇 가지 기능을 살펴보겠다. 2장에서 언급했듯이, 우리의 첫 번째 컨트랙트 예제는 매우 간단하지만 여러 가지 결함을 갖고 있다. 솔리디티를 사용하는 방법을 탐색하면서 점차 개선할 것이다. 솔리디티는 매우 복잡하고 빠르게 진화하고 있기 때문에 이것이 포괄적인 솔리디티 튜토리얼은 아니다. 우리는 기본만을 다룰 것이고 나머지 부분을 스스로 탐구할 수 있는 충분한 기초를 제공할 것이다. 솔리디티에 대한 문서는 프로젝트 웹사이트(https://bit.ly/24hwqEB)에서 찾을 수 있다.

데이터 타입

먼저 솔리디티에서 제공되는 기본 데이터 타입을 살펴보자.

부울(bool)
  논리 연산자(!(not), &&(and), ||(or), ==(equal), !=(not equal))가 있는 부울 값 true 또는 false

정수(int, uint)
  int8에서 uint256까지 8비트씩 증가하여 선언된 부호 있는(int) 정수 및 부호 없는 (uint) 정수. 크기 접미어가 없으면 EVM의 단어 크기를 맞추기 위해 256비트가 사용된다.

고정소수점(fixed, ufixed)

(u)fixed*M*x*N*으로 선언된 고정소수점 숫자. 여기서 *M*은 비트 단위의 크기(8부터 256까지 증가)이고, *N*은 소수점 이하 자릿수(최대 18)다. 예: ufixed32x2

주소

20바이트 이더리움 주소. address 객체에는 유용한 멤버 함수가 많이 있으며, 주요 함수는 balance(계정 잔액 반환)와 transfer(이더를 계정으로 전송)이다.

바이트 배열(고정 크기)

고정 크기의 바이트 배열로, bytes1에서 bytes32까지 선언된다.

바이트 배열(가변 크기)

bytes 또는 string으로 선언된 가변 크기의 바이트 배열

열거형

이산 값을 열거하기 위한 사용자 정의 유형. 예: enum NAME {LABEL1, LABEL 2, ...}

배열

모든 유형의 고정 또는 동적 배열. 예를 들어, uint32[][5]는 부호 없는 정수의 동적 배열 5개로 이루어진 고정 크기 배열이다.

구조체

변수 그룹화를 위한 사용자 정의 데이터 컨테이너. 예: struct NAME {TYPE1 VARIABLE1; TYPE2 VARIABLE2; ...}

매핑

키 => 값 쌍에 대한 해시 조회 테이블. 예: mapping(KEY_TYPE => VALUE_TYPE) NAME

이러한 데이터 타입 외에도 솔리디티는 다양한 단위를 계산하는 데 사용할 수 있는 다양한 값 리터럴을 제공한다.

시간 단위(time units)

단위 seconds, minutes, hours, days를 기본 단위인 seconds의 배수로 변환하여 접미어로 사용할 수 있다.

이더 단위(ether units)

단위 wei, finney, szabo, ether를 기본 단위인 wei의 배수로 변환하여 접미어로 사용할 수 있다.

Faucet 컨트랙트 예제에서는 withdraw_amount 변수에 대해 uint(uint256의 별칭)를 사용했다. 우리는 간접적으로 msg.sender 변수로 설정한 address 변수를 사용했다. 이 장의 나머지 부분에서는 이 데이터 타입을 예제에서 더 많이 사용한다.

유닛 멀티플라이어(unit multiplier) 중 하나를 사용하여 예제 컨트랙트의 가독성을 향상해 보자. withdraw 함수에서는 최대 출금을 제한하고, 제한을 웨이로 표현하며, 기본 단위는 이더다.

```
require(withdraw_amount <= 100000000000000000);
```

이것은 읽기가 까다롭다. 유닛 멀티플라이어 ether를 사용함으로써 코드를 개선하여 웨이 대신 이더로 값을 표현할 수 있다.

```
require(withdraw_amount <= 0.1 ether);
```

사전 정의된 글로벌 변수 및 함수

컨트랙트가 EVM에서 실행되면 몇 개의 글로벌 객체에 접근할 수 있다. 여기에는 block, msg, tx 객체가 포함된다. 또한 솔리디티는 사전 정의된 함수로 다수의 EVM 연산코드를 제공한다. 이 장에서는 솔리디티의 스마트 컨트랙트 내에서 접근할 수 있는 변수와 함수를 살펴본다.

트랜잭션/메시지 콜 컨텍스트

msg 객체는 이 컨트랙트 실행을 시작한 트랜잭션 호출(EOA 발신) 또는 메시지 호출(컨트랙트 발신)이다. 여기에는 많은 유용한 속성이 포함되어 있다.

msg.sender

우리는 이미 이것을 사용해 보았다. 발신자는 이 컨트랙트 호출을 시작한 주소를 나타내지만, 반드시 트랜잭션을 보낸 EOA만이 발신자가 될 수 있는 것은 아니다. 만약 EOA

트랜잭션이 컨트랙트를 직접 호출했다면 이것은 트랜잭션에 서명한 주소이지만, 그렇지 않으면 컨트랙트 주소가 될 것이다.

msg.value

이 호출과 함께 전송된 이더의 값(웨이)이다.

msg.gas

이 실행 환경의 가스 공급에 남은 가스의 양이다. 이것은 솔리디티 v0.4.21에서는 사용되지 않고 gasleft 함수로 대체되었다.

msg.data

이 호출의 데이터 페이로드가 컨트랙트에 포함된다.

msg.sig

함수 선택자인 데이터 페이로드의 처음 4바이트다.

 컨트랙트에서 다른 컨트랙트를 호출할 때마다 msg의 모든 속성 값이 새 발신자의 정보를 반영하도록 변경된다. 유일한 예외는 원래 msg 컨텍스트 내에서 다른 컨트랙트/라이브러리의 코드를 실행하는 delegatecall 함수다.

트랜잭션 컨텍스트

tx 객체는 트랜잭션 관련 정보에 접근하는 방법을 제공한다.

tx.gasprice

트랜잭션을 호출하는 데 필요한 가스 가격이다.

tx.origin

이 트랜잭션에 대한 원래 EOA의 주소다. 경고: 안전하지 않다!

블록 컨텍스트

block 객체에는 현재 블록에 대한 정보가 포함되어 있다.

block.blockhash(*blockNumber*)

지정된 블록 번호의 블록 해시(과거 256 블록까지). 더 이상 사용되지 않으며, 솔리디티 v0.4.22의 blockhash 함수로 대체되었다.

block.coinbase

현재 블록 수수료 및 보상의 수취인 주소

block.difficulty

현재 블록의 난이도(작업증명)

block.gaslimit

현재 블록에 포함된 모든 트랜잭션에 소요될 수 있는 최대 가스양

block.number

현재 블록 번호(블록체인 높이)

block.timestamp

채굴자가 현재 블록에 넣은 타임스탬프(유닉스 에포크 이후의 초 수)

address 객체

입력으로 전달되거나 컨트랙트 객체에서 형변환되는 모든 주소에는 다음과 같은 많은 속성과 메서드가 있다.

address.balance

웨이로 표현된 주소의 잔액. 예를 들어, 현재 컨트랙트 잔액은 address(this).balance 이다.

address.transfer(*amount*)

이 주소로 금액(웨이 단위)을 전송시키는데, 오류가 발생할 경우 예외를 발생시킨다. Faucet 예제에서 msg.sender.transfer와 같이 msg.sender 주소에 대한 메서드로서 이 함수를 사용했다.

address.send(*amount*)

transfer와 마찬가지로 예외를 발생시키는 대신, 오류가 발생하면 false를 반환한다. 경고: 항상 send의 반환 값을 확인하라.

address.call(*payload*)

저수준 CALL 함수(데이터 페이로드로 임의의 메시지 호출을 구성할 수 있다). 오류가 발생하

면 false를 반환한다. 경고: 안전하지 않다(수령인은 (우발적 혹은 악의적으로) 모든 가스를 다 써서 OOG 예외로 인해 컨트랙트가 중단될 수 있다). 항상 call의 반환 값을 확인하라.

address.callcode(*payload*)

address(this).call(...)과 같지만, 이 컨트랙트의 코드가 주소의 코드로 대체된 저수준 CALLCODE 함수다. 오류가 발생하면 false를 반환한다. 경고: 사용에 주의 요함!

address.delegatecall()

callcode(...)와 같지만 현재 컨트랙트에서 볼 수 있는 전체 msg 컨텍스트가 있는 저수준 DELEGATECALL 함수다. 오류가 발생하면 false를 반환한다. 경고: 사용에 주의 요함!

내장 함수

그 밖의 주목할 만한 함수는 다음과 같다.

addmod, mulmod

모듈로(modulo) 더하기 및 곱하기. 예를 들어, addmod(x, y, k)는 (x + y) % k를 계산한다.

keccak256, sha256, sha3, ripemd160

다양한 표준 해시 알고리즘을 사용하여 해시를 계산하는 함수다.

ecrecover

서명에서 메시지 서명에 사용된 주소를 복구한다.

selfdestrunct(*recipient_address*)

현재 컨트랙트를 삭제하고 계정의 나머지 이더를 받는 사람 주소로 보낸다.

this

현재 실행 중인 컨트랙트 계정의 주소다.

컨트랙트 정의

솔리디티의 주요 데이터 타입은 contract이다. 우리의 Faucet 예제는 단순히 contract 객체를 정의한다. 객체 지향 언어의 객체와 마찬가지로, 컨트랙트는 데이터와 메서드가 포함된 컨테이너다.

솔리디티는 컨트랙트와 유사한 두 가지 객체 유형을 제공한다.

interface

인터페이스 정의는 함수가 정의되어 있지 않고 선언만 되어 있다는 것을 제외하면 컨트랙트와 완전히 같은 구조로 되어 있다. 이런 유형의 선언은 흔히 스텁(stub)이라고 불린다. 어떤 구현도 없이 함수의 인자와 반환 유형을 알려준다. 인터페이스는 컨트랙트의 '형태(shape)'를 지정한다. 상속될 때 인터페이스에 의해 선언된 각 함수는 자식에 의해 정의되어야 한다.

library

라이브러리 컨트랙트는 delegatecall 메서드(156페이지의 'address 객체' 절 참고)를 사용하여 한 번만 배포되고 다른 컨트랙트에서 사용되기 위한 컨트랙트다.

함수

컨트랙트 내에서 EOA 트랜잭션이나 또 다른 컨트랙트에 의해 호출될 수 있는 함수를 정의한다. Faucet 예제에서는 withdraw와 fallback(이름이 없는) 함수의 두 가지 함수를 갖고 있다.

솔리디티에서 함수를 선언할 때 사용하는 구문은 다음과 같다.

```
function FunctionName([parameters]) {public|private|internal|external}
[pure|constant|view|payable] [modifiers] [returns (return types)]
```

다음의 각 구성요소를 살펴보자.

FunctionName

트랜잭션(EOA로부터), 다른 컨트랙트 또는 동일한 컨트랙트 내에서 함수를 호출하는 데 사용되는 함수의 이름. 각 컨트랙트마다 한 개의 함수는 이름이 없이 정의될 수 있는데, 그것을 폴백(fallback) 함수라고 부르고 다른 함수 이름이 없을 때 호출된다. 폴백 함수는 인수가 없으며 아무것도 반환할 수 없다.

parameters

이름 뒤에 함수 이름과 유형과 함께 전달되어야 하는 인수를 지정한다. Faucet 예제에서는 uint withdraw_amount를 withdraw 함수의 유일한 인수로 정의했다.

다음 키워드 세트(public, private, internal, external)는 함수의 **가시성(visibility)**을 지정한다.

public

공개 함수는 기본값이다. 공개 함수는 다른 컨트랙트 또는 EOA 트랜잭션 또는 컨트랙트 내에서 호출할 수 있다. Faucet 예제에서 두 함수는 public으로 정의된다.

external

외부 함수는 명시적으로 키워드 this가 앞에 붙지 않는 한, 컨트랙트 내에서 호출할 수 없다는 점을 제외하면 공개 함수와 같다.

internal

내부 함수는 컨트랙트 내에서만 접근할 수 있다. 다른 컨트랙트 또는 EOA 트랜잭션으로는 호출할 수 없다. 파생된 컨트랙트(이 컨트랙트를 상속받은 컨트랙트)에 의해서는 호출될 수 있다.

private

비공개 함수는 내부 함수와 유사하지만 파생된 컨트랙트에서도 호출할 수 없다.

내부(internal) 및 **프라이빗(private)**이라는 용어는 다소 오해의 소지가 있다는 점에 유의하자. 컨트랙트 내의 모든 함수 또는 데이터는 공개 블록체인에서 항상 **볼(visible)** 수 있다. 즉, 누구나 코드 또는 데이터를 볼 수 있다. 여기에 설명된 키워드는 함수를 **호출**할 수 있는 방법과 조건에만 영향을 준다.

두 번째 키워드 세트(pure, constant, view, payable)는 함수의 동작에 영향을 준다.

constant 또는 view

뷰(view)로 표시된 함수는 상태를 변경하지 않는다. **상수(constant)**라는 용어는 향후 릴리스에서 사용되지 않는 뷰의 별칭이다. 현재 컴파일러는 view 변경자를 강제화하지 않고 경고만 표시하지만, 솔리디티의 v0.5에서 강제 키워드가 될 것으로 예상된다.

pure

순수 함수는 스토리지에서 변수를 읽거나 쓰지 않는 함수다. 저장된 데이터를 참고하지 않고 인수에 대해서만 작동하고 데이터를 반환할 수 있다. 순수 함수는 부작용이나 상태가 없는 선언형 스타일의 프로그래밍을 지원하기 위한 것이다.

payable

> payable이 선언되어 있다면 입금을 받을 수 있는 함수이고, 그렇지 않다면 입금이 거부될 것이다. EVM에서 설계할 때 두 가지 예외가 있는데, 보상 지불 및 SELFDESTRUCT 다. 이 두 가지 경우는 코드의 실행이 지불의 일부는 아니기 때문에 폴백 함수가 payable로 선언되어 있지 않은 경우에도 지불될 것이다.

Faucet 예제는 입금을 받을 수 있는 유일한 함수인 payable 함수(폴백 함수)를 가지고 있다.

컨트랙트 생성자 및 selfdestruct

오직 한 번만 사용되는 특별한 함수가 있다. 컨트랙트가 생성될 때 **생성자 함수(constructor function)**가 있는 경우 이를 실행하여 컨트랙트의 상태를 초기화한다. 생성자는 컨트랙트 생성과 동일한 트랜잭션에서 실행된다. 생성자 함수는 반드시 선택할 필요가 없는 선택사항이다 (Faucet 예제에서 생성자 함수가 없었음을 인지했을 것이다).

생성자는 두 가지 방법으로 지정할 수 있다. 솔리디티 v0.4.21까지 생성자는 아래에 보이는 것처럼 컨트랙트의 이름과 동일한 이름의 함수다.

```
contract MEContract {
    function MEContract() {
        // 생성자
    }
}
```

이 방식의 문제점은, 생성자 함수 이름은 변경되지 않은 상태에서 컨트랙트 이름만 변경될 때 해당 함수가 더는 생성자 함수로 작동하지 않게 된다는 점이다. 마찬가지로 컨트랙트 또는 생성자의 이름에 실수로 오타가 있는 경우 더 이상 생성자로 작동하지 않게 된다. 이것은 예상하지 못한, 발견하기 어려운 꽤 심각한 버그의 원인이 될 수 있다. 예를 들어, 생성자가 제어 목적으로 컨트랙트의 소유자를 설정하는 경우를 상상해 보라. 만약 함수의 이름 오류로 인해 실제 생성자로 작동하지 않게 된다면, 소유자가 컨트랙트 생성 시 설정되지 않은 채 남아 있을 뿐만 아니라 함수는 정상적인 함수처럼 영구적이고 '호출 가능한(callable)' 컨트랙트의 일부로 배포된다. 이는 제3자가 컨트랙트를 가로채서 컨트랙트 생성 후 '소유자(owner)'가 되는 것을 허용하는 꼴이 된다.

컨트랙트와 동일한 이름을 갖는 것에 기반한 생성자 함수의 잠재적 문제를 해결하기 위해 솔리디티 v0.4.22에서는 생성자 함수처럼 작동하지만, 이름이 없는 constructor 키워드를 도입했다. 컨트랙트의 이름을 변경해도 생성자에는 전혀 영향을 주지 않는다. 또한 어떤 함수가 생성자인지 쉽게 식별할 수 있다. 이 방식의 생성자 함수는 다음과 같은 모양이다.

```
pragma ^0.4.22
contract MEContract {
    constructor () {
        // 생성자
    }
}
```

요약하면, 컨트랙트의 생명주기는 EOA 또는 컨트랙트 계정으로부터 트랜잭션 생성을 시작한다. 생성자가 있는 경우라면 컨트랙트 생성의 일부분으로 실행되어 컨트랙트가 생성될 때 컨트랙트 상태를 초기화한 다음 소멸한다.

또 다른 컨트랙트 생명주기의 끝은 **컨트랙트 소멸(contract destruction)**이다. 컨트랙트는 SELFDESTRUCT(자기파괴)라는 특수한 EVM 연산코드에 의해 소멸된다. 예전에는 SUICIDE(자살)라고 불렸지만, 이 단어의 부정적인 의미 때문에 그 이름은 더는 사용되지 않는다. 솔리디티에서 이 연산코드를 selfdestruct라는 고수준의 내장 함수로 표시된다. 이 함수는 하나의 인수, 즉 컨트랙트 계정에 남아 있는 이더 잔액을 받기 위한 주소를 받는다. selfdestruct의 형태는 다음과 같다.

```
selfdestruct(address recipient);
```

여러분이 만약 삭제 가능한 컨트랙트 생성을 원한다면 컨트랙트에 명시적으로 추가해야 한다. 이것은 컨트랙트를 삭제할 수 있는 유일한 방법이고 기본 옵션으로 자동으로 포함되지 않는다. 이런 면에서 보자면, 어떤 컨트랙트가 영원히 지속된다는 것을 보장해야 될 때는 SELFDESTRUCT 연산코드를 포함하지 않으면 된다.

Faucet에 생성자와 selfdestruct를 추가하는 예제

2장에서 소개한 Faucet 컨트랙트에는 생성자나 selfdestruct 함수가 없다. 그것은 영원히 지울 수 없는 컨트랙트다. 그럼 생성자와 selfdestruct 함수를 추가해 보자. 우리는 오직 원래 자기 컨트랙트를 만든 EOA에 의해서만 selfdestruct를 호출하기를 원할 것이다.

일반적으로 이것은 owner라는 주소 변수에 저장된다. 생성자는 owner 변수를 설정하고, selfdestruct 함수는 우선 owner가 직접 호출했는지 확인한다.

먼저, 생성자를 살펴보자.

```solidity
// 프로그램이 사용한 솔리디티 컴파일러 버전
pragma solidity ^0.4.22;

// 우리의 첫 번째 컨트랙트는 Faucet이다.
contract Faucet {

    address owner;

    // Faucet 컨트랙트 초기화: owner 설정
    constructor() {
        owner = msg.sender;
    }
[...]
```

우리는 솔리디티 v0.4.22에서 소개된 새로운 constructor 키워드를 사용하므로 이 예제에서는 최소 버전인 v0.4.22로 pragma 지시문을 변경했다. 이제 컨트랙트에 owner라는 주소 타입 변수가 생긴다. 'owner'라는 이름에 특별한 의미가 있는 건 아니다. 이 주소 변수를 'potato'라고 하더라도 같은 방식으로 사용할 수 있다. owner라는 이름은 단순히 그 목적을 하려고 사용한 것일 뿐이다.

다음으로, 컨트랙트 트랜잭션 생성의 일부로 실행되는 생성자는 owner 변수에 msg.sender의 주소를 할당한다. 우리는 출금 요청을 일으킨 요청자를 식별하기 위해 withdraw 함수에서 msg.sender를 사용했다. 그러나 constructor에서 msg.sender는 컨트랙트 생성을 시작한 EOA 또는 이 컨트랙트 생성을 일으킨 컨트랙트 주소다. 이것은 생성자 함수이기 때문에 컨트랙트가 생성될 때 오직 한 번만 실행된다.

이제 우리는 컨트랙트를 파기하는 함수를 추가할 수 있다. 오직 소유자만이 이 함수를 실행할 수 있음을 확실히 해둘 필요가 있다. 그래서 접근 제어를 위해 require 구문을 사용하고 다음과 같이 표시한다.

```solidity
// 컨트랙트 소멸자
function destroy() public {
    require(msg.sender == owner);
```

```
    selfdestruct(owner);
  }
```

owner가 아닌 다른 주소에서 누군가가 destroy 함수를 호출하면 실행이 되지 않을 것이다. 그러나 만약 생성자가 owner에 저장한 동일한 주소를 호출하면 그 컨트랙트는 자기파괴되고 남은 잔액을 owner 주소로 되돌려줄 것이다. owner가 컨트랙트 파기(destroy)를 원하는지 판단하기 위해 안전하지 않은 tx.origin을 사용하지 않았다는 것을 유념하라. tx.orgin을 사용하면 악의적인 컨트랙트가 컨트랙트 소유자의 의사와 상관없이 컨트랙트를 파기할 수 있다.

함수 변경자

솔리디티는 **함수 변경자(function modifier)**라 불리는 특별한 유형의 함수를 제공한다. 함수 선언에 modifier라는 이름을 추가하여 함수에 변경자를 적용한다. 변경자는 컨트랙트 내에서 함수에 적용되어야 할 여러 조건을 생성하기 위해 가장 자주 사용된다. 우리는 destroy 함수 내에 접근 제어 구문을 이미 갖고 있다. 이 조건을 표현하는 함수 변경자를 만들어보자.

```
modifier onlyOwner {
    require(msg.sender == owner);
    _;
}
```

이 함수 변경자는 이름이 onlyOwner이고 이를 적용하는 모든 함수에 다음의 조건을 설정한다. 컨트랙트의 owner로 저장된 주소가 트랜잭션의 msg.sender 주소와 동일해야 한다. 이것은 접근 제어를 위한 기본 디자인 패턴으로, 오직 컨트랙트 소유자만 onlyOwner 변경자를 가진 모든 함수를 실행할 수 있게 해준다.

함수 변경자는 그 안에 독특한 구문적 '표시자(placeholder)'가 있고 밑줄 뒤에 세미콜론(_;)이 뒤따른다는 사실을 알 수 있을 것이다. 이 표시자는 수정되는 함수의 코드로 대체된다. 기본적으로 변경자는 변경된 함수 '주변을 둘러싼다(wrapped around).' 밑줄 문자로 식별된 위치에 코드가 삽입된다.

변경자를 적용하려면 함수 선언에 변경자 이름을 추가한다. 함수에 둘 이상의 변경자를 적용할 수 있다. 쉼표로 구분된 리스트로 선언된 순서대로 적용된다.

onlyOwner 변경자를 사용하여 destroy 함수를 다시 작성해 보자.

```
function destroy() public onlyOwner {
    selfdestruct(owner);
}
```

함수 변경자의 이름(onlyOwner)은 public 키워드 뒤에 있으며, destroy 함수가 onlyOwner 변경자에 의해 한정된다는 것을 말해 준다. 기본적으로 'owner만이 컨트랙트를 파기할 수 있다'라고 읽을 수 있다. 실제 결과 코드는 onlyOwner가 destroy 함수를 감싸고 있는 '래핑(wrapping)' 코드와 같다.

함수 변경자는 함수의 전제 조건을 작성하고 일관되게 적용하여 코드를 읽기 쉽고 결과적으로 보안 감사를 더 쉽게 하기 때문에 매우 유용한 도구다. 변경자는 접근 제어에 가장 자주 사용되지만, 다양한 목적으로 사용할 수 있다.

변경자 안에서는 수정된 함수에 표시되는 모든 값(변수 및 인수)에 접근할 수 있다. 이 경우는 컨트랙트 내에서 선언된 owner 변수에 접근할 수 있다. 그러나 그 반대는 아니다. 수정된 함수 내에서 변경자 변수에 접근할 수는 없다.

컨트랙트 상속

솔리디티의 contract 객체는 바탕이 되는 컨트랙트에 기능들을 추가해서 확장하기 위한 메커니즘인 **상속(inheritance)**을 지원한다. 상속을 사용하려면 부모 컨트랙트에 is 키워드를 지정하라.

```
contract Child is Parent {
    ...
}
```

이 구조는 Child 컨트랙트가 Parent의 모든 메서드, 기능 및 변수를 상속한다. 솔리디티는 컨트랙트명을 키워드 is 뒤에 콤마로 구분해서 다중 상속도 지원한다.

```
contract Child is Parent1, Parent2 {
    ...
}
```

컨트랙트 상속을 통해서 모듈성, 확장성, 재사용을 달성할 수 있는 방법으로 컨트랙트를 작성할 수 있다. 단순하고 가장 일반적인 기능을 구현한 컨트랙트로 시작한 다음, 좀 더 전문화된 컨트랙트로 이러한 기능을 상속하여 확장한다.

우리는 Faucet 컨트랙트 생성에 할당된 소유자에 대한 접근 제어와 함께 생성자와 소멸자를 적용했다. 이러한 기능은 매우 일반적이라 많은 컨트랙트가 그렇게 할 것이다. 일반 컨트랙트로 정의한 후에 상속을 사용하여 컨트랙트를 확장할 수 있다.

owner 변수가 있는 owned 컨트랙트를 정의하고 컨트랙트의 생성자에서 owner를 설정한다.

```
contract owned {
    address owner;

    // 컨트랙트 생성자: owner 설정
    constructor() {
        owner = msg.sender;
    }

    // 변경자 접근 제어
    modifier onlyOwner {
        require(msg.sender == owner);
        _;
    }
}
```

그리고서 owned를 상속한 기본 컨트랙트인 mortal을 정의한다.

```
contract mortal is owned {
    // 컨트랙트 소멸자
    function destroy() public onlyOwner {
        selfdestruct(owner);
    }
}
```

보다시피, mortal 컨트랙트는 owned에서 정의한 onlyOwner 함수 변경자를 사용할 수 있다. 또한 간접적으로 owner 주소 변수와 owned에서 정의된 생성자를 사용한다. 상속은 각 컨트랙트를 더 단순하게 만들고 특정 기능에 중점을 두어 모듈 방식으로 세부사항을 관리할 수 있게 만든다.

이제 우리는 Faucet에서 상속한 owned의 기능에 더해 owned의 컨트랙트를 좀 더 확장할 수 있다.

```
contract Faucet is mortal {
    // 요청하는 사람에게 이더 주기
    function withdraw(uint withdraw_amount) public {
        // 출금 금액 제한
        require(withdraw_amount <= 0.1 ether);
        // 요청한 주소로 금액 보내기
        msg.sender.transfer(withdraw_amount);
    }
    // 입금 금액 수락
    function () public payable {}
}
```

owned를 상속받은 mortal을 상속받음으로써 이제 Faucet 컨트랙트는 생성자와 destroy 함수 그리고 소유자가 정의한 것들을 갖는다. 기능적으로는 Faucet 내의 기능과 동일하지만, 해당 기능은 다른 컨트랙트에서 다시 작성될 필요 없이 재사용할 수 있다. 코드 재사용과 모 듈화는 코드를 명확하고, 읽기 쉽고, 감사하기 쉽게 만든다.

에러 처리(assert, require, revert)

컨트랙트 호출은 중단되고 에러를 반환할 수 있다. 솔리디티에서 에러 제어는 assert, require, revert, throw(현재 더 이상 사용하지 않음)의 네 가지 함수를 사용한다.

에러로 스마트 컨트랙트가 중지될 때는 둘 이상의 컨트랙트가 호출된 경우 컨트랙트 호출 연 결을 따라 모든 상태(변수, 잔액 등의 변경)가 원래대로 되돌려진다. 이것은 트랜잭션들이 **원자 적(atomic)**이라는 것을 보장하는데, 즉 트랜잭션이 성공적으로 완료되거나 실패할 경우 상 태에 영향을 미치지 않고 원래대로 완전히 되돌아간다는 것을 의미한다.

assert와 require 함수도 조건을 평가하고, 만약 조건이 거짓이면 에러로 실행을 중지시키 는 동일한 방식으로 동작한다. 통상적으로 assert는 결과가 참일 것으로 예상될 때 사용하 게 되는데, 이것은 필요한 내적인 조건들이 만족되는지 테스트해 본다는 의미다. 이에 비해 require는 입력값(함수 파라미터 또는 트랜잭션 필드값)이 설정한 조건의 기댓값에 맞는지 테스 트할 때 사용한다.

우리는 메시지 발신자가 컨트랙트의 소유자임을 테스트하기 위해 함수 변경자 onlyOwner에 서 require를 사용한다.

```
require(msg.sender == owner);
```

require 함수는 요구되는 조건이 만족되지 않을 경우 에러를 발생시켜 함수의 나머지 부분이 실행되지 않도록 하는 **게이트 조건(gate condition)** 기능을 한다.

솔리디티 v0.4.22에서는 에러의 이유를 표시하는 데 사용할 수 있는 유용한 텍스트 메시지를 포함할 수도 있다. 에러 메시지는 트랜잭션 로그로 기록된다. 그래서 우리는 require 함수에 에러 메시지를 추가함으로써 코드를 개선할 수 있다.

```
require(msg.sender == owner, "Only the contract owner can call this function");
```

revert와 throw 함수는 컨트랙트의 실행을 중지하고 모든 변경 상태를 되돌린다. throw 함수는 더는 사용되지 않으며, 향후 버전의 솔리디티에서는 제거될 예정이다. 대신에 revert를 사용해야 한다. revert 함수는 다른 변수 없이 에러 메시지만을 인수로 사용할 수도 있는데, 이 메시지는 트랜잭션 로그에 기록된다.

컨트랙트상의 어떤 조건들은 명시적으로 이를 테스트하도록 설정하지 않더라도 에러를 생성할 수 있다. 예를 들어, Faucet 컨트랙트에서 출금 요청을 만족시킬 수 있는 이더가 충분한지 여부는 명시적으로 확인하지 않는다. 그 이유는 보낼 이더만큼 잔액이 충분하지 않은 경우 transfer 함수가 에러를 내고 실패할 것이며, 해당 트랜잭션을 되돌릴 것이기 때문이다.

```
msg.sender.transfer(withdraw_amount);
```

그러나 실패 시 에러 메시지를 분명하게 제공하여 명시적으로 확인하는 것이 좋다. 전송하기 전에 require 문을 추가할 수 있다.

```
require(this.balance >= withdraw_amount,
        "Insufficient balance in faucet for withdrawal request");
msg.sender.transfer(withdraw_amount);
```

이와 같은 추가적인 에러 검사 코드는 가스 소비량을 약간 증가시키겠지만, 생략되는 경우보다 나은 에러 리포팅을 얻을 수 있다. 여러분은 컨트랙트에서 예상되는 사용량을 토대로 가스 소비와 자세한 오류 점검 사이에서 적절한 균형을 찾아야 한다. 테스트넷에서 Faucet 컨트랙트의 경우 더 많은 가스 비용이 들더라도 추가적인 보고가 필요할 수도 있지만, 아마도 메인넷 컨트랙트의 경우에는 가스 사용량을 줄이기로 결정하게 될지도 모른다.

이벤트

트랜잭션이 완료(성공 또는 실패)되었다면 13장에서 살펴볼 **트랜잭션 영수증**(transaction receipt)을 발행한다. 트랜잭션 영수증은 트랜잭션의 실행 동안 발생했던 행위에 관한 정보를 제공하는 **로그**(log) 엔트리들을 가지고 있다. **이벤트**(event)는 이러한 로그를 만들기 위해 사용하는 솔리디티의 고수준 객체다.

이벤트는 특히 라이트 클라이언트와 댑(DApp)들에 유용한데, 특정한 이벤트가 일어나는지 '감시(watch)'해서 사용자 인터페이스에 반영하거나, 해당 컨트랙트상의 이벤트에 대응되는 변화를 애플리케이션의 상태에도 반영되도록 할 수 있기 때문이다.

이벤트 객체는 인수들을 취할 수 있는데, 이것은 시리얼라이즈되어서 블록체인상의 트랜잭션 로그에 기록된다. 인수 앞에 indexed라는 키워드를 붙여서 애플리케이션에서 검색하거나 필터링할 수 있는, 인덱싱된 테이블(해시 테이블)의 값으로 만들 수 있다.

지금까지 Faucet 예제에 이벤트를 추가하지 않았으므로 이벤트를 추가해 보자. 두 가지 이벤트를 추가할 것이다. 하나는 출금(withdrawal)을, 다른 하나는 입금(deposit)을 로깅할 것이다. 우리는 Withdrawal과 Deposit 이벤트를 각각 호출할 것이다. 먼저 Faucet 컨트랙트에 이벤트를 정의한다.

```solidity
contract Faucet is mortal {
    event Withdrawal(address indexed to, uint amount);
    event Deposit(address indexed from, uint amount);
    [...]
}
```

Faucet에 액세스하는 모든 사용자 인터페이스에서 검색 및 필터링을 할 수 있도록 하기 위해 주소에 indexed를 붙여서 인덱싱되도록 만들었다.

다음은 트랜잭션 로그에 이벤트 데이터를 집어넣기 위해서 emit 키워드를 사용한다.

```solidity
// 요청하는 사람에게 이더 주기
function withdraw(uint withdraw_amount) public {
    [...]
    msg.sender.transfer(withdraw_amount);
    emit Withdrawal(msg.sender, withdraw_amount);
}
```

```
    // 입금 금액 수락
    function () public payable {
        emit Deposit(msg.sender, msg.value);
    }
```

Faucet.sol 컨트랙트의 결과는 예제 7-3과 같다.

예제 7-3 **Faucet8.sol: 이벤트와 Faucet 컨트랙트 변경**

```
1  // 프로그램이 사용한 솔리디티 컴파일러 버전
2  pragma solidity ^0.4.22;
3
4  contract owned {
5      address owner;
6      // 컨트랙트 생성자: owner 설정
7      constructor() {
8          owner = msg.sender;
9      }
10     // 변경자 접근 제어
11     modifier onlyOwner {
12         require(msg.sender == owner,
13                 "Only the contract owner can call this function");
14         _;
15     }
16 }
17
18 contract mortal is owned {
19     // 컨트랙트 소멸자
20     function destroy() public onlyOwner {
21         selfdestruct(owner);
22     }
23 }
24
25 contract Faucet is mortal {
26     event Withdrawal(address indexed to, uint amount);
27     event Deposit(address indexed from, uint amount);;
28
29     // 요청하는 사람에게 이더 주기
30     function withdraw(uint withdraw_amount) public {
31         // 출금 금액 제한
32         require(withdraw_amount <= 0.1 ether);
33         require(this.balance >= withdraw_amount,
34             "Insufficient balance in faucet for withdrawal request");
35         // 요청한 주소로 금액 보내기
36         msg.sender.transfer(withdraw_amount);
37         emit Withdrawal(msg.sender, withdraw_amount);
38     }
39     // 입금 금액 수락
```

```
40      function () public payable {
41          emit Deposit(msg.sender, msg.value);
42      }
43 }
```

이벤트 받기

이제 우리는 이벤트를 내보내는 컨트랙트를 만들었다. 그렇다면 우리는 어떻게 트랜잭션의 결과를 보고 이벤트를 '받을(catch)' 수 있을까? web3.js 라이브러리는 트랜잭션의 로그를 포함하는 데이터 구조를 제공한다. 그 로그를 통해 트랜잭션에 의해 생성된 이벤트를 볼 수 있다.

truffle을 사용하여 수정된 Faucet 컨트랙트에 대한 테스트 트랜잭션을 실행해 보자. 395페이지의 '트러플(Truffle)' 절에 나오는 지침에 따라 프로젝트 디렉터리를 설정하고 Faucet 코드를 컴파일하라. 소스 코드는 깃허브 저장소(https://bit.ly/2wh9znD) code/truffle/FaucetEvents 아래에서 찾아볼 수 있다.

```
$ truffle develop
truffle(develop)> compile
truffle(develop)> migrate
Using network 'develop'.

Running migration: 1_initial_migration.js
  Deploying Migrations...
  ... 0xb77ceae7c3f5afb7fbe3a6c5974d352aa844f53f955ee7d707ef6f3f8e6b4e61
  Migrations: 0x8cdaf0cd259887258bc13a92c0a6da92698644c0
Saving successful migration to network...
  ... 0xd7bc86d31bee32fa3988f1c1eabce403a1b5d570340a3a9cdba53a472ee8c956
Saving artifacts...
Running migration: 2_deploy_contracts.js
  Deploying Faucet...
  ... 0xfa850d754314c3fb83f43ca1fa6ee20bc9652d891c00a2f63fd43ab5bfb0d781
  Faucet: 0x345ca3e014aaf5dca488057592ee47305d9b3e10
Saving successful migration to network...
  ... 0xf36163615f41ef7ed8f4a8f192149a0bf633fe1a2398ce001bf44c43dc7bdda0
Saving artifacts...

truffle(develop)> Faucet.deployed().then(i => {FaucetDeployed = i})
truffle(develop)> FaucetDeployed.send(web3.toWei(1, "ether")).then(res => \
                { console.log(res.logs[0].event, res.logs[0].args) })
Deposit { from: '0x627306090abab3a6e1400e9345bc60c78a8bef57',
  amount: BigNumber { s: 1, e: 18, c: [ 10000 ] } }
truffle(develop)> FaucetDeployed.withdraw(web3.toWei(0.1, "ether")).then(res => \
                { console.log(res.logs[0].event, res.logs[0].args) })
Withdrawal { to: '0x627306090abab3a6e1400e9345bc60c78a8bef57',
```

```
    amount: BigNumber { s: 1, e: 17, c: [ 1000 ] } }
```

deployed 함수를 사용하여 컨트랙트를 배포한 후 두 트랜잭션을 실행한다. 첫 번째는 트랜잭션 로그에 Deposit 이벤트를 내보내는 입금(send 함수 이용)이다.

```
Deposit { from: '0x627306090abab3a6e1400e9345bc60c78a8bef57',
  amount: BigNumber { s: 1, e: 18, c: [ 10000 ] } }
```

다음은 출금을 만들기 위해 withdraw 함수를 사용한다. 이것은 Withdrawal 이벤트를 내보낸다.

```
Withdrawal { to: '0x627306090abab3a6e1400e9345bc60c78a8bef57',
  amount: BigNumber { s: 1, e: 17, c: [ 1000 ] } }
```

이러한 이벤트를 얻기 위해 트랜잭션의 결과(res)로 반환된 로그 배열을 살펴봤다. 첫 번째 로그 항목(logs[0])은 logs[0].event에 이벤트 이름을 포함하고 logs[0].args에 이벤트 인수를 포함한다. 콘솔에 표시함으로써 생성된 이벤트 이름과 이벤트 인수를 볼 수 있다.

이벤트는 컨트랙트 내에서의 커뮤니케이션뿐만 아니라 개발 과정에서의 디버깅에도 매우 유용한 메커니즘이다.

다른 컨트랙트 호출(send, call, callcode, delegatecall)

컨트랙트 내에서 다른 컨트랙트를 호출하는 것은 매우 유용하지만, 위험을 내포한 작업이다. 이를 가능토록 하는 다양한 방법을 검토하고 각 방법의 위험을 평가해 본다. 요컨대, 위험은 여러분이 호출하는 컨트랙트 혹은 여러분의 컨트랙트를 호출하는 다른 컨트랙트에 대해 잘 모른다는 사실에서 발생한다. 스마트 컨트랙트를 작성할 때 대부분 EOA만을 다루게 될 것으로 예상하지만, 예상치 못하게 복잡하거나 악의적인 컨트랙트가 여러분의 코드를 호출하거나 또는 반대로 그러한 컨트랙트를 여러분의 코드가 호출할 수도 있음을 염두에 두어야 한다.

새로운 인스턴스 만들기

다른 컨트랙트를 호출하기 위한 가장 안전한 방법은 직접 다른 컨트랙트를 만드는 것이다. 그렇게 하면 그것의 인터페이스와 동작이 확실할 수 있다. 이렇게 하기 위해 다른 객체 지향 언어와 마찬가지로 new 키워드를 사용하여 간단하게 인스턴스화할 수 있다. 솔리디티에서 new 키워드는 블록체인에서 컨트랙트를 만들고 이를 참고하는 데 사용할 수 있는 객체를 반환한다. Token이라는 다른 컨트랙트 내에서 Faucet 컨트랙트를 만들고 호출하기를 원한다고 가정해 보자.

```solidity
contract Token is mortal {
    Faucet _faucet;

    constructor() {
        _faucet = new Faucet();
    }
}
```

이러한 컨트랙트 생성 메커니즘은 해당 컨트랙트의 정확한 타입과 인터페이스를 알 수 있도록 해준다. Faucet 컨트랙트는 Token 영역 안에서 정의되어야 한다. 만약 Faucet 컨트랙트 정의가 다른 파일에 있는 경우 import 구문을 사용하여 Token 영역 안에서 정의되어야 한다.

```solidity
import "Faucet.sol";

contract Token is mortal {
    Faucet _faucet;

    constructor() {
        _faucet = new Faucet();
    }
}
```

여러분은 인스턴스 생성 시 선택적으로 이더 전송 값(value)을 지정할 수 있고 새 컨트랙트 생성자에게 인수로 전달할 수 있다.

```solidity
import "Faucet.sol";

contract Token is mortal {
    Faucet _faucet;

    constructor() {
        _faucet = (new Faucet).value(0.5 ether)();
    }
}
```

여러분은 또한 Faucet 함수들을 호출할 수 있다. 예를 들어, Token의 destroy 함수 내에서 Faucet의 destroy 함수를 호출할 수 있다.

```
import "Faucet.sol";

contract Token is mortal {
    Faucet _faucet;

    constructor() {
        _faucet = (new Faucet).value(0.5 ether)();
    }

    function destroy() ownerOnly {
        _faucet.destroy();
    }
}
```

Token 컨트랙트 소유자인 경우 Token 컨트랙트 자체가 새로운 Faucet 컨트랙트를 소유하므로 Token 컨트랙트는 Faucet을 파기할 수 있다.

존재하는 인스턴스에 주소 부여하기

다른 컨트랙트를 호출할 수 있는 또 다른 방법은 이미 존재하는 해당 컨트랙트의 인스턴스에 주소를 캐스팅하는 방법이다. 이 방법을 통해 이미 존재하는 인스턴스에 알고 있는 인터페이스를 적용할 수 있다. 그래서 주소를 적용하려는 인스턴스의 유형이 실제 여러분이 가정하고 있는 것인지 확인하는 것이 매우 중요하다.

```
import "Faucet.sol";

contract Token is mortal {

    Faucet _faucet;

    constructor(address _f) {
        _faucet = Faucet(_f);
        _faucet.withdraw(0.1 ether)
    }
}
```

여기서는 생성자 _f에 대한 인수로 제공된 주소를 가져와서 Faucet 객체로 형변환을 한다. 이는 실제로 주소가 Faucet 객체인지 여부를 확실히 알 수 없기 때문에 이전 메커니즘보다 훨씬 위험하다. withdraw를 호출하면 동일한 인수를 받아들이고 Faucet 선언과 동일한 코드를 실행한다고 가정하지만 확신할 수는 없다. 알다시피 이 주소의 withdraw 함수는 우리가 기대한 것과 전혀 다른 어떤 것을 실행할 수 있다(심지어 동일한 이름이라도). 따라서 입력으로 전달된 주소를 사용하여 특정 객체에 형변환을 하는 것은 컨트랙트를 직접 작성하는 것보다 훨씬 위험하다.

원시 call, delegatecall

솔리디티는 다른 컨트랙트를 호출하기 위한 '저수준'의 함수를 제공한다. 이는 동일한 이름의 EVM 연산코드에 직접적으로 대응하고 컨트랙트 간의 호출을 수동으로 구성할 수 있게 해준다. 따라서 다른 컨트랙트를 호출할 때 가장 유연하면서도 가장 위험한 메커니즘을 나타낸다.

여기에 call 메서드를 사용한 예제가 있다.

```
contract Token is mortal {
    constructor(address _faucet) {
        _faucet.call("withdraw", 0.1 ether);
    }
}
```

보다시피 이러한 call 형태는 함수 안에 **숨은(blind)** 호출이며, 원시 트랜잭션을 생성하는 것과 매우 비슷하다. 이는 컨트랙트의 컨텍스트에서 발생하고 컨트랙트를 여러 보안 위험에 노출시킬 수 있는데, 가장 중요한 문제는 **재진입성(reentrancy)**이다. 자세한 내용은 197페이지의 '재진입성' 절에서 논의할 것이다. call 함수는 어떤 문제가 있을 경우 false를 반환하기 때문에 에러 처리를 하기 위해서는 그 반환 값을 조사해야 한다.

```
contract Token is mortal {
    constructor(address _faucet) {
        if !(_faucet.call("withdraw", 0.1 ether)) {
            revert("Withdrawal from faucet failed");
        }
    }
}
```

호출의 또 다른 변형은 delegatecall이다. 이것은 이보다 더 위험한 방식인 callcode를 대체하기 위해 나왔다. callcode 메서드는 곧 사라질 것이므로 사용하지 말아야 한다.

156페이지의 'address 객체' 절에서 언급했듯이, delegatecall은 msg 컨텍스트가 변경되지 않는다는 점에서 call과 다르다. 예를 들어 call은 msg.sender의 값을 호출하는 컨트랙트로 변경하지만, delegatecall은 호출하는 컨트랙트와 동일한 msg.sender를 유지한다. 본질적으로 delegatecall은 현재 컨트랙트의 컨텍스트 내에서 다른 컨트랙트의 코드를 실행한다. 이것은 주로 라이브러리의 코드를 생성(invoke)할 때 사용한다. 또한, 다른 곳에 저장된 라이브러리 함수를 사용하되 이 함수가 처리해야 되는 데이터는 여러분의 컨트랙트에 저장된 것을 사용하도록 하는 패턴도 가능하게 한다.

delegatecall은 매우 조심해서 사용해야 한다. 특히 여러분이 호출하는 컨트랙트가 라이브러리로 설계되지 않은 경우에는 예상치 못한 결과를 가져올 수 있다.

call과 delegatecall에서 사용되는 다양한 호출 의미를 설명하기 위해 예제 라이브러리를 사용해 보자. 예제 7-4에서는 이벤트를 사용하여 각 호출의 세부사항을 기록하고, 호출 유형에 따라 호출 컨텍스트가 어떻게 변경되는지 확인한다.

예제 7-4 **CallExamples.sol: 다른 호출 의미의 예**

```solidity
1  pragma solidity ^0.4.22;
2
3  contract calledContract {
4      event callEvent(address sender, address origin, address from);
5      function calledFunction() public {
6          emit callEvent(msg.sender, tx.origin, this);
7      }
8  }
9
10 library calledLibrary {
11     event callEvent(address sender, address origin, address from);
12     function calledFunction() public {
13         emit callEvent(msg.sender, tx.origin, this);
14     }
15 }
16
17 contract caller {
18
19     function make_calls(calledContract _calledContract) public {
20
21         // calledContract와 callLibrary를 직접 호출
22         _calledContract.calledFunction();
23         calledLibrary.calledFunction();
24
25         // calledContract에 대해 address 저수준 객체를 사용한 호출
26         require(address(_calledContract).
```

```
27              call(bytes4(keccak256("calledFunction()"))));
28      require(address(_calledContract).
29              delegatecall(bytes4(keccak256("calledFunction()"))));
30  }
32 }
```

예제에서 볼 수 있듯이, 주 컨트랙트는 caller이고 caller는 calledContract 컨트랙트와 calledLibrary 라이브러리를 호출한다. 호출된 컨트랙트와 라이브러리는 calledEvent 이벤트를 발생시키기 위한 동일한 calledFunction 함수를 갖는다. calledEvent는 msg.sender, tx.origin, this 이렇게 3개의 데이터를 로깅한다. calledFunction을 호출할 때마다 직접 호출했는지 아니면 delegatecall을 통해 호출했는지에 따라서 다른 실행 컨텍스트(잠재적으로 모든 컨텍스트 변수는 다른 값을 가짐)를 가질 수 있다.

caller에서 우선 컨트랙트와 라이브러리를 직접 호출해 보는데, 이때 각각의 calledFunction을 실행한다. 그런 다음, 저수준 함수인 call과 delegatecall을 명시적으로 사용해서 calledContract.calledFunction을 호출해 보자. 이렇게 함으로써 다양한 호출 메커니즘이 어떻게 작동하는지 확인할 수 있다.

트러플 개발 환경에서 이것을 실행해 보고 이벤트를 캡처하여 살펴보자.

```
truffle(develop)> migrate
Using network 'develop'.
[...]
Saving artifacts...
truffle(develop)> web3.eth.accounts[0]
'0x627306090abab3a6e1400e9345bc60c78a8bef57'
truffle(develop)> caller.address
'0x8f0483125fcb9aaaefa9209d8e9d7b9c8b9fb90f'
truffle(develop)> calledContract.address
'0x345ca3e014aaf5dca488057592ee47305d9b3e10'
truffle(develop)> calledLibrary.address
'0xf25186b5081ff5ce73482ad761db0eb0d25abfbf'
truffle(develop)> caller.deployed().then( i => { callerDeployed = i })
truffle(develop)> callerDeployed.make_calls(calledContract.address).then(res => \
            { res.logs.forEach( log => { console.log(log.args) })})
    { sender: '0x8f0483125fcb9aaaefa9209d8e9d7b9c8b9fb90f',
      origin: '0x627306090abab3a6e1400e9345bc60c78a8bef57',
      from: '0x345ca3e014aaf5dca488057592ee47305d9b3e10' }
    { sender: '0x627306090abab3a6e1400e9345bc60c78a8bef57',
      origin: '0x627306090abab3a6e1400e9345bc60c78a8bef57',
      from: '0x8f0483125fcb9aaaefa9209d8e9d7b9c8b9fb90f' }
```

```
{ sender: '0x8f0483125fcb9aaaefa9209d8e9d7b9c8b9fb90f',
  origin: '0x627306090abab3a6e1400e9345bc60c78a8bef57',
  from: '0x345ca3e014aaf5dca488057592ee47305d9b3e10' }
{ sender: '0x627306090abab3a6e1400e9345bc60c78a8bef57',
  origin: '0x627306090abab3a6e1400e9345bc60c78a8bef57',
  from: '0x8f0483125fcb9aaaefa9209d8e9d7b9c8b9fb90f' }
```

여기서 무슨 일이 있었는지 보자. 우리는 make_calls 함수를 호출하고 calledContract의 주소를 전달한 다음, 각각의 다른 호출에 의해 생성된 4개의 이벤트를 포착했다. make_calls 함수를 살펴보고 각 단계를 살펴보자.

첫 번째 호출은 다음과 같다.

```
_calledContract.calledFunction();
```

여기서는 calledFunction에 고수준 ABI를 사용하여 calledContract.calledFunction 을 직접 호출하고 있다. 발생되는 이벤트는 다음과 같다.

```
sender: '0x8f0483125fcb9aaaefa9209d8e9d7b9c8b9fb90f',
origin: '0x627306090abab3a6e1400e9345bc60c78a8bef57',
from: '0x345ca3e014aaf5dca488057592ee47305d9b3e10'
```

보다시피 msg.sender는 caller 컨트랙트의 주소다. tx.origin은 caller에게 트랜잭션을 보낸 계정 web3.eth.accounts[0]의 주소다. 이벤트는 마지막 인수에서 보는 것처럼 calledContract에 의해 생성되었다.

make_calls에서 다음 호출은 라이브러리다.

```
calledLibrary.calledFunction();
```

이것은 우리가 컨트랙트를 호출한 방법과 똑같아 보이지만 매우 다르게 동작한다. 발생한 두 번째 이벤트를 살펴보자.

```
sender: '0x627306090abab3a6e1400e9345bc60c78a8bef57',
origin: '0x627306090abab3a6e1400e9345bc60c78a8bef57',
from: '0x8f0483125fcb9aaaefa9209d8e9d7b9c8b9fb90f
```

이번에는 msg.sender가 caller의 주소가 아니다. 대신, 이것은 우리 계정의 주소이며 이 컨트랙트의 origin과 동일하다. 라이브러리를 호출할 때 호출은 항상 delegatecall이고 호출자의 컨텍스트 내에서 실행되기 때문이다. 따라서 calledLibrary 코드가 실행 중일 때 caller의 코드가 caller 내에서 실행 중인 것처럼 caller의 실행 컨텍스트를 상속한다. 변수 this(이벤트에서 from으로 나타내진)는 calledLibrary 내부에서 액세스되었음에도 caller의 주소를 갖게 되었다.

저수준의 call과 delegatecall을 사용하는 다음 두 번의 호출은 우리가 방금 본 내용을 반영하는 이벤트를 발생시켜 우리가 예상한 것이 맞음을 확인해 준다.

가스 고려사항

358페이지의 '가스' 절에서 좀 더 자세히 설명할 가스(gas)는 스마트 컨트랙트 프로그래밍에서 매우 중요한 고려사항이다. 가스는 이더리움이 트랜잭션이 사용하도록 허용할 최대 계산량을 제한하는 자원이다. 만약 계산하는 동안 가스 한계를 초과하면 다음과 같은 종류의 이벤트가 발생한다.

- '가스 부족(out of gas)' 예외가 발생한다.
- 실행 전의 컨트랙트 상태가 복원된다(복귀).
- 가스를 지급하는 데 사용되는 모든 이더는 트랜잭션 수수료로 간주되고 환불되지 않는다.

가스는 트랜잭션을 시작한 사용자가 지급하기 때문에 사용자는 가스 비용이 높은 함수를 호출하지 않는 것이 좋다. 따라서 프로그래머는 컨트랙트 함수들의 가스 비용을 최소화하도록 해야 한다. 이를 위해 스마트 컨트랙트를 만들 때 함수 호출의 가스 비용을 최소화하기 위해 권장하는 지침들이 있다.

동적 크기 배열 피하기

함수가 각 요소에서 연산을 수행하거나 특정 요소를 검색하는 동적 크기 배열(dynamically sized array)을 통한 루프(loop)는 너무 많은 가스를 사용하는 위험을 초래한다. 실제로 컨트랙트는 원하는 결과를 찾기 전에 혹은 모든 요소에 적용하기 전에 가스가 소진될지도 모른다. 그러면 아무런 결과 없이 시간과 이더를 낭비하는 셈이다.

다른 컨트랙트 호출 피하기

다른 컨트랙트를 호출하는 것은, 특히 그들 함수의 가스 비용이 알려져 있지 않을 때는 가스가 고갈될 위험이 있다. 잘 테스트되지 않고 광범위하게 사용되지 않는 라이브러리는 사용을 피해라. 다른 프로그래머들로부터 받은 점검이 덜 된 라이브러리는 사용상 위험이 더 높다.

가스 비용의 추정

컨트랙트의 인수를 고려하여 어떤 컨트랙트 메서드를 실행하는 데 필요한 가스를 추정해야 한다면 다음의 절차를 사용할 수 있다.

```
var contract = web3.eth.contract(abi).at(address);
var gasEstimate = contract.myAweSomeMethod.estimateGas(arg1, arg2, {from: account});
```

gasEstimate는 실행에 필요한 가스 단위 수를 알려준다. 이것은 예상치에 불과한데, 그 이유는 EVM의 튜링 완전성의 특성상 하나의 함수가 여러 가지 다른 호출을 수행하기 위해 소모하는 가스양을 엄청나게 다르게 만드는 게 매우 쉽기 때문이다. 심지어 최종 프로덕션 코드(production code)조차도 실행 경로를 미묘하게 변경하여 한 호출에서 다음 호출로의 가스 비용을 크게 변경할 수 있다. 하지만 대부분의 함수는 측정할 수 있고, estimateGas는 대부분의 경우 상당히 정확한 예상치를 제공해 줄 것이다.

네트워크로부터 가스 가격을 얻으려면 다음과 같이 사용할 수 있다.

```
var gasPrice = web3.eth.getGasPrice();
```

그리고 이것으로부터 가스 비용을 추정할 수 있다.

```
var gasCostInEther = web3.fromWei((gasEstimate * gasPrice), 'ether');
```

Faucet 예제의 가스 비용을 추정하기 위해 책 저장소(http://bit.ly/2zf0SIO)의 코드를 사용하여 가스 추정 함수를 적용해 보자.

예제 7-5 gas_estimates.js: estimateGas 함수 사용

```javascript
var FaucetContract = artifacts.require("./Faucet.sol");

FaucetContract.web3.eth.getGasPrice(function(error, result) {
    var gasPrice = Number(result);
    console.log("Gas Price is " + gasPrice + " wei"); // "10000000000000"

    // 컨트랙트 인스턴스 얻기
    FaucetContract.deployed().then(function(FaucetContractInstance) {
        // 이 특정한 함수를 위한 가스 예상치를 얻기 위해
        // 함수명 뒤에 'estimateGas'라는 키워드를 사용
        FaucetContractInstance.send(web3.toWei(1, "ether"));
        return FaucetContractInstance.withdraw.estimateGas(web3.toWei(0.1, "ether"));

    }).then(function(result) {
        var gas = Number(result);

        console.log("gas estimation = " + gas + " units");
        console.log("gas cost estimation = " + (gas * gasPrice) + " wei");
        console.log("gas cost estimation = " +
                FaucetContract.web3.fromWei((gas * gasPrice), 'ether') + " ether");
    });
});
```

트러플 개발 콘솔에서 다음과 같이 보일 것이다.

```
$ truffle develop

truffle(develop)> exec gas_estimates.js
Using network 'develop'.

Gas Price is 20000000000 wei
gas estimation = 31397 units
gas cost estimation = 627940000000000 wei
gas cost estimation = 0.00062794 ether
```

메인넷에 컨트랙트를 배포할 때는 예상치 못한 가스 비용이 들어가는 경우가 발생하지 않도록 개발 워크플로(workflow)의 일부로 함수의 가스 비용을 평가하는 것이 좋다.

결론

이번 장에서는 스마트 컨트랙트를 사용하는 방법을 자세하게 알아봤고, 솔리디티 컨트랙트 프로그래밍 언어를 살펴봤다. 간단한 예제인 Faucet.sol 컨트랙트를 사용하여 점진적으로 개선하고 더 복합적인 것으로 만들었으며, 이를 사용하여 솔리디티 언어의 다양한 측면을 탐구했다. 8장에서는 또 다른 컨트랙트용 프로그래밍 언어인 바이퍼(Vyper)에 대해 알아본다. 바이퍼와 솔리디티를 비교하여 설계상의 차이점을 보여주며 스마트 컨트랙트 프로그래밍에 대한 이해를 높여줄 것이다.

8

스마트 컨트랙트와 바이퍼

바이퍼(vyper)는 이더리움 가상 머신을 위한 실험적인 컨트랙트용 프로그래밍 언어인데, 개발자들이 이해하기 쉬운 코드를 작성할 수 있도록 함으로써 뛰어난 감사 용이성(auditability)을 제공하고자 만들어졌다. 사실, 바이퍼의 주요 원칙 중 하나는 개발자들이 오독하기 쉬운 코드(misleading code)를 작성할 수 없게 하자는 것이다.

이 장에서는 스마트 컨트랙트의 공통적인 문제를 살펴보고, 바이퍼 컨트랙트 프로그래밍 언어를 소개한 후에 솔리디티와 비교하여 그 차이점을 보여주려고 한다.

취약점과 바이퍼

최근의 한 연구(https://bit.ly/2oFdGDT)에서는 배포된 약 백만 개의 이더리움 스마트 컨트랙트를 분석한 결과, 심각한 취약점을 가진 스마트 컨트랙트가 아주 많다는 사실을 확인했다. 분석을 통해 연구자들은 취약점들을 세 가지 유형으로 요약했다.

자기파괴 컨트랙트(suicidal contract)
　　아무 주소를 이용해서 삭제시킬 수 있는 스마트 컨트랙트

탐욕 컨트랙트(greedy contract)

　　이더를 빼올 수 없도록 막아버리는 상태에 도달할 수 있는 컨트랙트

방탕한 컨트랙트(prodigal contract)

　　이더를 아무런 주소로 보낼 수 있게 만든 스마트 컨트랙트

이러한 취약성들은 코드를 통해 스마트 컨트랙트에 심어지게 된다. 이와 같은 취약점들을 의도적으로 삽입한 것은 아니라고 주장할지는 모르지만, 잘못된 스마트 컨트랙트 코드는 이더리움 사용자에게 예상치 못한 자금 손실을 초래할 수 있어서 바람직하지 않다. 바이퍼는 안전한 코드를 작성하기 쉽게 해주는데, 다른 말로 하면 오독을 하기 쉽거나 취약점이 있는 코드를 작성하기 어렵게 한다.

솔리디티와 비교

바이퍼가 안전하지 않은 코드 작성을 방지하는 방법 중 하나는 의도적으로 솔리디티의 기능 중 일부를 **생략(omitting)**하는 것이다. 바이퍼로 스마트 컨트랙트를 개발하고자 한다면, 바이퍼에서 어떤 기능들이 왜 생략되었는지를 이해하는 것이 중요하다. 따라서 이 절에서는 이 생략된 기능들을 살펴보고, 생략하게 된 타당한 이유를 설명한다.

변경자

이전 장에서 살펴봤듯이, 솔리디티에서는 변경자를 사용하여 함수를 작성할 수 있다. 예를 들어, 다음 changeOwner라는 함수는 실행의 일부로 onlyBy라는 변경자에서 코드를 실행한다.

```
function changeOwner(address _newOwner)
    public
    onlyBy(owner)
{
    owner = _newOwner;
}
```

이 변경자는 소유권과 관련된 규칙을 적용한다. 보다시피, 이 특정 변경자는 changeOwner 함수를 대신하여 사전 검사를 수행하는 메커니즘 기능을 한다.

```
modifier onlyBy(address _account)
{
    require(msg.sender == _account);
    _;
}
```

하지만 변경자는 위에서 설명한 것처럼 검사만 수행하는 것이 아니다. 사실, 변경자로서 호출 함수의 컨텍스트에서 스마트 컨트랙트의 환경에 영향을 줄 수 있다. 간단히 말해, 변경자는 다양하게 활용 가능하다.

또 다른 솔리디티 스타일의 예제를 살펴보자.

```
enum Stages {
    SafeStage
    DangerStage,
    FinalStage
}

uint public creationTime = now;
Stages public stage = Stages.SafeStage;

function nextStage() internal {
    stage = Stages(uint(stage) + 1);
}

modifier stageTimeConfirmation() {
    if (stage == Stages.SafeStage && now >= creationTime + 10 days)
        nextStage();
    _;
}

function a()
    public
    stageTimeConfirmation
    // 추가 코드 여기에 삽입
{
}
```

개발자는 자신의 코드가 호출하는 다른 코드를 항상 확인해야 한다. 하지만 특정 상황(시간에 쫓기고 있거나 피로로 인한 집중력 저하 등)에서는 실수로 한 줄의 코드를 놓칠 수도 있다. 만일 개발자가 함수 호출 계층을 머릿속으로 추적하고 스마트 컨트랙트의 상태를 메모리에 커밋하면서 큰 파일을 여기저기 돌아다니면서 봐야 한다면 더욱더 그렇다.

이 예제를 좀 더 깊이 살펴보자. 개발자가 a라는 공개 함수를 작성한다고 상상해 보자. 개발자는 이 컨트랙트를 처음 사용해 보는 것이고, 다른 사람이 작성한 변경자를 활용한다. 얼핏 보기에 stageTimeConfirmation 변경자는 함수 호출과 관련해서 이 컨트랙트의 시간 경과(age)에 대한 간단한 몇 가지 체크를 하는 것으로 보인다. 하지만 개발자가 미처 깨닫지 못할 수도 있는 부분은 변경자가 다른 함수(nextStage)를 호출하고 있다는 점이다. 이 간단한 데모 시나리오에서 단순히 공개 함수 a를 호출한 것이 스마트 컨트랙트상의 stage 변수를 SafeStage에서 DangerState로 바꾸는 결과를 초래한 것이다.

바이퍼는 변경자를 모두 없애버렸다. 바이퍼의 권장사항은 다음과 같다. 만일 변경자를 검증(assertions)만을 위해 사용했던 것이라면, 대신에 간단히 인라인(inline) 체크를 사용해서 함수의 일부분으로 포함해 검증하라. 그리고 스마트 컨트랙트의 상태를 변화시키기 위해 사용했던 것이라면, 이러한 변화를 명시적으로 함수의 일부분으로 만들어라. 이렇게 하면 감사 용이성(auditability)과 가독성이 향상되는데, 왜냐하면 코드를 읽는 사람이 어떻게 작동하는지 보려고 머릿속으로(또는 수동으로) 변경자 코드를 함수 주변에 '감싸(wrap)' 볼 필요가 없어지기 때문이다.

클래스 상속

상속을 통해 프로그래머는 기존 소프트웨어 라이브러리에서 기능, 속성 및 동작을 가져와서 미리 작성된 코드를 활용할 수 있다. 상속은 강력한 기능이며 코드 재사용을 도와준다. 솔리디티는 객체 지향 프로그래밍의 핵심 기능인 다중 상속과 다형성(polymorphism)을 지원하는 반면, 바이퍼는 이를 지원하지 않는다. 바이퍼의 입장에서 보면, 상속을 사용하게 되면 코더(coder)와 감사인(auditor)이 프로그램을 수행하는 작업을 이해하기 위해 여러 파일을 들춰 보게 만든다는 것이다. 바이퍼는 다중 상속이 코드를 이해하기 어렵도록 너무 복잡하게 만든다는 견해를 갖고 있다. 다중 상속이 어떻게 문제가 되는지를 보여주는 솔리디티 설명서(http://bit.ly/2Q6Azvo)에서는 이 견해를 암묵적으로 인정하고 있다.

인라인 어셈블리

인라인 어셈블리는 개발자에게 이더리움 가상 머신(EVM)에 대한 낮은 수준의 접근을 제공하므로 솔리디티 프로그램이 EVM 명령어에 직접 접근하여 작업을 수행할 수 있다. 예를 들어, 다음 인라인 어셈블리 코드는 메모리 위치 0x80에 3을 더한다.

```
3 0x80 mload add 0x80 mstore
```

바이퍼는 가독성 손실이 아주 큰 문제라고 생각하므로 인라인 어셈블리를 지원하지 않는다.

함수 오버로딩

함수 오버로딩(overloading)을 통해 개발자는 여러 함수를 같은 이름으로 작성할 수 있다. 어떤 함수가 사용될지는 제공되는 인수의 유형에 따라 다르다. 예를 들어, 다음 두 가지 기능을 수행해 보자.

```
function f(uint _in) public pure returns (uint out) {
    out = 1;
}

function f(uint _in, bytes32 _key) public pure returns (uint out) {
    out = 2;
}
```

첫 번째 f 함수는 uint 유형의 입력 인수를 허용한다. 두 번째 f 함수는 uint 유형과 bytes32 유형인 2개의 인수를 허용한다. 각기 다른 인수를 사용하는 동일한 이름의 여러 함수 정의가 혼란스러울 수 있으므로 바이퍼는 함수 오버로딩을 지원하지 않는다.

변수 형변환

형변환에는 **암시적 형변환(implicit typecasting)**과 **명시적 형변환(explicit typecasting)**의 두 가지 종류가 있다.

암시적 형변환은 종종 컴파일 타임에 수행된다. 예를 들어, 유형 변환이 의미상 안전하고 손실되는 정보가 없으면 컴파일러는 uint8 유형의 변수를 uint16으로 변환하는 것과 같은 암시적 변환을 수행할 수 있다. 가장 초기 버전의 바이퍼는 변수의 암시적 형변환을 허용했지만, 최근 버전에서는 그렇지 않다.

솔리디티에는 명시적 형변환을 삽입할 수 있다. 그러나 그로 인해 예기치 않은 동작이 발생할 수 있다. 예를 들어, uint32를 더 작은 uint16 유형으로 형변환을 하면 다음과 같이 상위 비트가 제거된다.

```
uint32 a = 0x12345678;
uint16 b = uint16(a);
// 변수 b는 이제 0x5678이다.
```

대신 바이퍼에는 명시적 형변환을 수행하는 convert 함수가 있다. 변환 함수(convert.py(http://
bit.ly/2P36ZKT)의 82행에 있음)는 다음과 같다.

```python
def convert(expr, context):
    output_type = expr.args[1].s
    if output_type in conversion_table:
        return conversion_table[output_type](expr, context)
    else:
        raise Exception("Conversion to {} is invalid.".format(output_type))
```

다음과 같은 conversion_table(동일한 파일의 90행에 있음)의 사용에 유의하라.

```python
conversion_table = {
    'int128' : to_int128,
    'uint256' : to_unint256,
    'decimal' : to_decimal,
    'bytes32' : to_bytes32,
}
```

개발자가 convert를 호출하면 conversion_table을 참고하여 적절한 변환을 수행하도록
한다. 예를 들어, 개발자가 int128을 convert 함수에 전달하면 동일한 파일(convert.py)의 26
번째 줄에 있는 to_int128 함수가 실행된다. to_int128 함수는 다음과 같다.

```python
@signature('int128', 'uint256', 'bytes32', 'bytes'), 'str_literal')
def to_int128(expr, args, kwargs, context):
    in_node = args[0]
    typ, len = get_type(in_node)
    if typ in ('int128', 'uint256', 'bytes32'):
        if in_node.typ.is_literal
            and not SizeLimits.MINNUM <= in_node.value <= SizeLimits.MAXNUM:
            raise InvalidLiteralException(
                "Number out of range: {}".format(in_node.value), expr
            )
        return LLLnode.from_list(
            ['clamp', ['mload', MemoryPositions.MINNUM], in_node,
            ['mload', MemoryPositions.MAXNUM]], typ=BaseType('int128'),
            pos=getpos(expr)
```

```
        )
    else:
        return byte_array_to_num(in_node, expr, 'int128')
```

보다시피 이러한 변환 프로세스는 정보 손실이 없음을 보장한다. 손실이 일어나는 경우라면 예외(exception)를 발생시킨다. 변환 코드는 암시적 형변환에 의해 일반적으로 허용되는 다른 예외뿐만 아니라 잘림(위에서 볼 수 있듯이)도 방지한다.

명시적 형변환을 선택하는 것은 개발자가 모든 형변환을 수행할 책임이 있음을 의미한다. 이러한 접근 방식은 좀 더 장황한 코드를 생성하지만, 스마트 컨트랙트의 안전성과 감사 용의성은 향상된다.

전제 조건과 사후 조건

바이퍼는 전제 조건, 사후 조건, 상태 변경을 명시적으로 처리한다. 이렇게 하면 중복 코드가 생성되지만, 최대한의 가독성과 안전성을 보장하게 된다. 바이퍼를 가지고 스마트 컨트랙트를 작성할 때 개발자는 다음의 세 가지 사항을 검토해야 한다.

조건(condition)

    이더리움 상태 변수의 현재 상태/조건은 무엇인가?

효과(effect)

    이 스마트 컨트랙트 코드가 실행 시 상태 변수의 조건에 어떤 영향을 미칠 것인가? 어떤 영향을 받고, 어떤 영향을 받지 않을 것인가? 이런 효과들이 스마트 컨트랙트의 의도와 일치하는가?

상호작용(interaction)

    처음 두 가지 고려사항을 철저히 다룬 후에는 코드를 실행할 차례다. 배포하기 전에 코드를 논리적으로 단계별로 실행하고 다른 컨트랙트와의 상호작용을 포함하여 코드를 실행할 때 발생할 수 있는 모든 영구적인 결과, 그에 따른 효과, 시나리오를 고려하라.

이러한 각각의 사항은 신중하게 고려한 후 코드에 철저히 문서화해야 한다. 이렇게 코드 디자인이 향상되면 궁극적으로 코드가 더 읽기 쉬워지고 감사도 더 쉬워진다.

장식자

다음과 같은 장식자(decorator)는 각 함수의 시작 부분에 사용할 수 있다.

@private

    @private 장식자는 컨트랙트 외부에서 함수에 접근할 수 없게 한다.

@public

    @public 장식자는 함수를 공개적으로 볼 수 있고 실행할 수 있게 한다. 예를 들어, 이 더리움 지갑이 컨트랙트를 조사할 때 이 함수를 보여주게 될 것이다.

@constant

    @constant 장식자가 있는 함수는 상태 변수를 변경할 수 없다. 사실, 함수가 상태 변수를 변경하려고 하면 컴파일러는 전체 프로그램을 거부한다(적절한 오류 포함).

@payable

    @payable 장식자가 있는 함수만 값(value)을 전송할 수 있다.

바이퍼는 장식자의 로직(http://bit.ly/2P14RDq)을 명시적으로 구현한다. 예를 들어, 함수에 @payable 장식자와 @constant 장식자가 모두 있다면 바이퍼 컴파일 프로세스는 실패한다. 이것은 타당하다. 왜냐하면 값을 전송하는 함수는 정의에 따라 상태를 업데이트하지만 @constant는 그렇게 될 수 없기 때문이다. 각각의 바이퍼 함수는 @public 또는 @private 중 하나를 갖고 있어야 한다(그러나 둘 다 동시에 갖고 있으면 안 된다).

함수와 변수 순서

각각의 개별 바이퍼 스마트 컨트랙트는 하나의 바이퍼 파일로 구성된다. 즉, 모든 함수, 변수 등을 포함하여 모든 바이퍼 스마트 컨트랙트 코드가 한곳에 존재한다. 바이퍼는 각 스마트 컨트랙트의 함수 및 변수 선언을 물리적으로 특정 순서에 맞게 작성해야 한다. 솔리디티에는 이런 요구사항이 전혀 없다. 솔리디티 예를 간단히 살펴보자.

```
pragma solidity ^0.4.0;

contract ordering {
```

```
    function topFunction()
    external
    returns (bool) {
        initiatizedBelowTopFunction = this.lowerFunction();
        return initiatizedBelowTopFunction;
    }

    bool initiatizedBelowTopFunction;
    bool lowerFunctionVar;

    function lowerFunction()
    external
    returns (bool) {
        lowerFunctionVar = true;
        return lowerFunctionVar;
    }

}
```

위의 예제에서 topFunction이라는 함수는 다른 함수 lowerFunction을 호출한다. topFunction이라고 하는 이 함수는 또한 initiatizedBelowTopFunction이라는 변수에 값을 할당한다. 보다시피, 솔리디티는 실행 코드에 의해 호출되기 전에 이런 함수와 변수를 물리적으로 선언할 필요가 없다. 위의 내용은 유효한 솔리디티 코드로 성공적으로 컴파일된다.

바이퍼가 요구하는 순서는 새로운 것이 아니며, 실제로 이런 요구사항은 파이썬 프로그래밍에도 존재한다. 바이퍼가 요구하는 순서는 다음 예제와 같이 간단하고 논리적이다.

```
# theBool 변수 선언
theBool: public(bool)


# topFunction 함수 선언
@public
def topFunction() -> bool:
    # theBool 함수에 값 할당
    self.theBool = True
    return self.theBool


# lowerFunction 함수 선언
@public
def lowerFunction():
    # theBool 함수 호출
    assert self.topFunction()
```

이것은 바이퍼 스마트 컨트랙트에서 함수와 변수의 올바른 순서를 보여준다. 변수 theBool과 함수 topFunction이 값을 할당받고 호출되기 전에 어떻게 선언되는지를 주목하라. theBool 이 topFunction 아래에 선언되었거나 topFunction이 lowerFunction 아래에 선언된 경우 이 컨트랙트는 컴파일되지 않는다.

컴파일

바이퍼에는 자체 온라인 코드 편집기 및 컴파일러(https://vyper.online/)가 있어서 웹 브라우저만 사용하여 스마트 컨트랙트를 작성하고 바이트코드, ABI 및 LLL로 컴파일할 수 있다. 바이퍼 온라인 컴파일러에는 사용자의 편의를 위해 미리 작성된 다양한 스마트 컨트랙트가 있으며, 여기에는 간단한 공개 경매, 안전한 원격 구매, ERC20 토큰 등이 있다.

 바이퍼는 ERC20을 사전 컴파일된 컨트랙트로 구현하여 이러한 스마트 컨트랙트를 쉽게 바로 사용할 수 있게 해준다. 바이퍼에서 컨트랙트는 글로벌 변수로 선언되어야 한다. ERC20 변수를 선언하는 예는 다음과 같다. token: address(ERC20)

커맨드 라인을 사용하여 컨트랙트를 컴파일할 수도 있다. 각각의 바이퍼 컨트랙트는 확장자가 .vy인 단일 파일로 저장된다. 일단 설치되면 다음 명령을 실행하여 바이퍼로 컨트랙트를 컴파일할 수 있다.

```
vyper ~/hello_world.vy
```

다음 명령을 실행하여 사람이 읽을 수 있는 ABI 설명(JSON 형식)을 얻을 수 있다.

```
vyper -f json ~/hello_world.v.py
```

컴파일러 수준에서 오버플로 오류 방지

소프트웨어의 오버플로 오류는 실제 값을 다룰 때 치명적일 수 있다. 예를 들어, 2018년 4월 중순에 발생한 트랜잭션(http://bit.ly/2yHfvoF)은 57,896,044,618,658,100,000,000,000,000,000,0

00,000,000,000,000,000,000,000,000,000 BEC 토큰의 악의적인 이체를 보여주었다. 이 트랜잭션은 BeautyChain의 ERC20 토큰 컨트랙트(BecToken.sol)에서 정수 오버플로의 결과다. 솔리디티 개발자는 SafeMath(http://bit.ly/2ABhb4l) 같은 라이브러리와 Mythril OSS(http://bit.ly/2CQRoGU) 같은 이더리움 스마트 컨트랙트 보안 분석 도구를 사용할 수 있다. 그러나 개발자들이 반드시 의무적으로 보안 도구들을 사용해야만 하는 것은 아니다. 간단히 말해서, 안전성이 언어 자체에 의해 강제되지 않으면 개발자들은 안전하지 못한 코드를 작성하게 될 것이고, 이런 코드가 정상적으로 컴파일되고 '성공적으로' 실행도 될 것이다.

바이퍼에는 2단계 접근법으로 구현된 오버플로 방지 기능이 내장되어 있다. 첫째, 바이퍼는 정수 연산에 필요한 예외 사례를 포함한 SafeMath와 동일한 기능(http://bit.ly/2PuDfpB)을 제공한다. 둘째, 바이퍼는 리터럴 상수가 로드되거나, 값이 함수에 전달되거나, 변수가 할당될 때마다 클램프(clamp)를 사용한다. 클램프는 LLL(Low-level Lisp-like Language) 컴파일러에서 사용자 지정 함수로 구현하며, 비활성화할 수 없도록 되어 있다(바이퍼 컴파일러는 EVM 바이트코드 대신 LLL을 출력하므로 바이퍼 자체의 개발이 간단해진다).

데이터 읽기 및 쓰기

데이터를 저장하고 읽고 수정하는 데는 많은 비용이 들지만, 이러한 스토리지 작업은 대부분의 스마트 컨트랙트의 필수 요소들이다. 스마트 컨트랙트는 두 곳에 데이터를 쓸 수 있다.

글로벌 상태

주어진 스마트 컨트랙트의 상태 변수는 이더리움의 글로벌 상태 트리에 저장된다. 스마트 컨트랙트는 그 컨트랙트의 주소와 관련하여서 오직 데이터의 저장, 읽기, 수정만 할 수 있다(즉, 스마트 컨트랙트는 다른 스마트 컨트랙트를 읽거나 쓸 수 없다).

로그

스마트 컨트랙트는 로그 이벤트를 통해 이더리움의 체인 데이터에 쓸 수도 있다. 바이퍼가 처음에는 이러한 이벤트를 선언하기 위해 __log__ 구문을 사용했지만, 바이퍼의 이벤트 선언을 솔리디티의 원래 구문과 일치시키는 업데이트가 있었다. 예를 들어, 바이퍼의 MyLog라는 이벤트 선언은 원래 MyLog: 1log2({arg1: indexed(bytes[3])}) 구문이었다. 이제는 그 구문이 MyLog: event({arg1: indexed(bytes[3])})이다. 바이퍼에서 로그 이벤트의 실행은 다음과 같았으며, 여전히 그렇다는 점을 유의해야 한다.

```
log.MyLog("123")
```

스마트 컨트랙트는 (로그 이벤트를 통해) 이더리움의 체인 데이터에 쓸 수 있지만, 스마트 컨트랙트는 그들이 만든 온체인(on-chain) 로그 이벤트를 읽을 수 없다. 그런데도 로그 이벤트를 통해 이더리움의 체인 데이터에 기록하는 장점 중 하나는 로그를 공개 체인에서 라이트 클라이언트로 찾아서 읽을 수 있다는 것이다. 예를 들어, 채굴된 블록의 `logsBloom` 값은 로그 이벤트 존재 여부를 나타낼 수 있다. 로그 이벤트가 설정되면 로그 데이터를 주어진 트랜잭션 영수증에서 얻을 수 있다.

결론

바이퍼는 강력하고 흥미로운 새로운 컨트랙트용 프로그래밍 언어다. 바이퍼는 유연성보다는 정확성에 중점을 두고 있다. 이로 인해 프로그래머는 더 나은 스마트 컨트랙트를 작성하고 심각한 취약점을 야기하는 여러 유형의 함정을 피할 수 있다. 다음으로, 스마트 컨트랙트 보안에 대해 자세히 살펴본다. 스마트 컨트랙트에서 발생할 수 있는 모든 보안 문제를 읽고 나면 바이퍼에 대해 더욱 분명히 이해하게 될 것이다.

9

스마트 컨트랙트 보안

스마트 컨트랙트를 작성할 때 보안은 가장 중요한 고려사항 중 하나다. 스마트 컨트랙트 프로그래밍 분야에서 실수는 그에 대한 막대한 대가를 치르게 되고 쉽게 악용된다. 이 장에서는 보안 관련 모범 사례와 디자인 패턴, '보안 안티패턴'을 살펴본다. 여기서 보안 안티패턴은 스마트 컨트랙트에서 취약성을 가져올 수 있는 사례와 패턴이다.

다른 프로그램과 마찬가지로 스마트 컨트랙트도 작성된 그대로 실행되는데, 프로그래머가 의도한 내용과 반드시 일치하지 않을 때가 있다. 또한 모든 스마트 컨트랙트는 공개되어 있으며, 모든 사용자는 트랜잭션을 생성하여 간단하게 상호작용할 수 있다. 어떤 취약점이라도 악용될 수 있으며, 손실은 거의 항상 복구할 수 없다. 따라서 모범 사례를 따르고 잘 테스트된 디자인 패턴을 사용하는 것이 중요하다.

보안 모범 사례

방어적 프로그래밍(defensive programming)은 스마트 컨트랙트에 특히 적합한 프로그래밍 스타일이다. 다음은 모두 모범 사례로 방어 프로그래밍에서 특히 강조하고 있는 것이다.

미니멀리즘/단순성(minimalism/simplicity)

복잡성은 보안의 적이다. 코드가 단순할수록, 코드가 적을수록 버그나 예기치 못한 효과가 발생할 확률이 낮다. 스마트 컨트랙트 프로그래밍을 처음 시작할 때 개발자는 종종 많은 코드를 작성하려고 시도한다. 대신, 스마트 컨트랙트 코드를 살펴보고 코드의 줄 수를 줄여서 복잡성과 기능을 줄이는 노력을 해야 한다. 누군가가 자신의 프로젝트가 스마트 컨트랙트를 위해 '수천 줄의 코드'를 작성했다고 말하면 해당 프로젝트의 보안에 대해 질문해야 한다. 더 간단할수록 더 안전하다.

코드 재사용(code reuse)

이미 있는 것을 다시 만드느라 쓸데없이 시간을 낭비하지 마라. 필요한 것을 대부분 수행하는 라이브러리 또는 스마트 컨트랙트가 있으면 그것을 재사용하라. 자신의 코드 내에서 DRY(Don't Repeat Yourself, 반복하지 마라) 원칙을 지켜라. 두 번 이상 반복된 코드 문장이 있으면 함수 또는 라이브러리로 작성하여 재사용할 수 있는지 스스로에게 질문하라. 광범위하게 사용되고 테스트된 코드는 새로 작성한 코드보다 더 안전하다. 'NIH(Not Invented Here, 여기서 개발한 것이 아니다)' 증후군을 조심하라. 처음부터 새로 구성하여 기능이나 구성요소를 '개선'하려는 유혹에 빠지기 쉽다. 보안 위험은 종종 코드를 개선하는 것보다 더 중요하다.

코드 품질(code quality)

스마트 컨트랙트 코드는 실수를 용납하지 않는다. 모든 버그는 금전적 손실을 발생시킬 수 있다. 스마트 컨트랙트 프로그래밍은 범용 프로그래밍과 같은 방식으로 다루어서는 안 된다. 솔리디티에 댑(DApp)을 쓰는 것은 자바스크립트로 웹 위젯(widget)을 만드는 것과 다르며, 오히려 항공 우주 공학을 비롯해 실수를 용납하지 않는 분야에서와 마찬가지로 엄격한 엔지니어링 및 소프트웨어 개발 방법론을 적용해야 한다. 일단 코드가 '배포(launch)'되고 나면 문제를 해결할 수 있는 방법이 거의 없다.

가독성/감사 용이성(readability/auditability)

코드는 명확하고 이해하기 쉬워야 한다. 읽기 쉬울수록 감사하기도 쉽다. 모든 사람이 바이트코드를 읽을 수 있고 누구나 리버스 엔지니어링할 수 있을 정도로 스마트 컨트랙트는 공개되어 있다. 따라서 협업과 오픈 소스 방법론을 사용하여 공개적으로 개발을 하는 것이 유익하다. 왜냐하면 개발자 커뮤니티의 집단적 지혜와 오픈 소스 개발의 가장 높은 공통 분모로부터의 혜택을 이용할 수 있기 때문이다. 이더리움 커뮤니티의 스타일과 명명 규칙에 따라 잘 문서화되고 읽기 쉬운 코드를 작성해야 한다.

할 수 있는 모든 것을 테스트하라. 스마트 컨트랙트는 공개된 실행 환경에서 실행되며, 누구나 원하는 대로 입력할 수 있다. 함수 인수 같은 입력 값의 형식이 올바르다거나, 적절하게 경계가 지정되어 있거나, 또는 호의적인 목적을 갖고 있다고 가정해서는 안 된다. 모든 인수를 테스트하여 코드 실행을 계속하기 전에 모든 인수가 예상 범위 내에 있는지와 올바르게 형식이 지정되었는지를 확인한다.

보안 위험 및 안티패턴

스마트 컨트랙트 프로그래머라면 컨트랙트를 위험에 노출시키는 프로그래밍 패턴을 감지하고 피할 수 있도록 가장 공통적인 보안 위험에 익숙해야 한다. 이후의 절들에서는 다양한 보안 위험, 취약성이 발생할 수 있는 사례와 해결 방법 또는 예방 솔루션에 대해 살펴본다.

재진입성

이더리움 스마트 컨트랙트의 특징 중 하나는 다른 외부 컨트랙트의 코드를 호출하고 활용할 수 있는 능력이다. 컨트랙트는 또한 일반적으로 이더를 처리하기 때문에 종종 다양한 외부 사용자 주소로 이더를 전송한다. 이런 작업을 수행하려면 컨트랙트는 외부 호출을 요청해야 한다. 이런 외부 호출은 공격자가 악용할 수 있다. 공격자는 컨트랙트에 콜백을 포함하여 대체 코드를 실행하도록 강제할 수 있다(폴백 함수를 통해). 이런 종류의 공격은 악명 높은 DAO 해킹(http://bit.ly/2DamSZT)에 사용되었다.

재진입 공격에 대한 더 자세한 내용은 거스 기마레아스(Gus Guimareas)의 블로그 게시물(http://bit.ly/2zaqSEY)과 이더리움 스마트 컨트랙트 모범 사례(Ethereume Smart Contract Best Practices, http://bit.ly/2ERDMxV)를 참고하라.

취약점

이런 유형의 공격은 컨트랙트가 알 수 없는 주소로 이더를 전송할 때 발생할 수 있다. 공격자는 폴백 함수에 악성 코드를 갖고 있는 컨트랙트를 외부 주소에 조심스럽게 만들어놓을 수 있다. 따라서 어떤 컨트랙트에서 이 주소로 이더를 보내면 악의적인 코드가 호출된다. 일반적으로 악성 코드는 취약한 컨트랙트에서 개발자가 예상하지 않았던 작업을 실행한다. '재진입 (reentrancy)'이라는 용어는 외부의 악의적인 컨트랙트가 취약한 컨트랙트의 함수를 호출하고 코드 실행 경로가 그 안으로 '재진입한다(reenters)'는 사실에서 비롯된 것이다.

이것을 분명히 하기 위해 예제 9-1에서 취약점을 가진 간단한 컨트랙트를 살펴보자. 이 컨트랙트는 입금자가 일주일에 1이더만 회수할 수 있게 하는 이더리움 보관소 기능을 한다.

예제 9-1 **EtherStore.sol**

```
1   contract EtherStore {
2
3       uint256 public withdrawalLimit = 1 ether;
4       mapping(address => uint256) public lastWithdrawTime;
5       mapping(address => uint256) public balances;
6
7       function depositFunds() public payable {
8           balances[msg.sender] += msg.value;
9       }
10
11      function withdrawFunds (uint256 _weiToWithdraw) public {
12          require(balances[msg.sender] >= _weiToWithdraw);
13          // 출금 금액 제한
14          require(_weiToWithdraw <= withdrawalLimit);
15          // 출금 시간 제한
16          require(now >= lastWithdrawTime[msg.sender] + 1 weeks);
17          require(msg.sender.call.value(_weiToWithdraw)());
18          balances[msg.sender] -= _weiToWithdraw;
19          lastWithdrawTime[msg.sender] = now;
20      }
21 }
```

이 컨트랙트는 depositFunds와 withdrawFunds라는 2개의 공개 함수를 갖고 있다. depositFunds 함수는 단순히 발신자의 잔액을 증가시킨다. withdrawFunds 함수를 사용하면 발신자가 출금할 금액을 지정할 수 있다. 특히 이 함수는 출금 요청 금액이 1이더 미만이고 지난주에 출금이 발생하지 않은 경우에만 성공하도록 되어 있다.

취약점은 컨트랙트에서 사용자에게 요청한 양의 이더를 보내는 17행에 있다. 예제 9-2에서 컨트랙트를 생성하는 공격자를 생각해 보자.

예제 9-2 **Attack.sol**

```
1   import "EtherStore.sol";
2
3   contract Attack {
4     EtherStore public etherStore;
5
6     // 변수 etherStore를 컨트랙트 주소로 초기화
7     constructor(address _etherStoreAddress) {
8         etherStore = EtherStore(_etherStoreAddress);
9     }
10
11    function attackEtherStore() public payable {
12        // 이더 근삿값 공격
13        require(msg.value >= 1 ether);
14        // 이더를 depositFunds 함수로 전달하기
15        etherStore.depositFunds.value(1 ether)();
16        // 마법 시작
17        etherStore.withdrawFunds(1 ether);
18    }
19
20    function collectEther() public {
21        msg.sender.transfer(this.balance);
22    }
23
24    // 폴백 함수 – 마법이 일어나는 곳
25    function () payable {
26        if (etherStore.balance > 1 ether) {
27            etherStore.withdrawFunds(1 ether);
28        }
29    }
30 }
```

이제 컨트랙트가 어떻게 악용될 수 있는지 알아보자. 먼저, 공격자는 EtherStore의 스마트 컨트랙트의 주소를 유일한 생성자 파라미터로 사용해 악의적인 컨트랙트(예를 들어, 주소 0x0...123에)를 만든다. 이렇게 해서 공개 변수 etherStore를 초기화하고 etherStore가 공격 대상 컨트랙트 주소를 갖게 한다.

그런 다음, 공격자는 attackEtherStore 함수를 1보다 크거나 같은 양의 이더로 호출한다. 당분간 1이더로 가정하자. 이 예제에서는 또한 다른 많은 사용자가 이더를 이 컨트랙트에 예치하여 현재 잔액이 10이더라고 가정한다. 그러면 다음과 같은 일들이 발생한다.

1. Attack.sol, 15행: EtherStore 컨트랙트의 depositFunds 함수는 msg.value가 1 ether(그리고 많은 가스)로 호출된다. 발신자(msg.sender)가 악의적인 컨트랙트

(0x0...123)가 될 것이다. 따라서 balances[0x0..123] = 1 ether이다.

2. Attack.sol, 17행: 악의적인 컨트랙트는 EtherStore 컨트랙트의 withdrawFunds 함수를 1 ether를 파라미터로 해서 호출한다. 이는 이전 출금이 이루어지지 않았으므로 모든 요구 조건들(EtherStore 컨트랙트 12~16행)을 통과한다.

3. EtherStore.sol, 17행: 컨트랙트는 악의적인 컨트랙트로 1 ether를 다시 전송한다.

4. Attack.sol, 25행: 악의적인 컨트랙트에 대한 지급은 폴백 함수를 실행한다.

5. Attack.sol, 26행: EtherStore 컨트랙트의 총 잔액은 10 ether였다가 현재는 9 ether이므로, if 문이 성공한다.

6. Attack.sol, 27행: 폴백 함수가 EtherStore의 withdrawFunds 함수를 다시 호출하고 EtherStore 컨트랙트에 '재진입한다'.

7. EtherStore.sol, 11행: 이 두 번째 호출된 withdrawFunds에서 공격 대상 컨트랙트의 잔액은 18행이 아직 실행되지 않았기 때문에 여전히 1 ether이다. 따라서 여전히 balances[0x0..123] = 1 ether인 상태다. lastWithdrawTime 변수의 경우도 마찬가지다. 모든 요구조건을 전부 다시 통과한다.

8. EtherStore.sol, 17행: 공격 컨트랙트는 또 다른 1 ether를 출금한다.

9. 4~8단계는 Attack.sol 26행에 명시된 EtherStore.balance > 1가 만족되지 않을 때까지 계속 반복된다.

10. Attack.sol, 26행: EtherStore 컨트랙트에 이더가 1개(또는 그 이하) 남겨지면 이 if 명령문은 실패한다. 그러면 EtherStore 컨트랙트의 18행과 19행이 (withdrawFunds 함수 호출마다) 실행된다.

11. EtherStore.sol, 18행과 19행: balances와 lastWithdrawTime 매핑들이 설정되고 실행이 종료된다.

최종 결과는 공격자가 단일 트랜잭션으로 EtherStore 컨트랙트에서 1이더만 남기고 나머지를 모두 출금했다는 것이다.

예방 기법

스마트 컨트랙트에서 잠재적인 재진입 취약점을 해결하는 데 도움이 되는 일반적인 기술이 여러 가지 있다. 첫 번째는 (가능한 한) 이더를 외부의 컨트랙트에 보낼 때 내장된 transfer(http://bit.ly/2Ogvnng) 함수를 사용하는 것이다. transfer 함수는 외부 호출에 대해

2300개의 가스만을 보내는데, 이 정도의 가스양으로 목적지 주소/컨트랙트가 다른 컨트랙트를 호출하기에는(즉, 송신 컨트랙트에 재진입하는 것) 충분하지 않다.

두 번째 방법은 이더가 컨트랙트(또는 외부 호출)에서 전송되기 전에 상태 변수를 변경하는 모든 로직이 발생하도록 하는 것이다. 이 EtherStore 예에서 EtherStore.sol의 18행과 19행은 17행 앞에 넣어야 한다. 알 수 없는 주소로 보내는 외부 호출을 수행하는 코드는 지역 함수나 코드 실행 부분에 있어서 가장 마지막 작업이 되도록 하는 것이 바람직하다. 이를 체크 효과 상호작용 패턴(checks-effects-interactions pattern, http://bit.ly/2EVo70v)이라고 한다.

세 번째 기술은 뮤텍스(mutex)를 도입하는 것이다. 즉, 코드 실행 중에 컨트랙트를 잠그는 상태 변수를 추가하여 재진입 호출을 방지하는 것이다.

이 모든 기술을 EtherStore.sol에 적용하면(세 가지 모두를 사용하는 것은 불필요하지만, 실제 예를 보여주기 위해 여기서는 세 가지를 모두 사용한다) 재진입이 일어나지 않는 컨트랙트가 가능하다.

```
1   contract EtherStore {
2
3       // 뮤텍스 초기화
4       bool reEntrancyMutex = false;
5       uint256 public withdrawalLimit = 1 ether;
6       mapping(address => uint256) public lastWithdrawTime;
7       mapping(address => uint256) public balances;
8
9       function depositFunds() public payable {
10          balances[msg.sender] += msg.value;
11      }
12
13      function withdrawFunds (uint256 _weiToWithdraw) public {
14          require(!reEntrancyMutex);
15          require(balances[msg.sender] >= _weiToWithdraw);
16          // 출금 금액 제한
17          require(_weiToWithdraw <= withdrawalLimit);
18          // 출금 시간 제한
19          require(now >= lastWithdrawTime[msg.sender] + 1 weeks);
20          balances[msg.sender] -= _weiToWithdraw;
21          lastWithdrawTime[msg.sender] = now;
22          // 외부 호출 전에 reEntrancy 뮤텍스 설정
23          reEntrancyMutex = true;
24          msg.sender.transfer(_weiToWithdraw);
25          // 외부 호출 후에 뮤텍스 해제
26          reEntrancyMutex = false;
27      }
28  }
```

실제 사례: DAO

DAO(Decentralized Autonomous Organization, 탈중앙화 자율 조직) 공격은 이더리움의 초기 개발에서 발생한 주요 해킹 중 하나였다. 당시 기준으로 컨트랙트는 1억 5000만 달러 이상을 보유하고 있었다. 재진입은 그 공격에서 중요한 역할을 했으며, 궁극적으로는 이더리움 클래식(Ethereum Classic, ETC)을 만든 하드 포크로 이어졌다. DAO 공격에 대한 상세한 분석은 http://bit.ly/2EQaLCI를 참고하라. 이더리움의 포크 내역, DAO 해킹 타임라인, 하드 포크에서 ETC의 탄생에 대한 자세한 내용은 부록 B에서 확인할 수 있다.

산술 오버플로/언더플로

이더리움 가상 머신은 정수들에 대해 고정된 크기의 데이터 타입을 지정한다. 즉, 정수 변수는 특정 범위의 숫자만 나타낼 수 있다. 예를 들어, uint8은 [0,255] 범위의 숫자만 저장할 수 있다. uint8에 256을 저장하려고 하면 결과는 0이 나온다. 사용자 입력을 점검하지 않고 계산을 수행하면 저장하는 데이터의 유형이 범위를 벗어나는 숫자가 될 수 있어 솔리디티 변수를 악용할 수 있다.

산술 오버플로/언더플로에 대한 추가 정보는 '스마트 컨트랙트 체결 방법'(https://bit.ly/2nNLuOr), 이더리움 스마트 컨트랙트 모범 사례(https://bit.ly/2MOfBPv), '이더리움, 솔리디티, 정수 오버플로: 1970년과 같이 블록체인 프로그래밍하기'(https://bit.ly/2xvbx1M)를 참고하라.

취약점

변수의 데이터 타입 범위를 벗어나는 숫자(또는 데이터)를 고정 크기 변수에 저장해야 하는 연산이 수행되면 오버플로/언더플로가 발생한다.

예를 들어, 값이 0인 uint8(부호가 없는 8비트 정수, 즉 음수가 아닌) 변수에서 1을 빼면 결과는 숫자 255가 된다. 이것이 **언더플로(underflow)**다. uint8의 범위 아래에 숫자를 할당했으므로 결과가 **순환하여(wraps around)** uint8이 저장할 수 있는 가장 큰 숫자를 제공한다. 마찬가지로, uint8에 2^8 = 256을 추가하면 uint의 전체 길이를 순환하게 되어서 변수가 변경되지 않을 것이다. 이런 동작과 유사한 두 가지 사례는 이동 거리를 측정하는 자동차의 주행 거리계(가장 큰 숫자인 999999를 초과한 후 000000으로 재설정됨)와 주기적인 수학 함수(사인 함수 sin의 인수에 2π를 추가하면 값이 변경되지 않음)다.

데이터 타입 범위보다 큰 숫자를 추가하는 것을 **오버플로(overflow)**라고 한다. 명확한 예를 들자면, 현재 0의 값을 갖는 uint8에 257을 추가하면 1이 된다. 고정 크기 변수를 순환하는 것으로 생각하는 편이 때로는 도움이 된다. 즉, 가능한 가장 큰 저장된 숫자보다 큰 숫자를 더하면 0부터 시작하고, 0에서 빼면 가장 큰 숫자에서부터 카운트 다운을 시작한다. 음수를 나타낼 수 있는 부호가 있는 int 유형의 경우 가장 큰 음수 값에 도달하면 다시 시작한다. 예를 들어, 값이 –128인 uint8에서 1을 빼려고 하면 127을 얻을 것이다.

이런 종류의 숫자와 관련된 예기치 못한 문제를 이용하면 공격자가 코드를 악용하여 예기치 않은 논리 흐름을 생성할 수 있다. 예를 들어, 예제 9-3의 TimeLock 컨트랙트를 살펴보라.

예제 9-3 **TimeLock.sol**

```
1   contract TimeLock {
2
3       mapping(address => uint) public balances;
4       mapping(address => uint) public lockTime;
5
6       function deposit() public payable {
7           balances[msg.sender] += msg.value;
8           lockTime[msg.sender] = now + 1 weeks;
9       }
10
11      function increaseLockTime(uint _secondsToIncrease) public {
12          lockTime[msg.sender] += _secondsToIncrease;
13      }
14
15      function withdraw() public {
16          require(balances[msg.sender] > 0);
17          require(now > lockTime[msg.sender]);
18          balances[msg.sender] = 0;
19          msg.sender.transfer(balance);
20      }
21  }
```

이 컨트랙트는 시간 보관소처럼 작동하도록 설계되었다. 사용자는 컨트랙트에 이더를 보관할 수 있고, 보관된 이더는 최소 1주일 동안 그곳에 잠기게 된다. 사용자는 대기 시간을 일주일 이상 연장할 수 있지만, 일단 입금하면 사용자는 이더가 적어도 일주일 동안 안전하게 잠겨 있다고 확신할 수 있고, 이것이 이 컨트랙트가 이루려는 목적이다.

사용자가 자신의 개인키를 강제적으로 넘겨주어야 하는 상황이 생겼을 경우, 이와 같은 컨트랙트는 자신의 이더가 단기간에 획득될 수 없음을 쉽게 보장할 수 있다. 그러나 사용자의 100이더가 이 컨트랙트에 잠겨 있고 키를 공격자에게 넘겨주면 공격자는 오버플로를 사용하여 lockTime과 무관하게 이더를 빼낼 수 있다.

공격자는 현재 키를 잡고 있는 주소의 현재 lockTime을 결정할 수 있다(공개 변수다). 이것을 userLockTime이라고 부르자. 그런 다음, increaseLockTime 함수를 호출하고 인수로 2^256 - userLockTime을 전달할 수 있다. 이 숫자는 현재 userLockTime에 추가되어 오버플로를 발생시켜 lockTime[msg.sender]를 0으로 재설정한다. 공격자는 간단히 withdraw 함수를 호출하여 보상을 얻을 수 있다.

또 다른 예(예제 9-4)를 살펴보자. 이 예제는 이더넛(Ethernaut) 과제(https://bit.ly/2FY9b0o)에서 가져온 것이다.

스포일러 경고: 아직 이더넛 과제를 수행하지 않았다면, 이것은 레벨 중 하나에 대한 해결책을 제시한다.

예제 9-4 이더넛 과제에서 가져온 언더플로 취약점 예

```solidity
1  pragma solidity ^0.4.18;
2
3  contract Token {
4
5      mapping(address => uint) balances;
6      uint public totalSupply;
7
8      function Token(uint _initialSupply) {
9          balances[msg.sender] = totalSupply = _initialSupply;
10     }
11
12     function transfer(address _to, uint _value) public returns (bool) {
13         require(balances[msg.sender] - _value >= 0);
14         balances[msg.sender] -= _value;
15         balances[_to] += _value;
16         return true;
17     }
18
19     function balanceOf(address _owner) public constant returns (uint balance) {
20         return balances[_owner];
21     }
22 }
```

이것은 transfer 함수를 사용하는 간단한 토큰 컨트랙트로, 참가자가 토큰을 이동할 수 있게 한다. 이 컨트랙트의 오류를 알 수 있는가?

결함은 transfer 함수에 있다. 언더플로를 사용하면 13행의 require 문을 우회할 수 있다. 잔액이 없는 사용자를 생각해 보라. 그들은 0이 아닌 _value를 가지고 transfer 함수를 호출하고 13행에 있는 require 문을 통과할 수 있다. 이는 balances[msg.sender]가 0(uint256)이기 때문으로, 양수(2^256을 제외한)를 빼면 앞에서 설명했듯이 양수가 된다. 잔액이 양수로 계산되는 14행에서도 마찬가지다. 따라서 이 예에서 공격자는 언더플로 취약점으로 인해 무료 토큰을 얻을 수 있다.

예방 기법

언더플로/오버플로 취약점을 방지하기 위한 현재의 일반적인 기술은 표준 수학 연산자인 더하기, 빼기, 곱셈을 대체하는 수학 라이브러리를 사용하거나 만드는 것이다(나누기가 오버플로/언더플로를 발생시키지 않기 때문에 제외되고, EVM은 0으로 나누게 되면 원 상태로 되돌린다).

오픈제플린(OpenZeppelin, https://bit.ly/2RJoRvL)은 이더리움 커뮤니티를 위한 보안 라이브러리를 구축하고 감사하는 훌륭한 작업을 수행했다. 특히 SafeMath 라이브러리(http://bit.ly/2ABhb4l)는 언더플로/오버플로 취약점을 방지하는 데 사용할 수 있다.

솔리디티에서 이런 라이브러리가 사용되는 방법을 보여주기 위해 SafeMath 라이브러리를 사용하여 TimeLock 컨트랙트를 수정해 보자. 오버플로가 일어나지 않는 컨트랙트 버전은 다음과 같다.

```
1   library SafeMath {
2
3       function mul(uint256 a, uint256 b) internal pure returns (uint256) {
4           if (a == 0) {
5               return 0;
6           }
7           uint256 c = a * b;
8           assert(c / a == b);
9           return c;
10      }
11
12      function div(uint256 a, uint256 b) internal pure returns (uint256) {
13          // assert(b > 0); // 0으로 나눌 때 솔리디티는 자동으로 던진다.
14          uint256 c = a / b;
```

```
15            // assert(a == b * c + a % b); // 이것은 모든 경우에 적용된다.
16            return c;
17        }
18
19        function sub(uint256 a, uint256 b) internal pure returns (uint256) {
20            assert(b <= a);
21            return a - b;
22        }
23
24        function add(uint256 a, uint256 b) internal pure returns (uint256) {
25            uint256 c = a + b;
26            assert(c >= a);
27            return c;
28        }
29 }
30
31 contract TimeLock {
32    using SafeMath for uint; // uint 타입용 라이브러리 사용하기
33    mapping(address => uint256) public balances;
34    mapping(address => uint256) public lockTime;
35
36    function deposit() public payable {
37        balances[msg.sender] = balances[msg.sender].add(msg.value);
38        lockTime[msg.sender] = now.add(1 weeks);
39    }
40
41    function increaseLockTime(uint256 _secondsToIncrease) public {
42        lockTime[msg.sender] = lockTime[msg.sender].add(_secondsToIncrease);
43    }
44
45    function withdraw() public {
46        require(balances[msg.sender] > 0);
47        require(now > lockTime[msg.sender]);
48        balances[msg.sender] = 0;
49        msg.sender.transfer(balance);
50    }
51 }
```

모든 표준 수학 연산이 SafeMath 라이브러리에 정의된 연산으로 대체되었다. TimeLock 컨 트랙트는 더 이상 언더플로/오버플로가 가능한 어떤 동작도 수행하지 않는다.

실제 사례: PoWHC 및 일괄 전송 오버플로(CVE-2018-10299)

위크 핸즈 증명 코인(Proof of Weak Hands Coin, PoWHC)은 원래 일종의 농담으로 고안되었지만, 한 인터넷 단체에 의해 계획된 폰지 스킴(Ponzi scheme)이었다. 불행하게도 계약자는 이전에 오

버플로/언더플로를 보지 못했고, 결과적으로 866이더가 컨트랙트에서 유출되었다. 에릭 바니사드르(Eric Banisadr)는 이 사건에 대한 그의 블로그 게시물(https://bit.ly/2wrxlFJ)에서 언더플로가 어떻게 발생했는지(앞에서 설명한 이더넷 과제와 크게 다르지 않은) 좋은 개요를 제공한다.

또 다른 예(http://bit.ly/2CUf7WG)는 batchTransfer() 함수를 여러 ERC20 토큰 컨트랙트에 구현한 경우다. 이 구현은 오버플로 취약점이 있었는데, 펙실드(PeckShield)의 계정(https://bit.ly/2HDlls8)에서 자세한 내용을 읽을 수 있다.

예기치 않은 이더

일반적으로 이더가 컨트랙트에 전달될 때는 폴백 함수나 컨트랙트에 정의된 또 다른 함수를 실행해야 한다. 이것에 대해 두가지 예외가 있는데, 어떤 코드를 실행하지 않고 컨트랙트 내에 이더가 존재할 수 있는 경우다. 전송되는 모든 이더에 대해 코드 실행에 의존하는 컨트랙트는 이더가 강제로 전송되는 공격에 취약할 수 있다.

이에 대한 더 자세한 내용은 '스마트 컨트랙트를 안전하게 만드는 방법'(https://bit.ly/2MR8Gp0)과 '솔리디티 보안 패턴: 이더를 컨트랙트로 강제 전송하기'(https://bit.ly/2SMs0KM)를 참고하라.

취약점

올바른 상태 전이 또는 유효성 검사를 강제하는 데 유용한 일반적인 방어 프로그래밍 기법은 **불변 검사(invariant checking)**다. 이 기법은 하나의(또는 여러) 연산 후에 변경되지 않는 불변량(변경되지 말아야 할 매트릭스 또는 파라미터들)을 정의하고 변경되지 않았는지 확인하는 것이다. 검사하는 불변량이 실제로 불변량이라면 이것은 일반적으로 좋은 설계다. 불변량의 한 예는 고정 발행되는 ERC20 토큰(http://bit.ly/2CUf7WG)의 totalSupply이다. 이 불변부를 수정해야 하는 함수가 없기 때문에 함수가 예상대로 작동하는지 확인하기 위해 totalSupply를 수정하지 않은 상태로 유지하도록 transfer 함수에 체크를 추가할 수 있다.

특히, 불변량으로 사용하고 싶을 정도로 불변량처럼 보이지만, 사실은 외부 사용자들에 의해 (스마트 컨트랙트의 규칙과 상관없이) 조작될 수 있는 것이 있다. 이것은 컨트랙트에 저장된 현재 이더양이다. 종종 개발자가 솔리디티를 배울 때 컨트랙트가 payable 함수를 통해서만 이더를 받아들이거나 얻을 수 있다고 오해를 한다. 이러한 오해로 인해 내부의 이더 잔액에 대한 잘못된 가정을 하는 컨트랙트가 생길 수 있으며, 이로 인해 다양한 취약점이 발생할 수 있다. 이 취약점에 대한 명백한 증거는 this.balance의 (잘못된) 사용법이다.

이더가 payable 함수를 사용하거나 컨트랙트에서 코드를 실행하지 않고 컨트랙트에 (강제적으로) 보내질 수 있는 두 가지 방법이 있다.

자기파괴(self-destruct/suicide)

모든 컨트랙트는 selfdestruct 함수(http://bit.ly/2RovrDf)를 구현할 수 있다. 이 함수는 컨트랙트 주소에서 모든 바이트코드를 제거하고 거기에 저장된 모든 이더를 파라미터로 지정된 주소로 보낸다. 이 지정된 주소가 컨트랙트인 경우에 어떤 함수(폴백 함수 포함)도 호출되지 않는다. 따라서 이 selfdestruct 함수는 컨트랙트에 존재할 수 있는 코드(지급 기능이 없는 컨트랙트 포함)와 관계없이 이더를 강제로 임의의 컨트랙트로 보낼 수 있다. 이것은 아무 공격자나 selfdestruct 함수를 가진 컨트랙트를 만들고, 여기에 이더를 보낸 다음, selfdestruct(target)을 호출해서 target 컨트랙트에 강제로 이더를 보낼 수 있음을 의미한다. 마틴 스웬데(Martin Swende)는 이에 대한 상세한 블로그 게시물(http://bit.ly/2OfLukM)을 작성했다. 거기서 클라이언트 노드가 잘못된 불변량을 검사하는 방법에 대한 설명과 함께 자기파괴 연산코드(Quirk # 2)의 몇 가지 단점을 설명한다. 그리고 그것은 상당히 치명적인 이더리움 네트워크의 붕괴를 가져올 수도 있었다.

미리 보내진 이더

컨트랙트 주소를 미리 알 수 있기 때문에 미리 계산된 주소로 이더를 보낼 수 있다. 컨트랙트 주소는 결정론적이다. 실제로 주소는 컨트랙트를 생성하는 주소와 컨트랙트를 생성하는 트랜잭션 논스의 Keccak-256(일반적으로 SHA-3과 동의어) 해시로 계산된다. 구체적으로, 이것은 address = sha3(rlp.encode([account_address, transaction_nonce]))의 형태다. 아드리안 매닝(Adrian Manning)의 '키 없는 이더(Keyless Ether, http://bit.ly/2EPj5Tq)'에 대한 재미있는 사용 사례를 참고하라. 이것은 누구나 컨트랙트가 생성되기 전에 컨트랙트의 주소를 계산할 수 있고, 이 주소로 이더를 보낼 수 있음을 의미한다. 이 컨트랙트가 실제로 생성되었을 때 이것은 0이 아닌 이더 밸런스를 갖게 된다.

이런 사실을 바탕으로 발생할 수 있는 몇 가지 위험을 예제 9-5를 통해 살펴보자.

예제 9-5 **EtherGame.sol**

```
 1  contract EtherGame {
 2
 3      uint public payoutMileStone1 = 3 ether;
 4      uint public mileStone1Reward = 2 ether;
 5      uint public payoutMileStone2 = 5 ether;
 6      uint public mileStone2Reward = 3 ether;
 7      uint public finalMileStone = 10 ether;
 8      uint public finalReward = 5 ether;
 9
10      mapping(address => uint) redeemableEther;
11      // 사용자는 0.5이더를 지불한다. 특정 이정표에서 그들의 계정에 입금한다.
12      function play() public payable {
13          require(msg.value == 0.5 ether); // 각각의 지불액은 0.5이더다.
14          uint currentBalance = this.balance + msg.value;
15          // 게임이 끝난 후에 어떤 선수도 없도록 확인하기
16          require(currentBalance <= finalMileStone);
17          // 이정표에서 선수의 계정으로 입금하기
18          if (currentBalance == payoutMileStone1) {
19              redeemableEther[msg.sender] += mileStone1Reward;
20          }
21          else if (currentBalance == payoutMileStone2) {
22              redeemableEther[msg.sender] += mileStone2Reward;
23          }
24          else if (currentBalance == finalMileStone) {
25              redeemableEther[msg.sender] += finalReward;
26          }
27          return;
28      }
29
30      function claimReward() public {
31          // 게임이 완료되었는지 확인하기
32          require(this.balance == finalMileStone);
33          // 보상이 주어지도록 확인하기
34          require(redeemableEther[msg.sender] > 0);
35          redeemableEther[msg.sender] = 0;
36          msg.sender.transfer(transferValue);
37      }
38 }
```

이 컨트랙트는 플레이어가 처음으로 세 가지 이정표 중 하나에 먼저 도달하기 위해 0.5이더를 컨트랙트에 보내는 간단한 게임(이것은 자연적으로 레이스 컨디션 상황을 만듦)을 나타낸다. 이정표는 이더로 표시된다. 이정표에 도달한 첫 번째 선수는 경기가 끝나면 이더의 일부를 요구할 수 있다. 마지막 이정표(10이더)에 도달하면 게임이 종료된다. 사용자는 자신의 보상을 청구할 수 있다.

EtherGame 컨트랙트의 문제는 14행(그리고 묶어서 16행), 32행에서 this.balance의 잘못된 사용으로 인한 것이다. 나쁜 공격자는 미래의 어떤 플레이어도 이정표에 도달하지 못하도록 selfdestruct 함수(앞에서 설명했듯이)를 사용해 소량의 이더, 예를 들어 0.1이더를 강제로 보낼 수 있다. this.balance는 모든 합법적인 플레이어가 0.5개의 이더 증분만 보낼 수 있기 때문에, 0.1의 이더 기여로 인해 0.5의 배수가 되지는 않는다. 이렇게 하면 18, 21, 24행의 모든 if 조건이 참이 되지 않는다.

더 나쁜 경우로, 이정표를 놓친 복수심에 불타는 공격자는 강제로 10이더(또는 컨트랙트의 잔액을 finalMileStone보다 많아지도록 하는 이더와 같은 양)를 보내면 컨트랙트의 모든 보상을 영원히 잠글 수 있다. 이것은 claimReward 함수가 32행의 require로 인해 항상 되돌리기 때문이다(즉, this.balance가 finalMileStone보다 크기 때문).

예방 기법

이러한 종류의 취약점은 일반적으로 this.balance의 공격으로 인해 발생한다. 컨트랙트 로직은 인위적으로 조작될 수 있기 때문에 가능하다면 컨트랙트 잔액의 정확한 값에 의존하지 않아야 한다. this.balance에 근거한 로직을 적용할 경우 예기치 않은 잔액에 대처해야 한다.

만약 입금된 이더의 정확한 값이 필요하다면, 입금된 이더를 안전하게 추적할 수 있도록 입금 함수 내에서 증가하는 자체 정의된 변수를 사용해야 한다. 이 변수는 selfdestruct 호출을 통해 강제로 보내진 이더에 의해 영향을 받지 않는다.

이를 염두에 두고 수정된 버전의 EtherGame 컨트랙트는 다음과 같다.

```
1   contract EtherGame {
2
3       uint public payoutMileStone1 = 3 ether;
4       uint public mileStone1Reward = 2 ether;
5       uint public payoutMileStone2 = 5 ether;
6       uint public mileStone2Reward = 3 ether;
7       uint public finalMileStone = 10 ether;
8       uint public finalReward = 5 ether;
9       uint public depositedWei;
10
11      mapping (address => uint) redeemableEther;
12
13      function play() public payable {
14          require(msg.value == 0.5 ether);
```

```
15          uint currentBalance = depositedWei + msg.value;
16          // 게임이 끝난 후에 어떤 선수도 없도록 확인하기
17          require(currentBalance <= finalMileStone);
18          if (currentBalance == payoutMileStone1) {
19              redeemableEther[msg.sender] += mileStone1Reward;
20          }
21          else if (currentBalance == payoutMileStone2) {
22              redeemableEther[msg.sender] += mileStone2Reward;
23          }
24          else if (currentBalance == finalMileStone) {
25              redeemableEther[msg.sender] += finalReward;
26          }
27          depositedWei += msg.value;
28          return;
29      }
30
31      function claimReward() public {
32          // 게임이 완료되었는지 확인하기
33          require(depositedWei == finalMileStone);
34          // 보상이 주어지도록 확인하기
35          require(redeemableEther[msg.sender] > 0);
36          redeemableEther[msg.sender] = 0;
37          msg.sender.transfer(transferValue);
38      }
39 }
```

여기서 우리는 depositedEther라는 새로운 변수를 만들어 입금된 이더를 추적하고 테스트 하는 데 사용했다. 더 이상은 this.balance를 사용하지 않음을 유의하라.

추가 예제

악용 가능한 컨트랙트의 몇 가지 예는 언더핸드 솔리디티 코딩 콘테스트(Underhanded Solidity Coding Contest, https://bit.ly/2ThWdP3)에서 찾아볼 수 있으며, 이 절에서 제기한 여러 가지 위험 이 확장된 예들을 살펴볼 수 있다.

DELEGATECALL

CALL과 DELEGATECALL 연산코드는 이더리움 개발자가 코드를 모듈화할 수 있게 하는 데 유용하다. 컨트랙트에 대한 표준 외부 메시지 호출은 CALL 연산코드에 의해 처리되므로 코드가 외부 컨트랙트/함수의 컨텍스트에서 실행된다. 대상 주소에서 실행 코드가 호출 컨트랙트의

컨텍스트에서 실행되는 것을 제외하고 DELEGATECALL 연산코드는 거의 같으며, msg.sender 와 msg.value는 변경되지 않는다. 이 특성을 사용하면 **라이브러리(library)**를 구현할 수 있으므로 개발자는 재사용 가능한 코드를 일단 배포하고 향후 컨트랙트에서 호출할 수 있다.

이 두 연산코드의 차이점은 간단하고 직관적이지만, DELEGATECALL을 사용하면 예기치 않은 코드가 실행될 수 있다.

자세한 내용은 로이루(Loi.Luu)의 이더리움 스택 교환 질문(http://bit.ly/2AAElb8)과 솔리디티 문서(http://bit.ly/2Oi7UlH)를 참고하라.

취약점

DELEGATECALL의 컨텍스트 보존 특성으로 인해 취약점이 없는 사용자 지정 라이브러리를 구축하는 것은 생각만큼 쉽지 않다. 라이브러리 자체의 코드는 안전하고 취약점이 없을 수 있다. 그러나 다른 애플리케이션의 컨텍스트에서 실행될 때 새로운 취약점이 발생할 수 있다. 피보나치 수(Fibonacci numbers)를 사용하여 이에 대한 상당히 복잡한 예를 살펴보겠다.

예제 9-6의 라이브러리에서 피보나치 수열과 유사한 형식의 수열을 생성할 수 있다(참고: 이 코드는 https://bit.ly/2MReuii로부터 수정되었다).

예제 9-6 **FibonacciLib.sol**

```
1   // 라이브러리 컨트랙트 - 피보나치 같은 수를 계산한다.
2   contract FibonacciLib {
3       // 표준 피보나치 수열 초기화
4       uint public start;
5       uint public calculatedFibNumber;
6
7       // 수열에서 0번째 수 수정하기
8       function setStart(uint _start) public {
9           start = _start;
10      }
11
12      function setFibonacci(uint n) public {
13          calculatedFibNumber = fibonacci(n);
14      }
15
16      function fibonacci(uint n) internal returns (uint) {
17          if (n == 0) return start;
18          else if (n == 1) return start + 1;
19          else return fibonacci(n - 1) + fibonacci(n - 2);
20      }
```

```
21 }
```

이 라이브러리는 수열에서 *n*번째 피보나치 수를 생성할 수 있는 함수를 제공한다. 사용자는 수열의 시작 번호(start)를 변경하고, 이 새로운 수열에서 *n*번째 피보나치 같은 숫자를 계산할 수 있다.

이제 이 라이브러리를 사용하는 컨트랙트를 예제 9-7에서 살펴보자.

예제 9-7 FibonacciBalance.sol

```
1   contract FibonacciBalance {
2
3       address public fibonacciLibrary;
4       // 출금할 현재 피보나치 수
5       uint public calculatedFibNumber;
6       // 피보나치 수열의 시작 번호
7       uint public start = 3;
8       uint public withdrawalCounter;
9       // 피보나치 함수 선택자
10      bytes4 constant fibSig = bytes4(sha3("setFibonacci(uint256)"));
11
12      // 생성자 - 이더와 함께 컨트랙트 불러오기
13      constructor(address _fibonacciLibrary) public payable {
14          fibonacciLibrary = _fibonacciLibrary;
15      }
16
17      function withdraw() {
18          withdrawalCounter += 1;
19          // 현재 출금자를 위한 피보나치 수 계산하기
20          // 이것으로 calculatedFibNumber를 할당한다.
21          require(fibonacciLibrary.delegatecall(fibSig, withdrawalCounter));
22          msg.sender.transfer(calculatedFibNumber * 1 ether);
23      }
24
25      // 피보나치 라이브러리 함수 호출 허용하기
26      function() public {
27          require(fibonacciLibrary.delegatecall(msg.data));
28      }
29 }
```

이 컨트랙트를 이용해서 참가자는 컨트랙트에서 이더를 출금할 수 있다. 여기서 출금되는 이더의 금액은 참가자의 출금 명령에 상응하는 피보나치 수와 같다. 즉, 첫 번째 참가자는 1이더를 얻고, 두 번째 참가자도 역시 1이더를 얻고, 세 번째 참가자는 2이더를 얻고, 네 번째는 3이더를 얻고, 다섯 번째는 5이더가 된다(컨트랙트의 잔액이 출금되는 피보나치 숫자보다 작을 때까지).

이 컨트랙트에는 설명이 필요한 요소들이 있다. 첫 번째로, 흥미로운 변수인 `fibSig`가 있다. 이것은 `'setFibonacci(uint256)'` 문자열의 Keccak-256(SHA-3) 해시의 처음 4바이트를 보유한다. 이것은 함수 선택자(http://bit.ly/2RmueMP)로 알려져 있으며, 스마트 컨트랙트의 어떤 함수가 호출될지를 지정하기 위해서 `calldata`에 저장된다. 이것은 21행의 `delegatecall` 함수에서 `fibonacci(uint256)` 함수를 실행하고자 한다고 지정하는 데 사용된다. `delegatecall`의 두 번째 인수는 그 함수에 건네주는 파라미터다. 두 번째로, 우리는 FibonacciLib 라이브러리의 주소가 생성자에서 올바르게 참조되었다고 가정한다(222페이지의 '외부 컨트랙트 참고' 절에서는 이러한 종류의 컨트랙트 참고 초기화와 관련된 잠재적인 취약점에 대해 논의한다).

이 컨트랙트에서 오류를 발견할 수 있는가? 컨트랙트를 배포하고 이더로 채우고 `withdraw`를 호출하면, 아마 다시 원상태로 되돌아갈 것이다.

상태 변수 `start`가 라이브러리와 기본 호출 컨트랙트 모두에서 사용된다는 것을 알 수 있다. 라이브러리 컨트랙트에서 `start`는 피보나치 수열의 시작 부분을 지정하는 데 사용되고 0으로 설정되는 반면, 호출 컨트랙트에서는 3으로 설정된다. 또한 FibonacciBalance 컨트랙트의 폴백 함수로 모든 호출을 라이브러리 컨트랙트에 전달할 수 있으며, 라이브러리 컨트랙트의 `setStart` 함수를 호출할 수 있다는 것도 알 수 있다. 컨트랙트 상태를 보존한다는 점을 상기하면, 이 함수를 사용하면 지역 변수 FibonnacciBalance 컨트랙트 안에 있는 `start` 변수의 상태를 변경할 수 있다. 그렇다면 결과로 나온 `calculatedFibNumber`가 `start` 변수(라이브러리 컨트랙트에서 볼 수 있듯이)에 따라 달라지기 때문에 더 많은 이더를 출금할 수 있다. 실제로 `setStart` 함수는 FibonacciBalance 컨트랙트 안에 있는 `start` 변수를 수정하지 못한다. 이 컨트랙트의 근본적인 취약점은 `start` 변수를 수정하는 것보다 훨씬 심각하다.

실제 문제를 논의하기 전에 상태 변수가 실제로 컨트랙트에 저장되는 방법을 살펴보겠다. 상태 또는 스토리지 변수(개별 트랜잭션에 대해 지속되는 변수)는 컨트랙트에 도입될 때 순차적으로 **슬롯(slot)**에 배치된다(여기에는 몇 가지 복잡한 사항이 있지만, 좀 더 철저하게 이해하려면 솔리디티 문서(http://bit.ly/2JslDWf)를 참고하라).

예를 들어, 라이브러리 컨트랙트를 살펴보겠다. `start`와 `calculatedFibNumber`라는 2개의 상태 변수를 갖고 있으며, 첫 번째 변수 `start`는 컨트랙트의 스토리지 slot[0](즉, 첫 번째 슬롯)에 저장된다. 두 번째 변수 `calculatedFibNumber`는 다음으로 사용 가능한 스토리지 슬롯(slot[1])에 배치된다. 함수 `setStart`는 입력 값을 가져와서 `start`를 입력 값으로 설정한다. 따라서 이 함수는 slot[0]에 setStart 함수의 입력 값을 설정한다. 마찬가지로, setFibonacci 함수는 calculatedFibNumber를 fibonacci(n) 결과로 설정한다. 다시 말하면, 이것은 단순히 스토리지 slot[1]을 fibonacci(n) 값으로 설정하는 것이다.

이제 FibonacciBalance 컨트랙트를 살펴보겠다. 이제 스토리지 slot[0]은 fibonacciLibrary 주소에 해당하고, slot[1]은 calculatedFibNumber에 해당한다. 이 잘못된 매핑에서 취약점이 발생한다. delegatecall은 **컨트랙트 컨텍스트를 보존한다**. 즉, delegatecall을 통해 실행되는 코드는 호출하는 컨트랙트의 상태(즉, 스토리지)에 따라 동작한다.

이제 21행의 withdraw 함수에서 fibonacciLibrary.delegatecall(fibSig,withdrawalCounter)를 실행하는 것에 주목해 보자. 이것은 setFibonacci 함수를 호출하는데, 우리가 논의한 바와 같이 스토리지 slot[1]을 수정한다. 이 슬롯은 현재의 컨텍스트에서 calculatedFibNumber이다. 이것은 예상했던 대로다(즉, 실행 후 calculatedFibNumber가 수정됨). 그러나 FibonacciLib 컨트랙트의 start 변수는 현재 컨트랙트의 fibonacciLibrary 주소인 스토리지 slot[0]에 있음을 기억하라. 이것은 fibonacci 함수가 예기치 않은 결과를 줄 수 있음을 의미한다. 이는 현재 호출 컨텍스트에서 fibonacciLibrary 주소(uint로 해석될 때 종종 상당히 클 수 있음)인 start(slot[0])를 참고하기 때문이다. 따라서 calculatedFibNumber가 반환할 이더의 uint(fibonacciLibrary) 양을 포함하지 않기 때문에 withdraw 함수가 원상태로 되돌아가게(revert) 된다.

더 나쁜 것은, FibonacciBalance 컨트랙트는 사용자가 26행의 폴백 함수를 통해 모든 fibonacciLibrary 함수를 호출할 수 있도록 허용한다는 점이다. 이전에 논의했듯이, 여기에는 setStart 함수가 포함된다. 우리는 이 함수를 통해 누구나 스토리지 slot[0]을 수정하거나 설정할 수 있다고 설명했다. 이 경우 스토리지 slot[0]은 fibonacciLibrary 주소다. 따라서 공격자는 악의적인 컨트랙트를 만들고, 그 주소를 uint(파이썬에서 int('<address>',16)을 이용하여 쉽게 가능함)로 변환한 후에 setStart(<attack_contract_address_as_uint>)를 호출할 수 있게 된다. 이것은 fibonacciLibrary를 공격 컨트랙트의 주소로 변경한다. 그런 다음, 사용자가 withdraw나 폴백 함수를 호출할 때마다 fibonacciLibrary의 실제 주소를 변경했기 때문에 악의적인 컨트랙트가 실행된다(컨트랙트의 전체 잔액을 훔칠 수 있음). 이러한 공격 컨트랙트의 예는 다음과 같다.

```
1  contract Attack {
2      uint storageSlot0; // fibonacciLibrary에 해당
3      uint storageSlot1; // calculatedFibNumber에 해당
4
5      // 폴백 함수 - 지정된 함수가 없으면 실행된다.
6      function() public {
7          storageSlot1 = 0; // calculatedFibNumber를 0으로 할당한다. 그래서 출금이
8                            // 호출되더라도 이더를 전송하지 않는다.
9          <attacker_address>.transfer(this.balance); // 이더를 모두 가져간다.
10     }
11 }
```

이 공격 컨트랙트는 스토리지 slot[1]을 변경함으로써 calculatedFibNumber를 변경한다. 원칙적으로 공격자는 자신이 선택한 다른 스토리지 슬롯을 수정하여 이 컨트랙트에 대해 모든 종류의 공격을 수행할 수 있다. 우리는 이런 컨트랙트를 리믹스(https://remix.ethereum.org/)에 넣고 delegatecall 함수를 통해 다양한 공격 컨트랙트와 상태 변경을 시도해 볼 것을 권장한다.

우리가 delegatecall이 상태를 보존한다고 말할 때 그것은 컨트랙트의 변수 이름이 아니라 그 이름이 가리키는 실제 스토리지 슬롯에 대해 말하고 있음을 알아야 한다. 이 예에서 알 수 있듯이, 간단한 실수로 공격자가 전체 컨트랙트와 해당 이더를 가로챌 수 있다.

예방 기법

솔리디티는 라이브러리 컨트랙트를 구현하기 위한 키워드를 제공한다(자세한 내용은 문서(http://bit.ly/2zjD8TI)를 참고하라). 이것은 라이브러리 컨트랙트가 스테이트리스(stateless)이며 비자기파괴적(non-self-destructable)임을 보장한다. 라이브러리를 스테이트리스로 만들면 이 절에서 설명하는 스토리지 컨텍스트의 복잡성을 완화할 수 있다. 또한 스테이트리스 라이브러리는 공격자가 라이브러리의 코드를 기반으로 하는 컨트랙트에 영향을 주기 위해 직접 라이브러리의 상태를 수정하는 공격을 방지한다. 일반적으로 DELEGATECALL 라이브러리 컨트랙트와 호출 컨트랙트의 가능한 호출 컨텍스트에 세심하게 신경을 쓰고, 가능한 경우 스테이트리스 라이브러리를 만들어라.

실제 사례: 패리티 멀티시그 지갑(두 번째 해킹)

두 번째 패리티 멀티시그 지갑(Multisig Wallet) 해킹은 잘 작성된 라이브러리 코드가 의도된

컨텍스트 외부에서 실행될 경우 어떻게 악용될 수 있는지 보여주는 예다. '다시 해킹된 패리티 멀티시그'(http://bit.ly/2Dg7GtW)와 '패리티 멀티시그 버그에 대해 깊이 살펴보기'(http://bit.ly/2Of06B9) 같은 여러 가지 좋은 설명이 있다.

이 참고에 추가하기 위해 악용된 컨트랙트를 살펴보겠다. 라이브러리와 지갑 컨트랙트는 깃허브(http://bit.ly/2OgnXQC)에서 찾을 수 있다.

라이브러리 컨트랙트는 다음과 같다.

```
1  contract WalletLibrary is WalletEvents {
2
3     ...
4
5     // 컨트랙트가 아직 초기화되어 있지 않은 경우를 제외하고 throw한다.
6     modifier only_uninitialized { if (m_numOwners > 0) throw; _; }
7
8     // 생성자 - 소유자 배열을 다중 소유로 전달하고
9     // 일 제한 값을 설정
10    function initWallet(address[] _owners, uint _required, uint _daylimit)
11           only_uninitialized {
12       initDaylimit(_daylimit);
13       initMultiowned(_owners, _required);
14    }
15
16    // 모든 것을 _to에게 보내는 컨트랙트를 삭제한다.
17    function kill(address _to) onlymanyowners(sha3(msg.data)) external {
18       suicide(_to);
19    }
20
21    ...
22
23 }
```

다음은 지갑 컨트랙트다.

```
1  contract Wallet is WalletEvents {
2
3     ...
4
5     // 메서드
6
7     // 매칭되는 다른 함수가 없을 때 호출된다.
8     function() payable {
9         // 그냥 현금 보내기?
```

```
10          if (msg.value > 0)
11              Deposit(msg.sender, msg.value);
12          else if (msg.data.length > 0)
13              _walletLibrary.delegatecall(msg.data);
14      }
15
16      ...
17
18      // 필드
19      address constant _walletLibrary =
20          0xcafecafecafecafecafecafecafecafecafecafe;
21  }
```

Wallet 컨트랙트는 기본적으로 delegate 호출을 통해 WalletLibrary 컨트랙트에 모든 호출을 전달한다. 이 코드의 상수 _walletLibrary 주소는 실제로 배포된 WalletLibrary 컨트랙트(0x863DF6BFa4469f3ead0bE8f9F2AAE51c91A907b4)의 자리 표시자 역할을 한다.

이러한 컨트랙트의 목적은 코드 라이브러리와 주요 기능이 WalletLibrary 컨트랙트에 포함된 간단하고 저렴하게 배포 가능한 Wallet 컨트랙트를 만들고자 한 것이었다. 유감스럽게도 WalletLibrary 컨트랙트는 자체가 컨트랙트이며, 그 자체의 상태를 유지한다. 왜 이것이 문제가 될지 이해할 수 있는가?

WalletLibrary 컨트랙트 자체를 호출할 수 있다. 특히 WalletLibrary 컨트랙트를 초기화하고 소유할 수 있다. 실제로 사용자가 WalletLibrary 컨트랙트에서 initWallet 함수를 호출하고 라이브러리 컨트랙트의 소유자가 되었다. 이후 같은 사용자가 kill 함수를 호출했다. 사용자가 라이브러리 컨트랙트의 소유자였기 때문에 모디파이어(modifier)가 전달되고 라이브러리 컨트랙트가 자기파괴되었다. 모든 Wallet 컨트랙트는 이 라이브러리 컨트랙트를 참고하며, 이 참고를 변경할 방법이 없으므로 WalletLibrary 컨트랙트와 함께 이더 출금 기능을 포함한 모든 기능이 사라져 버렸다. 결과적으로 이 유형의 모든 패리티 멀티시그 지갑의 모든 이더가 즉시 손실되거나 영구적으로 복구할 수 없게 된 것이었다.

디폴트 가시성

솔리디티의 함수에는 호출 방법을 지정하는 가시성 지정자(visibility specifier)가 있다. 가시성은 사용자가 함수를 외부에서 호출할 수 있는지, 다른 파생 컨트랙트가 함수를 내부에서만 또는 외부에서만 호출할 수 있는지 여부를 결정한다. 가시성 지정자는 네 가지가 있으며, 솔리디티 문서(http://bit.ly/2ABiv7j)에 자세히 설명되어 있다. 함수는 기본적으로 public이며 사용자가 외부에서 호출할 수 있다. 지금부터 가시성 지정자의 잘못된 사용이 스마트 컨트랙트에서 어떤 치명적인 취약점을 초래하는지 알아볼 것이다.

취약점

함수에 대한 기본 가시성이 public이므로, 가시성을 지정하지 않는 함수는 외부 사용자가 호출할 수 있다. 개발자가 실수로 private(또는 컨트랙트 자체 내에서만 호출할 수 있어야 하는) 함수에 대한 가시성 지정자를 생략하면 문제가 발생한다.

간단한 예를 살펴보자.

```
1   contract HashForEther {
2
3       function withdrawWinnings() {
4           // 주소의 마지막 8자리 16진수 문자가 0인 경우 승자
5           require(uint32(msg.sender) == 0);
6           _sendWinnings();
7       }
8
9       function _sendWinnings() {
10          msg.sender.transfer(this.balance);
11      }
12 }
```

이 컨트랙트는 사용자가 마지막 8자리 16진수가 0인 이더리움 주소를 생성하면 withdraw Winnings 함수를 호출하여 현상금을 얻을 수 있다.

그러나 불행히도 함수의 가시성은 지정되지 않았다. 특히 _sendWinnings 함수는 public(기본값)이며, 따라서 어떤 주소에서든 이 함수를 호출하여 현상금을 훔칠 수 있다.

예방 기법

함수가 의도적으로 public이라고 할지라도 컨트랙트의 모든 함수에 대한 가시성을 항상 지정하는 것이 좋다. 최근 버전의 solc에서는 명시적인 이러한 방법을 권장하기 위해서 명시적으로 가시성 설정을 하지 않은 함수에는 경고를 표시한다.

실제 사례: 패리티 멀티시그 지갑(첫 번째 해킹)

첫 번째 패리티 멀티시그 해킹에서 약 3,100만 달러 상당의 이더가 도난당했고, 대부분 3개의 지갑에서 발생했다. 이것이 어떻게 행해졌는지에 대한 정리는 하셉 쿠레시(Haseeb Qureshi, https://bit.ly/2vHiuJQ)가 정리한 글을 참고하자.

본질적으로, 멀티시그 지갑은 기본 지갑 컨트랙트로 구성된다. 이 컨트랙트는 핵심 기능(214페이지의 '실제 사례: 패리티 멀티시그 지갑(두 번째 해킹)' 절에서 설명) 라이브러리 컨트랙트를 호출한다. 라이브러리 컨트랙트에는 다음 예시 코드에서 볼 수 있듯이 지갑을 초기화하는 코드가 들어 있다.

```
1  contract WalletLibrary is WalletEvents {
2
3      ...
4
5      // 메서드
6
7      ...
8
9      // 생성자는 보호된 "onlymanyonwers" 트랜잭션 수행에 필요한 사인 개수와 이것을 컨펌할 수 있는
10     // 주소들을 받는다.
11     function initMultiowned(address[] _owners, uint _required) {
12         m_numOwners = _owners.length + 1;
13         m_owners[1] = uint(msg.sender);
14         m_ownerIndex[uint(msg.sender)] = 1;
15         for (uint i = 0; i < _owners.length; ++i)
16         {
17             m_owners[2 + i] = uint(_owners[i]);
18             m_ownerIndex[uint(_owners[i])] = 2 + i;
19         }
20         m_required = _required;
21     }
22
23     ...
24
25     // 생성자 - 소유자 배열을 다중 소유로 전달하고
26     // 일 제한으로 전환한다.
27     function initWallet(address[] _owners, uint _required, uint _daylimit) {
28         initDaylimit(_daylimit);
29         initMultiowned(_owners, _required);
30     }
31 }
```

두 함수 모두 가시성을 지정하지 않았기 때문에 둘 다 기본값인 public으로 설정된다. 이

`initWallet` 함수는 지갑의 생성자에서 호출되며, `initMultiowned` 함수에서 볼 수 있는 것처럼 멀티시그 지갑의 소유자를 설정한다. 이러한 `public` 함수가 실수로 남아 있었기 때문에, 공격자는 배포된 컨트랙트에서 이러한 기능을 호출하여 소유권을 공격자의 주소로 재설정할 수 있었다. 공격자는 소유자가 되어 지갑에서 모든 이더를 가져갈 수 있었다.

엔트로피 환상

이더리움 블록체인의 모든 트랜잭션은 결정론적 상태 전이 연산이다. 이것은 모든 트랜잭션이 이더리움 생태계의 전체 상태를 불확실성 없이 계산 가능한 방식으로 변경한다는 것을 의미한다. 이것은 이더리움에서 엔트로피 또는 무작위성의 근원이 없다는 근본적인 함축성을 지니고 있다. 탈중앙화된 엔트로피(무작위성)를 달성하기 위해 란다오(RANDAO, https://bit.ly/2HIeWlH)를 포함해 많은 솔루션이 제안되었으며, 블로그 게시물 '지분증명에서 검증자의 순서 및 무작위성'(https://bit.ly/2MHFAtH)에서 비탈릭 부테린이 설명한 것처럼 해시들의 체인을 사용한 방법도 있다.

취약점

이더리움 플랫폼을 기반으로 구축된 최초의 컨트랙트 중 일부는 도박을 기반으로 했다. 근본적으로 도박에는 불확실성(베팅할 대상)이 필요하기 때문에 블록체인(결정론적 시스템)에 도박 시스템을 구축하는 것은 다소 어렵다. 불확실성은 블록체인 외부의 소스에서 나와야만 한다는 점은 분명하다. 이것은 플레이어들 간의 베팅에는 가능하지만(예를 들어, 커밋-공개 기법(commit-reveal technique), http://bit.ly/2CUh2KS), 블랙잭이나 룰렛처럼 하우스 게임 형태의 컨트랙트를 구현하는 것은 상당히 더 어렵다. 일반적인 함정은 미래의 블록 변수, 즉 해시, 타임스탬프, 블록 번호 또는 가스 한도 같은, 값이 아직 알려지지 않은 트랜잭션 블록에 대한 정보를 포함하는 변수를 사용하는 것이다. 그러나 블록은 이를 채굴하는 채굴자가 통제하고 있으며, 그렇기 때문에 궁극적인 무작위 값이 될 수 없다는 점에 문제가 있다. 예를 들어, 다음 블록 해시가 짝수로 끝나면 검은색 숫자를 반환하는 로직을 가진 룰렛 스마트 컨트랙트를 생각해 보자. 채굴자(또는 채굴자 풀)는 검은색으로 100만 달러를 걸 수 있다. 그들이 다음 블록을 풀어서 해시가 홀수로 끝나는 것을 발견하면, 그들은 당연히 그 블록을 게시하지 않고 블록 해시가 짝수인 솔루션을 찾을 때까지(블록 보상 및 수수료가 100만 달러 미만이라고 가정) 블록을 채굴할 것이다. 마틴 스웬데가 자신의 훌륭한 블로그 게시물(https://bit.ly/2WxkAKD)에서 보여준 것처럼 과거 또는 현재 변수를 사용하는 것은 훨씬 더 위험할 수 있다. 또한 블록 변수만 사용하면 하나의 블록 안에 있는 모든 트랜잭션에 대해 의사 난수가 같으므로, (한 번에 걸 수 있는 베팅 한도가 있다면) 공격자는 해당 블록 내에서 많은 트랜잭션을 수행하여 승률을 높일 수 있다.

예방 기법

엔트로피(무작위성)의 원천은 블록체인 외부에 있어야 한다. 이는 커밋–공개(commit-reveal, http://bit.ly/2CUh2KS) 같은 시스템을 사용하는 피어 또는 란다오(RandDAO, https://bit.ly/2HleWlH)에서와 같이 참가자 그룹에 대한 신뢰 모델 변경을 통해 수행될 수 있다. 이는 임의성 오라클 역할을 하는 중앙화된 엔터티를 통해 수행될 수도 있다. 블록 변수(일반적으로 예외가 있음)는 채굴자가 조작할 수 있으므로 엔트로피의 원천으로 사용하면 안 된다.

실제 사례: PRNG 컨트랙트

2018년 2월 아스니 루토브(Arseny Reutov)는 일종의 의사 난수 생성기(PseudoRandom Number Generator, PRNG)를 사용하는 3,649개의 스마트 컨트랙트에 대한 분석을 블로그(http://bit.ly/2Q589lx)에 올렸다. 그는 악용할 수 있는 43건의 컨트랙트를 발견했다.

외부 컨트랙트 참고

이더리움 ‘월드 컴퓨터’의 이점 중 하나는 코드를 재사용하고 네트워크에 이미 배포된 컨트랙트와 상호작용하는 능력이다. 결과적으로 많은 수의 컨트랙트가 대개 외부 메시지 호출을 통해 외부 컨트랙트를 참고한다. 이러한 외부 메시지 호출은 악의적인 행위자의 의도를 몇 가지 모호한 방법으로 숨길 수 있다.

취약점

솔리디티에서는 어떤 주소이든지 컨트랙트로 캐스트할 수 있는데, 해당 주소에 있는 코드가 실제 컨트랙트를 표현하고 있는지 여부와는 상관없다. 이로 인해 특히 컨트랙트 작성자가 악성 코드를 숨기려고 할 때 문제가 발생할 수 있다. 다음 예제를 통해 살펴보자.

ROT13 암호(https://bit.ly/1wsB8yO)를 우연히 구현한 예제 9-8과 같은 코드를 생각해 보자.

예제 9-8 **Rot13Encryption.sol**

```
1   // 암호화 컨트랙트
2   contract Rot13Encryption {
3
4       event Result(string convertedString);
5
6       // rot13 - 문자열 암호화
7       function rot13Encrypt (string text) public {
8           uint256 length = bytes(text).length;
9           for (var i = 0; i < length; i++) {
10              byte char = bytes(text)[i];
11              // 문자열을 수정하는 인라인 어셈블리
12              assembly {
13                  // 첫 번째 바이트를 얻기
14                  char := byte(0,char)
15                  // 문자가 [n,z]에 있는 경우, 즉 래핑
16                  if and(gt(char,0x6D), lt(char,0x7B))
17                  // ASCII 숫자 a에서 빼기,
18                  // 문자 <char>와 z의 차이
19                  { char:= sub(0x60, sub(0x7A,char)) }
20                  if iszero(eq(char, 0x20)) // 공백 무시
21                  // char에 13을 더하기
22                  {mstore8(add(add(text,0x20), mul(i,1)), add(char,13))}
23              }
24          }
25          emit Result(text);
26      }
27
28      // rot13 - 문자열 해독
29      function rot13Decrypt (string text) public {
30          uint256 length = bytes(text).length;
31          for (var i = 0; i < length; i++) {
32              byte char = bytes(text)[i];
33              assembly {
34                  char := byte(0,char)
35                  if and(gt(char,0x60), lt(char,0x6E))
36                  { char:= add(0x7B, sub(char,0x61)) }
37                  if iszero(eq(char, 0x20))
38                  {mstore8(add(add(text,0x20), mul(i,1)), sub(char,13))}
39              }
40          }
41          emit Result(text);
42      }
43  }
```

이 코드는 문자열(유효성 검사 없이 문자 a~z)을 가져와서 각 문자를 오른쪽으로 13칸 이동(z로

줄바꿈)하여 암호화한다. 즉, a는 n이 되고 x는 k가 된다. 위 컨트랙트의 어셈블리는 논의되는 문제를 위해 이해할 필요가 없으므로 어셈블리에 익숙하지 않은 독자는 이를 무시해도 좋다.

이제 암호화를 위해 이 코드를 사용하는 다음 컨트랙트를 살펴보자.

```
1  import "Rot13Encryption.sol";
2
3  // 일급 비밀 정보 암호화
4  contract EncryptionContract {
5      // 암호화 라이브러리
6      Rot13Encryption encryptionLibrary;
7
8      // 생성자 - 라이브러리를 초기화한다.
9      constructor(Rot13Encryption _encryptionLibrary) {
10         encryptionLibrary = _encryptionLibrary;
11     }
12
13     function encryptPrivateData(string privateInfo) {
14         // 잠재적으로 여기서 몇 가지 작업을 수행한다.
15         encryptionLibrary.rot13Encrypt(privateInfo);
16     }
17 }
```

이 컨트랙트의 문제점은 encryptionLibrary 주소가 공개형(public)이거나 상수가 아니라는 것이다. 따라서 컨트랙트 배포자는 생성자에서 이 컨트랙트를 가리키는 주소를 제공할 수 있다.

```
1  // 암호화 컨트랙트
2  contract Rot26Encryption {
3
4      event Result(string convertedString);
5
6      // rot13 - 문자열 암호화
7      function rot13Encrypt (string text) public {
8          uint256 length = bytes(text).length;
9          for (var i = 0; i < length; i++) {
10             byte char = bytes(text)[i];
11             // 문자열을 수정하는 인라인 어셈블리
12             assembly {
13                 // 첫 번째 바이트를 얻기
14                 char := byte(0,char)
15                 // 문자가 [n,z]에 있는 경우. 즉 래핑
16                 if and(gt(char,0x6D), lt(char,0x7B))
17                 // ASCII 숫자 a에서 빼기,
18                 // 문자 <char>와 z의 차이
```

```
19              { char:= sub(0x60, sub(0x7A,char)) }
20              // 공백 무시
21              if iszero(eq(char, 0x20))
22              // char에 26을 더하기
23              {mstore8(add(add(text,0x20), mul(i,1)), add(char,26))}
24          }
25      }
26      emit Result(text);
27  }
28
29  // rot13 - 문자열 해독
30  function rot13Decrypt (string text) public {
31      uint256 length = bytes(text).length;
32      for (var i = 0; i < length; i++) {
33          byte char = bytes(text)[i];
34          assembly {
35              char := byte(0,char)
36              if and(gt(char,0x60), lt(char,0x6E))
37              { char:= add(0x7B, sub(char,0x61)) }
38              if iszero(eq(char, 0x20))
39              {mstore8(add(add(text,0x20), mul(i,1)), sub(char,26))}
40          }
41      }
42      emit Result(text);
43  }
44 }
```

이 컨트랙트는 각 문자를 26자리만큼 이동시키는 ROT26 암호를 구현한다(즉, 아무것도 하지 않는다). 다시 말하지만, 이 컨트랙트에서 어셈블리를 이해할 필요는 없다. 더 간단히 말해서, 공격자는 다음 컨트랙트를 동일한 효과에 연결할 수 있다.

```
1  contract Print{
2      event Print(string text);
3
4      function rot13Encrypt(string text) public {
5          emit Print(text);
6      }
7  }
```

이러한 컨트랙트 중 하나의 주소가 생성자에서 제공되면, 이 encryptPrivateData 함수는 단순히 암호화되지 않은 개인 데이터를 인쇄하는 이벤트를 생성한다.

이 예제에서는 생성자에서 라이브러리 같은 컨트랙트가 설정되었지만, 권한 있는 사용자(예: 소유자)가 라이브러리 컨트랙트 주소를 변경할 수 있는 경우가 종종 있다. 연결된 컨트랙트에 호출 중인 함수가 포함되어 있지 않으면 폴백 함수가 실행된다. 예를 들어, encryptionLibrary.rot13Encrypt()에서 만약 encryptionLibrary 컨트랙트가 다음과 같다면,

```
1   contract Blank {
2       event Print(string text);
3       function () {
4           emit Print("Here");
5           // 여기에 악성 코드를 넣으면 실행된다.
6       }
7   }
```

그러면 텍스트 Here가 있는 이벤트가 실행된다. 따라서 사용자가 컨트랙트 라이브러리를 변경할 수 있다면, 원칙적으로 다른 사용자가 모르는 사이에 임의의 코드를 실행할 수 있다.

 여기에 제시된 컨트랙트는 시범용으로, 적절한 암호화를 나타내지는 않는다. 이 예제들을 암호화에 사용해서는 안 된다.

예방 기법

앞에서 설명한 것처럼 안전한 컨트랙트도 악의적으로 작동하도록 배포될 수 있다(경우에 따라). 어떤 감시자가 공개적으로 컨트랙트를 검증하고, 그 컨트랙트의 소유자로 하여금 악의적인 방법으로 컨트랙트를 배포하도록 할 수 있다. 그로 인해 공개적으로 감사된 컨트랙트가 취약점이나 악의적인 의도를 갖게 만들 수 있는 것이다.

이러한 시나리오를 방지하는 데는 여러 가지 기술이 있다.

한 가지 방법은 new 키워드를 사용하여 컨트랙트를 작성하는 것이다. 앞의 예제에서 생성자는 다음과 같이 작성할 수 있다.

```
constructor() {
    encryptionLibrary = new Rot13Encryption();
}
```

이렇게 하면 참고된 컨트랙트의 인스턴스가 배포 시 생성되고, 배포자는 Rot13Encryption 컨트랙트를 변경하지 않고 컨트랙트를 대체할 수 없다.

또 다른 해결책은 외부 컨트랙트 주소를 하드코딩하는 것이다.

일반적으로 외부 컨트랙트를 호출하는 코드는 항상 주의 깊게 감사해야 한다. 개발자로서 외부 컨트랙트를 정의할 때 컨트랙트에 언급된 코드를 사용자가 쉽게 검사할 수 있도록 컨트랙트 주소를 public으로 설정하는 것이 좋다(다음 절의 허니팟(honey-pot) 예에서는 그렇지 않음). 반대로, 컨트랙트에 private 변수 컨트랙트 주소가 있는 경우 누군가 악의적으로 행동하는 사람이 있다는 신호가 될 수 있다(실제 예와 같이). 사용자가 외부 함수를 호출하는 데 사용되는 컨트랙트 주소를 변경할 수 있는 경우, 사용자가 변경되는 코드를 볼 수 있도록 시간 잠금 및/또는 투표 메커니즘을 구현하는 것이 중요할 수 있으며(탈중앙화된 시스템 컨텍스트에서), 참가자들에게 새로운 컨트랙트 주소로 옵트인/아웃할 수 있는 기회를 제공한다.

실제 사례: 허니팟에 재진입

많은 수의 최신 허니팟(Honey Pot)이 메인넷에서 출시되었다. 이 컨트랙트는 컨트랙트를 악용하려고 하는 이더리움 해커를 이겨보려고 시도하는데, 결국 해커들은 그들이 악용하려고 하는 컨트랙트에 이더를 잃게 된다. 다음은 생성자에서 정상 컨트랙트를 악의적인 컨트랙트로 바꿔치기를 해서 공격하고자 하는 예다. 코드는 다음(http://bit.ly/2JtdqRi)에서 볼 수 있다.

```
1  pragma solidity ^0.4.19;
2
3  contract Private_Bank
4  {
5      mapping (address => uint) public balances;
6      uint public MinDeposit = 1 ether;
7      Log TransferLog;
8
9      function Private_Bank(address _log)
10     {
11         TransferLog = Log(_log);
12     }
13
14     function Deposit()
15     public
16     payable
17     {
18         if(msg.value >= MinDeposit)
19         {
```

```
20              balances[msg.sender]+=msg.value;
21              TransferLog.AddMessage(msg.sender,msg.value,"Deposit");
22          }
23      }
24
25      function CashOut(uint _am)
26      {
27          if(_am<=balances[msg.sender])
28          {
29              if(msg.sender.call.value(_am)())
30              {
31                  balances[msg.sender]-=_am;
32                  TransferLog.AddMessage(msg.sender,_am,"CashOut");
33              }
34          }
35      }
36
37      function() public payable{}
38
39 }
40
41 contract Log
42 {
43      struct Message
44      {
45          address Sender;
46          string Data;
47          uint Val;
48          uint Time;
49      }
50
51      Message[] public History;
52      Message LastMsg;
53
54      function AddMessage(address _adr,uint _val,string _data)
55      public
56      {
57          LastMsg.Sender = _adr;
58          LastMsg.Time = now;
59          LastMsg.Val = _val;
60          LastMsg.Data = _data;
61          History.push(LastMsg);
62      }
63 }
```

한 레딧(reddit) 사용자가 포스팅한 이 게시물(http://bit.ly/2Q58VyX)은 그들이 컨트랙트에 있을 것으로 예상한 재진입 버그를 악용하려다 어떻게 1이더를 잃게 되었는지를 설명하고 있다.

짧은 주소/파라미터 공격

이 공격은 솔리디티 컨트랙트 자체에서는 수행되지 않지만, 이 컨트랙트와 상호작용하는 제3자의 애플리케이션에서는 일어날 수 있다. 이번 절은 이해를 돕고자 추가되었으며, 파라미터가 컨트랙트에서 어떻게 조작될 수 있는지에 대한 정보를 독자에게 제공하고자 한다.

추가 정보는 'ERC20 단축 주소 공격 설명'(http://bit.ly/2yKme14), 'ICO 스마트 컨트랙트 취약점: 짧은 주소 공격'(http://bit.ly/2yFOGRQ) 또는 이 레딧 게시물(http://bit.ly/2CQjBhc)을 참고하라.

취약점

스마트 컨트랙트에 파라미터를 전달할 때 파라미터는 ABI 사양(http://bit.ly/2Q5VIG9)에 따라 인코딩된다. 예상되는 파라미터 길이보다 짧은, 인코딩된 파라미터를 보낼 수 있다(예를 들어, 표준 40개의 16진수 문자(20바이트) 대신 38개의 16진수 문자(19바이트)만 보내는 주소). 이러한 시나리오에서 EVM은 인코딩된 파라미터 끝에 0을 추가하여 정해진 길이를 맞춘다.

이것은 제3자 애플리케이션이 입력의 유효성을 검사하지 않을 때 문제가 된다. 가장 명확한 예는 사용자가 출금을 요청할 때 ERC20 토큰의 주소를 검증하지 않는 거래소의 경우다. 이 예는 피터 베세네스(Peter Vessenes)의 게시물 'ERC20 짧은 주소 설명'(http://bit.ly/2Q1ybpQ)에 자세히 설명되어 있다.

파라미터의 순서에 주목하여 표준 ERC20(http://bit.ly/2CUf7WG) transfer 함수 인터페이스를 고려하자.

```
function transfer(address to, uint tokens) public returns (bool success);
```

자, 많은 양의 어떤 토큰(예를 들어, REP)을 보유하고 있는 거래소와 100토큰을 출금하고자 하는 사용자를 가정해 보자. 사용자는 주소 0xdeaddeaddeaddeaddeaddeaddeaddeaddeaddead 및 토큰 수(100)를 제출한다. 거래소는 이 파라미터들을 transfer 함수에 의해 지정된 순서대로 인코딩한다. 즉, address 다음 tokens 순서대로 인코딩된다. 인코딩된 결과는 다음과 같다.

```
a9059cbb000000000000000000000000deaddeaddea \
ddeaddeaddeaddeaddeaddead0000000000000
```

```
00000000000000000000000000000000056bc75e2d63100000
```

첫 번째 4바이트(a9059cbb)는 transfer 함수 시그니처/선택기(http://bit.ly/2RmueMP)이고, 다음 32바이트는 주소이며, 마지막 32바이트는 uint256의 토큰 수를 나타낸다. 끝에 있는 16진수 56bc75e2d63100000은 100개의 토큰에 해당한다(REP 토큰 컨트랙트에서 지정한 대로 소수점 이하 18자리).

이제 1바이트(2자리 16진수)가 누락된 주소를 보낼 경우 어떤 일이 발생하는지 살펴보자. 특히, 공격자가 주소로 0xdeaddeaddeaddeaddeaddeaddeaddeaddeadde(마지막 두 자리 누락)를 보내 100 토큰을 출금한다고 가정해 보자. 교환기가 이 입력의 유효성을 검사하지 않으면 다음과 같이 인코딩된다.

```
a9059cbb000000000000000000000000deaddeaddea \
ddeaddeaddeaddeaddeaddeaddeaddeadde00000000000000
00000000000000000000000000000000056bc75e2d6310000000
```

그 차이는 미묘하다. 전송된 짧은 주소를 보완하기 위해 인코딩 끝부분에 00이 추가되었다. 이것이 스마트 컨트랙트로 보내지면 address 파라미터는 0xdeaddeaddeaddeaddeaddeaddeaddeaddeadde00이 되고 값은 56bc75e2d6310000000(여분의 0 2개를 볼 수 있다)이 된다. 이 값은 이제 25600 토큰이다(값이 256배가 되었다). 이 예에서 거래소가 이 토큰을 보유하고 있는 경우, 사용자는 25600개의 토큰을 수정된 주소로 출금한다(거래소는 사용자가 100을 출금한다고 생각한다). 분명히 공격자는 이 예제에서 수정된 주소를 소유하지 않을 것이지만, 공격자가 0으로 끝나는 주소(쉽게 무차별 공격을 받을 수 있음)를 생성하고 이 주소를 사용하면 그들은 의심하지 않는 거래소에서 토큰을 훔칠 수 있다.

예방 기법

외부 애플리케이션의 모든 입력 파라미터는 블록체인에 보내기 전에 유효성을 검사해야 한다. 파라미터 순서가 중요한 역할을 한다는 점도 주목해야 한다. 패딩은 끝부분에서만 발생하므로 스마트 컨트랙트에서 파라미터의 순서를 신중하게 정하면 이 공격의 일부 형태가 완화될 수 있다.

확인되지 않은 CALL 반환 값

솔리디티에서 외부 호출을 수행하는 데는 여러 가지 방법이 있다. 이더를 외부 계정으로 보내는 것은 일반적으로 transfer 메서드를 통해 수행된다. 그러나 send 함수를 사용할 수도 있으며, 좀 더 다양한 외부 호출의 경우 솔리디티에서 CALL 연산코드를 직접 사용할 수 있다. call 및 send 함수는 호출 성공 또는 실패 여부를 나타내는 true 또는 false를 반환한다. 따라서 외부 호출(call이나 send로 초기화된)이 실패할 경우 이러한 함수를 실행하는 트랜잭션이 되돌아가지 않는다는 점에 주의해야 한다. 오히려 함수는 단순히 false를 반환한다. 일반적인 오류는 개발자가 외부 호출이 실패하면 원상태로 되돌아갈 것으로 기대한다는 것이며, 또한 반환 값을 확인하지도 않는다.

더 자세한 내용은 '2018년 DASP 최상위 10개 중 4번'(http://www.dasp.co/#item-4) 및 'Unchecked-Send 버그에 대한 실시간 이더리움 컨트랙트 검색'(http://bit.ly/2RnS1vA)을 참고하라.

취약점

다음 예제를 살펴보자.

```
1   contract Lotto {
2
3       bool public payedOut = false;
4       address public winner;
5       uint public winAmount;
6
7       // ... 추가 기능은 여기에
8
9       function sendToWinner() public {
10          require(!payedOut);
11          winner.send(winAmount);
12          payedOut = true;
13      }
14
15      function withdrawLeftOver() public {
16          require(payedOut);
17          msg.sender.send(this.balance);
18      }
19  }
```

이것은 승자(winner)가 winAmount의 이더를 받는 로또(Lotto-like) 컨트랙트를 나타내며, 일반적으로 어느 누구나 출금할 수 있도록 이더를 남겨둔다.

취약점은 응답을 확인하지 않고 send가 사용되는 11행에 있다. 이 간단한 예제에서는 트랜잭션이 실패한 승자(가스가 부족하거나 의도적으로 폴백 함수를 던지는 컨트랙트)가 이더가 전송되었는지 여부에 관계없이 payedOut을 true로 설정하도록 한다. 이 경우 누구나 withdrawLeftOver 함수를 통해 승자의 상금을 출금할 수 있다.

예방 기법

가능하면 send 함수보다는 transfer 함수를 사용하자. 왜냐하면 transfer 함수는 외부 트랜잭션이 실패할 경우 같이 롤백되기 때문이다. send 함수를 써야 한다면 항상 반환 값을 확인해야 한다.

좀 더 강력한 권장사항(http://bit.ly/2CSdF7y)은 **출금 패턴(withdrawal pattern)**을 채택하는 것이다. 이 솔루션에서 각 사용자는 이더를 컨트랙트로부터 빼내오는 반드시 격리된 함수를 호출해야 하고, 출금 함수가 실패하면 그 결과를 직접 처리해야 한다. 아이디어는 논리적으로 코드베이스의 나머지 부분으로부터 외부 전송 기능을 격리하고, 최종 사용자가 withdraw 함수를 호출할 때 잠재적으로 실패한 트랜잭션의 부담을 지게 하는 것이다.

실제 사례: 이더팟과 이더의 왕

이더팟(Etherpot, http://bit.ly/2OfHalK)은 복권 추첨 스마트 컨트랙트이고, 앞서 언급한 컨트랙트의 예와 그다지 다르지 않다. 이 컨트랙트의 실패는 주로 블록 해시를 잘못 사용했기 때문에 발생했다(마지막 256 블록 해시만 사용할 수 있으며, 어떻게 이더팟이 이것을 제대로 고려하지 않았는지에 대한 아킬 페르난데스(Aakil Fernandes)의 게시물(https://bit.ly/2WwdWEi)을 참고하라). 그러나 이 컨트랙트는 또한 호출 값을 확인하지 않아서 문제가 되기도 했다. 예제 9-9의 cash 함수를 살펴보자.

예제 9-9 **lotto.sol**

```
1  ...
2  function cash(uint roundIndex, uint subpotIndex){
3
4      var subpotsCount = getSubpotsCount(roundIndex);
5
6      if(subpotIndex>=subpotsCount)
```

```
 7            return;
 8
 9        var decisionBlockNumber = getDecisionBlockNumber(roundIndex,subpotIndex);
10
11        if(decisionBlockNumber>block.number)
12            return;
13
14        if(rounds[roundIndex].isCashed[subpotIndex])
15            return;
16        // 서브팟은 한 번만 출금화할 수 있다. 이것은 이중 지불을 방지하기 위한 것이다.
17
18        var winner = calculateWinner(roundIndex,subpotIndex);
19        var subpot = getSubpot(roundIndex);
20
21        winner.send(subpot);
22
23        rounds[roundIndex].isCashed[subpotIndex] = true;
24        // 라운드를 출금된 것으로 표시
25    }
26 ...
```

21행에서 send 함수의 반환 값이 확인되지 않고 다음 줄에 승자가 자신의 자금을 보냈다는 것을 나타내는 부울(Boolean)을 설정한다. 이 버그로 인해 우승자가 이더를 받지 못하는 상태가 될 수 있지만, 컨트랙트 상태는 우승자에게 이미 지급된 것으로 나타날 수 있다.

이 버그의 더 심각한 버전이 이더의 왕(king of the Ether, http://bit.ly/2ACsfi1)에서 발생했다. 이 컨트랙트에 대한 훌륭한 분석(http://bit.ly/2ESoaub)에는 확인되지 않고 실패한 send 함수가 컨트랙트를 공격하는 데 사용될 수 있는 방법에 대한 세부 정보가 기록되어 있다.

레이스 컨디션 / 프런트 러닝

다른 컨트랙트에 대한 외부 호출이 이것이 실행되는 블록체인의 다중 사용자 환경과 결합되면, 잠재적인 여러 솔리디티 함정이 생겨날 수 있다. 그리고 이것은 사용자가 미리 예상하지 못한 상태를 발생시킬 수 있는 코드 실행을 위한 **경쟁(race)** 상태를 만드는 것이다. 재진입(이 장의 앞부분에서 논의됨)은 그러한 레이스 컨디션(race condition)의 한 예다. 이번 절에서는 이더리움 블록체인에서 발생할 수 있는 다른 종류의 레이스 컨디션에 대해 설명한다. 이더리움 위키(http://bit.ly/2yFesFF), '2018년 DASP 최상위 10개 중 7번'(http://www.dasp.co/#item-7) 및 이더리움 스마트 컨트랙트 모범 사례(http://bit.ly/2Q6E4lP) 같은 레이스 컨디션 주제를 다룬 다양하고 좋은 게시물이 있다.

취약점

대부분의 블록체인과 마찬가지로 이더리움 노드는 트랜잭션을 풀링(pooling)하여 블록으로 만든다. 채굴자가 합의 메커니즘(현재 이더리움을 위한 이대시(Ethash, http://bit.ly/2yl5Dv7) PoW)을 해결하면 트랜잭션은 유효한 것으로 간주한다. 블록을 생성하는 채굴자는 또한 어느 트랜잭션이 블록에 포함될 것인지 풀에서 가스 가격순으로 블록을 정렬하여 선택한다. 여기서 다음과 같은 잠재적인 공격 경로가 생길 수 있다. 공격자는 어떤 문제에 대한 해결책을 포함하는 트랜잭션에 대한 정보를 트랜잭션 풀에서 보고, 해답자의 권한을 수정 또는 취소하거나 트랜잭션상의 상태를 해답자에게 불리하게 바꿀 수 있다. 그런 다음, 공격자는 이 트랜잭션에서 데이터를 가져와서 자신의 트랜잭션을 생성하되, 원본보다 먼저 블록체인에 포함되도록 하기 위해 더 높은 가스 값을 설정할 수 있다.

간단한 예제로 이것이 어떻게 작동하는지 보자. 예제 9-10의 컨트랙트를 살펴보자.

예제 9-10 **FindThisHash.sol**

```
1  contract FindThisHash {
2      bytes32 constant public hash =
3          0xb5b5b97fafd9855eec9b41f74dfb6c38f5951141f9a3ecd7f44d5479b630ee0a;
4
5      constructor() public payable {} // 이더 입금
6
7      function solve(string solution) public {
8          // 해시의 사전 이미지를 찾을 수 있다면 1000이더를 받는다.
9          require(hash == sha3(solution));
10         msg.sender.transfer(1000 ether);
11     }
12 }
```

이 컨트랙트에 1,000개의 이더가 들어 있다고 가정해 보자.

```
0xb5b5b97fafd9855eec9b41f74dfb6c38f5951141f9a3ecd7f44d5479b630ee0a
```

위의 SHA-3 해시의 프리이미지를 찾는 사용자는 그 솔루션을 제출하고 1,000개의 이더를 받아올 수 있다. 한 사용자가 솔루션이 Ethereum!이라는 것을 찾아냈다고 가정해 보자. 그들

은 Ethereum!을 파라미터로 solve를 호출한다. 유감스럽게도 공격자는 모든 사람이 제출하는 솔루션을 트랜잭션 풀에서 볼 수 있을 정도로 영리하다. 그들은 이 솔루션을 보고 유효성을 확인한 다음, 가스 가격이 원래 트랜잭션보다 훨씬 높은 동일한 트랜잭션을 제출한다. 블록을 만드는 채굴자는 더 높은 가스 가격을 제시하는 공격자의 트랜잭션을 먼저 선택할 것이고, 원래 문제를 해결했던 사람의 트랜잭션보다 먼저 공격자의 트랜잭션을 처리할 것이다. 공격자는 1,000개의 이더를 가져가고 문제를 해결한 사용자는 아무것도 얻을 수 없다. 이러한 '프런트 러닝(front-running)' 취약점의 경우, 채굴자는 공격 자체를 실행하기 위해 개별적인 인센티브를 받는 것(또는 엄청난 비용으로 이러한 공격을 실행하기 위해 매수할 수 있음)에 유의하자. 공격자가 채굴자가 될 가능성을 과소평가해서는 안 된다.

예방 기법

이러한 종류의 프런트 러닝 공격을 수행할 수 있는 액터는 두 가지 클래스가 있다. (트랜잭션의 gasPrice를 수정하는) 사용자와 (블록에서 트랜잭션을 재정렬할 수 있는) 채굴자다. 첫 번째 클래스(사용자)에 취약한 컨트랙트는 두 번째 클래스(채굴자)에 취약한 컨트랙트보다 훨씬 나쁘다. 왜냐하면 특정 블록을 대상으로 하는 개별 채굴자와는 다르게, 채굴자는 오직 블록을 채굴할 때 공격을 수행할 수 있기 때문이다. 이러한 두 가지 클래스의 공격을 완화시킬 수 있는 몇 가지 방법을 알아보자.

한 가지 방법은 가스 가격에 상한을 두는 것이다. 이렇게 하면 사용자가 상한 범위 이상으로 gasPrice를 높여서 트랜잭션 우선순위를 갖는 것을 막을 수 있다. 이 방법은 첫 번째 클래스의 공격자(임의의 사용자)만 막는다. 이 시나리오의 채굴자들은 가스 가격과 관계없이 원하는 대로 트랜잭션의 순서를 변경할 수 있기 때문에 컨트랙트를 계속 공격할 수 있다.

좀 더 강력한 방법은 커밋-공개(commit-reveal, http://bit.ly/2CUh2KS) 방식을 사용하는 것이다. 이러한 구조는 사용자가 숨겨진 정보(일반적으로 해시)를 사용하여 트랜잭션을 전송하도록 만든다. 트랜잭션이 블록에 포함된 후, 사용자는 전송된 데이터를 표시하는 트랜잭션을 전송한다(공개 단계). 이 방법은 채굴자와 사용자가 트랜잭션의 내용을 결정할 수 없기 때문에 프런트 러닝 트랜잭션을 방지한다. 그러나 이 방법은 트랜잭션 값을 숨길 수 없다(때에 따라 숨길 필요가 있는 중요한 정보). ENS(https://ens.domains/) 스마트 컨트랙트를 통해 사용자는 커밋된 데이터에 소비하고자 하는 이더의 양이 포함된 트랜잭션을 보낼 수 있다. 그런 후에 사용자는 임의의 값으로 트랜잭션을 보낼 수 있다. 공개 단계에서 사용자는 트랜잭션에서 보낸 금액과 지출하고자 하는 금액의 차이를 환불받는다.

로렌츠 브레이덴바흐(Lorenz Breidenbach), 필 다이안(Phil Daian), 아리 주엘스(Ari Juels), 플로리 안 트라메르(Florian Tramèr)의 제안은 잠수함 송금(submarine sends)(http://bit.ly/2SygqQx)을 사용하는 것이다. 이 아이디어를 효율적으로 구현하려면 CREATE2 연산코드가 필요하다. 이 연산코드는 현재 채택되지 않았지만, 향후 하드 포크에 포함될 것으로 보인다.

실제 사례: ERC20과 뱅코어

ERC20 표준(http://bit.ly/2CUf7WG)은 이더리움에서 토큰을 구축하기 위한 것으로 잘 알려져 있다. 이 표준은 approve 기능으로 인해 발생할 수 있는 잠재적인 프런트 러닝 취약점을 갖고 있다. 미카일 브라디미로이(Mikhail Vladimirov)와 드미트리 코브라토비치(DmitryKhovratovich)는 이 취약점(및 공격을 완화하는 방법)에 대해 잘 설명하고 있다(http://bit.ly/2DbvQpJ).

이 표준은 approve 함수를 다음과 같이 규정한다.

```
function approve(address _spender, uint256 _value) returns (bool success)
```

이 함수를 사용하면 어떤 한 사용자가 다른 사용자에게 자신을 대신하여 토큰을 전송하는 것을 허용한다. 예를 들어, 취약점은 사용자 앨리스가 친구인 밥이 100 토큰을 사용하는 것을 승인하는 시나리오에서 발생한다. 앨리스는 나중에 100개의 토큰을 소비하라는 밥에 대한 승인을 철회하기로 결정하여 밥의 할당을 50개의 토큰으로 설정하는 트랜잭션을 만든다. 주의 깊게 체인을 지켜본 밥은 이 트랜잭션을 보고 100개의 토큰을 소비하는 트랜잭션을 작성한다. 그는 앨리스보다 더 높은 가스 가격을 쓴다. 그래서 밥의 트랜잭션은 앨리스의 트랜잭션보다 우선시된다. 어떤 approve의 구현은 앨리스가 트랜잭션을 커밋할 때 밥이 그의 100 토큰을 전송하는 것을 허용하고 밥의 승인을 50토큰으로 다시 설정하여 실제로 밥이 150개의 토큰에 접근할 수 있게 한다.

눈에 띄는 또 다른 실제 사례는 뱅코어(Bancor, https://www.bancor.network/)다. 이반 보가티(Ivan Bogatty)와 그의 팀은 초기 뱅코어 구현에서 수익성 있는 공격을 보여주었다. 그의 블로그 게시물(http://bit.ly/2EUlLzb)과 데브콘3 토크(DevCon3 talk, http://bit.ly/2yHgkhs)는 어떻게 이것이 행해졌는지 더 자세하게 논의했다. 본질적으로 토큰의 가격은 트랜잭션 값(value)을 근거로 결정된다. 사용자는 뱅코어 트랜잭션을 위한 트랜잭션 풀을 보고 가격 차이로부터 이익을 얻도록 프런트 러닝할 수 있다. 이 공격은 뱅코어 팀이 이미 해결했다.

서비스 거부(DoS)

이 범주는 매우 광범위하지만, 기본적으로 사용자가 일정 기간 또는 일부의 경우 영구적으로 컨트랙트를 실행할 수 없게 만드는 공격으로 구성된다. 216페이지 '실제 사례: 패리티 멀티시그 지갑(두 번째 해킹)' 절의 경우와 같이 이것은 이더를 컨트랙트 안에 영구히 잠기게 할 수 있다.

취약점

컨트랙트가 동작하지 않게 할 수 있는 방법은 다양하다. 여기서 우리는 DoS 취약점으로 이어질 수 있는 몇 가지 불확실한 솔리디티 코딩 패턴을 강조한다.

외부에서 조작된 매핑 또는 배열을 통한 루핑

이 패턴은 아래의 컨트랙트 사례에서처럼 소유자가 토큰을 distribute 같은 함수로 투자자들에게 분배하기를 원할 때 전형적으로 나타난다.

```
1  contract DistributeTokens {
2      address public owner; // owner를 가져온다.
3      address[] investors; // investors 배열
4      uint[] investorTokens; // 각 investor가 얻은 토큰의 양
5
6      // transfertoken()을 포함하는 추가 기능
7
8      function invest() public payable {
9          investors.push(msg.sender);
10         investorTokens.push(msg.value * 5); // 전송한 wei의 5배
11     }
12
13     function distribute() public {
14         require(msg.sender == owner); // 소유자만
15         for(uint i = 0; i < investors.length; i++) {
16             // 여기서 transferToken(to,amount)는 토큰의 amount를
17             // 주소 to로 전송한다.
18             transferToken(investors[i],investorTokens[i]);
19         }
20     }
21 }
```

이 컨트랙트의 루프는 인위적으로 부풀려질 수 있는 배열을 실행한다는 것을 주목하라. 공격자는 많은 사용자 계정을 만들어 investor 배열을 크게 만들 수 있다. 원칙적으로 for 루프를 실행하는 데 요구되는 가스가 블록 가스 한도를 초과하도록 수행할 수

있기 때문에, 근본적으로 distribute 함수가 동작하지 않게 할 수 있다.

소유자 운영

또 다른 공통적인 패턴은 소유자가 컨트랙트에서 특정 권한을 갖고 컨트랙트가 다음 상태로 진행하기 위해 몇 가지 작업을 수행해야 하는 경우다. 일례로, 이니셜 코인 오퍼링 (Initial Coin Offering, ICO) 컨트랙트 하나를 들 수 있는데, 이 컨트랙트는 토큰의 송금을 가능하게 하기 위해서 소유자가 컨트랙트를 finalize하도록 요구한다. 예를 들면, 다음과 같다.

```
1  bool public isFinalized = false;
2  address public owner; // owner를 가져온다.
3
4  function finalize() public {
5      require(msg.sender == owner);
6      isFinalized == true;
7  }
8
9  // 추가 ICO 기능
10
11 // transfer 함수 오버로드
12 function transfer(address _to, uint _value) returns (bool) {
13     require(isFinalized);
14     super.transfer(_to,_value)
15 }
16
17 ...
```

이러한 경우, 권한이 있는 사용자가 개인키를 잃거나 비활성 상태가 되면 전체 토큰 컨트랙트가 작동하지 않는다. 이 경우 소유자가 finalize를 호출할 수 없을 때는 토큰을 전송할 수 없게 되어 전체 토큰 생태계의 운영이 단 하나의 주소에 의해 결정되게 된다.

외부 호출을 기반으로 한 진행 상태

새로운 상태로 진행할 때 주소로 이더를 보내거나 외부 소스로부터 입력을 기다려야 하는 컨트랙트가 종종 작성된다. 이러한 패턴은 외부 호출이 실패하거나 외부적 요인으로 인해 차단된 경우 DoS 공격을 일으킬 수 있다. 이더를 보내야 되는 조건을 가진 예에서는 사용자가 이더의 수신을 허용하지 않는 컨트랙트를 만들 수 있다. 컨트랙트가 새로운 상태로 진행하기 위해 이더가 출금되기를 요구하면(모든 이더가 다시 사용할 수 있기 전에 출금되어야 하는 시간-잠금 컨트랙트를 고려하라), 이 이더는 이더의 수신을 허용하지 않는 사용자의 컨트랙트 때문에 절대 전송될 수 없으므로 컨트랙트는 새로운 상태를 결코 달성하지 못할 것이다.

예방 기법

첫 번째 예에서 컨트랙트는 외부 사용자가 인위적으로 조작할 수 있는 데이터 구조를 통해 루프를 돌려서는 안 된다. 각 투자자가 독립적으로 토큰을 청구하기 위해 `withdraw` 함수를 호출하는 출금 패턴을 추천한다.

두 번째 예는 컨트랙트의 상태를 변경하기 위해 권한 있는 사용자가 필요한 경우였다. 그러한 예에서는 소유자가 무능화되는 경우에 대비한 안전장치가 사용될 수 있다. 한 가지 해결책은 소유자를 다중 컨트랙트로 만드는 것이고, 또 다른 해결책은 시간-잠금(time-lock)을 사용하는 것이다. 주어진 예에서 13행의 `require`는 `require(msg.sender == owner || now > unlockTime)`처럼 unlockTime에 의해 지정된 시간 이후에 사용자의 요청이 처리될 수 있는 시간 기반 메커니즘을 포함할 수 있다. 이러한 종류의 완화 기술은 세 번째 예에서도 사용할 수 있다. 만약 새로운 상태로 진행하기 위해 외부 호출이 필요한 경우 호출이 실패할 때 대처할 수 있어야 하고, 요구되는 호출이 결코 일어나지 않은 경우를 대비해 시간 기반의 자동적인 상태 진행이 되도록 하는 장치를 추가해 볼 수도 있다.

물론 이러한 제안에 대한 중앙 집중식 대안은 있다. 필요한 경우 DoS 기반 공격 벡터(attack vector)로 발생한 문제를 해결할 수 있는 maintenanceUser를 추가할 수 있다. 일반적으로 이러한 종류의 컨트랙트에는 그러한 중앙화된 주체의 파워(power) 때문에 신뢰 문제가 있다.

실제 사례: GovernMental

GovernMental(https://bit.ly/2G2gBAB)은 상당히 많은 양의 이더(한때 1,100개의 이더)를 축적한 오래된 폰지 스킴(Ponzi scheme)이었는데, 유감스럽게도 이 절에서 언급한 DoS 취약점에 취약했다. 이더릭(etherik)의 레딧 게시물(http://bit.ly/2DcgvFc)은 컨트랙트에서 이더를 출금하기 위해서 어떻게 매우 큰 매핑을 삭제하도록 그 컨트랙트가 요구했는지를 설명한다. 당시에는 그 매핑을 삭제하는 데 들어가는 가스 비용이 블록가스 한도를 초과했기 때문에 1,100개의 이더를 출금할 수 없었다. 그 컨트랙트의 주소는 `0xF45717552f12Ef7cb65e95476F217Ea008167Ae3`이고, 이후 트랜잭션 `0x0d80d67202bd9cb6773df8dd2020e7190a1b0793e8ec4fc1052`

57e8128f0506b에서 출금할 수 있었다. 이 트랜잭션에서 2.5M 가스를 사용하여 최종적으로 1,100개의 이더를 얻었다(블록 가스 한도가 그러한 트랜잭션을 허용하기에 충분할 때).

블록 타임스탬프 조작

블록 타임스탬프(block timestamp)는 역사적으로 임의의 숫자를 위한 엔트로피(좀 더 자세한 내용은 221페이지의 '엔트로피 환상' 절을 참고하라), 일정 기간의 자금 잠금 그리고 시간에 의존적인 다양한 상태 변화 조건문 같은 다양한 애플리케이션에 사용되었다. 채굴자는 타임스탬프를 약간 조정할 수 있는데, 이 때문에 스마트 컨트랙트에서 블록 타임스탬프를 잘못 사용하면 위험할 수 있다.

이와 관련된 유용한 참고 자료로 솔리디티 문서(http://bit.ly/2OdUC9C)와 조리스 본제(Joris Bontje)의 이더리움 스택 교환 질문(http://bit.ly/2CQ8gh4)이 있다.

취약점

만약 조작할 인센티브가 있다면 채굴자가 block.Timestamp와 그 별칭인 now를 조작할 수 있다. 예제 9-11에서 볼 수 있듯이 간단한 컨트랙트를 만들어보자. 이 컨트랙트는 채굴자의 부당 이용에 취약할 수 있다.

예제 9-11 roulette.sol

```
1  contract Roulette {
2      uint public pastBlockTime; // 블록당 하나의 베팅을 강요
3
4      constructor() public payable {} // 초기 펀드 컨트랙트
5
6      // 베팅을 하기 위해 사용하는 폴백 함수
7      function () public payable {
8          require(msg.value == 10 ether); // 실행하기 위해 10이더를 보내야 한다.
9          require(now != pastBlockTime); // 블록당 오직 1 트랜잭션
10         pastBlockTime = now;
11         if(now % 15 == 0) { // 승자
12             msg.sender.transfer(this.balance);
13         }
14     }
15 }
```

이 컨트랙트는 간단한 복권처럼 동작한다. 오직 블록당 한 개의 트랜잭션은 컨트랙트의 전체 밸런스를 받을 수 있는 기회를 얻기 위해 10이더를 걸 수 있다. 여기서 가정은 block.timestamp의 마지막 두 자리가 균등하게 분포되어 있다는 것이다. 그렇다면 이 복권 추첨에 1/15의 기회가 주어진다.

그러나 우리가 알고 있듯이 채굴자는 필요한 경우 타임스탬프를 조정할 수 있다. 위의 케이스에서 만일 컨트랙트에 충분한 이더가 모였다면, 블록을 푸는 채굴자는 block.timestamp 혹은 now 모듈로(modulo) 15가 0인 타임스탬프를 선택하도록 하는 동기부여가 주어진다. 그렇게 함으로써 그들은 블록 보상과 함께 이 컨트랙트에 잠긴 이더를 얻을 수 있다. 블록당 베팅할 수 있는 사람은 단 한 명이기 때문에 이것은 또한 프런트 러닝 공격에 취약하다(233페이지의 '레이스 컨디션 / 프런트 러닝' 절 참고).

실제로 블록 타임스탬프는 단조롭게 증가해서 채굴자가 임의의 블록 타임스탬프(그들은 그 이전보다 늦어야 한다)를 선택할 수 없다. 이러한 블록은 네트워크에서 거부될 가능성이 있으므로 너무 머지않은 미래로 블록을 설정하도록 제한되어 있다(노드는 미래의 타임스탬프가 있는 블록의 유효성은 검사하지 않는다).

예방 기법

블록 타임스탬프는 엔트로피 또는 랜덤 값을 생성하는 데 사용하면 안 된다. 즉, 게임에서 우승하거나 중요한 상태를 변경하는 데 있어 (직접 또는 일부 파생을 통해) 결정력이 있는 요소가 되어서는 안 된다.

시간에 민감한 논리가 필요한 경우가 있다. 예를 들어, 컨트랙트 해지(시간 잠금), 몇 주 후에 ICO 완료 또는 만기일 적용 등이다. 때로는 block.number(http://bit.ly/2OdUC9C)와 평균 블록 시간을 사용하여 시간을 추정하는 것이 좋다. 10초당 하나의 블록이 생성되고 일주일이면 대략 60480 블록이 된다. 따라서 컨트랙트 상태를 변경할 블록 번호를 특정하는 편이 좀 더 안전할 수 있는데, 채굴자들이 블록 번호를 쉽게 조작할 수 없기 때문이다. BAT ICO(http://bit.ly/2AAebFr) 컨트랙트는 이 전략을 채택했다.

컨트랙트가 특히 블록 타임스탬프의 채굴자 조작과 관련이 없다면 불필요할 수 있지만, 컨트랙트를 개발할 때 주의해야 할 사항이다.

실제 사례: GovernMental

위에서 언급한 오래된 폰지 스킴(Ponzi scheme)인 GovernMental(https://bit.ly/2G2gBAB) 역시 타임스탬프 기반 공격에 취약했다. 컨트랙트는 한 라운드에서 마지막으로(1분 이상) 참여한 플레이어에게 지급되었다. 따라서 플레이어였던 채굴자가 타임스탬프를 조정하여(미래의 시간으로, 1분이 지난 것처럼 보일 수 있게 만들기 위해) 그가 최근 1분 동안 참가한 마지막 플레이어인 것처럼 보일 수 있다(비록 실제로는 그렇지 않더라도). 이에 대한 자세한 내용은 타냐 바흐리노브스카(Tanya Bahrynovska)의 게시글 '이더리움 보안 취약점과 해킹 및 조치 이력'(http://bit.ly/2Q1AMA6)에서 확인할 수 있다.

생성자 관리

생성자(constructor)는 컨트랙트를 초기화할 때 종종 중요하고 권한을 필요로 하는 작업을 수행하는 특수 함수다. 솔리디티 v0.4.22 이전에는 생성자가 포함된 컨트랙트와 이름이 같은 함수로 생성자로 정의되었다. 이러한 경우 개발 시 컨트랙트 이름이 변경됐을 때 생성자 이름도 변경되지 않으면 정상적인 호출이 가능한 일반 함수가 된다. 상상할 수 있듯이, 이것은 흥미로운 컨트랙트 해킹을 유도할 수 있다.

좀 더 깊이 살펴보고 싶다면 이더넷 문제(특히 Fallout 레벨, https://bit.ly/2FY9b0o)를 살펴보자.

취약점

컨트랙트 이름이 수정되거나 컨트랙트 이름과 일치하지 않는 생성자 이름에 오타가 있는 경우 생성자는 일반 함수처럼 작동한다. 이는 특히 생성자가 특권이 있는 작업을 수행하는 경우 무서운 결과를 초래할 수 있다. 다음 컨트랙트를 고려해 보자.

```
1  contract OwnerWallet {
2      address public owner;
3
4      // 생성자
5      function ownerWallet(address _owner) public {
6          owner = _owner;
7      }
8
9      // 폴백, 이더를 모은다.
```

```
10        function () payable {}
11
12        function withdraw() public {
13            require(msg.sender == owner);
14            msg.sender.transfer(this.balance);
15        }
16 }
```

이 컨트랙트는 이더를 수집하고 withdraw 함수를 호출하여 소유자만 철회하도록 허용한다. 생성자의 이름이 컨트랙트와 정확히 동일하지 않기 때문에 문제가 발생한다. 첫 글자가 다르다! 따라서 모든 사용자는 ownerWallet 함수를 호출하여 소유자로 설정한 후에 withdraw 를 호출하여 컨트랙트의 모든 이더를 가져올 수 있다.

예방 기법

이 문제는 솔리디티 컴파일러 버전 0.4.22에서 해결했다. 이 버전은 컨트랙트 이름과 일치하는 함수 이름 대신에 생성자를 지정하는 constructor 키워드를 도입했다. 이름 지정 이슈를 방지하기 위해 이 키워드의 사용을 추천한다.

실제 사례: 루비시

루비시(Rubixi, http://bit.ly/2ESWG7t)는 이러한 종류의 취약점을 보여주는 또 다른 피라미드 방식이다. 원래 DynamicPyramid라고 했지만, 배포하기 전에 Rubixi로 컨트랙트 이름이 바뀌었다. 생성자의 이름은 변경되지 않았기에 아무나 컨트랙트 소유자가 될 수 있었다. 이 버그와 관련된 흥미로운 논의는 Bitcointalk(http://bit.ly/2P0TRWw)에서 확인할 수 있다. 결국에는 사용자들이 이 피라미드 스킴에서 나오는 수수료를 클레임할 수 있는 소유자 지위를 확보하기 위한 경쟁 상황을 만들었다. 이 특정 버그에 대한 자세한 내용은 '이더리움 보안 취약점과 해킹 및 조치 이력'(http://bit.ly/2Q1AMA6)에서 확인할 수 있다.

초기화되지 않은 스토리지 포인터

EVM은 데이터를 스토리지 혹은 메모리에 저장한다. 컨트랙트 개발 시 함수의 지역 변수에 대한 기본 유형을 정확히 이해하는 것이 좋다. 변수를 부적절하게 초기화하여 취약한 컨트랙트를 생성할 수 있기 때문이다.

EVM에서 스토리지 및 메모리에 대한 자세한 내용은 솔리디티 문서의 데이터 위치(http://bit.ly/2OdUU0l), 스토리지의 상태 변수 레이아웃(http://bit.ly/2JslDWf) 및 메모리 레이아웃(http://bit.ly/2Dch2Hc)을 참고하라.

 이 절은 스테판 바이어(Stefan Beyer, http://bit.ly/2ERI0pb)의 훌륭한 게시물을 기반으로 한다. 이 주제에 대한 추가 정보는 스테판에게 영감을 얻은 레딧 스레드(http://bit.ly/2OgxPtG)에서 찾을 수 있다.

취약점

함수 내의 지역 변수는 그 타입에 따라 스토리지 또는 메모리를 기본으로 사용한다. 초기화되지 않은 로컬 스토리지 변수에는 컨트랙트의 다른 스토리지 변숫값이 포함될 수 있다. 이러한 사실은 의도하지 않은 취약점을 유발하거나 의도적으로 악용될 수 있다.

예제 9-12에서 상대적으로 간단한 이름 등록자 컨트랙트를 생각해 보자.

예제 9-12 **NameRegistrar.sol**

```
1   // 잠긴 이름 등록자
2   contract NameRegistrar {
3
4       bool public unlocked = false;  // 등록자가 잠김. 이름 업데이트 없음
5
6       struct NameRecord {  // 해시를 주소로 매핑한다.
7           bytes32 name;
8           address mappedAddress;
9       }
10
11      // 등록된 이름을 기록한다.
12      mapping(address => NameRecord) public registeredNameRecord;
13      // 해시를 주소로 해석한다.
14      mapping(bytes32 => address) public resolve;
15
16      function register(bytes32 _name, address _mappedAddress) public {
17          // 새로운 NameRecord를 설정한다.
18          NameRecord newRecord;
19          newRecord.name = _name;
20          newRecord.mappedAddress = _mappedAddress;
21
```

```
22          resolve[_name] = _mappedAddress;
23          registeredNameRecord[msg.sender] = newRecord;
24
25          require(unlocked); // 컨트랙트가 잠겨 있지 않을 때만 등록을 허용한다.
26      }
27 }
```

이 간단한 이름 등록기는 하나의 기능만 갖고 있다. 컨트랙트의 잠금이 해제되면 누구나 이름을 등록(bytes32 해시)하고 해당 이름을 주소에 매핑할 수 있다. 등록자는 초기에 잠겨 있으며, 25행의 require 함수는 register가 이름 레코드를 추가하지 못하도록 한다. 레지스트리를 잠금 해제할 방법이 없으므로 컨트랙트를 사용할 수 없는 것으로 보인다! 그러나 unlocked 변수에 관계없이 이름 등록을 허용하는 취약점이 있다.

이 취약점에 대해 논의하려면 우선 솔리디티에서 스토리지가 어떻게 작동하는지 이해해야 한다. 개략적으로(적절한 기술적 세부사항 없이 적절한 검토를 위해—솔리디티 문서를 읽을 것을 권한다) 상태 변수는 컨트랙트에서 나타나는 대로 **슬롯(slot)**에 순차적으로 저장된다(그룹화할 수 있지만 이번 예제에는 없으므로 그 문제는 걱정하지 않을 것이다). 따라서 slot[0]에 unlocked, slot[1]에 registeredNameRecord, slot[2]에 resolve 등이 존재한다. 각 슬롯의 크기는 32바이트다(매핑에는 복잡성이 추가되는데 지금은 무시하겠다). 부울(Boolean) unlocked는 false의 0x000...0(0x를 제외한 64개의 0) 또는 true의 0x000...1(63개의 0)처럼 보인다. 보다시피 이 특별한 예에서는 상당한 스토리지 낭비가 있다.

다음 퍼즐 조각은 기본적으로 솔리디티가 struct 같은 복잡한 데이터 타입을 지역 변수로 초기화할 때 스토리지에 저장한다는 것이다. 따라서 18행의 newRecord는 기본적으로 스토리지에 저장된다. 취약점은 newRecord가 초기화되지 않았기 때문에 발생한다. 왜냐하면 newRecord는 기본값이 스토리지이고 그것은 스토리지 slot[0]에 매핑되기 때문이다. 19행과 20행에서 newRecord.name을 _name으로 설정하고 newRecord.mappedAddress를 _mappedAddress로 설정한다. 이것은 slot[0] 및 slot[1]의 저장 위치를 갱신하며, 이는 unlocked와 registeredNameRecord 관련 저장 슬롯을 모두 수정한다.

이는 unlocked는 register 함수의 bytes32 _name 파라미터에 의해 직접 수정될 수 있음을 의미한다. 따라서 _name의 마지막 바이트가 0이 아닌 경우 스토리지 slot[0]의 마지막 바이트를 수정하고 unlocked를 true로 직접 변경한다. 이러한 _name 값은 unlocked를 true로 설정했기 때문에 25행에서 require 호출이 성공하도록 한다. 리믹스(Remix)에서 시도해 보

라. 거기서 _name을 사용하면 함수가 통과할 것이다.

```
0x0000000000000000000000000000000000000000000000000000000000000001
```

예방 기법

솔리디티 컴파일러는 초기화되지 않은 스토리지 변수에 대한 경고를 보여준다. 개발자는 스마트 컨트랙트를 작성할 때 이러한 경고에 주의를 기울여야 한다. 미스트(Mist)의 현재 버전(0.10)에서는 이러한 컨트랙트를 컴파일할 수 없다. 복잡한 유형을 처리할 때 memory 또는 storage 지정자를 명시적으로 사용하여 예상대로 작동하는지 확인하는 것이 좋다.

실제 사례: OpenAddressLottery와 CryptoRoulette 허니팟

OpenAddressLottery(http://bit.ly/2AAVnWD)라는 이름의 허니팟(honey pot)이 배포되었는데, 해커라고 자랑하고픈 사람들로부터 이더를 뺏아오기 위해 이 초기화되지 않은 스토리지 변수 퀴크(quirk)를 사용했다. 이 컨트랙트는 상당히 뒤얽혀 있어서 이에 대한 분석은 공격을 상당히 깔끔하게 설명하고 있는 레딧 스레드(https://bit.ly/2H7aomB)에 넘기도록 하겠다.

또 다른 허니팟 CryptoRoulette(http://bit.ly/2OfNGJ2)도 이 트릭을 사용해 일부 이더를 수집하려고 한다. 공격의 작동 방식을 파악할 수 없는 경우 이 컨트랙트 및 다른 내용에 대한 개요는 '한 쌍의 이더리움 허니팟 컨트랙트 분석'(http://bit.ly/2OVkSL4)을 참고하라.

부동소수점 및 정밀도

이 글을 쓰는 시점의 솔리디티(v0.4.24)는 고정소수점(fixed-point) 및 부동소수점(floating-point) 숫자를 지원하지 않는다. 즉, 부동소수점 표현은 솔리디티에서 정수 유형으로 구성해야 한다. 이로 인해 올바르게 구현되지 않으면 오류 및 취약점이 발생할 수 있다.

 추가 정보는 '이더리움 컨트랙트 보안 기법 및 팁 위키'(http://bit.ly/2Ogp2Ia)를 참고하라.

취약점

솔리디티에는 고정소수점 유형이 없기 때문에 개발자는 표준 정수 데이터 타입을 사용하여 자체적으로 구현해야 한다. 이 과정에서 개발자가 범할 수 있는 여러 가지 함정이 있다. 이 절에서는 이 중 일부를 강조할 것이다.

코드 예제로 보자(앞에서 설명한 오버/언더플로 문제는 무시하겠다).

```
1  contract FunWithNumbers {
2      uint constant public tokensPerEth = 10;
3      uint constant public weiPerEth = 1e18;
4      mapping(address => uint) public balances;
5
6      function buyTokens() public payable {
7          // 웨이를 이더로 변환한 다음 토큰 비율로 곱한다.
8          uint tokens = msg.value/weiPerEth*tokensPerEth;
9          balances[msg.sender] += tokens;
10     }
11
12     function sellTokens(uint tokens) public {
13         require(balances[msg.sender] >= tokens);
14         uint eth = tokens/tokensPerEth;
15         balances[msg.sender] -= tokens;
16         msg.sender.transfer(eth*weiPerEth);
17     }
18 }
```

이 간단한 토큰 매매 컨트랙트에는 명백한 문제가 있다. 토큰 매매에 대한 수학적 계산은 정확하지만, 부동소수점 숫자는 잘못된 결과를 준다. 예를 들어, 8행의 토큰을 구매할 때 값이 1보다 작은 경우 초기 나누기는 결과가 0이 되고 최종 곱하기의 결과는 0이 된다(예를 들어, 200 웨이 나누기 1e18 weiPerEth는 0이 된다). 마찬가지로 토큰을 판매할 때 10개 미만의 토큰이 있으면 결과적으로 0이더가 된다. 실제로 여기서 반올림하는 것은 항상 버림되므로 29개의 토큰을 팔면 2개의 이더가 된다.

이 컨트랙트의 이슈는 정밀도(precision)가 단지 이더 근삿값(nearest ether, 예: 1e18웨이)에만 해당하는 것이다. 더 높은 정밀도가 필요한 ERC20(https://bit.ly/2MMyMsX) 토큰의 십진수를 다룰 때 까다로울 수 있다.

예방 기법

스마트 컨트랙트에서 올바른 정확성을 유지하는 것은 매우 중요한데, 특히 경제적인 결정을 반영하는 비율을 다룰 때 매우 중요하다.

비(ratios)나 비율(rates)을 사용할 때는 분수에서 큰 분자를 사용할 수 있는지 확인해야 한다. 예를 들어, 위의 예에서는 tokensPerEth 비율을 사용했다. 큰 수인 weiPerTokens를 사용하는 것이 더 좋았을 것이다. 대응하는 토큰 수를 계산하려면 msg.sender/weiPerTokens를 사용할 수 있다. 이렇게 하면 좀 더 정확한 결과를 얻을 수 있다.

생각해 둬야 할 또 다른 전술은 작업 순서를 염두에 두는 것이다. 이 예에서 토큰을 구입하는 계산은 msg.value/weiPerEth*tokenPerEth이다. 나누기는 곱하기 전에 발생한다(솔리디티는 일부 언어와 달리 서술된 순서대로 작업이 수행됨을 보장한다). 이 예에서는 먼저 곱셈을 수행한 후에 나누기를 수행하면 더 높은 정밀도를 얻었을지도 모른다(즉, msg.value*tokenPerEth/weiPerEth).

마지막으로, 숫자에 대해 임의의 정밀도를 정의할 때는 값을 더 높은 정밀도로 변환하고 모든 수학 연산을 수행한 다음, 최종적으로 출력에 필요한 정밀도로 다시 변환하는 것이 좋다. 일반적으로 uint256이 사용된다(가스 사용에 최적임). 이것들은 그 범위에서 약 60배의 크기를 제공하며, 그중 일부는 수학적 연산의 정밀도에 전담시킬 수 있다. 솔리디티에서는 모든 변수를 높은 정밀도로 유지하고 외부 앱의 낮은 정밀도로 다시 변환하는 것이 더 나은 경우일 수 있다(이것은 본질적으로 ERC20 토큰 컨트랙트에서 decimals 변수가 작동하는 방식이다). 이것을 어떻게 처리할 수 있을지 예제를 보려면 DS-Math(https://bit.ly/2WyMKVC)를 살펴보자. 파격적인 호칭('뭉치(wad)'와 '광선(ray)')을 사용하긴 하지만 개념은 유용하다.

실제 사례: 에스틱

에스틱(Ethstick) 컨트랙트(https://bit.ly/2MPQptT)는 확장된 정밀도를 사용하지는 않지만, wei를 다룬다. 따라서 이 컨트랙트에는 반올림 문제가 있지만, wei 수준의 정밀도에서만 문제가 된다. 여기에는 더 심각한 결함들이 있기는 한데, 이것은 블록체인에서 엔트로피를 얻는 어려움과 관련이 있다(221페이지의 '엔트로피 환상' 절 참고). 에스틱 컨트랙트에 대한 자세한 내용은 피터 베세네스(Peter Vessenes)의 '이더리움 컨트랙트가 해커를 위한 사탕이 될 것'(http://bit.ly/2SwDnE0)이라는 또 다른 게시물을 참고하라.

Tx.Origin 인증

솔리디티에는 글로벌 변수 **tx.origin**이 있다. 이는 전체 호출(혹은 트랜잭션) 스택을 가로지르고 원래 호출을 보낸 계정의 주소를 포함한다. 스마트 컨트랙트에서 이 변수를 인증에 사용하면 컨트랙트가 피싱(phishing) 같은 공격에 취약해진다.

 자세한 내용은 디비리손(dbryson)의 이더리움 스택 교환 질문(http://bit.ly/2PxU1UM), 피터 베세네스의 'Tx.Origin과 이더리움 Oh My!'(http://bit.ly/2qm7ocJ), 크리스 커버데일(Chris Coverdale)의 '솔리디티: Tx Origin 공격'(http://bit.ly/2P3KVA4)을 참고하라.

취약점

tx.origin 변수를 사용하여 사용자에게 권한을 부여하는 컨트랙트는 일반적으로 사용자로 하여금 취약한 컨트랙트에서 인증된 작업을 수행하도록 속일 수 있는 피싱 공격에 취약하다.

예제 9-13의 간단한 컨트랙트를 고려해 보자.

예제 9-13 **Phishable.sol**

```
1  contract Phishable {
2      address public owner;
3
4      constructor (address _owner) {
5          owner = _owner;
6      }
7
8      function () public payable {} // 이더를 모은다.
9
10     function withdrawAll(address _recipient) public {
11         require(tx.origin == owner);
12         _recipient.transfer(this.balance);
13     }
14 }
```

11행에서 컨트랙트는 **tx.origin**을 사용하여 **withdrawAll** 함수를 승인한다. 이 컨트랙트를 통해 공격자는 다음 형식의 공격 컨트랙트를 작성할 수 있다.

```
1  import "Phishable.sol";
```

```
 2
 3   contract AttackContract {
 4
 5       Phishable phishableContract;
 6       address attacker; // 자금을 받을 공격자의 주소
 7
 8       constructor (Phishable _phishableContract, address _attackerAddress) {
 9           phishableContract = _phishableContract;
10           attacker = _attackerAddress;
11       }
12
13       function () payable {
14           phishableContract.withdrawAll(attacker);
15       }
16 }
```

공격자는 자신의 개인 주소나 피해자(Phishable 컨트랙트의 소유자)가 주소로 어떤 형태의 트랜잭션을 보내도록 소셜 엔지니어 피해자로서 컨트랙트를 위장할 수 있다. 아마도 어느 정도 양의 이더를 보내는 컨트랙트일 것이다. 피해자는 조심하지 않으면 공격자의 주소에 코드가 있음을 알아채지 못할 수도 있다. 공격자가 다중 서명 지갑이나 고급 스토리지 지갑으로 전달할 수도 있다(공개 컨트랙트의 소스 코드는 기본적으로 볼 수가 없다는 점을 기억하라).

어쨌든 피해자가 충분한 가스가 있는 트랜잭션을 AttackContract 주소로 보내면 폴백(fallback) 함수가 호출되며, 이 함수는 다음으로 Phishable 컨트랙트의 withdrawAll 함수를 attacker 파라미터를 사용해 호출한다. 이로 인해 Phishable 컨트랙트에서 모든 자금을 attacker 주소로 출금되게 된다. 이는 처음에 통화를 초기화한 주소가 피해자(즉, Phishable 컨트랙트의 소유자)였기 때문이다. 그러므로 tx.origin은 owner와 같을 것이며 Phishable 컨트랙트 11행의 require는 통과할 것이다.

예방 기법

tx.origin은 스마트 컨트랙트에서 권한을 위해 사용되어서는 안 된다. tx.origin 변수를 절대로 사용해서는 안 된다는 말은 아니다. 스마트 컨트랙트에서 정당한 사용 사례가 있다. 예를 들어, 외부 컨트랙트가 현재 컨트랙트를 호출하는 것을 거부하려면 require(tx.origin == msg.sender) 형식의 요구사항을 구현할 수 있다. 이렇게 하면 다른 중간 단계의 컨트랙트들이 해당 컨트랙트를 호출하지 못하게 함으로써, 이 컨트랙트는 코드가 없는 일반 주소만이 호출할 수 있게 된다.

컨트랙트 라이브러리

호출 가능한 라이브러리로 온체인(on-chain)에 배포되어 있거나 코드 샘플 라이브러리로 오프체인(off-chain)에 배포된 형태로서 재사용 가능한 많은 코드가 있다. 플랫폼상에 이미 배포된 라이브러리는 바이트코드 스마트 컨트랙트 형태다. 그래서 프로덕션에서 사용하기 전에 매우 주의해야 한다. 그러나 잘 구축된 기존의 온플랫폼(on-platform) 라이브러리를 사용하면 최신 업그레이드 혜택을 누릴 수 있는 등의 많은 이점을 얻을 수 있으며, 이더리움의 실제 컨트랙트 수를 줄임으로써 비용을 절약하고 이더리움 생태계에 이익을 줄 수 있다.

이더리움에서 가장 많이 사용되는 자원은 오픈제플린 스위트(OpenZeppelin suite, https://openzeppelin.org/)로, ERC20 및 ERC721 토큰의 구현에서부터 많은 종류의 크라우드세일(crowdsale) 모델에 이르기까지, Ownable, Pausable 또는 LimitBalance 같은 컨트랙트에서 일반적으로 알려진 단순한 동작에 이르기까지 광범위한 라이브러리다. 이 저장소의 컨트랙트는 광범위한 테스트를 거치고 사실상 표준 구현으로서 기능을 수행하는 경우도 있다. 무료로 사용할 수 있으며, 지속적으로 증가하는 외부 기여자와 함께 제플린(Zeppelin, https://zeppelin.solutions/)에 의해 구축되고 관리된다.

또한 제플린의 제플린OS(ZeppelinOS, https://zeppelinos.org/)는 오픈 소스 서비스 플랫폼으로 스마트 컨트랙트 애플리케이션을 안전하게 개발하고 관리하기 위한 도구다. 제플린OS는 EVM 상단에 레이어를 제공하며, 개발자가 잘 테스트된 컨트랙트의 온체인 라이브러리에 링크되는 업그레이드 가능한 댑을 쉽게 시작할 수 있게 한다. 이 라이브러리들의 각기 다른 버전들은 이더리움 플랫폼상에 공존할 수 있으며, 사용자는 보상 시스템을 통해 개선 방향을 제시하거나 향상할 수 있다. 탈중앙화 애플리케이션을 디버깅, 테스트, 배포 및 모니터링하는 오프체인 도구 모음도 플랫폼에서 제공한다.

프로젝트 ethpm은 패키지 관리 시스템을 제공하여 생태계에서 개발하고 있는 다양한 자원을 체계화하는 것을 목표로 한다. 그들의 레지스트리는 더 많은 예제를 제공한다.

- 웹사이트: https://www.ethpm.com/
- 저장소 링크: http://explorer.ethpm.com/
- 깃허브 링크: https://github.com/ethpm

- 문서: https://www.ethpm.com/[3]

결론

스마트 컨트랙트 도메인에서 일하는 개발자는 누구나 알고 이해해야 하는 사항들이 많다. 스마트 컨트랙트 설계 및 코드 작성의 모범 사례를 따라가면 심각한 함정에 빠지는 일을 피할 수 있다.

가장 기본적인 소프트웨어 보안 원칙은 신뢰할 수 있는 코드의 재사용을 극대화하는 것이다. 이것은 암호학에서 매우 중요하며, "널리 검증된 암호 알고리즘을 사용하라."라는 격언으로 요약된다. 스마트 컨트랙트의 경우, 커뮤니티에 의해 철저하게 검증된 자유롭게 사용이 가능한 라이브러리를 가능한 한 많이 축적하는 것이다.

---

3 **옮긴이** 원문 링크가 삭제되어 웹사이트 링크로 대체함

10

토큰

'토큰(token)'이라는 단어는 고대 영어 'tācen'에서 유래되었으며, 기호 또는 상징을 의미한다. 이 것은 일반적으로 교통 토큰, 세탁 토큰 및 아케이드 게임 토큰처럼 사소한 내재가치를 지닌, 사적으로 발행한 특수 용도의 동전 같은 물건을 지칭하기 위해 사용된다.

최근 블록체인에서 관리되는 '토큰'은 소유할 수 있고, 자산, 화폐 혹은 접근 권한 등 블록체인 기반의 추상화된 의미로 재정의되고 있다.

'토큰'이라는 단어와 사소한 가치의 연관성은 물리적 형태의 토큰이 가지는 제한된 사용처에 서 기인하는 바가 크다. 물리적 토큰은 쉽게 교환할 수 없으며, 일반적으로 하나의 기능만 갖고 있고, 특정 비즈니스, 조직 또는 위치로 제한되는 경우가 많다. 블록체인 토큰을 사용하면 이러한 제한이 없어지게 되거나, 더 정확하게는 완전히 재정의될 수 있다. 많은 블록체인 토큰은 전 세계적으로 다양한 용도로 사용되며, 서로 교환되거나 전 세계 유동 시장에서 다른 화폐로 거래될 수 있다. 사용과 소유에 대한 제한이 없어지면 '사소한 가치'에 머물러 있어 야 할 이유가 더는 없어진다.

이 장에서는 토큰의 다양한 용도와 함께 토큰이 어떻게 생성되는지 살펴본다. 또한 대체성 (fungibility) 및 내재성(intrinsicality) 같은 토큰의 속성에 대해서도 논의한다. 마지막으로, 토큰의 기반 기술과 표준을 검토하고 자체 토큰을 만들어 실험을 해본다.

토큰은 어떻게 사용되는가?

토큰의 가장 분명한 사용처는 디지털 개인 화폐다. 그러나 이것은 단지 사용 가능한 여러 방법 중 하나일 뿐이다. 토큰은 종종 서로 겹치는 다양한 기능을 제공하도록 프로그래밍할 수 있다. 예를 들어 토큰은 어떤 자원에 대한 투표권, 접근 권한 및 소유권 기능을 동시에 수행할 수 있다. 다음 목록에서 알 수 있듯이, 화폐(currency)는 첫 번째 '앱(app)'일 뿐이다.

화폐(currency)
> 토큰은 사적인 트레이딩으로 가치가 결정되는 화폐의 한 형태로 작동할 수 있다.

자원(resource)
> 토큰은 공유 경제 또는 자원 공유 환경에서 획득되거나 생산된 자원을 나타낼 수 있다. 예를 들어, 스토리지 또는 CPU 토큰은 네트워크상에서 공유될 수 있다.

자산(asset)
> 토큰은 내재적 또는 외적, 유형 또는 무형 자산의 소유권을 나타낼 수 있다. 예를 들어 금, 부동산, 자동차, 기름, 에너지, MMOG 항목 등이다.

접근(access)
> 토큰은 접근 권한을 나타낼 수 있으며, 토론 포럼, 회원전용 웹사이트, 호텔 객실 또는 렌터카 같은 디지털 또는 물리적 속성에 대한 접근 권한을 부여할 수 있다.

지분(equity)
> 토큰은 디지털 조직(예: DAO) 또는 법인(예: 회사)의 주주 지분을 나타낼 수 있다.

투표(voting)
> 토큰은 디지털 또는 법률 시스템에서 투표권을 나타낼 수 있다.

수집(collectible)
> 토큰은 디지털 수집물(예: CryptoPunks) 또는 물리적인 수집물(예: 그림)을 나타낼 수 있다.

신원(identify)
> 토큰은 디지털 신원(예: 아바타) 또는 법적 신원(예: 국가 ID)을 나타낼 수 있다.

증명(attestation)
> 토큰은 일부 기관이나 탈중앙화된 평판 시스템에 의한 사실 증명서 또는 인증서(예: 결

혼 기록, 출생 증명서, 대학 학위)를 나타낼 수 있다.

유틸리티(utility)

토큰은 서비스에 접근하거나 사용료를 지불하는 데 사용될 수 있다.

종종 단일 토큰이 위와 같은 여러 기능을 포함할 수 있다. 때로는 이들 기능들을 서로 구분하기 힘든데, 그것은 물리적인 세계에서 이에 상응하는 것들이 서로 떼어 놓을 수 없는 연관성을 지니고 있기 때문이다. 예를 들어, 현실 세계에서 운전면허증(증명)은 신원 서류(신원)이며, 이 두 가지를 분리할 수 없다. 디지털 영역에서는 이전에 합쳐진 기능을 분리할 수 있으며, 독립적으로 개발할 수 있다(예: 익명 증명).

토큰과 대체성

위키피디아(https://bit.ly/2MNG4i4)에 따르면, "경제학에서 대체성이란, 개별 단위가 본질적으로 서로 호환성을 가지고 있는 재화나 상품의 속성이다."

토큰은 단일 단위를 값이나 기능의 차이 없이 다른 토큰으로 대체할 수 있는 경우에 대체 가능하다(fungible).

엄밀히 말하면, 토큰의 과거 출처를 추적 관리할 수 있다면 그러한 토큰은 완전히 대체 가능하지 않다. 과거 출처를 추적하는 능력은 블랙리스트와 화이트리스트를 낳을 수 있고, 대체성을 줄이거나 없앨 수 있다.

대체 가능하지 않은 토큰은 고유한 유형 또는 무형의 항목을 나타내는 토큰이므로 상호 교환할 수 없다. 예를 들어, 특정한 반 고흐(Van Gogh) 그림의 소유권을 나타내는 토큰과 피카소(Picasso)의 소유권을 나타내는 토큰은 동일한 '예술 소유권 토큰' 시스템의 일부일지라도 동일하지 않다. 이와 유사하게 특정 크립토키티(CryptoKitty) 같은 특정 디지털 수집물을 나타내는 토큰은 다른 크립토키티와 상호 교환할 수 없다. 각각의 대체 가능하지 않은 토큰은 시리얼 번호처럼 유일한 식별자와 같다.

이번 장의 뒷부분에서 대체 가능한 토큰과 비대체 토큰의 사례를 살펴볼 것이다.

'fungible'은 종종 '직접 교환할 수 있는 돈'을 의미하는 데 사용된다(예를 들어, 카지노 토큰은 '현금화'할 수 있지만, 세탁 토큰은 일반적으로 현금화가 불가능하다). 여기서 우리가 사용하는 의미는 이런 것이 아니다.

거래상대방 위험

거래상대방 위험(counterparty risk)은 트랜잭션에서 상대방이 자신의 의무를 이행하지 못하는 위험이다. 어떤 종류의 트랜잭션에는 추가적인 거래상대방 위험이 존재하는데, 두 개보다 더 많은 주체들이 개입되어 있는 경우가 그렇다. 예를 들어, 귀금속에 대한 입금 증서를 보유하고 이를 누군가에게 판매하는 경우, 해당 트랜잭션에는 최소한 3명(판매자, 구매자, 귀금속 수탁자)의 관련자가 있다. 물리적 자산을 수탁한 사람은 필연적으로 트랜잭션 수행의 당사자가 되고, 해당 자산과 관련된 모든 트랜잭션에 거래상대방 위험을 추가한다. 일반적으로 소유권 토큰 교환을 통해 자신이 간접적으로 트랜잭션되는 경우는 자산 수탁자에 대한 추가적인 거래상대방 위험이 있다. 이들이 과연 자산을 가지고 있는가? 토큰(인증서, 증서, 직함 또는 디지털 토큰 같은) 전송을 기반으로 소유권 이전을 이들이 인정(또는 허용)하는가? 비 디지털 세계에서와 마찬가지로 자산을 표상하는 디지털 토큰의 세계에서는 토큰이 표상하는 자산을 누가 수탁하고 있는가와 그 자산에 어떤 규칙이 적용되는가를 이해하는 것이 중요하다.

토큰과 내재성

내재성(Intrinsicality)에서 'intrinsic'이라는 단어는 라틴어 'intra'에서 유래된 'from within'이라는 뜻이다.

일부 토큰은 블록체인에 내재적인 디지털 아이템을 나타낸다. 이러한 디지털 자산은 토큰 자체와 마찬가지로 합의 규칙에 의해 관리된다. 이것은 중요한 의미를 지니고 있는데, 바로 내재적 자산을 나타내는 토큰에는 추가적인 거래상대방 위험이 없다는 것이다. 만약 크립토키티에 대한 키를 보유하고 있다면 여러분이 직접 크립토키티를 소유하고 있는 것이다. 블록체인 합의 규칙이 적용되고 개인키의 소유권(즉, 통제권)은 중개자 없이 자산의 소유권과 같다.

거꾸로 말하면, 많은 토큰은 부동산, 투표권이 있는 회사 주식, 상표 및 금괴 같은 '외재적인

(extrinsic)' 것을 나타내는 데 사용된다. 블록체인 '내부(within)'에 있지 않은 이런 아이템의 소유권은 토큰을 제어하는 합의 규칙과는 별도로 법률, 관습 및 정책에 의해 관리된다. 토큰 발급자와 소유자는 실제 세계의 스마트하지 않은(non-smart) 컨트랙트에 여전히 의존해야만 한다. 결과적으로 이러한 외재적 자산은 수탁자가 보유하거나, 외부 레지스트리에 기록되거나, 블록체인 외부의 법률 및 정책에 의해 통제되므로 추가적인 거래상대방 위험이 있다.

블록체인 기반 토큰의 가장 중요한 파급 효과 중 하나는 외재적 자산을 내재적 자산으로 변환하여 거래상대방 위험을 제거할 수 있는 능력이다. 좋은 예는 회사의 지분(외재적)을 **DAO** 또는 유사한 (내재적) 조직의 지분 또는 투표 토큰으로 전환하는 것이다.

토큰 사용: 유틸리티 또는 지분

현재 이더리움에 있는 거의 모든 프로젝트가 일종의 토큰으로 시작한다. 하지만 이 모든 프로젝트에 실제로 토큰이 필요할까? 토큰을 사용하는 데 어떤 단점이 있을까, 아니면 '모든 것을 토큰화(tokenize all the things)'하는 슬로건은 결실을 맺을 수 있을까? 원칙적으로 토큰의 사용은 궁극적인 관리 도구나 조직 도구로 볼 수 있다. 현실적으로 이더리움을 포함한 블록체인 플랫폼을 사회의 기존 구조에 통합한다는 것은 지금까지 적용 가능성에 많은 한계가 있음을 의미한다.

새 프로젝트에서는 토큰의 역할을 명확히 하고 시작하자. 대다수 프로젝트는 '유틸리티 토큰(utility token)' 또는 '지분 토큰(equity token)' 같은 두 가지 방법 중 하나로 토큰을 사용한다. 종종 이러한 두 가지 역할은 하나로 융합된다.

유틸리티 토큰은 서비스, 애플리케이션 또는 자원에 접근이 요구되는 곳에 사용된다. 유틸리티 토큰의 예는 공유 스토리지 같은 자원을 나타내는 토큰 혹은 소셜 미디어 네트워크 같은 서비스에 접근하는 토큰을 포함한다.

지분 토큰은 스타트업(startup) 같은 곳의 소유권에 대한 지분을 나타내는 토큰이다. 지분 토큰은 배당금 및 이익 분배를 위한 무의결권 주식으로 제한되거나, 탈중앙화된 자율 조직의 투표 지분으로 확장될 수도 있는데, 여기서 플랫폼의 관리는 토큰 보유자들의 투표에 기반을 둔 상당히 복잡한 거버넌스 시스템을 통해 이루어진다.

그것은 오리야!

많은 스타트업은 어려운 문제에 직면해 있다. 토큰은 훌륭한 모금 메커니즘이지만, 대중에게 증권(지분)을 제공하는 것은 대부분의 국가에서 규제되고 있다. 상당수의 스타트업은 지분 토큰을 유틸리티 토큰으로 위장함으로써 이러한 규제 제한을 극복하고 공모를 통해 '서비스 접근 바우처(service access voucher)'의 사전 판매 또는 유틸리티 토큰(utility token)을 제시하기를 희망한다. 이렇게 얄팍하게 위장된 지분 공모가 규제를 회피할 수 있는지는 여전히 두고 봐야 한다.

자주 사용하는 표현 중 '오리처럼 걷고 오리처럼 울면 그것은 오리다'라는 말이 있다. 규제 당국은 이러한 의미론적인 왜곡에는 주의를 기울이지 않을 것이다. 반대로, 대중을 기만하려는 법적인 궤변으로 간주할 가능성이 크다.

유틸리티 토큰: 누가 필요한가?

진짜 문제는 유틸리티 토큰이 스타트업에 상당한 위험과 채택 장벽을 초래한다는 점이다. 어쩌면 먼 미래에는 '모든 것의 토큰화'가 현실화되겠지만, 현재 토큰을 이해하고 사용하고자 하는 사람들은 아직도 작은 암호화폐 시장의 일부분일 뿐이다.

스타트업의 경우, 혁신은 위험과 시장 필터를 의미할 수도 있다. 혁신은 예전의 익숙한 길을 가지 않고, 가지 않던 길을 외롭게 걸어가는 것이다. 스타트업이 P2P 네트워크를 통한 스토리지 공유와 같은 새로운 기술 분야에서 혁신을 시도한다면 이는 충분히 외로운 길이다. 이러한 혁신에 유틸리티 토큰을 추가하고 사용자가 서비스를 사용하기 위해 토큰을 채택하도록 요구하면 위험이 증가하고 채택 장벽이 높아진다. 이것은 P2P 스토리지 혁신의 외로운 길에서 벗어나 길도 아닌 곳(wilderness)을 가야 되는, 더 외로운 처지가 되는 꼴이다.

각 혁신을 필터로 생각하라. 이것은 이 혁신의 초기 수용자(early adopters)가 될 수 있는 대상을 더 작은 규모로 제한하게 된다. 두 번째 필터를 추가하면 그 효과가 복합적으로 작용하게 되어 대상 시장은 더욱 제한된다. 여러분은 초기 수용자에게 하나가 아닌 두 개의 완전히 새로운 기술을 채택하도록 요구하고 있는데, 바로 새로운 애플리케이션/플랫폼/서비스와 토큰 경제다.

스타트업의 경우, 각각의 혁신은 그 스타트업의 실패 가능성을 증가시키는 리스크를 불러온다. 만약 여러분이 이미 위험한 창업 아이디어를 가지고 유틸리티 토큰을 추가한다면 기반이 되는 플랫폼(이더리움), 광범위한 경제(거래소, 유동성), 규제 환경(지분/상품 규제 당국) 및 기술(스마트 컨트랙트, 토큰 표준)의 모든 위험을 더하는 것이다. 그것은 스타트업에 많은 위험을 안겨준다.

'모든 것을 토큰화하라'는 지지자들은 전체 토큰 경제의 시장 열정, 초기 수용자, 기술, 혁신 및 유동성을 포함하는 토큰을 채택함으로써 이에 대응하려 할 것이다. 그것은 사실이다. 문제는 혜택과 열정이 위험과 불확실성을 능가하는지 여부다.

그럼에도 불구하고 가장 혁신적인 비즈니스 아이디어 중 일부는 실제로 크립토 영역에서 발생한다. 만약 규제 기관이 법률을 채택하고 새로운 비즈니스 모델을 지원하기에 아주 빠르지 않다면, 기업가 및 관련 인재들은 더 크립토 친화적인 곳을 위해 다른 관할 지역을 찾을 것이다. 이것은 이미 일어나고 있다.

마지막으로, 이 장의 시작 부분에서 토큰을 소개할 때 '토큰'의 구어적 의미를 '사소한 가치의 어떤 것'으로 논의했다. 대부분의 토큰 가치가 크지 않은 근본적인 이유는 토큰이 단지 하나의 버스 회사, 하나의 세탁소, 하나의 아케이드, 하나의 호텔 또는 하나의 회사 상점과 같이 매우 좁은 환경에서만 사용할 수 있기 때문이다. 제한된 유동성, 제한된 적용 가능성 및 높은 전환 비용은 토큰 가치를 단지 '토큰'으로서만의 가치로 떨어뜨린다. 따라서 여러분이 플랫폼에 유틸리티 토큰을 추가할 때 소규모 시장의 단일 플랫폼에서만 토큰을 사용하도록 하면, 여러분은 물리적인 토큰을 별 가치 없는 것으로 만든 그 조건들을 다시 만드는 것이다. 이것이 여러분의 프로젝트에 토큰화를 도입하는, 사실상 바른 방법일 수도 있다. 그러나 여러분의 플랫폼을 사용하기 위해 어떤 것을 여러분의 유틸리티 토큰으로 바꾸어야 되고, 사용하고 난 후 다시 더 유용한 어떤 것으로 바꾸어야 한다면, 여러분은 그저 기업 화폐(company scrip)를 만들어낸 것일 뿐이다. 디지털 토큰의 스위칭 비용은 시장이 없는 물리적 토큰의 경우보다 훨씬 낮은 수준이지만, 제로(0)는 아니다. 전체 산업 부문에서 작동하는 유틸리티 토큰은 매우 흥미롭고 가치가 있을 것이다. 그러나 성공을 위해 전체 산업 표준을 혼자서 만드는 스타트업을 설립한다면 이미 실패했을 수도 있다.

 이더리움 같은 범용 플랫폼에 서비스를 배포할 경우의 이점 중 하나는 스마트 컨트랙트(즉, 토큰 유틸리티)를 연결하여 토큰의 유동성과 효용성의 가능성을 높일 수 있다는 것이다.

올바른 근거를 가지고 결정하라. 토큰을 사용하지 않으면 애플리케이션이 작동하지 않으므로 토큰을 사용하라. 토큰이 근본적인 시장 장벽이나 접근 권한 문제를 해결한다면 토큰을 채택하라. 만일 유틸리티 토큰을 도입하는 유일한 이유가 자금을 빨리 조성할 수 있고 그것이 주식공모가 아닌 것처럼 위장하기 위한 것이라면, 그런 토큰은 도입하지 마라.

이더리움 토큰

블록체인 토큰은 이더리움 이전부터 존재했다. 몇 가지 면에서 첫 번째 블록체인 화폐인 비트코인은 그 자체가 토큰이다. 이더리움 이전에 많은 토큰 플랫폼이 비트코인 및 기타 암호화폐에서 개발되었다. 그러나 이더리움에서 첫 번째 토큰 표준이 소개되고 나서 토큰이 폭발적으로 증가했다.

비탈릭 부테린은 이더리움 같은 범용적이고 프로그래밍 가능한 블록체인의 가장 명확하고 유용한 애플리케이션의 하나로 토큰을 제안했다. 실제로 이더리움 첫해에는 비탈릭과 다른 사람들이 이더리움 로고로 장식된 티셔츠와 티셔츠 등 뒤에 새겨진 스마트 컨트랙트 샘플을 흔히 볼 수 있었다. 티셔츠에 몇 가지 변화가 있었지만 가장 일반적인 토큰 구현을 보여주었다.

이더리움 토큰을 만드는 방법에 대해 자세히 알아보기 전에 토큰이 이더리움에서 어떻게 동작하는지 간략하게 살펴보는 것이 중요하다. 토큰은 이더와 다른데, 왜냐하면 이더리움 프로토콜은 토큰에 대해 아무것도 모르기 때문이다. 이더 전송은 이더리움 플랫폼의 본질적인 동작이지만, 토큰을 보내거나 소유하는 것은 아니다. 이더리움 계정의 이더 잔액은 프로토콜 수준에서 처리되는 반면, 이더리움 계정의 토큰 잔액은 스마트 컨트랙트 수준에서 처리된다. 이더리움에서 새 토큰을 만들려면 새로운 스마트 컨트랙트를 만들어야 한다. 배포된 스마트 컨트랙트는 소유권, 이전 및 접근 권한을 포함한 모든 것을 처리한다. 원하는 방법대로 모든 필요한 작업을 수행하도록 스마트 컨트랙트를 작성할 수 있지만, 기존 표준을 따르는 것이 가장 바람직하다. 다음에 이러한 표준을 살펴볼 것이다. 이 장의 끝에서는 이 표준의 장단점에 관해 논의한다.

ERC20 토큰 표준

첫 번째 표준은 2015년 11월 파비안 보겔스텔러가 ERC(Ethereum Request for Comments)로 발표했다. 깃허브 이슈번호 20이 자동으로 할당되어 'ERC20 토큰'이라는 이름이 되었다. 대다수의 토큰은 현재 ERC20 표준을 기반으로 한다. 의견 수렴을 통해 ERC20 요청은 결국 EIP-20(Ethereum Improvement Proposal 20)이 되었지만, 여전히 원래 이름인 ERC20으로 언급된다.

ERC20은 **대체 가능한 토큰(fungible token)**의 표준으로, ERC20 토큰의 다른 단위가 상호 교환이 가능하고 고유한 특성이 없음을 의미한다.

ERC20 표준(http://bit.ly/2CUf7WG)은 토큰을 구현하는 컨트랙트에 대한 공통 인터페이스를 정의하므로 모든 호환 가능한 토큰에 같은 방식으로 접근하고 사용할 수 있다. 인터페이스는 개발자가 추가할 수 있는 몇 가지 선택적 기능과 속성뿐만 아니라 표준을 구현하는 데 필요한 여러 함수들로 구성된다.

ERC20 필수 함수와 이벤트

ERC20을 준수한 토큰 컨트랙트는 최소한 다음 함수 및 이벤트를 제공해야 한다.

totalSupply
> 현재 존재하는 이 토큰의 전체 개수를 리턴한다. ERC20 토큰에는 고정 또는 가변적인 공급량이 있을 수 있다.

balanceOf
> 주소가 주어지면 해당 주소의 토큰 잔액을 반환한다.

transfer
> 주소와 금액이 주어지면 해당 주소로 토큰의 양을 전송한다. 전송을 실행하는 주소의 잔액에서 전송을 실행한다.

transferFrom
> 보낸 사람, 받는 사람 및 금액이 주어지면 한 계정에서 다른 계정으로 토큰을 전송한다. approve와 함께 조합하여 사용한다.

approve
> 수취인 주소와 금액이 주어지면 그 주소가 승인을 한 계정에서 최대 금액까지 여러 번 송금할 수 있도록 승인한다.

allowance
> 소유자 주소와 지출자(spender) 주소가 주어지면, 지출자가 출금할 수 있도록 소유자가 승인한 잔액을 리턴한다.

Transfer
> 전송이 성공하면(transfer 또는 transferFrom 호출) 이벤트가 트리거된다(0 값 전송의 경

우에도 마찬가지임).

Approval

> approve를 성공적으로 호출하면 이벤트가 기록된다.

ERC20 선택적 함수

이전 절에서 나열된 필수 함수 외에 다음과 같은 선택적 함수도 표준에 의해 정의된다.

name

> 사람이 읽을 수 있는 토큰의 이름(예: '미국 달러')을 반환한다.

symbol

> 사람이 읽을 수 있는 기호(예: 'USD')를 반환한다.

decimals

> 토큰 양을 나눌 수 있는 소수 자릿수를 반환한다. 예를 들어, decimals가 2이면 토큰
> 양을 100으로 나눠 표현한다.

솔리디티에서 ERC20 인터페이스 정의

다음은 솔리디티에서 ERC20 인터페이스 사양이 어떻게 생겼는지 보여준다.

```
contract ERC20 {
    function totalSupply() constant returns (uint theTotalSupply);
    function balanceOf(address _owner) constant returns (uint balance);
    function transfer(address _to, uint _value) returns (bool success);
    function transferFrom(address _from, address _to, uint _value) returns
        (bool success);
    function approve(address _spender, uint _value) returns (bool success);
    function allowance(address _owner, address _spender) constant returns
        (uint remaining);
    event Transfer(address indexed _from, address indexed _to, uint _value);
    event Approval(address indexed _owner, address indexed _spender, uint _value);
}
```

ERC20 데이터 구조

ERC20 구현을 살펴보면 2개의 데이터 구조를 포함하고 있음을 알게 될 것이다. 하나는 잔
고를 추적하고, 나머지 하나는 허용량을 추적하는 것이다. 솔리디티에서는 **데이터 매핑(data**

mapping)으로 구현된다.

첫 번째 데이터 매핑은 소유자별로 토큰 잔액을 내부 테이블로 구현한다. 이렇게 하면 토큰 컨트랙트에서 토큰을 소유한 사람을 추적할 수 있다. 각 이체는 하나의 잔액에서 공제되고 다른 잔고에 추가된다.

```
mapping(address => uint256) balances;
```

두 번째 데이터 구조는 허용량의 데이터 매핑이다. 다음 절에서 보겠지만, ERC20 토큰을 사용하면 토큰 소유자가 권한을 위임자에게 위임하여 소유자의 잔액에서 특정 금액(허용 한도)을 지출할 수 있다. ERC20 컨트랙트는 기본 키가 토큰 소유자의 주소이고, 지출자 주소와 허용 한도에 매핑되는 2차원 매핑으로 허용량을 추적한다.

```
mapping (address => mapping (address => uint256)) public allowed;
```

ERC20 워크플로: 'transfer'와 'approve & transferForm'

ERC20 토큰 표준에는 두 가지 transfer 함수가 있는데, 왜 두 가지가 있는지 궁금해할지도 모르겠다. 첫 번째는 transfer 함수를 사용하는 단일 트랜잭션인 간단한 워크플로다. 이 워크플로는 지갑에서 다른 지갑으로 토큰을 보내는 데 사용되는 워크플로다. 대다수의 토큰 트랜잭션은 transfer 워크플로와 더불어 일어난다.

전송 컨트랙트를 실행하는 것은 매우 간단하다. 앨리스가 밥에게 10개의 토큰을 보내려고 하면, 지갑은 토큰 컨트랙트의 주소로 트랜잭션을 전송하고 밥의 주소와 10을 인수로 사용하여 transfer 함수를 호출한다. 토큰 컨트랙트는 앨리스의 잔액(-10)과 밥의 잔액(+10)을 조정하고 Transfer 이벤트를 발생시킨다.

두 번째 워크플로는 approve 후 transferFrom을 사용하는 두 단계 트랜잭션 워크플로다. 이 워크플로는 토큰 소유자가 제어를 다른 주소에 위임할 수 있게 해준다. 이것은 제어를 토큰 배포 컨트랙트에 위임하는 데 가장 많이 사용되지만 거래소에서도 사용할 수 있다.

예를 들어 회사가 ICO를 위해 토큰을 판매하는 경우, 특정 양의 토큰을 배포하기 위해 크라우드세일(crowdsale) 컨트랙트 주소를 approve할 수 있다. 크라우드세일 컨트랙트는 그림 10-1

에 나와 있는 것처럼 토큰을 구매한 각 구매자에게 토큰 컨트랙트의 소유자 밸런스에서 송금 (transferFrom)한다.

 ICO(Initial Coin Offering)는 기업 및 조직에서 토큰을 판매하여 자금을 모으는 데 사용하는 크라우드 펀딩 메커니즘이다. 이 용어는 IPO(Initial Public Offering)에서 파생되었으며, 이것은 공개 회사(public company)가 증권 거래소에 투자자에게 주식을 판매하는 절차다. 고도로 규제된 IPO 시장과 달리, ICO는 개방적이고 국제적이며 정형화되어 있지 않다. 이 책에서의 ICO 예와 설명은 이러한 유형의 자금 모금을 보증하지 않는다.

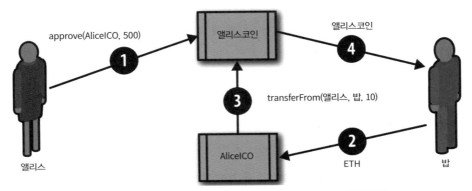

그림 10-1 ERC20 토큰의 2단계 approve & transferFrom 워크플로

approve & transferFrom 워크플로를 위해 2개의 트랜잭션이 필요하다. 앨리스가 밥과 찰리 같은 구매자에게 앨리스코인(AliceCoin) 토큰의 50%를 판매하도록 AliceICO 컨트랙트를 허용하려 한다고 가정해 보자. 우선 앨리스는 앨리스코인 ERC20 컨트랙트를 론칭하여 모든 앨리스코인을 자신의 주소로 발급한다. 그런 다음, 앨리스는 이더용 토큰을 판매할 수 있는 AliceICO 컨트랙트를 시작한다. 그러고 나서 앨리스는 워크플로에서 approve와 transferFrom을 시작한다. 그녀는 인수를 AliceICO의 컨트랙트 주소와 totalSupply의 50%로 해서 approve를 호출하는 트랜잭션을 AliceCoin 컨트랙트로 보낸다. 이것은 Approval 이벤트를 트리거한다. 이제 AliceICO 컨트랙트는 앨리스코인을 판매할 수 있다.

AliceICO 컨트랙트가 밥으로부터 이더를 받으면, 밥에게 앨리스코인을 보내야 한다. AliceICO 컨트랙트에는 앨리스코인과 이더 간에 환율이 있다. AliceICO 컨트랙트를 만들 때 앨리스가 설정한 환율은 밥이 AliceICO 컨트랙트로 보낸 이더 양에 대해 얼마나 많은 토큰을 받을지 결정한다. AliceICO 컨트랙트에서 앨리스코인 transferFrom 함수를 호출하면 보낸 사람으로 앨리스의 주소를 설정하고, 받는 사람으로 밥의 주소를 설정한다. 그리고 환율을 사용하여 value 필드에서 얼마나 많은 앨리스코인을 밥에게 전송할지 결정한다. AliceCoin 컨트랙트는 앨리스의 주소에서 밥의 주소로 잔액을 전송하고 Transfer 이벤트를 트리거한다. AliceICO 컨트랙트는 앨리스가 설정한 승인 한도를 초과하지 않는 한 무제한으로 transferFrom을 호출할 수 있다. AliceICO 컨트랙트는 allowance 함수를 호출하여 판매할 수 있는 앨리스코인 토큰의 수를 관리할 수 있다.

ERC20 구현

솔리디티 코드 약 30줄로 ERC20 호환 토큰을 구현할 수는 있으나, 대부분의 구현은 좀 더 복잡하다. 이것은 잠재적인 보안 취약점의 이유이기도 하다. EIP-20 표준에서 언급한 두 가지 구현이 있다.

컨센시스(Consensys) EIP20(http://bit.ly/2EUYCMR)
    간단하고 읽기 쉬운 ERC20 호환 토큰 구현

오픈제플린(OpenZeppelin) 표준토큰(https://bit.ly/2xPYck6)
    이 구현은 추가적인 보안 주의사항과 함께 ERC20과 호환된다. 자금 모금, 경매, 베스팅 일정(vesting schedule) 및 기타 기능을 갖춘 좀 더 복잡한 ERC20 호환 토큰을 구현하는 오픈제플린 라이브러리의 기초를 형성한다.

자체 ERC20 토큰 출시

자체 토큰을 만들고 실행해 보자. 이 예제에서는 트러플 프레임워크를 사용한다. 이 예제에서는 트러플을 이미 설치하고 구성했으며 기본 작동을 잘 알고 있다고 가정한다(자세한 내용은 395페이지의 '트러플(Truffle)' 절을 참고하라).

우리는 'Mastering Ethereum Token' 토큰을 'MET'라는 심볼로 부를 것이다.

 이 책의 예제는 깃허브 저장소(https://bit.ly/2DPiE8V)에서 확인할 수 있다.

우선, 트러플 프로젝트 디렉터리를 생성하고 초기화하자. 4개의 명령을 실행하고 모든 질문에 대해 기본 설정되어 있는 답을 하라.

```
$ mkdir METoken
$ cd METoken
METoken $ truffle init
METoken $ npm init
```

이제 다음 디렉터리 구조를 갖게 된다.

```
METoken/
+---- contracts
|    `---- Migrations.sol
+---- migrations
|    `---- 1_initial_migration.js
+---- package.json
+---- test
+---- truffle-config.js
`---- truffle.js
```

truffle.js 또는 truffle-config.js 설정 파일을 편집하여 트러플 환경을 설정하거나, 환경 설정 파일을 저장소(http://bit.ly/2DdP2mz)에서 복사하라.

만약 여러분이 truffle-config.js 예제를 사용하는 경우라면, 롭스텐(Ropsten)이나 코반(Kovan) 같은 공개 이더리움에서 테스트 및 배포를 위해 테스트 개인키가 들어 있는 METoken 폴더에 .env 파일을 만들어야 한다. 메타마스크에서 테스트 네트워크 개인키를 내보낼 수 있다.

그 후에 여러분의 디렉터리는 다음과 같을 것이다.

```
METoken/
+---- contracts
|    `---- Migrations.sol
+---- migrations
|    `---- 1_initial_migration.js
+---- package.json
+---- test
+---- truffle-config.js
+---- truffle.js
`---- .env *new file*
```

 이더리움 네트워크에서 자금을 보유하는 데 사용되지 않는 테스트 키 또는 테스트 니모닉만 사용하라. 진짜 돈이 들어 있는 키는 절대로 사용하지 마라.

이 예제에서는 몇 가지 중요한 보안 검사를 구현하고 확장하기 쉬운 오픈제플린 라이브러리를 가져온다.

```
$ npm install openzeppelin-solidity@1.12.0

+ openzeppelin-solidity@1.12.0
added 1 package from 1 contributor and audited 2381 packages in 4.074s
```

openzeppelin-solidity 패키지는 node_modules 디렉터리 아래에 약 250개의 파일을 추가할 것이다. 오픈제플린 라이브러리에는 ERC20 토큰 이상이 포함되어 있으나, 우리는 그것의 일부만 사용할 것이다.

다음으로 토큰 컨트랙트를 작성해 보겠다. 새 파일 METoken.sol을 만들고 깃허브(http://bit.ly/2qfIFH0)에서 예제 코드를 복사하라.

예제 10-1에 표시된 컨트랙트는 오픈제플린 라이브러리에서 모든 기능을 상속하므로 매우 간단하다.

예제 10-1 METoken.sol: ERC20 토큰을 구현하는 솔리디티 컨트랙트

```
1  pragma solidity ^0.4.21;
2
3  import 'zeppelin-solidity/contracts/token/ERC20/StandardToken.sol';
4
5  contract METoken is StandardToken {
6      string public constant name = 'Mastering Ethereum Token';
7      string public constant symbol = 'MET';
8      uint8 public constant decimals = 2;
9      uint constant _initial_supply = 2100000000;
10
11     function METoken() public {
12         totalSupply_ = _initial_supply;
13         balances[msg.sender] = _initial_supply;
14         emit Transfer(address(0), msg.sender, _initial_supply);
15     }
16 }
```

여기서는 상수 변수인 name, symbol, decimals를 정의한다. 2,100만 개의 토큰으로 설정된 _initial_supply 변수도 정의한다. 세분화된 2개의 십진수는 총 21억 개의 단위를 제공한다. 컨트랙트의 초기화(생성자) 함수에서 totalSupply를 _initial_supply와 같게 설정하고 모두 할당한다. _initial_supply를 METoken 컨트랙트를 생성하는 계정(msg.sender)의 잔액에 추가한다.

이제 truffle을 사용하여 METoken 코드를 컴파일한다.

```
$ truffle compile
Compiling ./contracts/METoken.sol...
Compiling ./contracts/Migrations.sol...
Compiling openzeppelin-solidity/contracts/math/SafeMath.sol...
Compiling openzeppelin-solidity/contracts/token/ERC20/BasicToken.sol...
Compiling openzeppelin-solidity/contracts/token/ERC20/ERC20.sol...
Compiling openzeppelin-solidity/contracts/token/ERC20/ERC20Basic.sol...
Compiling openzeppelin-solidity/contracts/token/ERC20/StandardToken.sol...
```

보다시피, truffle은 오픈제플린 라이브러리에서 필요한 디펜던시(dependencies)를 포함시키고 해당 컨트랙트를 컴파일한다.

METoken 컨트랙트를 배포하기 위해 이관(migration) 스크립트를 설정해 보겠다. METoken/migrations 폴더에 2_deploy_contracts.js라는 새 파일을 만든다. 깃허브 저장소(http://bit.ly/2P0rHLl)에 있는 예제의 내용을 복사하라.

```
1  var METoken = artifacts.require("METoken");
2
3  module.exports = function(deployer) {
4      // METoken 컨트랙트를 우리의 유일한 태스크로 배포
5      deployer.deploy(METoken);
6  };
```

이더리움 테스트 네트워크 중 하나에 배포하기 전에 로컬 블록체인을 시작하여 모든 것을 테스트해 보자. ganache-cli 커맨드 라인 또는 GUI(Graphical User Interface)에서 ganache 블록체인을 시작하라.

ganache가 시작되면 METoken 컨트랙트를 배포하고 모든 것이 예상대로 작동하는지 확인할 수 있다.

```
$ truffle migrate --network ganache
Using network 'ganache'.

Running migration: 1_initial_migration.js
```

```
    Deploying Migrations...
    ... 0xb2e90a056dc6ad8e654683921fc613c796a03b89df6760ec1db1084ea4a084eb
    Migrations: 0x8cdaf0cd259887258bc13a92c0a6da92698644c0
Saving successful migration to network...
    ... 0xd7bc86d31bee32fa3988f1c1eabce403a1b5d570340a3a9cdba53a472ee8c956
Saving artifacts...
Running migration: 2_deploy_contracts.js
    Deploying METoken...
    ... 0xbe9290d59678b412e60ed6aefedb17364f4ad2977cfb2076b9b8ad415c5dc9f0
    METoken: 0x345ca3e014aaf5dca488057592ee47305d9b3e10
Saving successful migration to network...
    ... 0xf36163615f41ef7ed8f4a8f192149a0bf633fe1a2398ce001bf44c43dc7bdda0
Saving artifacts...
```

ganache 콘솔에서 그림 10-2와 같이 배포를 통해 네 가지 새로운 트랜잭션이 생성되었음을
확인할 수 있을 것이다.

그림 10-2 ganache에 대한 METoken 배포

트러플 콘솔을 사용한 METoken과의 상호작용

트러플 콘솔을 사용하여 ganache 블록체인상에 있는 우리의 컨트랙트와 상호작용을 할 수
있다. 이 콘솔은 트러플 환경과 web3를 통해 블록체인에 접근할 수 있는 양방향 자바스크립
트 환경이다. 여기서는 트러플 콘솔을 ganache 블록체인에 연결한다.

```
$ truffle console --network ganache
```

```
truffle(ganache)>
```

truffle(ganache)> 프롬프트는 우리가 ganache 블록체인에 연결되어 있으며 명령을 입력할 준비가 되었음을 보여준다. 트러플 콘솔은 모든 truffle 명령을 지원하므로 콘솔에서 compile하고 migrate할 수 있다. 우리는 이미 이 명령을 이미 실행했으므로 컨트랙트로 바로 이동하자. METoken 컨트랙트는 트러플 환경에서 자바스크립트 객체로 존재한다. 프롬프트에서 **METoken**을 입력하면 전체 컨트랙트 정의(contract definition)가 덤프될 것이다.

```
truffle(ganache)> METoken
{ [Function: TruffleContract]
  _static_methods:
[...]

currentProvider:
 HttpProvider {
   host: 'http://localhost:7545',
   timeout: 0,
   user: undefined,
   password: undefined,
   headers: undefined,
   send: [Function],
   sendAsync: [Function],
   _alreadyWrapped: true },
network_id: '5777' }
```

또한 METoken 객체는 컨트랙트의 주소(migrate 명령으로 배포된 것과 같은)와 같은 여러 속성을 표시한다.

```
truffle(ganache)> METoken.address
'0x345ca3e014aaf5dca488057592ee47305d9b3e10'
```

배포된 컨트랙트와 상호작용하려는 경우 자바스크립트 '프로미스(promise)' 형식으로 비동기 호출을 사용해야 한다. deployed 함수를 사용하여 컨트랙트 인스턴스를 가져온 후에 totalSupply 함수를 호출한다.

```
truffle(ganache)> METoken.deployed().then(instance => instance.totalSupply())
BigNumber { s: 1, e: 9, c: [ 2100000000 ] }
```

다음으로, ganache가 만든 계정을 사용하여 METoken 잔액을 확인하고 METoken을 다른 주소로 보낸다. 먼저, 계정 주소를 알아보겠다.

```
truffle(ganache)> let accounts
undefined
truffle(ganache)> web3.eth.getAccounts((err,res) => { accounts = res })
undefined
truffle(ganache)> accounts[0]
'0x627306090abab3a6e1400e9345bc60c78a8bef57'
```

accounts 리스트에는 이제 ganache가 만든 모든 계정이 포함되며, account[0]은 METoken 컨트랙트를 배포한 계정이다. METoken 생성자는 생성된 주소에 전체 토큰을 제공하기 때문에 METoken 잔액을 가져야 한다. 확인해 보자.

```
truffle(ganache)> METoken.deployed().then(instance =>
                  { instance.balanceOf(accounts[0]).then(console.log) })
undefined
truffle(ganache)> BigNumber { s: 1, e: 9, c: [ 2100000000 ] }
```

마지막으로, 컨트랙트의 transfer 함수를 호출하여 account[0]에서 account[1]로 1000.00 METoken을 전송해 보자.

```
truffle(ganache)> METoken.deployed().then(instance =>
                  { instance.transfer(accounts[1], 100000) })
undefined
truffle(ganache)> METoken.deployed().then(instance =>
                  { instance.balanceOf(accounts[0]).then(console.log) })
undefined
truffle(ganache)> BigNumber { s: 1, e: 9, c: [ 2099900000 ] }
undefined
truffle(ganache)> METoken.deployed().then(instance =>
                  { instance.balanceOf(accounts[1]).then(console.log) })
undefined
truffle(ganache)> BigNumber { s: 1, e: 5, c: [ 100000 ] }
```

 METoken은 2개의 소수 자릿수를 갖는다. 즉, 1개의 METoken은 컨트랙트에서 100단위다. 1,000 METoken을 전송하려면 transfer를 호출할 때 값을 100000으로 지정한다.

보다시피, 콘솔의 account[0]은 20,999,000MET이고, account[1]은 1,000MET이다.

그림 10-3에서와 같이 ganache 그래픽 사용자 인터페이스로 전환하면 transfer 함수를 호출한 트랜잭션이 표시된다.

그림 10-3 ganache에서 METoken 전송

컨트랙트 주소에 ERC20 토큰 보내기

지금까지 ERC20 토큰을 설정하고 하나의 계정에서 다른 계정으로 일부 토큰을 전송했다. 우리가 데모에 사용했던 모든 계정은 외부 소유 계정(EOA)으로 컨트랙트가 아닌 개인키로 제어된다. MET를 컨트랙트 주소로 보내면 어떻게 될까? 알아보자!

먼저 테스트 환경에 또 다른 컨트랙트를 배포해 보자. 이 예에서는 첫 번째 컨트랙트인 Faucet. sol을 사용한다. 이 파일을 contracts 디렉터리에 복사하여 METoken 프로젝트에 추가하자. 우리의 디렉터리는 다음과 같아야 한다.

```
METoken/
+---- contracts
|    +---- Faucet.sol
|    +---- METoken.sol
|    `---- Migrations.sol
```

METoken과는 별도로 Faucet을 배포하기 위해 마이그레이션을 추가할 것이다.

```
var Faucet = artifacts.require("Faucet");

module.exports = function(deployer) {
    // Faucet 컨트랙트를 우리의 유일한 태스크로 배포
    deployer.deploy(Faucet);
};
```

트러플 콘솔에서 컨트랙트를 컴파일하고 마이그레이션하자.

```
$ truffle console --network ganache
truffle(ganache)> compile
Compiling ./contracts/Faucet.sol...
Writing artifacts to ./build/contracts

truffle(ganache)> migrate
Using network 'ganache'.

Running migration: 1_initial_migration.js
  Deploying Migrations...
  ... 0x89f6a7bd2a596829c60a483ec99665c7af71e68c77a417fab503c394fcd7a0c9
  Migrations: 0xa1ccce36fb823810e729dce293b75f40fb6ea9c9
Saving artifacts...
Running migration: 2_deploy_contracts.js
  Replacing METoken...
  ... 0x28d0da26f48765f67e133e99dd275fac6a25fdfec6594060fd1a0e09a99b44ba
  METoken: 0x7d6bf9d5914d37bcba9d46df7107e71c59f3791f
Saving artifacts...
Running migration: 3_deploy_faucet.js
  Deploying Faucet...
  ... 0x6fbf283bcc97d7c52d92fd91f6ac02d565f5fded483a6a0f824f66edc6fa90c3
  Faucet: 0xb18a42e9468f7f1342fa3c329ec339f254bc7524
Saving artifacts...
```

좋다. 이제 Faucet 컨트랙트에 일부 MET를 보내보자.

```
truffle(ganache)> METoken.deployed().then(instance =>
                  { instance.transfer(Faucet.address, 100000) })
truffle(ganache)> METoken.deployed().then(instance =>
                  { instance.balanceOf(Faucet.address).then(console.log)})
truffle(ganache)> BigNumber { s: 1, e: 5, c: [ 100000 ] }
```

우리는 Faucet 컨트랙트에 1,000MET를 송금했다. 이제 어떻게 토큰을 출금할 수 있을까?

Faucet.sol은 매우 단순한 컨트랙트임을 기억하자. **이더**(ether)를 출금하기 위한 withdraw 함수 하나만 있다. MET 또는 다른 ERC20 토큰을 출금할 수 있는 함수는 없다. withdraw를 사용하면 이더를 보내려고 시도하지만, Faucet이 아직 이더 잔액이 없으므로 실패한다.

METoken 컨트랙트는 Faucet에 잔액이 있음을 알고 있지만, 컨트랙트 잔액을 이체할 수 있는 유일한 방법은 컨트랙트 주소에서 transfer 함수가 호출되는 경우다. 어떻게든 우리는

Faucet 컨트랙트가 METoken의 transfer 함수를 호출하도록 해야 한다.

다음에 무엇을 해야 할지 궁금하겠지만, 궁금해하지 않아도 좋다. 이 문제에 대한 해결책은 없다. Faucet으로 보내진 MET는 영원히 갇혀 있다. Faucet 컨트랙트만이 송금할 수 있으며, Faucet 컨트랙트에는 ERC20 토큰 컨트랙트의 transfer 함수를 호출하는 코드가 없다.

이 문제를 예상했을 수도 있겠지만, 아마도 대부분은 예상을 못했을 것이다. 실제로 ERC20 기능이 없는 컨트랙트에 여러 토큰을 실수로 전송한 수백 명의 이더리움 사용자도 마찬가지로 예상하지 못했다. 일부 추측에 따르면, 약 250만 달러 이상의 가치가 있는 토큰들(이 글을 쓰는 시점에서)이 이와 같이 '갇혔고(stuck)' 영원히 사라졌다.

ERC20 토큰 사용자가 실수로 교환에서 토큰을 잃을 수 있는 경우 중 하나는 거래소나 다른 서비스로 전송하려고 할 때다. 그들은 거래소의 웹사이트에서 이더리움 주소를 복사하여 단순히 토큰을 보낼 수 있다고 생각한다. 그러나 많은 거래소는 실제로 수신 주소가 컨트랙트인 주소를 게시한다! 이 컨트랙트는 ERC20 토큰이 아닌 이더를 받기 위한 용도로만 사용되며, 대부분의 경우 '콜드 스토리지(cold storage)' 또는 다른 중앙 집중식 지갑으로 송금된 모든 자금을 옮긴다. '이 주소로 토큰을 보내지 마시오'라는 많은 경고에도 불구하고, 상당수의 토큰이 이런 식으로 분실된다.

'approve & transferFrom' 워크플로 시연

Faucet 컨트랙트는 ERC20 토큰을 처리할 수 없다. transfer 함수를 사용하여 토큰을 보내면 토큰이 손실된다. 이제 컨트랙트를 다시 작성하고 ERC20 토큰도 처리하도록 해보자. 구체적으로 우리는 요청하는 사람에게 MET를 제공하는 Faucet 컨트랙트로 바꿀 것이다.

이 예제에서는 truffle 프로젝트 디렉터리(METoken_METFaucet이라고 부름)의 사본을 만들고, truffle과 npm을 초기화하며, 오픈제플린 디펜던시들을 설치한 다음, METoken.sol 컨트랙트를 복사한다. 자세한 지침은 265페이지 '자체 ERC20 토큰 출시' 절의 첫 번째 예를 참고하라.

우리의 새로운 Faucet 컨트랙트인 METFaucet.sol은 예제 10-2와 같다.

예제 10-2 **METFaucet.sol: METoken을 위한 Faucet**

```
1   // 이 프로그램을 작성한 솔리디티 컴파일러 버전
2   pragma solidity ^0.4.19;
3
```

```
 4   import 'zeppelin-solidity/contracts/token/ERC20/StandardToken.sol';
 5
 6
 7   // ERC20 토큰 MET를 위한 Faucet
 8   contract METFaucet {
 9
10       StandardToken public METoken;
11       address public METOwner;
12
13       // METFaucet 생성자는 METoken 컨트랙트의 주소와
14       // 우리가 transferFrom할 수 있는 소유자의 주소
15       function METFaucet(address _METoken, address _METOwner) public {
16
17           // 제공된 주소로부터 METoken을 초기화
18           METoken = StandardToken(_METoken);
19           METOwner = _METOwner;
20       }
21
22       function withdraw(uint withdraw_amount) public {
23
24       // 출금 양을 10MET로 제한
25       require(withdraw_amount <= 1000);
26
27           // METoken의 transferFrom 함수를 사용
28           METoken.transferFrom(METOwner, msg.sender, withdraw_amount);
29       }
30
31       // 들어오는 모든 이더 거부
32       function () public payable { revert(); }
33
34   }
```

기본 Faucet 예제를 여러 곳 수정했다. METFaucet은 METoken에서 transferFrom 함수를 사용할 것이므로 2개의 추가 변수가 필요하다. 하나는 배포된 METoken 컨트랙트의 주소를 보유하며, 다른 하나는 Faucet 출금을 승인할 MET 소유자의 주소를 보유한다. METFaucet 컨트랙트는 METoken.transferFrom을 호출하고 MET를 소유자로부터 Faucet 출금 요청이 발생한 주소로 이동하도록 지시한다.

다음 두 변수를 여기서 선언한다.

```
StandardToken public METoken;
address public METOwner;
```

우리의 Faucet이 METoken과 METOwner에 대한 올바른 주소로 초기화되어야 하기 때문에 사

용자 정의 생성자를 선언해야 한다.

```
// METFaucet 생성자는 METoken 컨트랙트의 주소와
// 우리가 transferFrom할 수 있는 소유자의 주소
function METFaucet(address _METoken, address _METOwner) public {

    // 제공된 주소에서 METoken을 초기화
    METoken = StandardToken(_METoken);
    METOwner = _METOwner;
}
```

다음 변경은 withdraw 함수다. transfer를 호출하는 대신, METFaucet은 METoken에서 transferFrom 함수를 사용하고 METoken에게 MET를 Faucet 수신자에게 전송하도록 요청한다.

```
// METoken의 transferFrom 함수를 사용
METoken.transferFrom(METOwner, msg.sender, withdraw_amount);
```

마지막으로, Faucet이 더 이상 이더를 보내지 않으므로 어느 누구도 METFaucet에 이더를 보내지 못하게 해야 한다. 왜냐하면 우리는 이더가 컨트랙트에 잠기게 되는 것을 원치 않기 때문이다. 들어오는 이더를 거부하기 위해 폴백의 payable 함수를 수정하며, revert 함수를 사용하여 들어오는 입금을 되돌린다.

```
// 들어오는 모든 이더 거부
function () public payable { revert(); }
```

METFaucet.sol 코드가 준비되었으므로 마이그레이션 스크립트를 수정하여 배포해야 한다. METFaucet은 METoken의 주소에 따라 다르므로 이 마이그레이션 스크립트는 좀 더 복잡해진다. 자바스크립트 프로미스를 사용하여 두 컨트랙트를 순차적으로 배포한다. 다음과 같이 2_deploy_contracts.js를 만들자.

```
var METoken = artifacts.require("METoken");
var METFaucet = artifacts.require("METFaucet");
var owner = web3.eth.accounts[0];

module.exports = function(deployer) {
```

```
    // MEtoken 컨트랙트를 먼저 배포한다.
    deployer.deploy(METoken, {from: owner}).then(function() {
        // 그런 다음 METFaucet을 배포하고
        // METoken의 주소와 METFaucet을 승인할 모든 MET의 소유자 주소를 전달하자.
        return deployer.deploy(METFaucet, METoken.address, owner);
    });
}
```

이제 트러플 콘솔에서 모든 것을 테스트할 수 있다. 먼저 migrate를 사용하여 컨트랙트를 배포한다. METoken이 배포되면 모든 MET를 그것을 만든 web3.eth.accounts[0] 계정에 할당한다. 그런 후에 METoken의 approve 함수를 호출하여 web3.eth.accounts[0]을 대신하여 최대 1,000MET까지 전송하도록 METFaucet을 승인한다. 마지막으로, Faucet을 테스트하기 위해 web3.eth.accounts[1]에서 METFaucet.withdraw를 호출하고 10MET를 출금하려고 시도한다. 다음은 콘솔 명령이다.

```
$ truffle console --network ganache
truffle(ganache)> migrate
Using network 'ganache'.

Running migration: 1_initial_migration.js
  Deploying Migrations...
  ... 0x79352b43e18cc46b023a779e9a0d16b30f127bfa40266c02f9871d63c26542c7
  Migrations: 0xaa588d3737b611bafd7bd713445b314bd453a5c8
Saving artifacts...
Running migration: 2_deploy_contracts.js
  Replacing METoken...
  ... 0xc42a57f22cddf95f6f8c19d794c8af3b2491f568b38b96fef15b13b6e8bfff21
  METoken: 0xf204a4ef082f5c04bb89f7d5e6568b796096735a
  Replacing METFaucet...
  ... 0xd9615cae2fa4f1e8a377de87f86162832cf4d31098779e6e00df1ae7f1b7f864
  METFaucet: 0x75c35c980c0d37ef46df04d31a140b65503c0eed
Saving artifacts...
truffle(ganache)> METoken.deployed().then(instance =>
                  { instance.approve(METFaucet.address, 100000) })
truffle(ganache)> METoken.deployed().then(instance =>
                  { instance.balanceOf(web3.eth.accounts[1]).then(console.log) })
truffle(ganache)> BigNumber { s: 1, e: 0, c: [ 0 ] }
truffle(ganache)> METFaucet.deployed().then(instance =>
                  { instance.withdraw(1000, {from:web3.eth.accounts[1]}) } )
truffle(ganache)> METoken.deployed().then(instance =>
                  { instance.balanceOf(web3.eth.accounts[1]).then(console.log) })
truffle(ganache)> BigNumber { s: 1, e: 3, c: [ 1000 ] }
```

결과에서 볼 수 있듯이, 워크플로에서 approve 및 transferFrom을 사용하여 한 컨트랙트에서 다른 토큰에 정의된 토큰을 전송할 수 있도록 승인할 수 있다. 제대로 사용하면 ERC20 토큰을 EOA 및 기타 컨트랙트에서 사용할 수 있다.

그러나 ERC20 토큰을 올바르게 관리하는 데 드는 부담은 사용자 인터페이스로 넘겨진다. 만약 사용자가 ERC20 토큰을 컨트랙트 주소로 전송하려고 시도하는데, 이 컨트랙트가 ERC20 토큰을 받을 준비가 되어 있지 않다면 토큰이 손실된다.

ERC20 토큰 문제

ERC20 토큰 표준의 채택은 정말로 폭발적이었다. 새로운 기능을 실험하고 다양한 '크라우드 펀드(crowdfund)' 경매 및 ICO에서 자금을 모으기 위해 수천 개의 토큰이 출시되었다. 그러나 컨트랙트 주소로 토큰을 전송하는 문제에서 알 수 있듯이 몇 가지 잠재적인 함정이 있다.

ERC20 토큰의 잘 드러나지 않는 문제 중의 하나는 토큰과 이더 자체 사이의 미묘한 차이와 관련 있다. 이더는 수신자의 주소를 목적지로 가지고 있는 트랜잭션에 의해 전송이 일어나는 반면, 토큰 전송은 특정한 토큰 컨트랙트 상태(specific token contract state) 안에서 일어나고 수신자의 주소가 아닌 토큰 컨트랙트를 목적지로 한다. 토큰 컨트랙트는 밸런스를 관리하고 이벤트를 발생시킨다. 토큰 전송에서 트랜잭션이 토큰 수신자에게 실제로 보내는 것이 아니다. 대신, 받는 사람의 주소가 토큰 컨트랙트 자체의 맵에 추가된다. 이더를 주소로 보내는 트랜잭션은 주소의 상태를 변경한다. 토큰을 주소로 전송하는 트랜잭션은 토큰 컨트랙트의 상태만 변경하고 수신자 주소의 상태는 변경하지 않는다. ERC20 토큰을 지원하는 지갑조차도 사용자가 토큰 컨트랙트를 명시적으로 추가하지 않는 한 토큰 잔액을 인식하지 못한다. 일부 지갑은 가장 인기 있는 토큰 컨트랙트를 모니터링해서 자신이 관리하는 주소가 보유한 토큰들의 잔액을 감지하지만, 기존 ERC20 컨트랙트들의 일부분으로 제한된다.

사실 사용자는 가능한 모든 ERC20 토큰 컨트랙트에서 모든 잔액을 추적하기를 원하지는 않는다. 많은 ERC20 토큰들은 유용한 토큰이라기보다는 전자 메일 스팸과 유사하다. 그들은 사용자를 유치하기 위해 이더 활동이 있는 계정에 대해 밸런스를 자동으로 생성한다. 오랫동안 활동 이력이 있는 이더리움 주소가 있는 경우, 특히 사전 판매에서 만든 경우에는 어디에서 온지도 알 수 없는 '쓰레기(junk)' 토큰으로 가득 차 있다. 물론, 그 주소는 실제로 토큰으로 가득 차 있지는 않은데, 여러분의 주소를 가지고 있는 것은 토큰 컨트랙트들이다. 이러한 밸런스를 보기 위해서는 주소를 검색하는 블록 탐색기나 지갑으로 이러한 컨트랙트들을 모니터링해야만 된다.

토큰은 이더와 같은 방식으로 동작하지 않는다. 이더는 send 함수에 의해 보내지며, 컨트랙트에 있는 payable 함수 또는 외부 소유 주소에 의해 수신된다(accepted). 토큰은 ERC20 컨트랙트에만 존재하는 함수인 transfer 또는 approve 및 transferFrom을 사용하여 전송되며(적어도 ERC20에서는), 수령인 컨트랙트에서 payable 함수를 트리거하지 않는다. 토큰은 이더 같은 암호화폐처럼 작동하기 위한 것이지만, 그 환상을 깨뜨리는 어떤 차이점이 있다.

또 다른 문제를 고려해 보자. 이더를 보내거나 이더리움 컨트랙트를 사용하려면 가스를 지급하기 위해 이더가 필요한데, 토큰을 보내는 데도 '이더가 필요하다'. 트랜잭션의 가스를 토큰으로 지급할 수 없으며, 토큰 컨트랙트는 가스를 지급할 수 없다. 먼 미래의 어느 시점에서는 변경될지도 모르지만, 그동안에는 다소 이상한 사용자 경험이 발생할 수 있다. 예를 들어, 거래소 또는 ShapeShift를 사용하여 비트코인을 토큰으로 바꾼다고 가정해 보자. 토큰의 컨트랙트를 추적하고 잔액을 보여주는 지갑에 토큰을 '받는다(receive)'. 지갑에 있는 다른 암호화폐들과 달라 보이지 않는다. 그런데 이제 지갑에서 외부로 토큰을 보내려고 하면, 지갑은 이것을 처리하기 위해서 이더가 필요하다는 사실을 알려줄 것이다. 토큰을 받을 때는 이더가 필요 없었던 점을 생각해 보면 혼란스러울 수도 있다. 아마도 여러분은 이더가 없을 것이고, 토큰이 이더리움의 ERC20 토큰임을 알지도 못했을 것이다. 어쩌면 여러분은 그 토큰이 자체 블록체인을 가지고 있는 암호화폐라고 생각했을지도 모른다. 이 착각은 이제 깨졌다.

이러한 문제 중 일부는 ERC20 토큰에만 해당된다. 그 밖의 문제는 이더리움 내의 추상화 및 인터페이스 경계와 관련된 좀 더 일반적인 문제다. 일부는 토큰 인터페이스를 변경하여 해결할 수 있지만, 일부는 이더리움 내의 기본 구조(예: EOA와 컨트랙트, 트랜잭션과 메시지의 구분)를 변경해야 할 수도 있다. 일부는 정확히 '해결 가능(solvable)'하지 않을 수도 있으며, 근저에 있는 차이점들에 관계없이 뉘앙스를 숨기고 사용자 경험을 일관되게 유지하기 위해 사용자 인터페이스 디자인이 필요할 수도 있다.

다음 절들에서는 이러한 문제를 해결하기 위한 다양한 제안을 살펴보겠다.

ERC223: 제안된 토큰 컨트랙트 인터페이스 표준

ERC223 제안은 목적지 주소가 컨트랙트인지 아닌지 여부를 감지함으로써 실수로 토큰을 컨트랙트(토큰을 지원할 수도 있고 지원하지 않을 수도 있음)로 전송하는 문제를 해결하려고 한다. ERC223에서는 토큰을 받도록 설계된 컨트랙트에 tokenFallback이라는 함수를 구현해야 한다. 전송 목적지가 컨트랙트인데, 그 컨트랙트에 토큰에 대한 지원이 없는 경우(즉,

tokenFallback을 구현하지 않은 경우) 전송이 실패한다.

대상 주소가 컨트랙트인지 여부를 감지하기 위해 ERC223 표준 구현(reference implementation)은 다소 독창적인 방법으로 인라인 바이트코드의 작은 세그먼트를 사용한다.

```
function isContract(address _addr) private view returns (bool is_contract) {
    uint length;
    assembly {
        // 목표 주소에 있는 코드의 크기를 검색한다. 이것은 어셈블리가 필요하다.
        length := extcodesize(_addr)
    }
    return (length>0);
}
```

ERC223 컨트랙트 인터페이스 사양은 다음과 같다.

```
interface ERC223Token {
  uint public totalSupply;
  function balanceOf(address who) public view returns (uint);

  function name() public view returns (string _name);
  function symbol() public view returns (string _symbol);
  function decimals() public view returns (uint8 _decimals);
  function totalSupply() public view returns (uint256 _supply);

  function transfer(address to, uint value) public returns (bool ok);
  function transfer(address to, uint value, bytes data) public returns (bool ok);
  function transfer(address to, uint value, bytes data, string custom_fallback)
      public returns (bool ok);

  event Transfer(address indexed from, address indexed to, uint value,
              bytes indexed data);
}
```

ERC223은 널리 구현되지 않았으며, ERC 토론(https://bit.ly/2SkvjZK) 스레드에는 이전 버전과의 호환성 문제와 더불어 변경사항을 컨트랙트 인터페이스 수준에서 구현해야 하는 문제, 그리고 사용자 인터페이스 수준에서의 역호환성 및 트레이드 오프(trade-off)에 대한 논의가 계속되고 있다.

ERC777: 제안된 토큰 컨트랙트 인터페이스 표준

향상된 토큰 컨트랙트 표준에 대한 또 다른 제안은 ERC777(https://bit.ly/2Tu3wDw)이다. 이 제안에는 다음과 같은 몇 가지 목표가 있다.

- ERC20 호환 인터페이스 제공
- send 함수를 사용하여 토큰을 전송(이더 전송과 비슷함)
- 토큰 컨트랙트 등록을 위해 ERC820과 호환 가능
- 컨트랙트와 주소가 토큰을 전송하기 전에 어느 토큰을 전송할 수 있는가를 tokensToSend 함수를 통해 컨트롤할 수 있도록 허용
- 수신자의 tokensReceived 함수를 호출하여 컨트랙트 및 주소에 토큰의 수신 사실을 통지할 수 있게 하고 컨트랙트에 tokensReceived 함수를 제공하도록 요구함으로써 컨트랙트가 잠길 확률을 줄인다.
- 기존 컨트랙트가 tokensToSend 및 tokensReceived 함수에 대해 프록시 컨트랙트를 사용하도록 허용
- 컨트랙트로 보내거나 EOA로 보내거나와 같은 방식으로 작동
- 토큰 발행 및 소각을 위한 특정 이벤트 제공
- 토큰 보유자 대신 토큰을 이동시키는 운영자(검증된 컨트랙트, 신뢰하는 제3자) 허용
- userData 및 operatorData 필드에서 토큰 전송 트랜잭션에 대한 메타데이터를 제공

ERC777에 관한 진행 중인 토론은 깃허브(https://bit.ly/2D0XhQs)에서 찾을 수 있다.

ERC777 컨트랙트 인터페이스 사양은 다음과 같다.

```
interface ERC777Token {
    function name() public constant returns (string);
    function symbol() public constant returns (string);
    function totalSupply() public constant returns (uint256);
    function granularity() public constant returns (uint256);
    function balanceOf(address owner) public constant returns (uint256);

    function send(address to, uint256 amount, bytes userData) public;

    function authorizeOperator(address operator) public;
    function revokeOperator(address operator) public;
    function isOperatorFor(address operator, address tokenHolder)
        public constant returns (bool);
```

```
    function operatorSend(address from, address to, uint256 amount,
                          bytes userData,bytes operatorData) public;


    event Sent(address indexed operator, address indexed from,
               address indexed to, uint256 amount, bytes userData,
               bytes operatorData);
    event Minted(address indexed operator, address indexed to,
                 uint256 amount, bytes operatorData);
    event Burned(address indexed operator, address indexed from,
                 uint256 amount, bytes userData, bytes operatorData);
    event AuthorizedOperator(address indexed operator,
                             address indexed tokenHolder);
    event RevokedOperator(address indexed operator, address indexed tokenHolder);
}
```

ERC777 후크

ERC777 토큰 발신자 후크(hooks) 사양은 다음과 같다.

```
interface ERC777TokensSender {
    function tokensToSend(address operator, address from, address to,
                          uint value, bytes userData, bytes operatorData) public;
}
```

이 인터페이스의 구현은 토큰 지불 통지, 처리 또는 예방을 원하는 모든 주소에 필요하다. 이 인터페이스를 구현하는 컨트랙트의 주소는 컨트랙트 자체 또는 다른 주소용 인터페이스를 구현하는 것과 관계없이 ERC820을 통해 등록해야 한다.

ERC777 토큰 수신자 후크 사양은 다음과 같다.

```
interface ERC777TokensRecipient {
  function tokensReceived(
      address operator, address from, address to,
      uint amount, bytes userData, bytes operatorData
  ) public;
}
```

이 인터페이스의 구현은 토큰의 수신을 통지, 처리 또는 거부하려는 모든 주소에 필요하다. 토큰 발신자 인터페이스와 마찬가지로 동일한 논리 및 요구사항이 토큰 수신자 인터페이스에서도 적용되어야 한다. 즉, 수신자 컨트랙트가 토큰 잠김을 막기 위해 이러한 인터페이스를 구현해야만 한다. 수신자 컨트랙트가 이 인터페이스를 구현하는 주소를 등록하지 않으면, 토큰 전송이 실패한다.

여기서 중요한 점은 주소당 하나의 토큰 발신자와 하나의 토큰 수신자만 등록할 수 있다는 것이다. 따라서 모든 ERC777 토큰 전송에 대해 동일한 후크 기능이 모든 ERC777 토큰 전송의 지불 및 수신 시 호출된다. 특정 토큰은 특정 사용 사례를 처리하기 위해 특정 토큰 컨트랙트 주소인 메시지의 발신자를 사용하여 이러한 함수에서 식별할 수 있다.

반면에 동일한 토큰 발신자 및 토큰 수신자 후크를 여러 주소에 대해 등록할 수 있으며, 후크는 발신자와 수신자를 from과 to 파라미터를 통해 구분할 수 있다.

ERC777의 표준참조 구현(http://bit.ly/2qkAKba)은 그 제안에 링크되어 있다. ERC777은 ERC820에 명시된 레지스트리 컨트랙트에 대한 병렬 제안을 따른다. ERC777에 대한 논쟁 중 일부는 한 번에 두 가지 큰 변화, 즉 새로운 토큰 표준 및 레지스트리 표준을 채택하는 복잡성에 관한 것이다. 토론은 계속되고 있다.

ERC721: 대체 불가능한 토큰(증서) 표준

지금까지 살펴본 모든 토큰 표준은 토큰 유닛을 바꿔쓸 수 있는 **대체 가능한(fungible)** 토큰에 대한 것이다. ERC20 토큰 표준은 각 계정의 최종 잔액만을 추적하며 토큰의 출처를 (명시적으로) 추적하지 않는다.

ERC721 제안(http://bit.ly/2Ogs7lm)은 **증서(deed)**로도 알려진 **대체할 수 없는(non-fungible)** 토큰에 대한 표준을 위한 것이다.

옥스퍼드 사전에 의하면 '증서'의 뜻은 다음과 같다.

> **증서(deed):** 서명되어 배달된 법적 서류, 특히 재산 또는 법적 권리의 소유에 관한 것

'증서'라는 표현은 어떤 관할권에서도 '법적 문서(legal documents)'로 인정되지는 않지만, '재산의 소유권(ownership of property)' 부분을 반영하기 위한 것이다. 앞으로는 블록체인 플랫폼에서 디지털 서명을 기반으로 한 법적 소유권이 법적으로 인정될 가능성이 있다.

대체할 수 없는 토큰은 게임 아이템이나 디지털 수집물 같은 고유한 아이템일 수 있다. 또한 집, 자동차, 삽화 같은 것으로 소유권을 추적하기 위한 실물일 수도 있다. 증서는 또한 대출(부

채), 담보권, 지역권 등과 같은 부정적인 가치를 지닌 것도 포함한다. ERC721 표준은 증서에 의해 그 소유권이 고유하게 추적될 수 있는 한, 그 대상의 종류에 대해 어떤 제한이나 규정을 두지 않으며, 이러한 추적은 256비트 식별자에 의해 이루어진다.

표준 및 토론의 세부사항은 2개의 각기 다른 깃허브 위치에서 볼 수 있다.

- 초기 제안(https://bit.ly/2SrlTeK)
- 계속되는 토론(https://bit.ly/2DPLvd6)

ERC20과 ERC721의 기본적인 차이점을 파악하려면 ERC721에서 사용되는 내부 데이터 구조를 살펴보는 것으로 충분하다.

```
// 증서 ID에서 소유자로 매핑
mapping (uint256 => address) private deedOwner;
```

ERC20은 각 소유자에 속한 잔액을 추적하고 소유자는 매핑의 기본 키인 반면, ERC721은 각 증서 ID와 소유권자를 추적하며 증서 ID는 매핑의 기본 키가 된다. 이 기본적인 차이로부터 대체할 수 없는 토큰의 모든 속성이 나온다.

ERC721 컨트랙트 인터페이스 사양은 다음과 같다.

```
interface ERC721 /* ERC165이다. */ {
    event Transfer(address indexed _from, address indexed _to, uint256 _deedId);
    event Approval(address indexed _owner, address indexed _approved,
                   uint256 _deedId);
    event ApprovalForAll(address indexed _owner, address indexed _operator,
                         bool _approved);

    function balanceOf(address _owner) external view returns (uint256 _balance);
    function ownerOf(uint256 _deedId) external view returns (address _owner);
    function transfer(address _to, uint256 _deedId) external payable;
    function transferFrom(address _from, address _to, uint256 _deedId)
        external payable;
    function approve(address _approved, uint256 _deedId) external payable;
    function setApprovalForAll(address _operateor, boolean _approved) payable;
    function supportsInterface(bytes4 interfaceID) external view returns (bool);
}
```

ERC721은 또한 메타데이터와 증서 및 소유자의 열거를 위해 2개의 **선택적(optional)** 인터페이스를 지원한다.

메타데이터에 대한 ERC721 선택적 인터페이스는 다음과 같다.

```
interface ERC721Metadata /* ERC721이다. */ {
    function name() external pure returns (string _name);
    function symbol() external pure returns (string _symbol);
    function deedUri(uint256 _deedId) external view returns (string _deedUri);
}
```

열거(enumeration)를 위한 ERC721 선택적 인터페이스는 다음과 같다.

```
interface ERC721Enumerable /* ERC721이다. */ {
    function totalSupply() external view returns (uint256 _count);
    function deedByIndex(uint256 _index) external view returns (uint256 _deedId);
    function countOfOwners() external view returns (uint256 _count);
    function ownerByIndex(uint256 _index) external view returns (address _owner);
    function deedOfOwnerByIndex(address _owner, uint256 _index) external view
        returns (uint256 _deedId);
}
```

토큰 표준 사용

이전 절에서는 제안된 표준과 토큰 컨트랙트에 대해 널리 배포된 몇 가지 표준을 검토했다. 이 표준은 정확히 무엇을 하는가? 이 표준을 사용해야 하는가? 어떻게 사용해야 하는가? 이러한 표준 이상의 기능을 추가해야 하는가? 어떤 표준을 사용해야 하는가? 이 질문 중 일부를 살펴보겠다.

토큰 표준이란 무엇인가? 그 목적은 무엇인가?

토큰 표준은 구현을 위한 **최소(minimum)** 사양이다. 즉, ERC20을 준수하려면 최소한 ERC20 표준에 명시된 함수와 동작을 구현해야 한다. 또한 표준에 포함되지 않은 함수를 구현하여 기능에 추가할 수 있다.

이러한 표준의 주요 목적은 컨트랙트 간의 **상호운용성(interoperability)**을 장려하는 것이다. 따라서 모든 지갑, 거래소, 사용자 인터페이스 및 기타 인프라 구성요소는 사양을 따르는 컨트랙트와 예측 가능한 방식으로 **인터페이스(interface)**할 수 있다. 다시 말해, ERC20 표준을 따르는 컨트랙트를 배포하면 기존 지갑 사용자는 지갑을 업그레이드하거나 노력하지 않고도 토큰을 원활하게 트랜잭션할 수 있다.

표준은 **규범적(prescriptive)**이라기보다는 **기술적(descriptive)**인 것을 의도한다. 그 기능을 어떻게 구현할지 결정하는 것은 여러분에게 달려 있다. 컨트랙트의 내부 기능은 표준과 관련이 없다. 표준은 특정 상황하에서 작동을 규정하는 기능적 요건들을 가지고 있지만, 구현 방법을 제시하지는 않는다. 예를 들어, 값이 0으로 설정될 때 `transfer` 함수의 동작이 그런 경우다.

이 표준을 사용해야 하는가?

이러한 모든 표준을 고려할 때 각 개발자는 기존 표준을 사용해야 하는지 아니면 그것들이 설정하는 제한을 넘어서는 혁신을 이뤄야 하는지에 대한 딜레마(dilemma)에 직면한다.

이 딜레마는 해결하기 쉽지 않다. 표준은 반드시 따라야만 하는 좁은 '상투적인 방법'을 만들어냄으로써 혁신 능력을 제한한다. 반면, 기본 표준은 수백 개의 애플리케이션 경험을 통해 나타났으며 대부분의 사용 사례에 잘 들어맞는 경우가 많다.

이러한 고려사항들 중 더 큰 이슈는 상호운용성 및 광범위한 보급이 가지는 가치다. 기존 표준을 사용하기로 선택하면, 해당 표준을 사용하도록 설계된 모든 시스템의 가치를 얻게 된다. 표준을 벗어나기로 한 경우는 모든 지원 인프라를 직접 구축하는 비용을 고려해야 하며, 다른 표준을 구현하여 새로운 표준이 되도록 설득해야 한다. 자신의 길을 만들어 기존 표준을 무시하는 경향은 'NIH(Not Invented Here)' 증후군으로 알려져 있으며, 오픈 소스 문화와 상반된다. 그러나 진보와 혁신은 때로는 전통에서 벗어나는 것에 달려 있다. 까다로운 선택이므로 신중히 고려하자!

 위키피디아에 따르면, 'NIH'(https://bit.ly/2OQpKwB)는 이미 존재하는 제품, 연구, 표준 또는 지식을 그것이 외부에서 기원했다든가 로열티 같은 비용이 든다는 이유로 회피하려는 사회적, 기업적, 조직적 문화가 채택하는 입장이다.

성숙도에 의한 보안

표준의 선택을 넘어 **구현(implementation)**의 선택이 있다. ERC20 같은 표준을 사용하기로 결정하면 호환 가능한 디자인 구현 방법을 결정해야 한다. 이더리움 생태계에서 널리 사용되는 기존의 '참조(reference)' 구현이 많이 있다. 그게 아니면 처음부터 직접 작성할 수도 있다. 다시 말하지만, 이 선택은 보안에 심각한 영향을 미칠 수 있는 딜레마를 나타낸다.

기존의 구현은 실세계에서 테스트되었다. 보안성을 증명하는 것은 불가능하다고 할지라도, 기존의 많은 구현체들은 수백만 달러어치의 토큰에 의해 지지되어 왔다. 토큰은 반복적으로 그리고 격렬하게 공격당했다. 지금까지 심각한 취약점은 발견되지 않았다. 직접 구현하는 것은 쉬운 일이 아니며, 컨트랙트가 훼손될 수 있는 미묘한 방법이 많다. 잘 테스트되고 널리 사용되는 구현을 사용하는 것이 훨씬 안전하다. 우리의 예에서는 ERC20 표준의 오픈제플린 구현을 사용했다. 왜냐하면 이 구현은 처음부터 보안에 초점을 맞추기 때문이다.

기존 구현을 사용하는 경우 확장할 수도 있다. 그러나 이러한 충동을 조심하라. 복잡성은 보안의 적이다. 추가되는 코드는 컨트랙트의 공격 영역(attack surface)을 넓히고 대기 상태에 있는 취약성이 드러날 수 있다. 해당 컨트랙트에 많은 돈을 넣어놓고 누군가 그것을 훔쳐가기 전까지는 문제를 발견하지 못할 수도 있다.

 표준 및 구현 선택은 전반적인 보안 스마트 컨트랙트 설계의 중요한 부분이지만, 유일한 고려 사항은 아니다(9장 참고).

토큰 인터페이스 표준 확장

이 장에서 설명하는 토큰 표준은 기능이 제한된, 매우 최소한의 인터페이스를 제공한다. 많은 프로젝트가 애플리케이션에 필요한 기능을 지원하기 위해 확장된 구현을 만들었다. 이러한 기능 중 일부는 다음과 같다.

소유자 제어(owner control)

특정 주소 또는 주소 집합(예: 다중 서명 체계), 블랙리스트, 허용 목록 작성, 작성, 복구 등과 같은 특수 기능을 제공하는 기능

소각(burning)

토큰을 고의로 파괴할 수 있는 주소로 전송하거나 잔액을 지우고 공급을 줄임으로써 의도적으로 토큰을 파괴('소각')하는 기능

발행(minting)

예측 가능한 비율로 또는 토큰 생성자의 '승인(fiat)'을 통해 토큰 총 공급량을 추가하는 기능

크라우드펀딩(crowdfunding)

경매, 시장 판매, 역 경매 등을 통해 판매용 토큰을 제공할 수 있는 기능

캡(caps)

총 공급량에 대해 미리 정의된 불변의 제한을 설정할 수 있는 기능('발행' 기능의 반대)

복구 백도어(recovery backdoors)

자금을 복구하거나, 송금을 되돌리거나, 지정된 주소 또는 주소의 집합에 의해 활성화될 수 있는 토큰을 소거하는 기능

화이트리스트(whitelisting)

토큰 전송 같은 작업을 특정 주소로 제한할 수 있는 기능. 다른 관할권의 규칙에 따라 검토한 후 '공인 투자자(accredited investors)'에게 토큰을 제공하는 곳에 흔히 사용된다. 일반적으로 화이트리스트를 업데이트하는 메커니즘이 있다.

블랙리스트(blacklisting)

특정 주소를 허용하지 않음으로써 토큰 전송을 제한할 수 있는 기능. 일반적으로 블랙리스트를 업데이트하는 기능이 있다.

예를 들어, 오픈제플린 라이브러리 같은 많은 함수에 대한 표준참조 구현이 있다. 이 중 일부는 사용 사례별로 다르고 몇 개의 토큰에서만 구현된다. 지금은 이러한 함수에 대한 인터페이스에 대해 널리 인정된 표준이 없다.

앞에서 설명했듯이, 추가 기능으로 토큰 표준을 확장하는 데는 혁신/위험과 상호운용성/보안 간의 절충이 필요하다.

토큰 및 ICO

토큰은 이더리움 생태계에서 폭발적인 발전을 거듭해 왔다. 토큰은 이더리움 같은 모든 스마트 컨트랙트 플랫폼에서 매우 중요한 구성요소가 될 가능성이 크다.

그럼에도 이러한 표준의 중요성과 향후 영향을 현재 토큰 제공을 보증하는 것으로 혼동해서는 안 된다. 초기 단계의 다른 기술과 마찬가지로, 첫 번째 물결에서 등장하는 제품들과 회사들은 거의 모두 실패할 것이고, 그중 일부는 엄청난 규모로 실패할 것이다. 오늘날 이더리움에서 제공되는 많은 토큰은 위장한 사기, 다단계 및 돈벌이로 사용된다.

필요한 것은 단기적으로 사기로 가득 찬 토큰 ICO 버블로부터 장기적 비전과 이 기술의 영향을 분리하는 것이다. 토큰 표준과 플랫폼은 현재의 토큰 열광에서 살아남을 것이고, 그러면 그들은 세계를 바꿀 것이다.

결론

토큰은 이더리움에서 매우 강력한 개념이며, 많은 중요한 탈중앙화 애플리케이션의 기초를 형성할 수 있다. 이 장에서는 다양한 유형의 토큰 및 토큰 표준을 살펴보고 토큰 및 관련 애플리케이션을 작성했다. 12장에서 토큰을 다시 살펴볼 텐데, 경매 댑(DApp)의 기반으로서 비대체(non-fungible) 토큰을 사용할 것이다.

CHAPTER

11

오라클

이번 장에서 우리는 외부의 데이터를 이더리움 스마트 컨트랙트로 제공하는 **오라클(oracle)**에 대해서 얘기하려고 한다. '오라클'은 그리스 신화에서 신의 계시를 전달하고 미래의 모습을 보는 사람이라는 뜻에서 유래되었다. 블록체인에서 오라클은 이더리움 외부에서 일어나는 문제들에 대한 정보를 알려주는 시스템이다. 이상적으로 오라클은 **신뢰가 필요 없는(trustless)** 시스템인데, 그 이유는 탈중앙화 원칙을 바탕으로 작동하기 때문이다.

오라클은 왜 필요한가?

이더리움 플랫폼의 핵심 구성요소인 가상 머신은 탈중앙화된 네트워크상의 모든 노드에서 합의의 규칙에 따라 이더리움 프로그램을 실행하고 상태를 업데이트할 수 있다. 합의를 유지하기 위해서 EVM 실행은 완전히 결정론적이고, 이더리움 상태와 서명된 트랜잭션의 공유 컨텍스트에 기반을 두고 있어야 한다. 이것은 두 가지 중요한 결과를 낳는다. 첫 번째는 EVM 및 스마트 컨트랙트와 같이 동작하는 임의성을 위한 고유한 소스가 없다는 것이고, 두 번째는 외부 데이터가 트랜잭션의 데이터 페이로드(payload)로서만 유입될 수 있다는 것이다.

두 결과를 더 자세히 알아보자. EVM에서 스마트 컨트랙트에 임의성을 제공하기 위해 난수 함수(a true random function)의 사용을 금지하는 것을 이해하려면, 난수 함수를 실행한 후에 어떻게 합의를 달성하기 어려워지는지를 살펴봐야 한다. 노드 A는 특정 스마트 컨트랙트의 명령어를 실행하고 스토리지에 3을 저장하는 반면, 노드 B는 동일한 스마트 컨트랙트를 실행하고도 7을 저장한다고 가정해 보자. 노드 A와 B가 동일한 컨텍스트에서 정확하게 동일한 코드를 실행했음에도 결과 상태가 다르게 나온다. 그야말로 스마트 컨트랙트가 실행될 때마다 다른 결과 상태가 나올 수 있다. 따라서 전 세계의 여러 노드가 독립적으로 실행되는 네트워크에서 결과 상태가 무엇인지에 관한 탈중앙화된 합의는 불가능하게 될 것이다. 실제로는 지금 이야기한 것보다 훨씬 상황이 안 좋아질 수 있는데, 그 이유는 이더 전송을 포함하는 연쇄효과가 기하급수적으로 쌓일 것이기 때문이다.

암호화된 보안 해시 함수(결정론적이고, 그렇기 때문에 실제로 EVM의 일부일 수 있는)와 같은 의사 난수 함수(pseudorandom function)들은 다양한 애플리케이션에서 사용하기에는 충분하지 못하다. 동전의 앞이나 뒤를 무작위로 추출해서 내기에 따른 금액을 지급하는 동전 뒤집기 도박 게임을 해보자. 이 게임에 참여하는 채굴자는 자신이 이기는 값을 가진 트랜잭션만을 블록에 포함할 수 있기 때문에 유리한 입장에 설 수 있다. 그러면 이 문제를 어떻게 해결할 수 있을까? 모든 노드가 서명된 트랜잭션의 내용에는 동의할 수 있으므로 임의성(randomness)의 소스, 가격 정보, 일기 예보 등의 외부 정보를 네트워크로 전송하는 트랜잭션 데이터의 일부로 포함시키면 해결될 수 있을지도 모른다. 그러나 이런 데이터는 확인할 수 없는 출처에서 비롯되어 전혀 신뢰할 수 없다. 이것은 문제를 해결하는 것이 아니라 다른 곳으로 전가시킨 것에 지나지 않는다. 이 문제를 해결하기 위해 오라클을 사용하는 것인데, 이 장의 나머지 부분에서 이에 대해 자세히 논의할 것이다.

오라클 유스케이스와 사례

오라클은 이상적으로 스마트 컨트랙트를 위해 이더리움 플랫폼으로 축구 경기의 결과나 금 가격 혹은 순수 난수와 같은 외부(즉, 실세계 혹은 오프체인) 정보를 가지고 오는 데 신뢰가 필요 없는(trustless, 또는 거의 필요 없는(near-trustless)) 방법을 제공한다. 또한, 오라클은 댑 프런트엔드(DApp frontend)로 직접 데이터를 안전하게 전송하는 곳에도 사용할 수 있다. 그러므로 오라클은 오프체인 세계와 스마트 컨트랙트 사이의 격차를 줄이기 위한 메커니즘으로 생각할 수 있다. 스마트 컨트랙트를 통해 실세계 이벤트와 데이터를 기반으로 계약적인 관계를 강화하면 오라클의 사용 범위는 크게 확대된다. 하지만 외부 정보는 이더리움 보안 모델에 위험을 초래할 수 있다. 사람이 사망했을 때 자산을 분배하는 '스마트 유언(smart will)' 컨트랙트를 생각해 보자. 이것은 스마트 컨트랙트 영역에서 자주 논의되는 것으로, 제3자에 대한 신뢰에 기반한 (trusted) 오라클의 위험을 잘 드러내 준다. 이런 컨트랙트에 의해서 제어되는 상속 금액이 상당히 많다면 소유자가 사망하기 '전에(before)' 오라클을 해킹하고 자산을 분배하려 할 것이다.

일부 오라클은 학력 증명서나 정부 아이디(ID) 같은 특정 프라이빗 데이터 출처에 의존하는 데이터를 제공한다. 대학이나 정부 부처 같은 곳은 데이터의 출처에 대한 완전한 신뢰가 필요하고, 따라서 데이터의 진실성은 주관적 문제가 된다(사실 여부에 대한 판단은 출처의 권위에 의해서 결정된다). 이러한 주관적인 데이터는 독립적으로 객관적 사실을 검증할 수 없기 때문에 신뢰가 필요 없이(출처에 대한 신뢰가 필요 없이) 제공될 수는 없다. 그러기에 이러한 데이터 출처도 '오라클'의 범주의 정의에 포함시키는데, 그 이유는 이것 또한 스마트 컨트랙트를 위한 데이터 연결 고리를 제공하기 때문이다. 그리고 이런 데이터는 일반적으로 여권이나 성취 기록 같은 증명서 형식을 취한다. 증명은 특히 신원이나 평판 검증과 연관된 문제와 관련하여 향후 블록체인 플랫폼 성공의 큰 부분이 될 것이므로 블록체인 플랫폼에서 증명을 어떻게 제공할 수 있는지 생각해 보는 것이 중요하다.

오라클이 제공할 수 있는 데이터의 예는 다음과 같다.

- 양자/열처리와 같은 물리적인 소스로부터 발생되는 난수/엔트로피: 예) 복권 스마트 컨트랙트에서 당첨자를 공정하게 뽑는 것
- 자연재해에 대한 파라미터 트리거: 예) 지진 채권를 위한 리히터(Richter) 규모 측정
- 환율 데이터: 예) 법정 화폐에 대한 암호화폐의 정확한 교환 비율(pegging)
- 자본 시장 데이터: 예) 토큰화된 자산/증권의 가격 책정
- 벤치마크 참고 데이터: 예) 금리를 스마트 금융 파생 상품에 통합하는 것
- 정적(static)/유사 정적(pseudostatic) 데이터: 증권 식별자, 국가 코드, 화폐 코드 등
- 시간 및 간격 데이터: 정확한 시간 측정에 근거한 이벤트 트리거
- 날씨 데이터: 예) 일기예보에 기초한 보험료 계산
- 정치적 사건: 예측 시장 결과 제공
- 스포츠 이벤트: 예측 시장 결과 제공 및 판타지 스포츠 컨트랙트
- 지리적 위치 데이터: 예) 공급망 추적에 사용되는 데이터
- 피해 확인: 보험 컨트랙트

- 다른 블록체인에서 발생하는 이벤트: 상호운용성 함수
- 이더 시장 가격: 예) 법정 화폐 기준 이더 가스 가격 오라클
- 비행 통계: 예) 항공편 티켓 풀링(pooling)에 사용된 그룹 또는 클럽의 통계

다음 절에서는 오라클 패턴을 포함하여 계산 오라클, 탈중앙화 오라클을 구현할 수 있는 몇 가지 방법을 알아보고 솔리디티에서 오라클 클라이언트를 구현하는 방법을 살펴볼 것이다.

오라클 디자인 패턴

모든 오라클은 정의에 따라 몇 가지 핵심 기능을 제공하는데, 다음과 같다.

- 오프체인 소스에서 데이터를 수집한다.
- 이러한 데이터를 서명된 메시지로 온체인에 전송한다.
- 데이터를 스마트 컨트랙트의 스토리지에 저장하여 사용할 수 있게 만든다.

데이터가 스마트 컨트랙트의 스토리지에서 사용할 수 있게 되면 오라클 스마트 컨트랙트의 retrieve 함수를 작동시키는 메시지 호출을 통해 다른 스마트 컨트랙트가 접근할 수 있다. 또한, 이더리움 노드나 네트워크 사용 가능 클라이언트가 오라클 저장소를 '조사(looking into)' 하여 직접 접근할 수도 있다.

오라클을 설정하는 세 가지 주요 방법은 **요청-응답**, **게시-구독**, **즉시 읽기**로 분류할 수 있다.

가장 간단한 것부터 시작하면, **즉시 읽기**(immediate-read) 오라클은 'ethereumbook.info의 주소는 무엇인가?' 또는 '이 사람은 18세 이상인가?'와 같은 즉각적인 결정이 필요한 데이터만을 제공한다. 앞서 질문과 같이 이런 종류의 데이터 질의는 정보가 필요할 때 '적시에(just-in-time)' 조회하고 나면 아마도 다시는 수행하지 않는 경향이 있다. 이런 오라클의 예로는 학술 인증서, 전화번호, 기관 회원권, 공항 식별자, 자치 ID 등과 같이 조직에 대한 데이터 또는 조직에 의해 발행된 데이터를 보유하는 것들이 있다. 이런 종류의 오라클은 컨트랙트 저장소에 데이터를 저장하고, 다른 스마트 컨트랙트는 오라클 컨트랙트에 요청을 해서 이러한 데이터를 검색할 수 있다. 그리고 이 데이터는 업데이트될 수도 있다. 오라클 스토리지에 있는 데이터는 블록체인 기반(즉, 이더리움 클라이언트에 연결된) 애플리케이션에 의해 직접 조회될 수 있기 때문에 번거로운 절차를 거치거나 트랜잭션을 처리하는 가스 비용도 필요하지 않다. 술을 사려는

고객의 나이를 확인하고 싶은 가게는 이런 식으로 오라클을 사용할 수 있다. 이런 유형의 오라클은 이와 같은 데이터 요청에 응답하기 위해 서버를 운영하고 유지관리해야 하는 조직이나 회사에 매력적이다. 오라클에 의해 저장된 데이터는 효율성이나 프라이버시 때문에 오라클이 제공하는 원시 데이터가 아닐 가능성이 높다. 대학은 과거 학생들의 학업성적 증명서용 오라클을 만들 수 있다. 그러나 증명서의 전체 세부사항(수강한 과목과 성적)을 저장하는 것은 지나친 것이 될 수 있다. 대신, 증명서의 해시를 저장하는 것만으로 충분하다. 마찬가지로, 정부는 이더리움 플랫폼에 시민 ID를 넣고 싶을 수도 있다. 여기에 포함된 세부 정보는 분명 비공개로 유지해야 한다. 다시 말하지만, 데이터(좀 더 정확히는, 솔트(salt)를 가진 머클 트리에서)를 해싱하고 스마트 컨트랙트의 저장소에 단지 루트 해시를 저장하는 것으로도 그러한 서비스를 효율적으로 구성할 수 있다.

그 다음번 유형은 **게시-구독(publish-subscribe)**형인데, 여기서 오라클은 정기적 혹은 잦은 변화가 예상되는 데이터를 효과적으로 브로드캐스트하는 역할을 하며, 이 데이터는 온체인 스마트 컨트랙트에 의해 폴링(polling)되거나 업데이트를 위한 오프체인 데몬에 의해 모니터링된다. 이 카테고리는 RSS 피드, WebSub 등과 유사한 패턴을 지닌다. 오라클은 새로운 정보로 업데이트되고, 플래그는 새로운 데이터를 쓸 수 있음을 '구독(subscribed)' 대상들에게 알린다. 데이터를 받는 쪽에서는 최신 정보가 변경되었는지 여부를 확인하기 위해 오라클을 폴링하거나, 오라클 컨트랙트에 대한 업데이트 소식을 기다리다가 업데이트가 발생하면 필요한 조치를 수행한다. 예를 들어 가격 정보, 기상 정보, 경제 또는 사회 통계, 교통 정보 등이 있다. 폴링은 웹 서버 세계에서는 매우 비효율적이지만, 블록체인 플랫폼의 피어투피어 컨텍스트에서는 그렇지 않다. 이더리움 클라이언트는 컨트랙트 저장소 변경을 포함하여 모든 상태 변경사항을 알아야 하므로 데이터 변경사항에 대한 폴링은 동기화된 클라이언트에 대한 로컬 호출이다. 이더리움 이벤트 로그를 사용하면 애플리케이션에서 오라클 업데이트를 매우 쉽게 볼 수 있으므로 이 패턴은 어떤 면에서 '푸시(push)' 서비스로 간주할 수 있다. 그러나 폴링이 스마트 컨트랙트로부터 수행되어야 하는 경우는 상당한 가스 비용이 발생할 수 있는데, 일부 탈중앙화된 애플리케이션(예: 액티베이션 인센티브가 가능하지 않은 경우)에서 이러한 폴링이 필요할 수도 있다.

요청-응답(request-response) 카테고리는 가장 복잡하다. 이 유형은 스마트 컨트랙트에 저장하기에는 데이터 공간이 너무 크고, 사용자는 전체 데이터 중 한 번에 일부만 필요로 하는 경우에 사용된다. 또한, 이것은 데이터 공급자 사업 영역에 적용 가능한 모델이기도 하다. 실용적인 측면에서 보자면, 오라클은 요청을 모니터링하고 데이터를 검색하고 반환하는 데 사용되는 온체인 스마트 컨트랙트와 오프체인 인프라 시스템으로 구현될 수 있다. 탈중앙화된 애플리케이션의 데이터 요청은 일반적으로 여러 단계에 걸친 비동기 프로세스다. 이 패턴에서는 우선 EOA가 탈중앙화된 애플리케이션과 연결해서 오라클 스마트 컨트랙트에 정의된 함수와 상호작용한다. 이 함수는 오라클에 요청(request)을 보내는데, 이때 요청하는 데이터의 세부 사항을 지정하는 인수와 더불어 콜백 함수, 스케줄링 파라미터 등의 추가적인 정보도 포함할 수 있다. 이 트랜잭션이 검증되면 오라클 요청은 오라클 컨트랙트에 의해 발생한 EVM 이벤트 또는 상태 변화를 통해서 확인할 수 있으며, 이것의 인수들을 받아서 오프체인 데이터 소스에 대한 검색을 실제 수행하는 데 사용할 수 있다. 또한, 오라클은 요청 처리, 콜백에 대한 가스 지급, 요청 데이터에 대한 접근 권한을 요구할 수 있다. 마지막으로, 결과 데이터는 오라클 소유자의 서명을 받아 주어진 시간상의 데이터의 유효성을 입증하고 직접 또는 오라클 컨트랙트를 통해 요청한 탈중앙화 애플리케이션에 트랜잭션으로 전달된다. 스케줄링 파라미터에 따라 오라클은 데이터를 일정한 간격으로 업데이트하는 추가 트랜잭션을 브로드캐스트할 수 있다(예를 들어, 종료일 가격 정보).

요청-응답 오라클의 단계는 다음과 같이 요약될 수 있다.

1. 댑(DApp)으로부터 질의(query)를 받는다.
2. 질의를 분석한다.
3. 비용이 지불되었는지, 데이터에 대한 접근 권한이 있는지 확인한다.
4. 오프체인 소스에서 관련 데이터를 검색한다(필요한 경우 암호화한다).
5. 데이터가 포함된 트랜잭션에 서명한다.
6. 트랜잭션을 네트워크로 브로드캐스트한다.
7. 알림 등 필요한 추가 트랜잭션을 스케줄링한다.

이외의 다른 유형들도 가능하다. 예를 들어, 오라클의 스마트 컨트랙트 없이도 EOA가 직접 데이터를 요청하고 받을 수 있다. 이와 비슷하게, 요청과 응답은 사물 인터넷이 사물 인터넷 기능을 가진 하드웨어 센서를 통해 이루어질 수 있다. 따라서 오라클은 인간, 소프트웨어 또는 하드웨어가 될 수 있다.

여기서 설명한 요청-응답 패턴은 클라이언트-서버 아키텍처에서 일반적으로 볼 수 있다. 이것은 애플리케이션이 양방향 대화를 할 수 있게 해주는 유용한 메시징 패턴이지만, 특정 조건에서는 적절하지 않을 수 있다. 예를 들어, 오라클에 금리를 요청하는 스마트 채권은 금리가 항상 정확한지 확인하기 위해서 요청-응답 패턴으로 매일 데이터를 요청해야 할 수도 있다. 금리가 자주 변경되지 않는다는 점을 고려할 때, 특히 이더리움의 제한된 대역폭을 고려할 때 게시-구독 패턴이 더 적절할 수 있다.

게시-구독은 게시자(이 경우에는 오라클)가 수신자에게 직접 메시지를 보내는 것이 아니라, 게시된 메시지를 별개의 클래스로 분류하는 패턴이다. 구독자는 하나 이상의 클래스에 관심을 표명하고 관심 있는 메시지만 검색할 수 있다. 이런 패턴에서 오라클은 변경될 때마다 자체 내부 스토리지에 이자율 같은 데이터를 기록할 수 있다. 여러 가지 구독 댑은 오라클 컨트랙트에서 이를 읽음으로써 네트워크 대역폭에 미치는 영향을 줄임과 동시에 스토리지 비용을 최소화할 수 있다.

브로드캐스트 또는 멀티캐스트 패턴에서 오라클은 모든 메시지를 채널에 게시하고 구독 컨트랙트는 다양한 구독 모드에서 채널을 청취한다. 예를 들어, 오라클은 암호화폐 환율 채널에 메시지를 게시할 수 있다. 구독 스마트 컨트랙트는, 예를 들어 이동 평균 계산과 같이 시간 경과에 따른 연속적인 관측값이 필요한 경우에 해당 채널의 전체 콘텐츠를 요청할 수도 있고, 다른 경우는 현물 가격 계산을 위한 최신 환율만 요구할 수도 있다. 오라클이 가입 컨트랙트의 신원을 알 필요가 없는 경우 브로드캐스트 패턴이 적절하다.

데이터 인증

댑(DApp)이 질의하는 데이터 소스가 권위 있고 신뢰할 만하다고 가정하면(중요한 가정), 중요한 질문이 하나 남는다. 오라클과 요청-응답 메커니즘이 별개의 주체에 의해 운영될 수 있다고 가정하면, 우리는 어떻게 이 메커니즘을 신뢰할 수 있는가? 전송 중에 데이터가 변조될 가능성이 명백히 있기 때문에 반환된 데이터의 무결성을 입증할 수 있는 오프체인 방식의 검증 방법이 매우 중요하다. 데이터 인증에 대한 두 가지 공통적인 접근 방법은 **진위성 증명 (authenticity proof)**과 **신뢰할 수 있는 실행 환경(Trusted Execution Environment, TEE)**이다.

진위성 증명은 데이터가 변조되지 않았음을 암호학적으로 보증하는 것이다. 이것은 다양한 입증(attestation) 기법들(예를 들어, 디지털 사인된 증명)을 사용함으로써 데이터 운반자(data carrier)에 대한 신뢰 문제를 데이터 입증자(data attestor, 즉 입증 제공자)의 문제로 전환시킨다. 스마트 컨트랙트는 체인상의 진위성 증명을 검증함으로써 데이터를 처리하기 전에 데이터의 무결성을 검증할 수 있다. 오라클라이즈(Oraclize, https://provable.xyz/)는 다양한 진위성 증명을 활용하는 오라클 서비스의 예다. 현재 이더리움 메인 네트워크의 데이터 질의에 사용할 수 있는 그런 증거 중 하나가 TLSNotary 증명이다. TLS 일반 증명을 사용하면 클라이언트는 클라이언트와 서버 간에 HTTPS 웹 트래픽이 발생했다는 증거를 제3자에게 제공할 수 있다. HTTPS 자체는 안전하지만 데이터 서명은 지원하지 않는다. 결과적으로 TLSNotary 증명은 TLSNotary(PageSigner를 통한) 서명에 의존한다. TLSNotary 증명은 전송 계층 보안(Transport Layer Security, TLS) 프로토콜을 활용하여 접근 후 데이터에 서명하는 TLS 마스터 키를 서버(오라클), 감사대상자(오라클라이즈), 감사인의 세 당사자 간에 분할할 수 있다. 오라클라이즈는 아마존 웹 서비스(Amazon Web Services, AWS) 가상 시스템 인스턴스를 감사자로 사용하며, 인스턴스화 이후에 수정되지 않았음이 검증될 수 있다. 이 AWS 인스턴스는 TLSNotary 암호를 저장하여 진위성 증명을 제공한다. 순수한 요청-응답 메커니즘보다 데이터 변조에 대한 높은 확신을 제공하지만, 이 접근 방식은 아마존 자체가 VM 인스턴스를 변경하지 않는다는 가정을 필요로 한다.

타운 크리에(Town Crier, http://www.town-crier.org/)는 TEE 접근 방식에 기반한 인증된 데이터 피드(data feed) 오라클 시스템이다. 이런 방법은 데이터 무결성을 보장하기 위해 하드웨어 기반의 고립된 보안 영역(enclave)을 사용한다. 타운 크리에는 인텔의 SGX(Software Guard eXtensions, 소프트웨어 보안 확장판)를 사용하여 HTTPS 질의에 대한 응답을 인증된 것으로 확인할 수 있다. SGX는 한 영역(enclave) 내에서 실행되는 애플리케이션이 다른 프로세스에 의해 변조되지 않게 CPU에 의해 보호받도록 하여 무결성을 보장한다. 또한 기밀성을 제공하여 한 영역 내에서 실행될 때 애플리케이션의 상태가 다른 프로세스에 보이지 않도록 한다. 마지막으로, SGX는 해당 빌드의 해시로 확실하게 식별된 애플리케이션이 실제로 보안 영역 내에서 실행된다는 디지털 서명 증명을 생성하여 인증이 가능하도록 한다. 이 디지털 서명을 확인함으로써 탈중앙화된 애플리케이션이 타운 크리에 인스턴스가 SGX 영역 내에 안전하게 실행되고 있음을 증명할 수 있다. 이것은 결국 인스턴스가 변경되지 않았으며, 타운 크리에에서 나온 데이터가 신뢰할 수 있음을 증명한다. 기밀성 속성은 타운 크리에 인스턴스의 공개키를 사용하여 데이터 쿼리를 암호화함으로써 타운 크리에는 프라이빗 데이터를 처리할 수 있다. SGX와 같은 보안 영역 안에서 오라클의 질의/응답을 수행하기 때문에 오라클이 신뢰할 수 있는 제3자 하드웨어상에 안전하게 실행되고 있으며, 요청된 데이터가 변조되지 않고 반환되었다는 것을 보장받을 수 있다(인텔/SGX를 신뢰한다고 가정했을 경우).

계산 오라클

지금까지는 데이터를 요청하고 전달하는 맥락에서 오라클에 대해서만 논의했다. 그러나 오라클은 이더리움 고유의 블록 가스 한도와 비교적 비싼 계산 비용을 고려할 때 특히 유용할 수 있는 임의의 계산을 수행하는 데 사용될 수도 있다. 계산 오라클은 단지 질의 결과를 전달하는 것이 아니라, 온체인(on-chain)에서 실행 불가능한 계산에 대한 입력을 받아 결과를 리턴하는 데 사용할 수 있다. 예를 들어, 계산 오라클을 사용하여 계산 집약적인 회귀 계산을 수행하여 채권 컨트랙트의 수익률을 추정할 수 있다.

중앙화되었지만 감사 가능한 서비스를 신뢰할 수 있다면, 오라클라이즈를 사용할 수 있다. 오라클라이즈는 탈중앙화된 애플리케이션이 샌드박스형 AWS 가상 머신에서 수행하는 계산 결과를 요청할 수 있는 서비스를 제공한다. 사용자가 구성한 도커파일(Dockerfile)은 아카이브 형태로 분산형 파일 시스템(Inter-Planetary File System, IPFS; 310페이지의 '데이터 스토리지' 절 참고)에 업로드되며, AWS 인스턴스는 이를 통해 실행 가능한 컨테이너를 만든다. 요청에 따라 오라클라이즈는 해시를 사용하여 이 아카이브를 검색한 다음, AWS에서 도커(Docker) 컨테이너를 초기화 및 실행하고, 애플리케이션에 제공되는 모든 인수를 환경 변수로 전달한다. 컨테이너화된 애플리케이션은 시간 제한에 따라 계산을 수행하고 표준 출력에 결과를 기록한다. 그 출력 결과는 오라클라이즈로 검색하여 탈중앙화 애플리케이션에 반환할 수 있다. 오라클라이즈는 현재 감사 가능한(auditable) t2.micro AWS 인스턴스에서 이 서비스를 제공하고 있다. 따라서 계산이 상당히 중요한 경우라면 지정된 정확한 도커 컨테이너가 실행되었는지 확인할 수 있다. 그럼에도 불구하고 이것은 진정한 탈중앙화 솔루션이 아니다.

입증할 수 있는 오라클 신뢰를 위한 표준인 **크립트렛(cryptlet)** 개념은 마이크로소프트(Microsoft)의 좀 더 광범위한 ESC 프레임워크의 일부로 공식화되었다. 크립트렛은 암호화된 캡슐 내에서 I/O 같은 인프라를 추상화하고, CryptoDelegate가 첨부되어 송수신 메시지가 자동으로 서명, 유효성 검사, 검증이 되도록 실행된다. 크립트렛은 분산 트랜잭션을 지원하므로 컨트랙트 논리는 복잡한 다단계, 다중 블록체인, 외부 시스템 트랜잭션을 ACID 방식으로 처리할 수 있다. 이를 통해 개발자는 스마트 컨트랙트에서 사용하기 위해 오라클의 신뢰에 대한 포터블하고, 독립적이며, 프라이빗한 솔루션을 만들 수 있다. 크립트렛은 다음 형식을 따른다.

```
public class SampleContractCryptlet : Cryptlet
{
    public SampleContractCryptlet(Guid id, Guid bindingId, string name,
```

```
    string address, IContainerServices hostContainer, bool contract)
    : base(id, bindingId, name, address, hostContainer, contract)
{
    MessageApi = new CryptletMessageApi(GetType().FullName,
        new SampleContractConstructor())
```

좀 더 탈중앙화된 솔루션을 위해 트루비트(TrueBit, https://truebit.io/)로 전환할 수 있다. 트루비트는 확장성과 검증 가능한 오프체인 계산을 위한 솔루션을 제공한다. 이것은 계산자(solvers)와 검증자(verifiers) 시스템을 사용하는데, 계산의 수행과 계산의 검증에 대해 이들에게 보상을 각각 제공한다. 만약 어떤 계산 결과에 대해 챌린지(challenge)가 나오면, 계산의 하위 집합에 대한 반복적인 검증 프로세스가 온체인에서 수행되며, 이는 일종의 **검증 게임**(verification game)이 된다. 게임은 일련의 라운드를 진행하며, 각각은 계산의 더 작은 하위 집합을 반복적으로 확인한다. 결국 게임은 최종 라운드에 이르게 되는데, 챌린지가 온체인에서 수행될 만큼 충분히 작아졌으므로 심판관(이더리움 채굴자)은 솔루션에 대한 챌린지가 맞았는지 최종 판결을 온체인에서 할 수 있다. 사실상 트루비트는 컴퓨테이션 시장을 구현한 것인데, 이것은 탈중앙화된 애플리케이션들이 네트워크 밖에서 검증 가능한 컴퓨테이션을 살 수 있도록 해주되, 검증 게임의 룰은 이더리움에 의해 강제되도록 만들어준다. 이론상으로는 신뢰가 필요 없는 (trustless) 스마트 컨트랙트를 통해 모든 계산 작업을 안전하게 수행할 수 있다.

트루비트 같은 시스템에는 머신 러닝에서부터 작업증명 검증에 이르기까지 다양한 애플리케이션이 있다. 후자의 예로, 도지-이더리움(Doge-Ethereum) 브리지는 도지코인(Dogecoin)의 작업증명(Scrypt)을 검증하기 위해 트루비트를 사용하는데, 이는 이더리움 블록 가스 한도 내에서는 계산할 수 없는 메모리를 많이 사용하고 계산 집약적인 함수가 검증된다. 트루비트를 이용한 검증 작업을 수행함으로써 이더리움의 린케비(Rinkeby) 테스트 네트워크에서 스마트 컨트랙트로 도지코인 트랜잭션을 안전하게 확인할 수 있었다.

탈중앙화 오라클

중앙화된 데이터 또는 컴퓨테이션 오라클은 많은 애플리케이션에서 충분하지만, 이더리움 네트워크에서는 단일 실패 지점(Single Point Of Failure, SPOF)이 된다. 데이터 가용성을 보장하고 온체인 데이터 집계 시스템을 갖춘 개별 데이터 제공자의 네트워크를 만드는 수단으로서 탈중앙화 오라클의 아이디어를 둘러싼 여러 가지 계획이 제안되었다.

체인링크(ChainLink, https://www.smartcontract.com/link)는 평판(reputation) 컨트랙트, 오더매칭 (order-matching) 컨트랙트, 그리고 집계(aggregation) 컨트랙트라는 세 가지 핵심 스마트 컨트랙 트와 데이터 공급자의 오프체인 레지스트리로 구성된 탈중앙화 오라클 네트워크를 제안했다. 평판 컨트랙트는 데이터 제공자의 성과를 추적하는 데 사용된다. 평판 컨트랙트의 점수는 오 프체인 레지스트리를 채우는 데 사용된다. 오더 매칭 컨트랙트는 평판 컨트랙트를 사용하여 오라클로부터 입찰가를 선택한다. 그런 다음, 쿼리 파라미터와 필요한 오라클 수를 포함하는 서비스 수준 계약(agreement)을 완료한다. 즉, 구매자는 개별 오라클과 직접 트랜잭션할 필요가 없다. 집계 컨트랙트는 여러 오라클로부터 응답을 수집하고(쿼리를 사용하여 제출), 쿼리의 최종 집합 결과를 계산하고, 그리고 마침내 그 결과를 평판 컨트랙트로 피드백해 준다.

이러한 탈중앙화된 방식의 가장 어려운 문제 중의 하나는 집계 함수를 공식화하는 것이다. 체 인 링크는 가중치 응답을 계산하는 것을 제안하고 있는데, 이것은 각각의 응답에 대해 하나의 유효성 점수(validation score)를 부여하는 것을 허용한다. 여기에서 유효하지 않은(invalid) 점수 를 식별하는 것은 쉽지 않은 문제인데, 왜냐하면 이것은 다른 피어들(peers)이 제공한 응답으로 부터 차이가 많이 나는 값들은 부정확한것으로 전제하는 것이기 때문이다. 유효성 점수를 응 답 점수의 분포도상에서의 위치를 기준으로 계산하면, 평균을 벗어나는 값들에 대해 패널라 이징(penalizing)하게 된다. 따라서 체인링크는 표준 집계 컨트랙트들도 제공하지만, 사용자 정 의 집계 컨트랙트도 지정할 수 있다.

이와 관련된 아이디어로서 쉘링코인(SchellingCoin) 프로토콜이 있다. 여기서는 여러 참가자가 값을 보고하고 중간값(median)을 '올바른(correct)' 대답으로 취한다. 리포터들은 보증금을 내고 참가해야만 하는데, 이 보증금은 중간값에 가장 가까운 값을 제시한 사람순으로 재분배되기 때문에 다른 사람들과 비슷한 값을 보고하도록 동기부여(incentivising)를 하게 된다. 쉘링 포인 트로도 알려진 이 공통값(common value)은 응답자들이 협조해서 구해야 할 자연스럽고 명백한 값으로 간주될 것이고, 따라서 실제 값에 근접할 것으로 예상할 수 있다.

트루비트(TrueBit)의 제이슨 토이치(Jason Teutsch)는 최근 탈중앙화형 오프체인 데이터 가용 성 오라클을 위한 새로운 디자인을 제안했다. 이 디자인은 등록된 데이터가 특정 에포크 (epoch) 동안 사용 가능한지 여부를 정확하게 보고할 수 있는 전용 작업증명 블록체인을 활 용한다. 채굴자는 현재 등록된 모든 데이터를 다운로드, 저장 및 전파하려고 시도하므로 데 이터를 로컬에서 사용할 수 있다. 이런 시스템은 모든 채굴 노드가 등록된 모든 데이터를 저 장하고 전파한다는 점에서 비싸지만, 등록 기간이 끝나면 데이터를 삭제해서 저장 공간을 재사용할 수 있게 한다.

솔리디티에서 오라클 클라이언트 인터페이스

예제 11-1은 오라클라이즈가 API에서 ETH/USD 가격을 지속적으로 폴링하고 결과를 사용 가능한 방식으로 저장하는 방법을 보여주는 솔리디티 예제다.

예제 11-1 외부 소스에서 ETH/USD 환율을 업데이트하기 위해 오라클라이즈를 사용함

```
/*
    CryptoCompare API를 활용하는 ETH/USD 가격 시세표

    이 컨트랙트는 업데이트된 ETH/USD 가격을 저장하고 있으며
    10분마다 업데이트된다.
*/

pragma solidity ^0.4.1;
import "github.com/oraclize/ethereum-api/oraclizeAPI.sol";

/*
    oraclize_ 접두어가 붙는 메서드는 usingOraclize의 상속을 나타낸다.
*/
contract EthUsdPriceTicker is usingOraclize {

    uint public ethUsd;

    event newOraclizeQuery(string description);
    event newCallbackResult(string result);

    function EthUsdPriceTicker() payable {
        // TLSN 증명 생성과 IPFS 저장 신호하기
        oraclize_setProof(proofType_TLSNotary | proofStorage_IPFS);

        // 질의 요청하기
        queryTicker();
    }

    function __callback(bytes32 _queryId, string _result, bytes _proof) public {
        if (msg.sender != oraclize_cbAddress()) throw;
        newCallbackResult(_result);

        /*
         * 결과 문자열을 온체인용 부호 없는 정수로 파싱하기
         * usingOraclize에서 상속된 parseInt 도우미를 사용하여
         * "123.45"와 같은 문자열 결과를 uint 12345로 변환하기
```

```
            */
        ethUsd = parseInt(_result, 2);

        // 가격을 폴링하고 있기 때문에 콜백 함수로부터 호출됨
        queryTicker();
    }

    function queryTicker() public payable {
        if (oraclize_getPrice("URL") > this.balance) {
            newOraclizeQuery("Oraclize query was NOT sent, please add some ETH
                to cover for the query fee");
        } else {
            newOraclizeQuery("Oraclize query was sent, standing by for the
                answer...");

            // 질의 파라미터는 (초 단위 지연, 데이터 소스 유형, 데이터 소스 인수)
            // JSON API 결과의 특정 부분을 가져오려면 JSONPath를 지정한다.
            oraclize_query(60 * 10, "URL",
                "json(https://min-api.cryptocompare.com/data/price?\
                fsym=ETH&tsyms=USD,EUR,GBP).USD");
        }
    }
}
```

오라클라이즈와 통합하기 위해 컨트랙트 EthUsdPriceTicker는 usingOraclize를 상속
받아야 한다. usingOraclize 컨트랙트는 oraclizeAPI 파일에 정의되어 있다. 데이터 요청은
usingOraclize 컨트랙트에서 상속된 oraclize_query 함수를 사용하여 수행된다. 이는 적
어도 2개의 인수가 필요한 오버로딩된 함수다.

- 사용할 지원 데이터 소스, 예를 들어 URL, WolframAlpha, IPFS 또는 컴퓨테이션
- JSON 또는 XML 파싱 헬퍼(parsing helpers) 등을 포함할 수 있는, 주어진 데이터 소스의
  인수

가격 쿼리는 queryTicker 함수에서 수행된다. 쿼리를 수행하기 위해 오라클라이즈는 결과
를 처리하고 __callback 함수로 전송하는 가스 비용과 서비스에 대한 추가 요금을 포함하여
약간의 수수료를 이더로 지급해야 한다. 이 금액은 데이터 원천에 따라 다르고, 지정된 경우
필요한 진위 증명 유형에 따라 다르다. 데이터가 검색되면 콜백을 수행하도록 권한이 부여된
오라클라이즈 제어 계정에 의해 __callback 함수가 호출된다. 응답 값과 고유한 queryId
인수를 전달한다. 예를 들어, 이 인수는 오라클라이즈에서 대기 중인 여러 콜백을 처리하고
추적하는 데 사용할 수 있다.

금융 데이터 제공 업체인 톰슨 로이터(Thomson Reuters) 또한 블록원 IQ(BlockOne IQ)라는 이더리움용 오라클 서비스를 제공하는데, 프라이빗 또는 허가형 네트워크에서 실행되는 스마트 컨트랙트에 시장과 참조 데이터를 제공한다. 예제 11-2는 오라클 인터페이스와 요청할 클라이언트 컨트랙트를 보여준다.

예제 11-2 시장 데이터 블록원 IQ 서비스 호출 컨트랙트

```solidity
pragma solidity ^0.4.11;

contract Oracle {
    uint256 public divisor;
    function initRequest(
        uint256 queryType, function(uint256) external onSuccess,
        function(uint256
    ) external onFailure) public returns (uint256 id);
    function addArgumentToRequestUint(uint256 id, bytes32 name, uint256 arg) public;
    function addArgumentToRequestString(uint256 id, bytes32 name, bytes32 arg)
        public;
    function executeRequest(uint256 id) public;
    function getResponseUint(uint256 id, bytes32 name) public constant
        returns(uint256);
    function getResponseString(uint256 id, bytes32 name) public constant
        returns(bytes32);
    function getResponseError(uint256 id) public constant returns(bytes32);
    function deleteResponse(uint256 id) public constant;
}

contract OracleB1IQClient {

    Oracle private oracle;
    event LogError(bytes32 description);

    function OracleB1IQClient(address addr) public payable {
        oracle = Oracle(addr);
        getIntraday("IBM", now);
    }

    function getIntraday(bytes32 ric, uint256 timestamp) public {
        uint256 id = oracle.initRequest(0, this.handleSuccess, this.handleFailure);
        oracle.addArgumentToRequestString(id, "symbol", ric);
        oracle.addArgumentToRequestUint(id, "timestamp", timestamp);
        oracle.executeRequest(id);
    }

    function handleSuccess(uint256 id) public {
        assert(msg.sender == address(oracle));
        bytes32 ric = oracle.getResponseString(id, "symbol");
        uint256 open = oracle.getResponseUint(id, "open");
```

```
        uint256 high = oracle.getResponseUint(id, "high");
        uint256 low = oracle.getResponseUint(id, "low");
        uint256 close = oracle.getResponseUint(id, "close");
        uint256 bid = oracle.getResponseUint(id, "bid");
        uint256 ask = oracle.getResponseUint(id, "ask");
        uint256 timestamp = oracle.getResponseUint(id, "timestamp");
        oracle.deleteResponse(id);
        // 가격 데이터로 무언가를 하기
    }

    function handleFailure(uint256 id) public {
        assert(msg.sender == address(oracle));
        bytes32 error = oracle.getResponseError(id);
        oracle.deleteResponse(id);
        emit LogError(error);
    }

}
```

데이터 요청은 initRequest 함수를 사용하여 시작된다. 이 함수는 두 가지 콜백 함수 외에도 쿼리 유형(이 예에서는 하루 동안의 가격에 대한 요청)을 지정할 수 있다. 그러면 추가 인수를 제공하는 데 사용할 수 있는 uint256 식별자가 반환된다. IBM stock의 경우, addArgumentToRequestString 함수는 RIC(Reuters Instrument Code)를 지정하는 데 사용하고, addArgumentToRequestUint는 타임스탬프를 지정할 수 있게 한다. 이제 block.timestamp의 앨리어스(alias)를 전달하면 IBM의 현재 가격이 검색된다. 요청은 executeRequest 함수에 의해 실행된다. 요청이 처리되면 오라클 컨트랙트는 쿼리 식별자로 onSuccess 콜백 함수를 호출하여 결과 데이터를 검색할 수 있게 해준다. 검색에 실패한 경우 onFailure 콜백 함수가 대신 에러 코드를 리턴해 준다. 성공 시 검색할 수 있는 사용 가능한 필드에는 open, high, low, close(OHLC), bid/ask 가격이 포함된다.

결론

보다시피, 오라클은 스마트 컨트랙트에 중요한 서비스를 제공한다. 즉, 컨트랙트 실행을 위해 외부 정보를 가져온다. 물론, 그로 인해 오라클은 상당한 위험을 초래한다. 만일 그것이 신뢰가 필요한 소스인데 부정이 일어난다면(compromised), 그것을 사용하는 스마트 컨트랙트의 실행에도 부정이 초래될 수 있다.

일반적으로 오라클의 사용을 고려할 때는 **신뢰 모델(trust model)**에 대해 매우 신중해야 한다. 오라클을 신뢰할 수 있다고 가정한다면, 잠재적인 잘못된 입력에 노출되어 스마트 컨트랙트의 보안을 약화시킬 수 있다. 이런 점을 전제해서 보안 전제들을 신중하게 감안하면, 오라클은 매우 유용한 수단이 될 수 있다.

탈중앙화 오라클은 이러한 우려사항 중 일부를 해결할 수 있으며, 이더리움 스마트 컨트랙트에 신뢰가 필요 없는 외부 데이터를 제공할 수 있다. 신중하게 선택하라. 그러면 이더리움과 오라클이 제공하는 '현실 세계' 사이의 다리를 탐험할 수 있게 된다.

12

탈중앙화 애플리케이션(댑)

이 장에서는 **탈중앙화 애플리케이션(decentralized applications)**, 즉 **댑(DApp)**의 세계를 살펴본다. 이더리움 초기부터 창립자의 비전은 '스마트 컨트랙트'보다 훨씬 광범위했다. 즉, 웹을 재발명하고 **web3**라고 불리는 댑의 새로운 세계를 만드는 것이었다. web3 댑은 스토리지(storage), 메시징(messaging), 네이밍(naming) 등 애플리케이션의 다른 모든 측면을 탈중앙화하는 것에 관한 것이다(그림 12-1 참고).

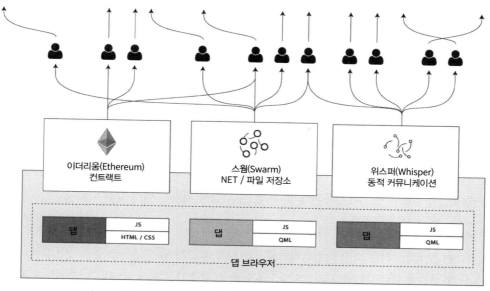

그림 12-1 web3: 스마트 컨트랙트와 P2P 기술을 사용한 탈중앙화 웹 사용

'탈중앙화 애플리케이션'은 미래에 대한 대담한 비전이지만, '댑(DApp)'이라는 용어는 종종 웹 프론트엔드를 가진 어떠한 스마트 컨트랙트도 다 지칭하는 것으로 사용되어 왔다. 이러한 소 위 댑이라 불리는 것들 중 일부는 아주 중앙 집중화된 애플리케이션이다(CApps?). 거짓 댑을 조심하라!

이 장에서는 경매 플랫폼인 댑 샘플을 개발하고 배포할 것이다. 소스 코드는 이 책의 저장소에 있는 code/auction_dapp(http://bit.ly/2DcmjyA) 아래에서 찾을 수 있다. 경매 애플리케이션의 각 측면을 살펴보고 가능한 한 애플리케이션을 탈중앙화할 방법을 살펴보겠다. 먼저, 댑의 특징과 장점을 자세히 살펴보자.

댑이란 무엇인가?

댑은 대부분 또는 완전히 탈중앙화된 애플리케이션이다.

애플리케이션의 탈중앙화 가능한 모든 측면을 고려해 보자.

- 백엔드(backend) 소프트웨어(애플리케이션 논리)
- 프론트엔드(frontend) 소프트웨어
- 데이터 스토리지(data storage)
- 메시지 통신(message communication)
- 네임 레졸루션(name resolution)

이들 각각은 어느 정도 중앙화되거나 어느 정도 탈중앙화되거나 할 수 있다. 예를 들어, 프론트엔드는 중앙 서버에서 실행되는 웹 앱으로 개발할 수도 있고, 개인의 단말기에서 실행되는 모바일 앱으로 개발할 수도 있다. 백엔드와 스토리지는 사설 서버와 폐쇄적(proprietary) 데이터베이스를 사용할 수도 있고, 또는 스마트 컨트랙트와 P2P 스토리지를 사용할 수도 있다.

전형적인 중앙화된 아키텍처가 제공할 수 없는, 댑만이 가지는 여러 장점이 있다.

지속성(resiliency)

비즈니스 로직은 스마트 컨트랙트로 제어되기 때문에 댑 백엔드는 블록체인 플랫폼에서 완벽하게 탈중앙화되고 관리된다. 댑은 중앙 집중식 서버에 배포된 애플리케이션과 달리 가동 중지 시간이 없으며, 플랫폼이 계속 작동하는 한 사용할 수 있다.

투명성(transparency)

댑의 온체인 특성으로 인해 누구나 코드를 검사하고 기능에 대해 더 확신할 수 있다. 댑과 상호작용한 모든 내용은 블록체인에 영원히 저장될 것이다.

검열 저항(censorship resistance)

사용자가 이더리움 노드에 접근할 수 있는 한(필요하면 직접 운영) 사용자는 중앙화된 콘트롤의 간섭 없이 댑과 항상 상호작용할 수 있다. 서비스 제공 업체 또는 심지어 스마트 컨트랙트의 소유자 또한 네트워크에 배포된 코드를 변경할 수 없다.

현재 시점 기준으로 이더리움 생태계에서 완전히 탈중앙화된 애플리케이션은 매우 드물다. 대부분 중앙화된 서비스와 서버를 사용하여 작업 일부를 수행한다. 앞으로 댑의 모든 부분을 완전히 탈중앙화된 방식으로 운영할 수 있을 것으로 기대한다.

백엔드(스마트 컨트랙트)

댑에서 스마트 컨트랙트는 비즈니스 로직(프로그램 코드)과 애플리케이션의 관련 상태를 저장하는 데 사용된다. 일반적인 애플리케이션에서 서버 측('백엔드'라고도 함) 구성요소를 대체하는 것으로 스마트 컨트랙트를 생각해 볼 수 있다. 물론 이것은 과장된 표현이다. 서버 측 백엔드와 가장 큰 차이점 중 하나는 스마트 컨트랙트에서 실행되는 계산이 매우 비싸기 때문에 가능한 한 최소화해서 유지해야 한다는 것이다. 따라서 애플리케이션의 어느 측면이 신뢰되고 탈중앙화된 실행 플랫폼이 필요한지를 판별하는 것이 중요하다.

이더리움 스마트 컨트랙트를 이용하면 스마트 컨트랙트 상호 간 호출은 물론 데이터를 주고받을 수 있으며, 자체의 상태 변수를 읽고 쓰는 네트워크 아키텍처를 만들 수 있는데, 이것이 얼마나 복잡한 것까지 수용할 수 있는지 여부는 오직 블록 가스 한도에 달려 있다. 스마트 컨트랙트를 배포한 후에는 향후 많은 개발자들이 여러분이 만든 비즈니스 로직을 활용할 수 있을 것이다.

스마트 컨트랙트 아키텍처 설계의 주요 고려사항 중 하나는 스마트 컨트랙트가 배포된 후 스마트 컨트랙트의 코드를 변경할 수 없다는 것이다. 접근 가능한 SELFDESTRUCT 연산코드가 프로그래밍된 경우 삭제할 수 있지만, 완전히 제거하는 것 외에는 코드를 변경할 수 없다.

스마트 컨트랙트 아키텍처 설계의 두 번째 주요 고려사항은 댑 크기다. 실제로 크게 하나로 구성된(monolithic) 스마트 컨트랙트는 배포하고 사용하기 위해 많은 양의 가스를 소비할 수 있다. 따라서 일부 애플리케이션에서는 오프체인 계산과 외부 데이터 소스를 선택할 수 있다. 그러나 댑의 핵심 비즈니스 로직을 외부 데이터(예를 들면, 중앙화된 서버로부터)에 의존한다는 건 사용자가 이러한 외부 자원을 신뢰해야 한다는 뜻임을 명심해야 한다.

프런트엔드(웹 유저 인터페이스)

개발자가 EVM 및 솔리디티와 같은 새로운 언어를 이해해야 하는 댑의 비즈니스 로직과는 달리, 댑의 클라이언트 쪽 인터페이스는 표준 웹 기술(HTML, CSS, 자바스크립트 등)을 사용할 수 있다. 전통적인 웹 개발자는 친숙한 도구, 라이브러리와 프레임워크를 사용할 수 있다. 메시지 서명, 트랜잭션 전송, 키 관리 같은 이더리움과의 상호작용은 종종 메타마스크(MetaMask, 2장 참고) 같은 확장을 통해 웹 브라우저에서 수행된다.

모바일 댑을 만들 수도 있지만, 현재 키 관리 기능을 갖춘 라이트 클라이언트 역할을 할 수 있는 모바일 클라이언트가 없기 때문에 모바일 댑 프런트엔드를 만드는 데 도움이 되는 자원은 몇 개 없다.

프런트엔드는 일반적으로 프런트엔드 자원과 함께 번들로 제공되며, 웹 서버에 의해 브라우저에서 제공되는 web3.js 자바스크립트 라이브러리를 통해 이더리움에 연결된다.

데이터 스토리지

높은 가스 비용과 현재의 낮은 블록 가스 한도 때문에 스마트 컨트랙트는 많은 양의 데이터를 저장하거나 처리하는 데 적합하지 않다. 따라서 대부분의 댑은 오프체인 데이터 스토리지 서비스를 사용하는데, 사이즈가 큰 데이터들을 이더리움 체인으로부터 데이터 스토리지 플랫폼으로 옮겨 저장한다. 데이터 스토리지 플랫폼은 중앙화될 수도 있거나(예: 전형적인 클라우드 데이터베이스) 탈중앙화될 수도 있는데, 이때 데이터는 IPFS나 이더리움의 스웜(Swarm) 같은 탈중앙화된 플랫폼에 저장된다.

탈중앙화 P2P 스토리지는 이미지, 비디오 및 애플리케이션의 프런트엔드 웹 인터페이스(HTML, CSS, 자바스크립트 등)의 자원 같은 큰 정적 에셋(static assets)을 저장하고 배포하는 데 이상적이다. 다음에 몇 가지 옵션을 살펴보겠다.

IPFS

IPFS(Inter-Planetary File System)는 저장된 객체를 P2P 네트워크의 피어(peer)들에게 배포하는 탈중앙화된 콘텐츠 주소 부여 가능(content-addressable) 스토리지 시스템이다. '콘텐츠 주소 부여 가능(content addressable)'이란, 각 내용(파일)이 해싱되고 해시가 해당 파일을 식별하는 데 사용됨을 의미한다. 그런 후에 해시로 요청하여 모든 IPFS 노드에서 파일을 검색할 수 있다.

IPFS에 대한 자세한 내용은 https://ipfs.io에서 확인할 수 있다.

스웜

스웜(Swarm)은 또 다른 콘텐츠 주소 부여 가능한 P2P 스토리지 시스템으로서 IPFS와 유사하다. 스웜은 이더리움 재단에서 고-이더리움(Go-Ehtereum) 도구 모음의 일부로 만들어졌다. IPFS와 마찬가지로 스웜 노드에 의해 전파되고 복제되는 파일을 저장할 수 있다. 해시를 사용하여 임의의 스웜 파일에 접근할 수 있다. 스웜을 사용하면 중앙 웹 서버가 아닌 탈중앙화 P2P 시스템을 통해 웹사이트에 접근할 수 있다.

스웜을 위한 홈페이지는 스웜에 저장되어 있으며, 스웜 노드 또는 게이트웨이에서 접근할 수 있다(https://bit.ly/2DRbq4g).

탈중앙화 메시지 통신 프로토콜

모든 애플리케이션의 또 다른 주요 구성요소는 프로세스 간 통신이다. 즉, 애플리케이션 간에, 애플리케이션의 다른 인스턴스 간에 또는 애플리케이션 사용자 간에 메시지를 교환할 수 있다. 그리고 전통적으로 이것은 중앙화된 서버를 이용했다. 그러나 P2P 네트워크 위에서 메시징을 제공하는 서버 기반 프로토콜을 대체할 여러 가지 탈중앙화된 프로토콜이 있다. 댑의 가장 주목할 만한 P2P 메시징 프로토콜은 이더리움 재단의 고-이더리움 도구 모음의 일부인 **위스퍼(Whisper,** http://bit.ly/2CSls5h)다.

탈중앙화될 수 있는 마지막 특징은 네임 레졸루션(name resolution)이다. 이 장의 뒷부분에서 이더리움의 네임 서비스에 대해 자세히 살펴볼 것이다. 이제, 예를 들어보겠다.

기본 댑 사례: 경매 댑

이 절에서는 다양한 탈중앙화 도구를 탐색하기 위해 댑 예제를 작성해 볼 것이다. 댑 예제는 탈중앙화된 경매를 구현할 것이다.

경매 댑은 사용자가 주택, 자동차, 상표 같은 고유한 자산을 나타내는 '증서(deed)' 토큰을 등록할 수 있게 한다. 토큰이 등록되면 토큰 소유권이 경매 댑으로 이전되며, 판매를 위해 리스팅될 수 있게 해준다. 경매 댑은 등록된 각 토큰을 나열하여 다른 사용자가 입찰할 수 있도록 한다. 각 경매 중에 사용자는 해당 경매를 위해 만들어진 대화방에 참여할 수 있다. 경매가 완료되면 증서 토큰 소유권이 경매 낙찰자에게 이전된다.

전반적인 경매 프로세스는 그림 12-2와 같다.

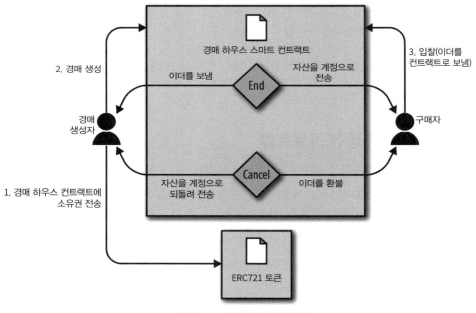

그림 12-2 단순한 경매 댑 사례

경매 댑의 주요 구성요소는 다음과 같다.

- ERC721 대체 불가능한 '증서' 토큰(non-fungible 'deed' tokens)을 구현하는 스마트 컨트랙트 (DeedRepository)
- 증서를 팔기 위해 경매(AuctionRepository)를 구현하는 스마트 컨트랙트

- Vue/Vuetify 자바스크립트 프레임워크를 사용하는 웹 프런트엔드
- 이더리움 체인에 연결하는 web3.js 라이브러리(메타마스크 또는 다른 클라이언트를 통해)
- 이미지 같은 자원을 저장하는 스웜 클라이언트
- 모든 참여자를 위해 경매별 대화방을 개설하기 위한 위스퍼 클라이언트

경매 댑의 소스 코드는 이 책의 소스 저장소(http://bit.ly/2DcmjyA)에서 찾을 수 있다.

경매 댑: 백엔드 스마트 컨트랙트

경매 댑 예제를 위해 두 개의 스마트 컨트랙트(AcutionRepository와 DeedRepository)를 사용하고, 두 컨트랙트는 애플리케이션을 지원하기 위해 이더리움 블록체인에 배포되어야 한다.

예제 12-1에서 DeedRepository를 살펴보겠다. 이 컨트랙트는 ERC721 대체 불가능한 토큰이다(283페이지의 'ERC721: 대체 불가능한 토큰(증서) 표준' 참고).

예제 12-1 **DeedRepository.sol: 경매에 사용하기 위한 ERC721 증서 토큰**

```solidity
pragma solidity ^0.4.17;
import "./ERC721/ERC721Token.sol";

/**
 * @title ERC721 증서 저장소
 * 이 컨트랙트는 사용자가 등록한 증서의 목록을 포함한다.
 * 이것은 토큰(증서)을 작성하여 저장소에 추가하는 방법을 보여주는 데모다.
 */
contract DeedRepository is ERC721Token {
    /**
     * @dev name과 symbol이 있는 DeedRepository를 생성한다.
     * @param _name은 저장소의 이름을 나타내는 문자열이다.
     * @param _symbol은 저장소의 상징을 나타내는 문자열이다.
     */
    function DeedRepository(string _name, string _symbol)
        public ERC721Token(_name, _symbol) {}

    /**
     * @dev 새로운 증서를 등록하기 위한 public 함수
     * @dev ERC721Token minter를 호출한다.
     * @param _tokenId는 구체적인 증서를 나타내기 위한 부호 없는 정수(uint256)다.
     * @param _uri는 메타데이터/uri를 포함하는 문자열이다.
     */
    function registerDeed(uint256 _tokenId, string _uri) public {
        _mint(msg.sender, _tokenId);
        addDeedMetadata(_tokenId, _uri);
        emit DeedRegistered(msg.sender, _tokenId);
```

```
    }

    /**
     * @dev 증서에 메타데이터를 추가하는 방법
     * @param _tokenId는 구체적인 증서를 나타낸다.
     * @param _uri는 주어진 증서의 특징을 설명하는 텍스트
     * @return 저장소에 증서 메타데이터가 추가되었는지 여부를 반환한다.
     */
    function addDeedMetadata(uint256 _tokenId, string _uri) public returns(bool){
        _setTokenURI(_tokenId, _uri);
        return true;
    }

    /**
     * @dev 증서/토큰이 등록되면 이벤트가 트리거된다.
     * @param _by 등록자의 주소다.
     * @param _tokenId는 특정 증서를 나타내기 위한 부호 없는 정수(uint256)다.
     */
    event DeedRegistered(address _by, uint256 _tokenId);
}
```

보다시피, DeedRepository 컨트랙트는 ERC721 호환 토큰을 간단하게 구현한 것이다.

우리의 경매 댑은 DeedRepository 컨트랙트를 사용하여 각 경매에 대한 토큰을 발행하고 추적한다. 경매 자체는 AuctionRepository 컨트랙트에 의해 조율된다. 이 컨트랙트는 너무 길어 여기에 전체 내용을 포함할 수 없지만, 예제 12-2는 컨트랙트 및 데이터 구조의 주요 정의를 보여준다. 전체 컨트랙트는 책의 깃허브 저장소(https://bit.ly/2laOo9i)에서 확인할 수 있다.

예제 12-2 AuctionRepository.sol: 주요 경매 댑 스마트 컨트랙트

```
contract AuctionRepository {

    // 모든 actions의 배열
    Auction[] public auctions;

    // action 인덱스에서 사용자 bid로 매핑
    mapping(uint256 => Bid[]) public auctionBids;

    // owner에서 owner의 auction으로 매핑
    mapping(address => uint[]) public auctionOwner;

    // 입찰자와 amount를 포함한 Bid 구조체
    struct Bid {
        address from;
        uint256 amount;
    }
```

```
// 필요한 정보를 모두 담고 있는 Auction 구조체
struct Auction {
    string name;
    uint256 blockDeadline;
    uint256 startPrice;
    string metadata;
    uint256 deedId;
    address deedRepositoryAddress;
    address owner;
    bool active;
    bool finalized;
}
```

AuctionRepository 컨트랙트는 다음 기능을 사용하여 모든 경매를 관리한다.

```
getCount()
getBidsCount(uint _auctionId)
getAuctionsOf(address _owner)
getCurrentBid(uint _auctionId)
getAuctionsCountOfOwner(address _owner)
getAuctionById(uint _auctionId)
createAuction(address _deedRepositoryAddress, uint256 _deedId,
              string _auctionTitle, string _metadata, uint256 _startPrice,
              uint _blockDeadline)
approveAndTransfer(address _from, address _to, address _deedRepositoryAddress,
                   uint256 _deedId)
cancelAuction(uint _auctionId)
finalizeAuction(uint _auctionId)
bidOnAuction(uint _auctionId)
```

책의 저장소에 있는 truffle을 사용하여 여러분이 원하는 이더리움 블록체인(예: 롭스텐)에 이러한 컨트랙트를 배포할 수 있다.

```
$ cd code/auction_dapp/backend
$ truffle init
$ truffle compile
$ truffle migrate --network ropsten
```

댑 거버넌스

경매 댑의 두 가지 스마트 컨트랙트를 살펴보면 중요한 점을 알게 될 것이다. 댑에 대한 특별한 권한을 가진 계정이나 역할이 없다는 것이다. 각 경매에는 몇 가지 특별한 능력이 있는 소

유자가 있지만, 경매 댑 자체에는 특권을 가진 사용자가 없다.

이는 댑 거버넌스를 탈중앙화하고 한번 배포되면 모든 통제권을 포기하게 만들기 위한 선택이다. 이에 비해 일부 댑은 컨트랙트를 무시하거나, 설정을 변경하거나, 특정 작업을 '거부(veto)'할 수 있는 특별한 능력을 갖춘 하나 이상의 특권을 가진 계정을 보유하고 있다. 일반적으로 이러한 기능은 버그(bug)로 인해 발생되는 알려지지 않은 문제를 피하기 위해 댑에 적용된다.

거버넌스 문제는 양날의 검처럼 특히나 해결하기 어려운 문제다. 한편으로는 특정 권한이 탈취될 경우 댑의 보안이 파괴될 수 있어 위험하다. 다른 한편으로는 권한 없는 계정에 버그가 발견되면 복구할 방법이 없다. 우리는 이 두 가지 위험이 모두 이더리움 댑에서 나타남을 확인했다. DAO 경우(200페이지의 '실제 사례: DAO' 절 및 부록 A)에는 '큐레이터(curator)'라고 하는 일부 권한 있는 계정이 있지만 기능이 매우 제한적이었다. 그러한 계정은 DAO 공격자의 자금 출금을 막을 수가 없었다. 탈중앙화 거래소 뱅코어(Bancor)는 특권을 가진 관리 계정이 탈취되는 바람에 엄청난 규모의 절도를 당했다. 알고 보니 뱅코어는 처음에 생각한 것처럼 탈중앙화되어 있지 않았다.

댑을 구축할 때 스마트 컨트랙트를 완전히 독립적으로 만들고 출시한 후에 제어할 권한을 없게 만들든지 또는 특권 계정을 만들고 위험에 노출될 위험을 감수해야 하는지를 결정해야 한다. 각각의 선택 모두 리스크가 있다. 하지만 장기적으로 진정한 댑은 특권 계정을 위한 특수 접근 권한을 허용하지 말아야 한다. 왜냐하면 그것은 탈중앙화된 것이 아니기 때문이다.

경매 댑: 프런트엔드 사용자 인터페이스

경매 댑의 컨트랙트가 배포되면 사용자는 선호하는 자바스크립트 콘솔과 web3.js 또는 다른 web3 라이브러리를 사용하여 댑의 컨트랙트와 상호작용할 수 있다. 그러나 대부분의 사용자는 사용하기 쉬운 인터페이스가 필요하다. 우리의 경매 댑 사용자 인터페이스는 구글의 Vue2/Vuetify 자바스크립트 프레임워크를 사용하여 작성되었다.

책의 저장소(https://bit.ly/2wh9znD)에 있는 code/auction_dapp/frontend 폴더에서 사용자 인터페이스 코드를 찾을 수 있다. 디렉터리의 구조와 내용은 다음과 같다.

```
frontend/
|-- build
```

```
|    |-- build.js
|    |-- check-versions.js
|    |-- logo.png
|    |-- utils.js
|    |-- vue-loader.conf.js
|    |-- webpack.base.conf.js
|    |-- webpack.dev.conf.js
|    `-- webpack.prod.conf.js
|-- config
|    |-- dev.env.js
|    |-- index.js
|    `-- prod.env.js
|-- index.html
|-- package.json
|-- package-lock.json
|-- README.md
|-- src
|   |-- App.vue
|    |-- components
|    |    |-- Auction.vue
|    |    `-- Home.vue
|    |-- config.js
|    |-- contracts
|    |    |-- AuctionRepository.json
|    |    `-- DeedRepository.json
|    |-- main.js
|    |-- models
|    |    |-- AuctionRepository.js
|    |    |-- ChatRoom.js
|    |    `-- DeedRepository.js
|    `-- router
|         `-- index.js
```

컨트랙트를 배포한 후 frontend/src/config.js에서 프런트엔드 설정을 편집하고 DeedRepository 및 AuctionRepository 컨트랙트의 주소를 배포된 대로 입력하라. 프런트엔드 애플리케이션 또한 JSON-RPC 및 WebSockets 인터페이스를 제공하는 이더리움 노드에 대한 접근이 필요하다. 프런트엔드를 구성했으면 로컬 시스템에서 웹 서버를 사용하여 프런트엔드를 실행하라.

```
$ npm install
$ npm run dev
```

경매 댑 프런트엔드가 실행될 것이고, 웹 브라우저에서 http://localhost:8080을 통해 접근할 수 있다.

만약 모두 잘되면 그림 12-3의 화면이 나타나야 한다. 이 화면은 웹 브라우저에서 경매 댑이 실행되고 있음을 보여준다.

그림 12-3 경매 댑 사용자 인터페이스

경매 댑을 더 탈중앙화하기

댑은 이미 상당히 탈중앙화되어 있지만 개선할 수 있는 부분이 더 있다.

AuctionRepository 컨트랙트는 어떠한 감시도 없는 독립적인 컨트랙트이고 누구에게나 오픈되어 있다. 일단 배포되면 중지할 수 없으며, 어떤 경매도 제어할 수 없다. 각각의 경매는 검열, 신분 확인 없이 경매에 대해 누구나 대화할 수 있는 별도의 대화방이 있다. 설명 및 관련 이미지 같은 다양한 경매 자산이 스웜에 저장되어 검열이나 차단이 어려워진다.

누구나 수동으로 트랜잭션을 구성하여 댑과 상호작용하거나 로컬 시스템에서 뷰(Vue) 프런트 엔드를 실행하여 상호작용할 수 있다. 댑 코드 자체는 오픈 소스이며, 공용 저장소에서 공동으로 개발된다.

댑을 탈중앙화하고 복원력을 좋게 만들 수 있는 두 가지 방법이 있다.

- 모든 애플리케이션 코드를 스웜 또는 IPFS에 저장한다.

- 이더리움 네임 서비스를 사용하여 네임을 참조하여 댑에 접근한다.

다음 절에서 첫 번째 옵션을 탐구하고, 322페이지의 '이더리움 네임 서비스(ENS)' 절에서 두 번째 옵션을 살펴보겠다.

스웜에 경매 댑 저장하기

이 장 앞부분의 311페이지 '스웜' 절에서 스웜(Swarm)을 소개했다. 우리의 경매 댑은 이미 스웜을 사용하여 각 경매의 아이콘 이미지를 저장한다. 이것은 비싼 이더리움에 데이터를 저장하는 것보다 훨씬 효율적이다. 또한 이러한 이미지가 웹 서버나 파일 서버 같은 중앙화된 서비스에 저장되는 것보다 훨씬 더 복원력이 좋다.

먼저 우리는 한 걸음 더 나아갈 수 있다. 댑 자체의 프런트엔드 전체를 스웜에 저장하고 웹 서버를 실행하는 대신 스웜 노드에서 직접 실행할 수 있다.

스웜 준비하기

먼저 스웜을 설치하고 스웜 노드를 초기화해야 한다. 스웜은 이더리움 재단의 고-이더리움 도구 모음의 일부다. 57페이지의 '게스' 절을 참조하여 고-이더리움을 설치하거나, 스웜 바이너리 릴리스를 설치하려면 스웜 설명서(http://bit.ly/2Q75KXw)의 지침을 따라 하면 된다.

스웜을 설치하고 나면 스웜을 실행하여 version 명령으로 올바르게 작동하는지 확인할 수 있다.

```
$ swarm version
Version: 0.3
Git Commit: 37685930d953bcbe023f9bc65b135a8d8b8f1488
Go Version: go1.10.1
OS: linux
```

스웜을 실행하려면 JSON-RPC API에 접근하기 위해 스웜에게 어떻게 게스(Geth) 인스턴스에 연결하는지 말해 줘야 한다. 시작 가이드(https://bit.ly/2t3iuos) 지침에 따라 시작하라.

스웜을 시작하면 다음과 같은 내용이 표시된다.

```
Maximum peer count                          ETH=25 LES=0 total=25
Starting peer-to-peer node                  instance=swarm/v0.3.1-225171a4/linux...
connecting to ENS API                       url=http://127.0.0.1:8545
swarm[5955]: [189B blob data]
Starting P2P networking
UDP listener up                             self=enode://f50c8e19ff841bcd5ce7d2d...
Updated bzz local addr                      oaddr=9c40be8b83e648d50f40ad3... uaddr=e
Starting Swarm service
9c40be8b hive starting
detected an existing store. trying to load peers
hive 9c40be8b: peers loaded
Swarm network started on bzz address: 9c40be8b83e648d50f40ad3d35f...
Pss started
Streamer started
IPC endpoint opened                         url=/home/ubuntu/.ethereum/bzzd.ipc
RLPx listener up                            self=enode://f50c8e19ff841bcd5ce7d2d...
```

로컬 스웜 게이트웨이 웹 인터페이스(http://localhost:8500)에 연결하여 스웜 노드가 올바르게 실행되고 있는지 확인할 수 있다.

그림 12-4와 같은 화면을 보고 모든 스웜 해시 또는 ENS 이름을 쿼리할 수 있어야 한다.

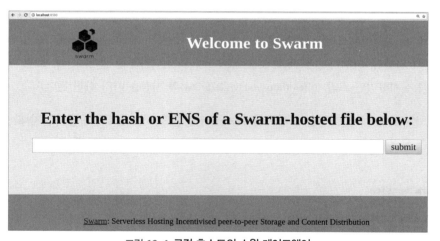

그림 12-4 **로컬 호스트의 스웜 게이트웨이**

스웜에 파일 올리기

로컬 스웜 노드와 게이트웨이가 실행되면 스웜에 업로드할 수 있으며, 파일 해시를 참조하여 스웜 노드에서 파일에 접근할 수 있다.

파일을 업로드하여 테스트해 보겠다.

```
$ swarm up code/auction_dapp/README.md
ec13042c83ffc2fb5cb0aa8c53f770d36c9b3b35d0468a0c0a77c97016bb8d7c
```

스웜이 README.md 파일을 업로드하고 스웜 노드에서 파일에 접근하는 데 사용할 수 있는 해시를 반환했다. 예를 들어, 공개 스웜 게이트웨이(https://bit.ly/2znWUP9)를 사용할 수 있다.

파일 하나를 업로드하는 것은 비교적 간단하지만, 댑 프런트엔드 전체를 업로드하는 것은 좀 더 복잡하다. 다양한 댑 자원(HTML, CSS, 자바스크립트, 라이브러리 등)에는 서로에 대한 참조가 포함되어 있기 때문이다. 일반적으로 웹 서버는 URL을 로컬 파일로 변환하고 올바른 자원을 제공한다. 우리는 댑을 패키징(packaging)하여 스웜에 대해서도 동일한 결과를 얻을 수 있다.

경매 댑에는 모든 자원을 패키징하는 스크립트가 있다.

```
$ cd code/auction_dapp/frontend
$ npm run build

>frontend@1.0.0 build /home/aantonop/Dev/ethereumbook/code/auction_dapp/frontend
> node build/build.js

Hash: 9ee134d8db3c44dd574d
Version: webpack 3.10.0
Time: 25665ms
Asset      Size
static/js/vendor.77913f316aaf102cec11.js  1.25 MB
static/js/app.5396ead17892922422d4.js    502 Kb
static/js/manifest.87447dd4f5e60a5f9652.js  1.54 kB
static/css/app.0e50d6a1d2b1ed4daa03d306ced779cc.css  1.13 kB
static/css/app.0e50d6a1d2b1ed4daa03d306ced779cc.css.map  2.54 kB
static/js/vendor.77913f316aaf102cec11.js.map  4.74 MB
static/js/app.5396ead17892922422d4.js.map    893 kB
static/js/manifest.87447dd4f5e60a5f9652.js.map  7.86 kB
index.html  1.15 kB

Build complete.
```

이 명령의 결과는 새로운 디렉터리 code/auction_dapp/frontend/dist에 있을 것이고, 경매 댑 프런트엔드 전체를 포함하여 함께 패키징된다.

```
dist/
|-- index.html
`-- static
    |-- css
    |   |-- app.0e50d6a1d2b1ed4daa03d306ced779cc.css
    |   `-- app.0e50d6a1d2b1ed4daa03d306ced779cc.css.map
    `-- js
        |-- app.5396ead17892922422d4.js
        |-- app.5396ead17892922422d4.js.map
        |-- manifest.87447dd4f5e60a5f9652.js
        |-- manifest.87447dd4f5e60a5f9652.js.map
        |-- vendor.77913f316aaf102cec11.js
        `-- vendor.77913f316aaf102cec11.js.map
```

이제 up 명령과 --recursive 옵션을 사용하여 댑 전체를 스웜에 업로드할 수 있다. 여기서 우리는 또한 index.html이 이 댑을 로드하기 위한 defaultpath라는 사실을 스웜에게 알려준다.

```
$ swarm --bzzapi http://localhost:8500 --recursive \
  --defaultpath dist/index.html up dist/

ab164cf37dc10647e43a233486cdeffa8334b026e32a480dd9cbd020c12d4581
```

이제 전체 경매 댑은 스웜에서 호스팅되며 스웜 URL을 통해 접근할 수 있다.

bzz://ab164cf37dc10647e43a233486cdeffa8334b026e32a480dd9cbd020c12d4581

댑은 좀 더 탈중앙화되었지만, 사용하기는 더 어려워졌다. 스웜 URL은 경매 auction_dapp.com 같은 멋진 이름보다 사용자 친화적이지 않다. 탈중앙화화를 위해 사용성을 희생해야 하는가? 꼭 그런 것은 아니다. 다음 절에서는 이더리움의 네임 서비스에 대해 알아볼 것이다. 이 서비스는 읽기 쉬운 이름을 사용할 수 있으면서 여전히 애플리케이션의 탈중앙화 특성을 지닌다.

이더리움 네임 서비스(ENS)

세계 최고의 스마트 컨트랙트를 설계할 수 있지만, 좋은 인터페이스를 제공하지 않으면 사용자들이 쉽게 접근할 수 없을 것이다.

전통적인 인터넷에서 DNS(Domain Name System)는 브라우저에서 사람이 읽을 수 있는 이름을 사용할 수 있게 해준다. DNS는 브라우저에서 사용하는 이름을 IP 주소나 해당 페이지 내에 다른 식별자로 해석한다. 이더리움 블록체인에서는 ENS(Ethereum Naming System)가 이와 같은 문제를 탈중앙화된 방식으로 풀어준다.

예를 들어, 이더리움 재단의 기부 주소 `0xfB6916095ca1df60bB79Ce92cE3Ea74c37c5d359`는 ENS를 지원하는 지갑에서는 간단하게 `ethereum.eth`가 된다.

ENS는 스마트 컨트랙트 이상의 기능이 있다. ENS는 기본적으로 댑(DApp)이고, 탈중앙화 네임 서비스를 제공한다. 또한 등록, 관리 그리고 등록된 이름의 경매를 위한 여러 댑이 ENS 기능을 지원한다. ENS는 댑이 다른 댑을 지원하기 위해 만들어지고, 댑의 생태계에 의해서 유지되고, 다른 댑에 포함되어 동작하는 등 댑들이 어떻게 협력할 수 있는지를 보여준다.

이 절에서는 ENS가 어떻게 작동하는지 살펴보겠다. 자신의 이름을 설정하고 지갑이나 이더리움 주소에 연결하는 방법과 ENS를 다른 댑에 포함하는 방법, 그리고 ENS를 사용하여 댑 자원의 이름을 쉽게 사용하는 방법을 설명할 것이다.

이더리움 네임 서비스의 역사

네임 등록은 네임코인(Namecoin)이 개척한 블록체인 최초 비화폐 애플리케이션이었다. 이더리움 백서(http://bit.ly/2Of1gfZ)는 예제 애플리케이션 중 하나인 두 줄 네임코인 같은 등록 시스템을 제공했었다.

게스(Geth)와 C++ 이더리움 클라이언트의 초기 릴리스에는 namereg 컨트랙트가 내장되어 있으며(더 이상 사용되지 않음), 네임 서비스를 위한 많은 제안과 ERC가 만들어졌다. 그러나 namereg는 닉 존슨(Nick Johnson)이 2016년 이더리움 재단에서 일하기 시작하여 그 프로젝트를 맡았을 때 비로소 레지스타(registrar)에 대한 본격적인 작업이 시작되었다.

ENS는 스타 워즈 데이(Star Wars Day), 2017년 5월 4일(3월 15일 파이 데이(Pi Day)에 출시하지 못한 이후)에 출시되었다.

ENS 사양

ENS는 주로 세 가지 이더리움 개선 제안에 명시되어 있다(ENS의 기본 기능을 지정한 EIP-137, .eth 루트에 대한 경매 시스템을 설명한 EIP-162, 주소의 역 등록을 지정한 EIP-181).

ENS는 '샌드위치' 디자인 철학을 따른다. 맨 아래에는 매우 단순한 층이 있고, 그다음에는 더 복잡하지만 대체 가능한 코드가 포함되어 있으며, 매우 간단한 최상위 계층은 모든 자금을 별도의 계정에 보관한다.

맨 아래 계층: 이름 소유자 및 리졸버

ENS는 사람이 읽을 수 있는 이름 대신 '노드(node)'로 작동한다. 사람이 읽을 수 있는 이름은 '네임해시(Namehash)' 알고리즘을 사용하여 노드로 변환된다.

ENS의 기본 계층은 노드의 소유자만 자신의 이름에 대한 정보를 설정하고 하위 노드(ENS와 동일한 DNS)를 만들 수 있도록 하는 ERC137에서 정의한 단순 스마트 컨트랙트(50줄 미만의 코드)다.

기본 계층의 유일한 기능은 노드 소유자가 자신의 노드에 대한 정보(특히 리졸버(resolver), 소유권 또는 소유권 이전)를 설정하고 새 하위 노드의 소유자를 만들 수 있게 하는 기능이다.

네임해시 알고리즘

네임해시는 어떤 이름이라도 그 이름을 식별하는 해시로 변환할 수 있는 재귀 알고리즘(recursive algorithm)이다.

'재귀적(recursive)'이란, 문제를 해결할 때 같은 유형의 작은 문제인 하위 문제를 해결한 후에 그 문제의 하위 문제의 해결책을 활용하여 해당 문제를 해결한다는 것을 의미한다.

네임해시는 재귀적으로 이름의 구성요소를 해시하여 유효한 입력 도메인에 대한 고유한 고정 길이 문자열(또는 '노드')을 생성한다. 예를 들어, subdomain.example.eth의 네임해시 노드는 keccak('<example.eth>' node) + keccak('<subbdomain>')이다. 우리가 해결해야 할 하위 문제는 keccak('<.eth>' node) + keccak('<example>')인 example.eth 노드를 계산하는 것이다. 먼저 keccak(<root node>) + keccak('<eth>')인 eth에 대한 노드를 계산해야 한다.

루트 노드는 우리가 재귀의 '기본 케이스(base case)'라고 부르는 것이며, 이것은 당연히 재귀적으로 정의할 수 없는데, 그렇지 않다면 그런 알고리즘은 영원히 종료되지 않을 것이다. 루트 노드는 0x0000000000000000000000000000000000000000000000000000000000000000(32개의 0바이트)으로 정의한다.

이 모든 것을 합치면, subdomain.example.eth의 노드가 keccak(keccak(keccak (0x0...0 + keccak('eth')) + keccak('example')) + keccak('subdomain'))으로 된다.

일반화하자면, 네임해시 함수를 다음과 같이 정의할 수 있다(루트 노드를 위한 빈 이름(empty name), 재귀적인 단계를 따른 기본 케이스).

```
namehash([])=0x0000000000000000000000000000000000000000000000000000000000000000
namehash([label, ...]) = keccak256(namehash(...) + keccak256(label))
```

파이썬에서는 다음과 같다.

```
def namehash(name):
  if name == '':
    return '\0' * 32
  else:
    label, _, remainder = name.partition('.')
    return sha3(namehash(remainder) + sha3(label))
```

따라서 mastering-ethereum.eth에서는 다음과 같이 처리된다.

```
namehash('mastering-ethereum.eth')
⇒ sha3(namehash('eth') + sha3('mastering-ethereum'))
⇒ sha3(sha3(namehash('') + sha3('eth')) + sha3('mastering-ethereum'))
⇒ sha3(sha3(('\0' * 32) + sha3('eth')) + sha3('mastering-ethereum'))
```

물론 하위 도메인은 그자체가 하위 도메인을 가질 수 있다. subdomain.example.eth 다음에 sub.subdomain.example.eth, 그다음은 sub.sub.subdomain.example.eth 등이 될 수 있다. 값비싼 재계산을 피하기 위해 네임해시는 이름 자체에만 의존하기 때문에 주어진 이름의 노드를 미리 계산한 후 컨트랙트에 삽입하여 문자열 조작의 필요성을 제거하고 원시 이름(raw name)의 구성요소 수에 관계없이 ENS 레코드를 즉시 검색할 수 있다.

유효한 이름을 선택하는 방법

이름은 일련의 점으로 구분된 라벨로 구성된다. 대문자와 소문자는 모두 허용되지만, 모든 라벨은 해시 처리하기 전에 대소문자를 구분하는 UTS #46 정규화 프로세스를 따라야 하므로 대소문자는 다르지만 철자가 동일한 이름은 같은 네임해시로 끝난다.

라벨과 도메인을 길이에 관계없이 사용할 수 있지만, 레거시 DNS와의 호환성을 위해 다음 규칙을 권장한다.

- 라벨은 각각 64자를 넘지 않아야 한다.
- 완전한 ENS 이름은 255자를 넘지 않아야 한다.
- 라벨은 하이픈으로 시작하거나 끝나서는 안 되며, 숫자로 시작해서도 안 된다.

루트 노드 소유권

이 계층적 시스템의 결과 중 하나는 이것이 최상위 도메인(Top-Level Domain, TLD)을 만들 수 있는 루트 노드의 소유자에 의존한다는 것이다.

궁극적인 목표는 새로운 TLD들을 위한 탈중앙화된 의사결정 프로세스를 만드는 것이지만, 이 글을 쓰고 있는 시점에서 루트 노드는 4 of 7 멀티시그에 의해 컨트롤되고 있는데, 여러 국가에 그 키홀더들이 나누어져 있다(DNS 시스템의 7개 키홀더 구조를 본떠서 만들어졌음). 그 결과, 변경을 위해서는 최소한 7명 중 4명의 키홀더가 동의해야만 한다.

현재 이 키홀더의 목적과 목표는 커뮤니티와 합의하에 다음과 같은 작업을 하는 것이다.

- 시스템이 일단 한번 검증되면 .eth TLD의 임시 소유권을 보다 영구적인 컨트랙트로 마이그레이션하고 업그레이드한다.
- 커뮤니티는 TLD가 필요하다고 동의하면 새로운 TLD들의 추가를 허용한다.
- 그러한 시스템이 합의되고, 테스트되고, 구현될 때 루트 다중 서명의 소유권을 더 탈중앙화된 컨트랙트로 마이그레이션한다.
- 최상위 저장소의 모든 버그 또는 취약점을 처리하는 최후의 수단으로 사용한다.

리졸버

기본 ENS 컨트랙트는 이름에 메타데이터를 추가할 수 없다. 이것은 소위 '리졸버(resolver) 컨트랙트'가 담당한다. 리졸버 컨트랙트는 앱과 관련된 스웜 주소, 앱에 지불할 주소(이더 혹은 토큰) 혹은 앱의 해시(컨트랙트 무결성 확인)와 같은 이름에 대한 질문에 답변할 수 있는 사용자 생성 컨트랙트다.

중간 계층: .eth 노드

글을 쓰는 시점에서 스마트 컨트랙트에서 유일하게 등록할 수 있는 유일한 최상위 도메인은 .eth이다.

 전통적인 DNS 도메인 소유자가 ENS 소유권을 주장할 수 있도록 하는 작업이 진행 중이다. 이론적으로 이것은 .com에서 작동할 수 있지만, 지금까지 구현된 유일한 도메인은 .xyz이며, 롭스턴 테스트 네트워크(http://bit.ly/2SwUuFC)에서만 가능하다.

.eth 도메인은 경매 시스템을 통해 배포된다. 예약 목록이나 우선순위가 없으며, 이름을 얻는 유일한 방법은 시스템을 사용하는 것이다. 경매 시스템 코드는 상당히 복잡(500줄 이상)하다. ENS의 초기 개발 노력(및 버그!) 대부분이 시스템의 이 부분에 포함되었다. 그러나 보관된 자금에 대한 리스크 없이 나중에 교체 및 업그레이드를 할 수 있다.

비크레이 경매

이름은 수정된 비크레이(Vickrey, 차가 밀봉 입찰) 경매를 통해 배포된다. 전통적인 비크레이 경매에서는 모든 입찰자가 봉인된 입찰을 제출하고 모두가 동시에 공개한다. 이때 가장 높은 입찰자가 경매에서 이기지만 두 번째로 높은 입찰가만 지불한다. 그러므로 입찰자는 경매에 붙여진 이름의 실제 가치보다 더 적은 금액의 입찰을 하지 않게 된다. 실제 가치에 입찰하는 것이 이길 확률을 높여주기는 하지만, 결국 지불하게 될 가격에는 영향을 미치지 않을 것이다.

블록체인에서는 일부 변경이 필요하다.

- 입찰자가 지불 의도가 없는 입찰서를 제출하지 않도록 하려면 입찰자는 입찰가가 유효하다는 사실을 보증하기 위해 입찰가와 동등하거나 그보다 높은 금액을 예치(lock up)해야만 한다.
- 블록체인에서 비밀을 숨길 수 없기 때문에 입찰자는 입찰에 들어간 원래 가격과 이름을 숨기기 위해 최소한 두 번의 트랜잭션(커밋-공개 프로세스(commit-reveal process))을 실행해

야 한다.

- 탈중앙화 시스템에서 모든 입찰가를 동시에 공개할 수 없기 때문에 입찰자는 스스로 자신의 입찰가를 공개해야 한다. 그렇지 않으면 입찰에 예치된 자금은 몰수된다. 이런 몰수가 없다면 입찰은 많이 하고 그중 한두 개만 공개할 수 있으며, 봉인된 입찰 경매를 전통적인 가격 상승 경매로 바꿀 수 있다.

따라서 경매는 다음과 같이 4단계의 프로세스가 된다.

1. 경매를 시작하라. 이것은 이름을 등록하려는 의사를 브로드캐스트하는 데 필요하다. 모든 경매는 마감 시간을 갖게 된다. 이름은 해시 처리되어서 자신들의 사전에 이름이 있는 사람들만 어떤 경매가 열렸는지 알 수 있다. 이렇게 하면 어느 정도 프라이버시 보호가 가능하며, 이것은 새 프로젝트를 만들고 이에 대한 세부사항을 공유하고 싶지 않을 때 유용하다. 여러분은 여러 개의 가짜 경매를 한꺼번에 열어서, 만일 누군가 여러분을 따라 경매하려고 해도 여러분이 오픈한 모든 경매에 비딩을 할 수 없게 만들 수 있다.

2. 봉인된 입찰을 해라. 입찰 마감일 전에 주어진 양의 이더를 비밀 메시지(무엇보다도 이름의 해시, 입찰의 실제 양 및 솔트를 포함하는) 해시로 묶어서 입찰을 봉인해야 한다. 여러분의 실제 가치를 숨기기 위해 실제로 입찰하는 것보다 더 많은 이더를 잠글 수 있다.

3. 입찰가를 공개하라. 공개 기간에 입찰가를 공개하는 트랜잭션을 해야 하며, 입찰가가 가장 높은 입찰가와 두 번째로 높은 입찰가를 계산하고 낙찰받지 못한 입찰자에게 이더를 다시 보내야 한다. 입찰가가 공개될 때마다 현재 낙찰자가 다시 계산된다. 따라서 공개 마감일이 만료되기 전에 마지막으로 설정된 사람이 전체 낙찰자가 된다.

4. 경매 후에 정리하라. 여러분이 낙찰자라면, 경매를 종료하고 입찰가와 두 번째로 높은 입찰가의 차이를 돌려받을 수 있다. 여러분이 공개하는 것을 잊었다면, 늦게라도 공개하고 여러분의 입찰가 중 조금은 돌려받을 수 있다.

최상위 계층: 증서

ENS의 최상위 계층(top layer)은 (자금을 맡아두는) 단일 목적을 지닌 또 다른 매우 단순한 컨트랙트다.

여러분이 이름을 얻었을 때 그 돈은 실제로 아무 데도 보내지지는 않지만, 여러분이 그 이름을 갖고 싶어 하는 기간(적어도 1년 이상) 동안 잠겨 있다. 이것은 보증된 바이백(buyback)과 같이 동작한다. 소유자가 더 이상 이름을 원하지 않으면 시스템으로 다시 판매하고 이더를 복구할 수 있다(따라서 이름을 보유하는 비용은 반환 값이 0보다 큰 무언가를 하는 기회비용이다).

단일 컨트랙트가 수백만 달러의 이더를 보유하는 것이 매우 위험하다는 것이 입증되어 왔다. 그래서 대신 ENS는 각각의 이름에 대해 증서 컨트랙트를 생성한다. 증서 컨트랙트는 매우 간단하다(약 50줄의 코드). 그리고 자금은 단일 계정(증서 소유자)에게만 전송되고 단일 엔터티(entity)에 의해서만 호출된다(등록자 컨트랙트). 이 접근법은 버그로 인해 자금이 위험에 처할 수 있는 공격 영역을 크게 줄였다.

이름 등록하기

327페이지의 '비크레이 경매' 절에서 봤듯이, ENS에 이름을 등록하는 과정은 4단계로 진행된다. 먼저 유효한 이름에 대해 입찰가를 지정하고 48시간 후에 입찰가를 공개하여 이름을 확인한다. 그림 12-5는 등록 일정을 보여주는 도표다.

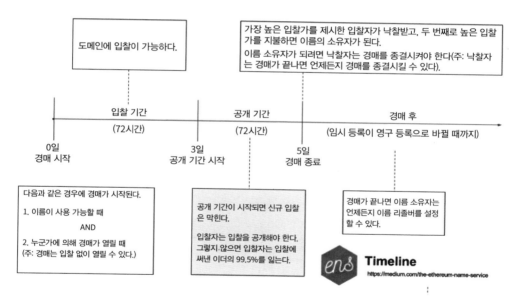

그림 12-5 **등록을 위한 ENS 타임라인**

우리의 이름을 등록해 보자!

사용 가능한 이름을 검색하고, ethereumbook.eth라는 이름에 입찰하고, 입찰가를 공개하고, 이름을 보호하기 위해 몇 가지 사용자 친화적인 인터페이스 중 하나를 사용할 것이다.

ENS 탈중앙화 애플리케이션과 상호작용할 수 있는 ENS 웹 기반 인터페이스가 많이 있다. 이 예제에서는 메타마스크와 함께 마이크립토(MyCrypto) 인터페이스(https://mycrypto.com/)를 지갑으로 사용한다.

먼저 우리가 원하는 이름을 사용할 수 있는지 확인해야 한다. 이 책을 쓰는 동안 우리는 정말로 mastering.eth라는 이름을 등록하려고 했지만, 그림 12-6과 같이 이미 사용된 것으로 나왔다. ENS 등록은 1년밖에 되지 않기 때문에 향후 해당 이름을 보유할 수 있다. 그동안 ethereumbook.eth를 검색해 보자(그림 12-6).

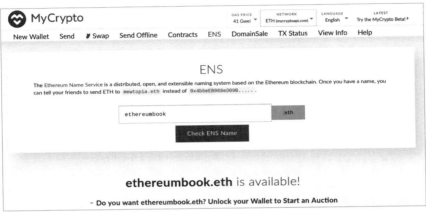

그림 12-6 MyCrypto.com에서 ENS 이름 검색

좋다! 이제 그 이름을 사용할 수 있다. 등록하려면 그림 12-7을 진행해야 한다. 메타마스크의 잠금을 해제하고 ethereumbook.eth에 대한 경매를 시작하자.

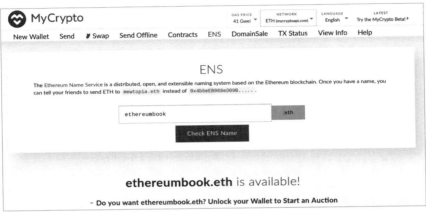

그림 12-7 ENS 이름에 대한 경매 시작

입찰을 하자. 이를 위해서는 그림 12-8의 단계를 따라가야 한다.

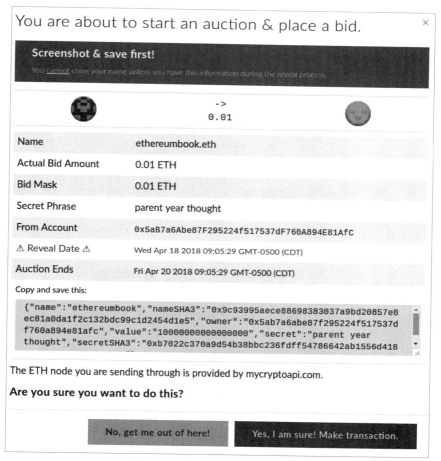

You are about to start an auction & place a bid.

Screenshot & save first!
You cannot claim your name unless you have this information during the reveal process.

-> 0.01

Name	ethereumbook.eth
Actual Bid Amount	0.01 ETH
Bid Mask	0.01 ETH
Secret Phrase	parent year thought
From Account	0x5aB7a6Abe87F295224f517537dF760A894E81AfC
⚠ Reveal Date ⚠	Wed Apr 18 2018 09:05:29 GMT-0500 (CDT)
Auction Ends	Fri Apr 20 2018 09:05:29 GMT-0500 (CDT)

Copy and save this:

{"name":"ethereumbook","nameSHA3":"0x9c93995aece88698383037a9bd20857e8
ec81a0da1f2c132bdc99c1d2454d1e5","owner":"0x5ab7a6abe87f295224f517537d
f760a894e81afc","value":"10000000000000000","secret":"parent year
thought","secretSHA3":"0xb7022c370a9d54b38bbc236fdff54786642ab1556d418

The ETH node you are sending through is provided by mycryptoapi.com.

Are you sure you want to do this?

No, get me out of here!   Yes, I am sure! Make transaction.

그림 12-8 **ENS 이름에 대한 입찰 진행 중**

327페이지의 '비크레이 경매' 절에서 언급했듯이, 경매가 완료된 후 48시간 이내에 입찰가를
공개해야 한다. 그렇지 않으면 입찰 자금을 잃게 된다. 우리가 이것을 잊어버리고 0.01ETH를
잃었으리라 생각하는가? 여러분은 틀림없이 우리가 그랬으리라 생각할 것이다.

스크린샷을 찍고, 비밀 문구를 저장하고(입찰가를 백업할 때), 달력에 날짜와 시간을 알려주
는 알림을 추가하라. 다시 말해, 잊어버려서 돈을 잃는 경우가 없도록 하라.

마지막으로, 그림 12-9에 표시된 큰 녹색 'SUBMIT(제출)' 버튼을 클릭하여 트랜잭션을 확인한다.

그림 12-9 **여러분의 입찰가가 포함된 메타마스크 트랜잭션**

이 방법으로 트랜잭션을 제출한 후 48시간 안에 입찰가를 공개하면, 여러분이 요청한 이름은 여러분의 이더리움 주소로 등록될 것이다.

ENS 이름 관리

ENS 이름을 등록하면 ENS 관리자(https://manager.ens.domains/) 같은 사용자 친화적인 인터페이스를 사용하여 ENS 이름을 관리할 수 있다.

검색 상자에 관리하려는 이름을 입력하라(그림 12-10 참고). ENS 관리자 댑이 사용자를 대신하여 이름을 관리할 수 있도록 이더리움 지갑(예: 메타마스크)을 잠금 해제해야 한다.

그림 12-10 **ENS 관리자 웹 인터페이스**

이 인터페이스에서 하위 도메인을 만들고, 리졸버 컨트랙트를 설정하고(나중에 자세히 설명함),

각 이름을 댑 프런트엔드의 스웜 주소 같은 적절한 자원에 연결할 수 있다.

ENS 하위 도메인 만들기

먼저 예제 경매 댑에 대한 하위 도메인을 만든다(그림 12-11 참고). 우리는 하위 도메인을 auction이라는 이름을 붙일 것이다. 그래서 완전한 이름은 auction.ethereumbook.eth 가 될 것이다.

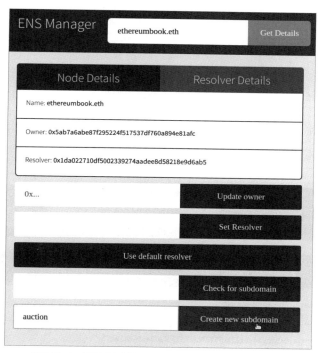

그림 12-11 하위 도메인 auction.ethereumbook.eth 추가

하위 도메인을 만들고 나면 이전에 도메인 ethereumbook.eth를 관리했던 것처럼 검색 상자에 다른 곳의 주소록을 입력하고 관리할 수 있다.

ENS 리졸버

ENS에서 이름을 확인하는 과정은 두 단계로 이루어진다.

1. ENS 레지스트리는 해시 후 해석할 이름과 함께 호출된다. 레코드가 존재하면 레지스트리는 리졸버(resolver)의 주소를 리턴한다.

2. 리졸버는 요청된 자원에 적절한 메서드를 사용하여 호출된다. 리졸버는 원하는 결과를 반환한다.

이 두 단계 프로세스에는 몇 가지 이점이 있다. 리졸버의 기능을 네이밍 시스템 자체와 분리하면 더 많은 유연성을 얻을 수 있다. 이름 소유자는 사용자 정의 리졸버를 사용하여 어떠한 타입이나 자원을 해석할 수 있으며, ENS의 기능을 확장할 수도 있다. 예를 들어, 미래에 지리위치 자원(경도/위도)을 ENS 이름에 연결하려고 할 때 geolocation 쿼리에 응답하는 새 해석 프로그램을 만들 수 있다. 나중에 어떤 애플리케이션이 유용할지 누가 알겠는가? 사용자 정의 해석기를 사용하는 경우 유일한 제한은 상상력이다.

편의를 위해 주소(지갑 또는 컨트랙트) 및 콘텐츠(댑 또는 컨트랙트 소스 코드의 스웜 해시)를 비롯한 다양한 자원을 해석할 수 있는 기본 공개 해석 프로그램이 있다.

경매 댑을 스웜 해시에 연결하고자 한다면 그림 12-12와 같이 콘텐츠 해석을 지원하는 공개 리졸버를 사용할 수 있다. 우리는 사용자 정의 리졸버를 코딩하거나 배포할 필요가 없다.

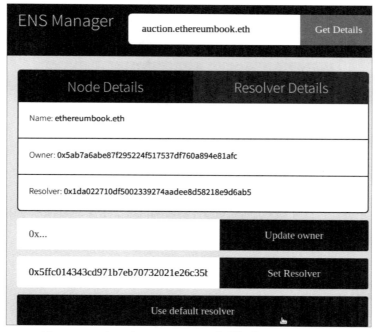

그림 12-12 auction.ethereumbook.eth에 대한 기본 공개 리졸버 설정

스웜 해시로 이름 해석(콘텐츠)

auction.ethereumbook.eth의 리졸버가 공개 리졸버로 설정되면, 스웜 해시를 이름의 콘텐츠로 반환하도록 설정할 수 있다(그림 12-13 참고).

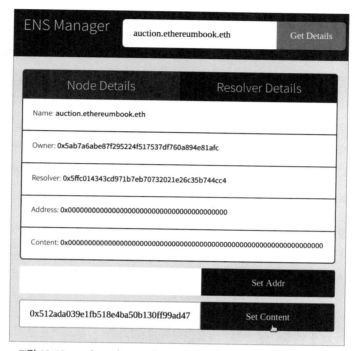

그림 12-13 **auction.ethereumbook.eth**를 위해 반환할 콘텐츠 설정하기

트랜잭션이 확인될 때까지 잠시 기다린 후 이름을 올바르게 해석할 수 있어야 한다. 이름을 설정하기 전에 해시를 이용해 스웜 게이트웨이에서 우리의 경매 댑을 찾을 수 있을 것이다.

    https://swarm-gateways.net/bzz:/ab164cf37dc10647e43a233486cdeffa8334b026e32a480dd9cbd020c12d4581

또는 댑 브라우저나 스웜 게이트웨이에서 스웜 URL을 검색한다.

    bzz://ab164cf37dc10647e43a233486cdeffa8334b026e32a480dd9cbd020c12d4581

이제는 이름을 붙였으므로 훨씬 쉽다.

    http://swarm-gateways.net/bzz:/auction.ethereumbook.eth/

모든 ENS 호환 지갑이나 댑 브라우저(예를 들어, 미스트(Mist))에서 'auction.ethereumbook.eth'를 검색하여 찾을 수도 있다.

앱에서부터 댑까지

지난 몇 절에서 차례대로 조금씩 탈중앙화 애플리케이션을 구축했다. 우리는 ERC721 증서를 위한 경매를 진행하기 위해 한 쌍의 스마트 컨트랙트를 시작했다. 이런 컨트랙트에는 통제권이나 특권을 가진 계정이 없도록 설계되어서 제대로 탈중앙화되어 운영된다. 우리는 댑이 편리하고 사용자 친화적인 인터페이스를 갖기 위해 자바스크립트로 구현된 프런트엔드를 추가하였다. 경매 댑은 탈중앙화 스토리지 시스템 스웜을 사용하여 이미지 같은 애플리케이션 자원을 저장한다. 또한 댑은 탈중앙화형 통신 프로토콜인 위스퍼를 사용하여 중앙 서버 없이 각 경매마다 암호화된 대화방을 제공한다.

우리는 전체 프런트엔드를 스웜에 업로드했으므로 댑은 파일을 제공하기 위해 웹 서버에 의존하지 않는다. 마지막으로, ENS를 사용하여 댑의 이름을 할당하고 프런트엔드의 스웜 해시에 연결하여, 단순하며 기억하기 쉽게 사람이 읽을 수 있는 이름으로 사용자가 접근할 수 있도록 했다.

이런 각 단계를 통해 애플리케이션의 탈중앙화화를 강화했다. 결과적으로는 권한이 한곳에 모여 있지 않고, 한곳의 장애로 전체 시스템이 멈추는 일이 없는 '웹3' 비전을 잘 보여주는 댑이다.

그림 12-14는 경매 댑의 전체 아키텍처를 보여준다.

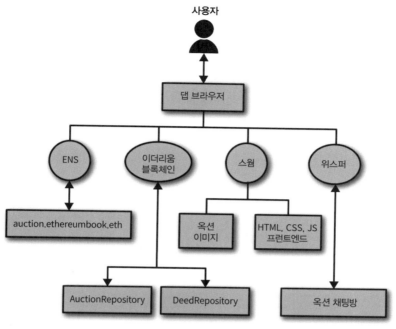

그림 12-14 경매 댑 아키텍처

결론

가장 초기의 설계에서 창안자가 표현했듯이, 탈중앙화된 애플리케이션은 이더리움 비전의 정점이다. 오늘날 많은 애플리케이션이 자칭 '댑(DApp)'이라고 부르지만, 대부분은 완전히 탈중앙화되어 있지는 않다. 그러나 이미 거의 완전하게 탈중앙화된 애플리케이션을 구성할 수 있다. 시간이 지남에 따라 기술이 더욱 발전되면, 점점 더 많은 애플리케이션이 탈중앙화되어 좀 더 탄력적이면서도 검열에 저항력을 보이는 무료 웹이 가능해질 것이다.

13

이더리움 가상 머신

이더리움 프로토콜의 핵심에는 이더리움 가상 머신(Ethereum Virtual Machine, EVM)이 있다. 이름에서 알 수 있듯이, 이더리움 가상 머신은 마이크로소프트의 닷넷(.NET) 프레임워크 가상 머신이나 자바와 같은 바이트코드로 컴파일된 프로그래밍 언어의 인터프리터와 비슷한 계산 엔진이다. 이 장에서는 이더리움 상태 업데이트와 관련해서 EVM의 명령 집합, 구조, 작동을 포함하여 EVM을 자세하게 살펴본다.

EVM이란 무엇인가?

EVM은 스마트 컨트랙트 배포 및 실행을 처리하는 이더리움의 일부다. 하나의 EOA에서 다른 EOA로의 간단한 값을 전송하는 트랜잭션은 사실상 EVM이 필요 없지만, 그 외 모든 것은 EVM에 의한 상태 업데이트를 수반한다. 넓게 보면 이더리움 블록체인에서 실행되는 EVM은 자체 영구 데이터 저장소가 있는 수백만 개의 실행 가능 객체를 가진 전 세계의 탈중앙화된 컴퓨터다.

EVM은 유사 튜링 완전 상태 머신(quasi-Turing-complete state machine)이다. 이것은 스마트 컨트랙트 실행에 사용할 수 있는 가스양에 따라 모든 실행 프로세스가 유한개의 계산 단계로 제한된다는 것을 의미한다. 따라서 정지 문제는 해결(solved, 모든 프로그램 실행을 중단함)되고 실행

339

이 (우발적으로 또는 악의적으로) 영원히 지속되어 이더리움 플랫폼이 전체적으로 중단되는 상황을 피할 수 있다.

EVM은 메모리 내의 모든 값을 스택에 저장하는 스택 기반 아키텍처다. 또한, 256비트의 단어 크기(주로 네이티브 해싱 및 타원 곡선 작업을 쉽게 하기 위해)로 동작하며, 주소지정이 가능한 여러 개의 데이터 구성요소를 가지고 있다.

- 실행할 스마트 컨트랙트의 바이트코드가 저장되는 불변 **프로그램 코드**(program code) ROM
- 모든 위치가 명시적으로 0으로 초기화된 휘발성 **메모리**(memory)
- 이더리움 상태의 일부인 영구 **스토리지**(storage). 0으로 초기화됨

또한 실행 중에 사용할 수 있는 일련의 환경 변수와 데이터가 있다. 이 장의 뒷부분에서 좀 더 자세히 설명하겠다.

그림 13-1은 EVM 아키텍처와 실행 컨텍스트를 보여준다.

기존 기술과의 비교

'가상 머신'이라는 용어는 일반적으로 VirtualBox나 QEMU 같은 '하이퍼바이저'에 의한 실제 컴퓨터의 가상화, 또는 리눅스의 KVM과 같은 전체 운영체제 인스턴스의 가상화에 종종 사용된다. 이러한 가상화는 실제 하드웨어, 시스템 호출, 기타 커널 기능에 대해서 각각 소프트웨어 추상화를 제공해야 한다.

하지만 EVM은 훨씬 제한된 영역에서 작동한다. 이는 계산 엔진일 뿐이며, JVM(Java Virtual Machine) 사양과 유사한 계산 및 스토리지의 추상화를 제공한다. 상위 레벨 관점에서 JVM은 기본 호스트 OS 또는 하드웨어에 구속받지 않고 런타임 환경을 제공하도록 설계되어 다양한 시스템에서 호환이 가능하게 한다. 자바(Java), 스칼라(Scala, JVM 사용), C#(닷넷 사용) 같은 고급 프로그래밍 언어는 해당 가상 머신의 바이트코드 명령어 집합으로 컴파일된다. 같은 방식으로 EVM은 LLL, 서펀트(Serpent), 뮤탄(Mutan), 솔리디티 같은 고수준 스마트 컨트랙트 프로그래밍 언어가 컴파일되어 생성된 자체 바이트코드 명령어 집합(다음 절에서 설명함)을 실행한다.

EVM은 실행 순서가 외부에서 구성되기 때문에 스케줄링 기능이 없다. 즉, 이더리움 클라이언트가 검증된 블록 트랜잭션을 통해 어떤 스마트 컨트랙트가 어떤 순서로 실행되어야 하는지를 결정한다. 이러한 의미에서 이더리움 월드 컴퓨터는 자바스크립트처럼 단일 스레드다. 또한 EVM에는 '시스템 인터페이스' 처리 또는 '하드웨어 지원'이 없다. 즉, 인터페이스할 실제 물리적

인 장비가 없다. 없다. 즉, 이더리움 월드 컴퓨터는 완전히 가상 환경이다.

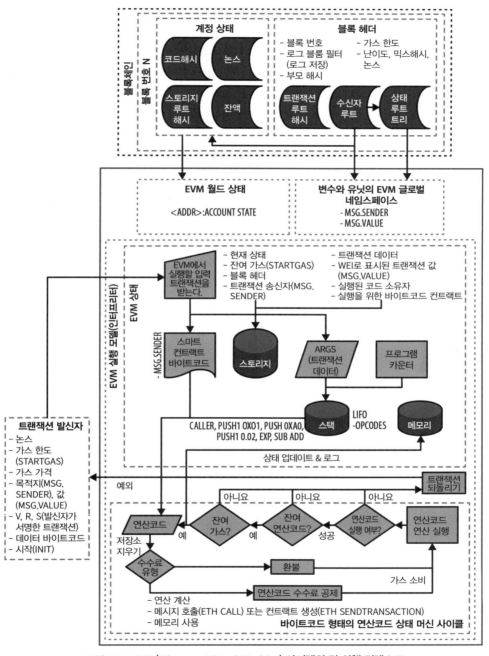

그림 13-1 EVM(Ethereum Virtual Machine) 아키텍처 및 실행 컨텍스트

EVM 명령어 집합(바이트코드 연산)

EVM 명령어 집합은 여러분이 생각해 볼 수 있는 다음과 같은 대부분의 작업을 제공한다.

- 산술 및 비트 논리 연산
- 실행 컨텍스트 조회
- 스택, 메모리 및 스토리지 접근
- 흐름 제어 작업
- 로깅, 호출 및 기타 연산자

일반적인 바이트코드 작업 외에도 EVM은 계정 정보(예: 주소 및 잔액) 및 블록 정보(예: 블록 번호 및 현재 가스 가격)에 접근할 수 있다.

사용 가능한 연산코드와 그 작업을 살펴봄으로써 EVM을 좀 더 자세히 알아보자. 예상할 수 있듯이, EVM은 모든 피연산자를 스택에서 가져와 결과(적용 가능한 경우)를 스택 상단에 다시 넣는다.

 연산코드의 전체 목록과 해당 가스 비용은 부록 C에서 확인할 수 있다.

사용 가능한 연산코드는 다음 범주로 나눌 수 있다.

산술 연산

```
산술 연산코드 명령어:

ADD              // 상위 2개의 스택 항목 더하기
MUL              // 상위 2개의 스택 항목 곱하기
SUB              // 상위 2개의 스택 항목 빼기
DIV              // 정수 나누기
SDIV             // 부호 있는 정수 나누기
MOD              // 모듈로(나머지) 연산
SMOD             // 부호 있는 모듈로 연산
ADDMOD           // 덧셈 결과의 나머지 연산
MULMOD           // 곱셈 결과의 나머지 연산
EXP              // 지수 연산
SIGNEXTEND       // 2의 보수 부호 첨부 정수의 길이를 확장
SHA3             // 메모리 블록의 Keccak-256 해시 계산
```

모든 산술은 모듈로 2^{256}(달리 명시하지 않는 한)으로 수행되며, 0^0은 1로 간주한다.

스택 연산

스택, 메모리 및 스토리지 관리 명령어:

```
POP             // 스택에서 맨 위 아이템을 제거
MLOAD           // 메모리에서 단어 불러오기
MSTORE          // 단어를 메모리에 저장
MSTORE8         // 바이트를 메모리에 저장
SLOAD           // 스토리지에서 단어 로드
SSTORE          // 스토리지에 단어 저장
MSIZE           // 활성 메모리의 크기를 바이트 단위로 조회
PUSHx           // x바이트 항목을 스택에 넣음. 여기서 x는 1~32(전체 단어) 사이
DUPx            // x번째 스택 항목을 복제. 여기서 x는 1~16 사이
SWAPx           // 첫 번째 및 (x+1)번째 스택 항목을 교환. 여기서 x는 1~16 사이
```

프로세스 흐름 연산

제어 흐름에 대한 명령어:

```
STOP            // 실행 중지
JUMP            // 프로그램 카운터를 임의의 값으로 설정
JUMPI           // 조건부로 프로그램 카운터 변경
PC              // 프로그램 카운터의 값을 조회(증가 이전 이 명령어에 해당)
JUMPDEST        // 점프에 대한 유효한 대상을 표시
```

시스템 연산

프로그램을 실행하는 시스템의 연산코드:

```
LOGx            // x 항목이 있는 로그 레코드를 추가. 여기서 x는 0에서 4까지 모든 정수
CREATE          // 연결된 코드로 새 계정 생성
CALL            // 다른 계정으로 메시지 호출, 즉 다른 계정 코드 실행
CALLCODE        // 다른 계정의 코드에서 이 계정으로 메시지 호출
RETURN          // 실행을 중단하고 출력 데이터를 반환
DELEGATECALL    // sender와 value의 현재 값은 유지하면서 대체 계정 코드에서 이 계정으로 메시지 호출
STATICCALL      // 계정에 대한 정적 메시지 호출
REVERT          // 실행 중지, 상태 변경 되돌림, 데이터 및 잔여 가스 반환
INVALID         // 지정된 잘못된 명령어
SELFDESTRUCT    // 실행을 중지하고, 삭제를 위한 계정 등록
```

논리 연산

비교 및 비트 논리에 대한 연산코드:

```
LT              // less-than 비교
GT              // greater-than 비교
SLT             // signed less-than 비교
```

```
SGT              // signed greater-than 비교
EQ               // equality 비교
ISZERO           // 단순 NOT 연산
AND              // 비트연산 AND
OR               // 비트연산 OR
XOR              // 비트연산 XOR
NOT              // 비트연산 NOT
BYTE             // 전체 너비 256비트 단어에서 단일 바이트 검색
```

환경 연산

실행 환경 정보를 다루는 연산코드:

```
GAS              // 사용 가능한 가스의 양 구하기(이 지침에 대한 감축 이후)
ADDRESS          // 현재 실행 중인 계정의 주소 가져오기
BALANCE          // 지정된 계정의 계정 잔액을 가져오기
ORIGIN           // 이 EVM을 시작한 EOA의 주소를 가져오기
CALLER           // 즉각적으로 담당 호출자의 주소를 가져오기
CALLVALUE        // 호출자가 기탁한 이더 금액 가져오기
CALLDATALOAD     // 호출자가 보낸 입력 데이터 가져오기
CALLDATASIZE     // 입력 데이터의 크기 가져오기
CALLDATACOPY     // 입력 데이터를 메모리에 복사
CODESIZE         // 현재 환경에서 실행 중인 코드의 크기 가져오기
CODECOPY         // 현재 환경에서 실행 중인 코드를 메모리에 복사
GASPRICE         // 원 트랜잭션에 의해 지정된 가스 가격 가져오기
EXTCODESIZE      // 모든 계정 코드의 크기 가져오기
EXTCODECOPY      // 모든 계정 코드를 메모리에 복사
RETURNDATASIZE   // 현재 환경에서 이전 호출에서 출력 데이터의 크기 가져오기
RETURNDATACOPY   // 이전 호출의 데이터 출력을 메모리에 복사
```

블록 연산

현재 블록의 정보에 접근하기 위한 연산코드:

```
BLOCKHASH        // 가장 최근에 완료된 256개 블록의 해시 중 하나의 해시 가져오기
COINBASE         // 블록 보상에 대한 블록의 수익자 주소 가져오기
TIMESTAMP        // 블록의 타임스탬프 가져오기
NUMBER           // 블록 번호 가져오기
DIFFICULTY       // 블록의 난이도 가져오기
GASLIMIT         // 블록의 가스 한도 가져오기
```

이더리움 상태

EVM의 작업은 이더리움 프로토콜에 정의된 대로 스마트 컨트랙트 코드의 실행 결과로 유효한 상태 변화를 계산하여 이더리움 상태를 업데이트하는 것이다. 이러한 측면에서 이더리움

을 트랜잭션 기반의 상태 머신(transaction-based state machine)으로 설명할 수 있고, 이것은 외부 주체(즉, 계정 소유자 및 채굴자)가 트랜잭션 생성, 수락 및 주문을 통해 상태 변화를 시작한다는 사실을 반영한다. 이 시점에서 이더리움 상태를 구성하는 것이 무엇인지 자세히 살펴보자.

가장 상위 레벨에서 보면 이더리움 **월드 상태(world state)**가 있다. 월드 상태는 이더리움 주소(160비트 값)를 **계정(account)**에 매핑한 것이다. 좀 더 세부적으로 살펴보면, 각 이더리움 주소는 이더 잔액, 논스, 계정의 스토리지, 계정의 프로그램 코드를 의미한다. 이더 **잔액(balance)**은 계좌가 소유한 웨이로 저장되고, **논스(nonce)**는 계정이 EOA일 경우 해당 계정에서 성공적으로 전송한 트랜잭션의 수를 나타내며, 컨트랙트 계정의 경우에는 생성된 컨트랙트의 수를 나타낸다. 계정의 **스토리지(storage)**는 스마트 컨트랙트에서만 사용하는 영구 데이터 저장소이고, **프로그램 코드(program code)**는 계정이 스마트 컨트랙트 계정일 때만 존재한다. EOA에는 항상 코드가 없고 스토리지는 비어 있다.

트랜잭션이 스마트 컨트랙트 코드를 실행하면, EVM은 생성 중인 현재 블록 및 처리 중인 특정 트랜잭션과 관련하여 필요한 모든 정보로 인스턴스화된다. 특히 EVM의 프로그램 코드 ROM에는 컨트랙트 계정 코드가 로드되고, 프로그램 카운터는 0으로 설정되며, 스토리지는 컨트랙트 계정의 스토리지에서 로드되고, 메모리는 모두 0으로 설정되어 모든 블록 및 환경 변수가 설정된다. 주요 변수는 이 실행을 위한 가스 공급량이며, 트랜잭션 시작 시 송금자가 지급한 가스의 양으로 설정된다(358페이지 '가스' 절 참고). 코드 실행이 진행되면서, 실행된 작업의 가스 비용에 따라 가스 공급량이 감소한다. 어떤 시점에서 가스 공급량이 0으로 감소하면 '가스 부족(Out Of Gas, OOG)' 예외가 발생하고, 실행이 즉시 중단되고 트랜잭션이 중단된다. 이더리움 상태는 변경되지 않으며, 단지 송금자의 논스가 증가되고 이더 잔액이 정지 지점까지 코드를 실행하는 데 사용된 자원에 대한 블록의 수혜자에게 지급하기 위해 줄어든다. 이 시점에서 EVM은 이더리움 월드 상태의 샌드박스 사본에서 실행되고 있다고 생각할 수 있다. 어떤 이유로든 실행을 완료할 수 없는 경우 이 샌드박스 버전은 완전히 삭제된다. 그러나 실행이 성공적으로 완료되면 실제 상태가 호출된 컨트랙트의 저장 데이터 변경, 생성된 새로운 컨트랙트 및 시작된 모든 이더 잔액 전송을 포함하여 샌드박스 버전과 일치하도록 업데이트된다.

스마트 컨트랙트 그 자체가 사실상 트랜잭션을 시작할 수 있기 때문에 코드 실행은 재귀적 프로세스다. 컨트랙트는 다른 컨트랙트를 호출할 수 있으며, 각 호출이 새로운 호출 대상을 중심으로 다른 EVM을 인스턴스화한다. 각 인스턴스는 상위 레벨 EVM 샌드박스의 초기화된 샌드박스 월드 상태를 갖는다. 각 인스턴스는 또한 가스 공급을 위해 지정된 양의 가스를 공급받으며(물론 위의 레벨에 남아 있는 가스의 양을 초과하지 않음), 실행을 완료하기에는 가스가 너무 적어서 예외가 발생할 수 있다. 이 경우에도 샌드박스 상태는 삭제되고 실행은 상위 레벨 EVM으로 돌아간다.

EVM 바이트코드로 솔리디티 컴파일

솔리디티 소스 파일을 EVM 바이트코드로 컴파일하는 방법은 여러 가지가 있다. 2장에서는 온라인 리믹스(Remix) 컴파일러를 사용했다. 이번 장에서는 커맨드 라인에서 solc 실행 파일을 사용한다. 옵션 목록을 보려면 다음 명령을 실행하자.

```
$ solc --help
```

솔리디티 소스 파일의 원시 연산코드 스트림 생성은 --opcodes 커맨드 라인 옵션을 사용하여 쉽게 수행할 수 있다. 이 연산코드 스트림은 일부 정보를 제외한다(--asm 옵션은 전체 정보를 생성한다). 그러나 이 논의에서는 충분하다. 예를 들어, Example.sol 예제 솔리디티 파일을 컴파일하고 BytecodeDir 디렉터리에 연산코드 출력을 전송하는 것은 다음 명령을 사용하여 수행된다.

```
$ solc -o BytecodeDir --opcodes Example.sol
```

또는

```
$ solc -o BytecodeDir --asm Example.sol
```

다음 명령은 예제 프로그램을 위한 바이트코드 바이너리를 생성한다.

```
$ solc -o BytecodeDir --bin Example.sol
```

생성된 연산코드 파일 출력은 솔리디티 소스 파일에 포함된 특정 컨트랙트에 따라 달라진다. 간단한 솔리디티 파일 Example.sol에는 example이라는 이름의 컨트랙트 하나만 있다.

```
pragma solidity ^0.4.19;
```

```
contract example {

    address contractOwner;

    function example() {
        contractOwner = msg.sender;
    }
}
```

보다시피, example 컨트랙트는 이 컨트랙트를 실행하기 위한 마지막 계정의 주소로 설정된 하나의 영구 상태 변수를 보유하고 있다.

BytecodeDir 디렉터리를 보면 예제 컨트랙트의 EVM 연산코드 지침이 들어 있는 연산코드 파일 example.opcode가 있다. 텍스트 편집기에서 example.opcode 파일을 열면 다음과 같다.

```
PUSH1 0x60 PUSH1 0x40 MSTORE CALLVALUE ISZERO PUSH1 0xE JUMPI PUSH1 0x0 DUP1
REVERT JUMPDEST CALLER PUSH1 0x0 DUP1 PUSH2 0x100 EXP DUP2 SLOAD DUP2 PUSH20
0xFFFFFFFFFFFFFFFFFFFFFFFFFFFFFFFFFFFFFFFF MUL NOT AND SWAP1 DUP4 PUSH20
0xFFFFFFFFFFFFFFFFFFFFFFFFFFFFFFFFFFFFFFFF AND MUL OR SWAP1 SSTORE POP PUSH1
0x35 DUP1 PUSH1 0x5B PUSH1 0x0 CODECOPY PUSH1 0x0 RETURN STOP PUSH1 0x60 PUSH1
0x40 MSTORE PUSH1 0x0 DUP1 REVERT STOP LOG1 PUSH6 0x627A7A723058 KECCAK256 JUMP
0xb9 SWAP14 0xcb 0x1e 0xdd RETURNDATACOPY 0xec 0xe0 0x1f 0x27 0xc9 PUSH5
0x9C5ABCC14A NUMBER 0x5e INVALID EXTCODESIZE 0xdb 0xcf EXTCODESIZE 0x27
EXTCODESIZE 0xe2 0xb8 SWAP10 0xed 0x
```

--asm 옵션을 사용하여 예제를 컴파일하면 BytecodeDir 디렉터리에 example.evm이라는 파일이 생성된다. 여기에는 EVM 바이트코드 명령어에 대한 약간 더 높은 수준의 설명과 함께 유용한 주석이 포함되어 있다.

```
/* "Example.sol":26:132  contract example {... */
  mstore(0x40, 0x60)
    /* "Example.sol":74:130  function example() {... */
  jumpi(tag_1, iszero(callvalue))
  0x0
  dup1
  revert
tag_1:
    /* "Example.sol":115:125  msg.sender */
  caller
    /* "Example.sol":99:112  contractOwner */
  0x0
  dup1
```

```
    /* "Example.sol":99:125  contractOwner = msg.sender */
  0x100
  exp
  dup2
  sload
  dup2
  0xffffffffffffffffffffffffffffffffffffffff
  mul
  not
  and
  swap1
  dup4
  0xffffffffffffffffffffffffffffffffffffffff
  and
  mul
  or
  swap1
  sstore
  pop
    /* "Example.sol":26:132  contract example {... */
  dataSize(sub_0)
  dup1
  dataOffset(sub_0)
  0x0
  codecopy
  0x0
  return
stop

sub_0: assembly {
      /* "Example.sol":26:132  contract example {... */
    mstore(0x40, 0x60)
    0x0
    dup1
    revert

    auxdata: 0xa165627a7a7230582056b99dcb1edd3eece01f27c9649c5abcc14a435efe3b...
}
```

`--bin-runtime` 옵션은 기계가 읽을 수 있는 16진수 바이트코드를 생성한다.

```
60606040523415600e57600080fd5b336000806101000a81548173
ffffffffffffffffffffffffffffffffffffffff
021916908373
ffffffffffffffffffffffffffffffffffffffff
160217905550603580605b6000396000f3006060604052600080fd00a165627a7a7230582056b...
```

342페이지의 'EVM 명령어 집합(바이트코드 연산)' 절에 주어진 연산코드 목록을 사용하여 여기서 진행 중인 작업을 자세히 조사할 수 있다. 그러나 이것은 매우 중요한 작업이므로 처음의 네 가지 지침을 검토해 보자.

```
PUSH1 0x60 PUSH1 0x40 MSTORE CALLVALUE
```

여기서 PUSH1 뒤에 0x60의 원시 바이트가 있다. 이 EVM 명령어는 프로그램 코드에서 연산코드 다음에 오는 단일 바이트를 리터럴 값으로 가져와서 스택으로 푸시한다. 다음과 같이 최대 32바이트의 크기 값을 스택에 푸시할 수 있다.

```
PUSH32 0x436f6e67726174756c6174696f6e732120536f6f6e20746f206d617374657221
```

example.opcode의 두 번째 PUSH1 연산코드는 0x40을 스택의 맨 위에 저장한다(0x60을 이미한 슬롯 아래로 밀어 넣음).

다음은 EVM의 메모리에 값을 저장하는 메모리 저장 작업인 MSTORE이다. 두 가지 인수를 취하고 대부분의 EVM 작업과 마찬가지로 스택에서 인수를 가져온다. 각 인수에 대해 스택은 '팝(popped)'된다. 즉, 스택의 맨 위 값이 제거되고 스택의 다른 모든 값이 한 단계씩 위로 이동한다. MSTORE의 첫 번째 인수는 저장할 값이 들어갈 메모리의 단어 주소다. 이 프로그램의 경우, 스택의 맨 위에 0x40이 있어서 0x40은 스택에서 제거되어 메모리 주소로 사용된다. 두 번째 인수는 저장될 값이며 0x60이다. MSTORE 작업이 실행된 후 스택은 다시 비어 있지만, 메모리 위치 0x40에는 0x60(십진수로 96) 값이 있다.

다음 연산코드는 환경 관련 연산코드인 CALLVALUE인데, 실행을 시작한 메시지 호출과 함께 전송된 이더의 양(스택으로 측정)을 스택 상단으로 올려놓는다.

이 코드가 영향을 주는 저수준 상태 변화에 대해 충분히 이해할 때까지 이 프로그램을 지금처럼 한 단계씩 순서대로 진행할 수 있지만, 이 단계에서는 도움이 되지 않을 것이다. 나중에 이 장에서 다시 살펴보자.

컨트랙트 배포 코드

이더리움 플랫폼에서 새로운 컨트랙트를 생성하고 배포할 때 사용되는 코드와 컨트랙트 자체의 코드 사이에는 중요하지만 미묘한 차이가 있다. 새 컨트랙트를 생성하려면 to 필드를 컨트랙트 0x0 주소로 설정하고 data 필드를 컨트랙트의 **초기 코드**(initiation code)로 설정하는 특별한 트랜잭션이 필요하다. 이러한 컨트랙트 생성 트랜잭션이 처리될 때 새로운 컨트랙트 계정 코드는 트랜잭션의 데이터 필드에 있는 코드가 아니다. 대신, EVM은 프로그램 코드 ROM에 로드된 트랜잭션의 데이터 필드에 있는 코드로 인스턴스화된 다음, 해당 배포 코드의 실행 결과가 새 컨트랙트 계정의 코드로 사용된다. 이것은 새로운 컨트랙트가 배포 당시의 이더리움 월드 상태를 사용하여 프로그래밍 방식으로 초기화되고, 컨트랙트 스토리지에 값을 설정하고 심지어 이더를 보내거나 새로운 컨트랙트를 생성할 수 있도록 하기 위한 것이다.

커맨드 라인에서 solc를 사용하여 컨트랙트를 오프라인으로 컴파일하는 경우, **배포 바이트코드**(deployment bytecode) 또는 **런타임 바이트코드**(runtime bytecode)를 얻을 수 있다.

배포 바이트코드는 새로운 컨트랙트 계정의 모든 초기화 과정에서 사용되며, 트랜잭션이 초기화된 새로운 컨트랙트(즉, 런타임 바이트코드) 계정을 호출할 때 실제로 실행될 바이트코드와 컨트랙트의 생성자를 기반으로 모든 것을 초기화하기 위한 코드가 포함된다.

반면에 런타임 바이트코드는 정확히 새로운 컨트랙트가 호출될 때 실행되는 바이트코드이며, 그 이상은 없다. 즉, 배포하는 동안 컨트랙트를 초기화하는 데 필요한 바이트코드는 포함되지 않는다.

이제 앞에서 예제로 본 간단한 Faucet.sol 컨트랙트를 보자.

```solidity
// 이 프로그램을 작성한 솔리디티 컴파일러 버전
pragma solidity ^0.4.19;

// 우리의 첫 번째 컨트랙트는 Faucet이다!
contract Faucet {

    // 요청하는 사람에게 이더 주기
    function withdraw(uint withdraw_amount) public {

        // 출금 금액 제한
        require(withdraw_amount <= 100000000000000000);

        // 요청한 주소로 금액 보내기
        msg.sender.transfer(withdraw_amount);
    }

    // 입금 금액 수락
    function () public payable {}

}
```

배포 바이트코드를 얻으려면 solc --bin Faucet.sol을 실행하자. 대신, 런타임 바이트코드만 원한다면 solc --bin-runtime Faucet.sol을 실행하자.

이러한 명령의 결과를 비교하면 런타임 바이트코드가 배포 바이트코드의 하위 집합임을 알 수 있다. 즉, 런타임 바이트코드는 배포 바이트코드 내에 완전히 포함된다.

바이트코드 분해

EVM 바이트코드를 분해하는 것은 EVM에서 고수준의 솔리디티가 어떻게 작동하는지 이해하는 좋은 방법이다. 이 작업을 수행하는 데 사용할 수 있는 몇 가지 디스어셈블러 (disassembler)가 있다.

- **Pososity**(https://bit.ly/2Xh0jt5)는 널리 사용되는 오픈 소스 디컴파일러다.
- **Ethersplay**(https://bit.ly/2tAnVeO)는 디스어셈블러인 바이너리 닌자(Binary Ninja)용 EVM 플러그인이다.
- **IDA-Evm**(https://bit.ly/2SRb32Y)은 다른 디스어셈블러인 IDA용 EVM 플러그인이다.

이 절에서는 바이너리 닌자용 Ethersplay 플러그인을 사용하여 그림 13-2를 시작한다. Faucet.sol의 런타임 바이트코드를 얻은 후, EVM 명령어의 모습을 보기 위해 바이너리 닌자 (Ethersplay 플러그인을 로드한 후)에 코드를 넣을 수 있다.

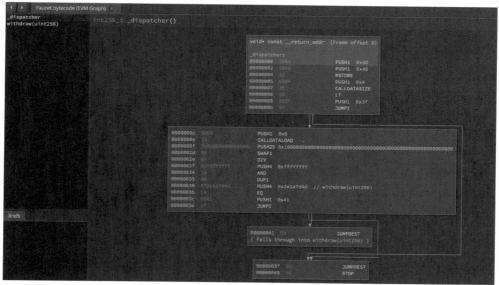

그림 13-2 Faucet 런타임 바이트코드 디스어셈블링(disassembling)

ABI 호환 스마트 컨트랙트(모든 컨트랙트라고 가정할 수 있음)로 트랜잭션을 보내면, 트랜잭션은 먼저 해당 스마트 컨트랙트의 **디스패처(dispatcher)**와 상호작용한다. 디스패처는 트랜잭션의 data 필드를 읽고 관련 부분을 적절한 함수로 보낸다. 분해된 Faucet.sol 런타임 바이트코드의 시작 부분에서 디스패처의 예를 볼 수 있다. 익숙한 MSTORE 명령어 다음에 아래의 명령어를 보자.

```
PUSH1 0x4
CALLDATASIZE
LT
PUSH1 0x3f
JUMPI
```

앞에서 봤듯이 PUSH1 0x4는 0x4를 스택 맨 위에 배치하고, 그렇지 않으면 비어 있다. CALLDATASIZE는 트랜잭션(**calldata**로 알려진)과 함께 전송된 데이터의 크기(바이트)를 가져와서 해당 숫자를 스택에 푸시한다. 이러한 작업이 실행된 후 스택의 모양은 다음과 같다.

스택
<트랜잭션에서 calldata 길이>
0x4

이 다음 명령어는 LT이며, 이는 'less than'의 약자다. LT 명령어는 스택의 맨 위 항목이 스택의 다음 항목보다 작은지 확인한다. 여기서는 CALLDATASIZE의 결과가 4바이트보다 작은지 확인한다.

왜 EVM이 트랜잭션의 calldata가 4바이트 이상인지 확인하는 것일까? 이는 함수 식별자가 작동하는 방식 때문이다. 각 함수는 Keccak-256 해시의 처음 4바이트로 식별된다. 함수의 이름과 keccak256 해시 함수로 가져오는 인수를 배치함으로써 함수 식별자를 추론할 수 있다. 우리의 경우는 다음과 같다.

```
keccak256("withdraw(uint256)") = 0x2e1a7d4d...
```

따라서 withdraw(uint256) 함수의 함수 식별자는 결과 해시의 처음 4바이트이기 때문에 0x2e1a7d4d이다. 함수 식별자는 항상 4바이트 길이이므로 컨트랙트로 전송된 트랜잭션의 전체 data 필드가 4바이트보다 작을 경우, **폴백 함수(fallback function)**가 정의되지 않으면 트랜잭션이 호출할 수 있는 함수는 없다. Faucet.sol에서는 폴백 함수를 구현했기 때문에 EVM은 calldata의 길이가 4바이트 미만일 때 폴백 함수로 점프(jump)한다.

LT는 스택에서 상위 2개의 값을 팝(pop)한다. 트랜잭션의 data 필드가 4바이트보다 작으면 1을 스택에 푸시(push)한다. 그렇지 않다면 0을 푸시한다. 이 예에서는 컨트랙트에 전송된 트랜잭션의 data 필드가 4바이트 미만인 것으로 가정한다.

PUSH1 0x3f 명령어는 바이트 0x3f를 스택에 푸시한다. 이 명령어를 실행하면 스택은 다음과 같이 보인다.

스택
0x3f
1

다음 명령어는 JUMPI이며, 이는 'jump if'를 의미한다. 그리고 다음과 같이 작동한다.

```
jumpi (label, cond) // cond가 true이면 label로 점프한다.
```

우리의 경우 label은 0x3f이며, 이는 컨트랙트에서 폴백 함수가 살아 있는 곳이다. cond 인수는 1이며, 이전 LT 명령의 결과다. 이 전체 시퀀스를 단어에 넣으려면 트랜잭션 데이터가 4바이트보다 작을 경우 컨트랙트가 폴백 함수로 이동한다.

0x3f에서 폴백 함수를 선언했지만 비워두었기 때문에 STOP 명령어만 따라온다. 그림 13-3에서 볼 수 있듯이, 폴백 함수를 구현하지 않았으면 컨트랙트는 대신 예외를 발생시킨다.

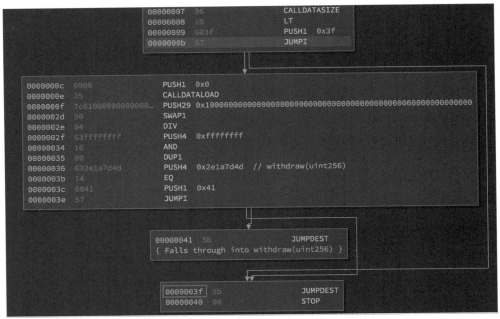

```
00000007   36              CALLDATASIZE
00000008   10              LT
00000009   603f            PUSH1  0x3f
0000000b   57              JUMPI

0000000c   6000            PUSH1  0x0
0000000e   35              CALLDATALOAD
0000000f   7c01000000000000…  PUSH29 0x1000000000000000000000000000000000000000000000000000000000
0000002d   90              SWAP1
0000002e   04              DIV
0000002f   63ffffffff      PUSH4  0xffffffff
00000034   16              AND
00000035   80              DUP1
00000036   632e1a7d4d      PUSH4  0x2e1a7d4d  // withdraw(uint256)
0000003b   14              EQ
0000003c   6041            PUSH1  0x41
0000003e   57              JUMPI

00000041   5b                          JUMPDEST
{ Falls through into withdraw(uint256) }

0000003f   5b                          JUMPDEST
00000040   00                          STOP
```

그림 13-3 폴백 함수로 연결되는 JUMPI 명령어

디스패처의 중앙 블록을 살펴보자. 길이가 4바이트보다 큰 calldata를 수신했다고 가정하면, JUMPI 명령어는 폴백 함수로 이동하지 않는다. 대신, 코드 실행은 다음 명령어로 진행된다.

```
PUSH1 0x0
CALLDATALOAD
PUSH29 0x1000000...
SWAP1
DIV
PUSH4 0xffffffff
AND
DUP1
PUSH4 0x2e1a7d4d
EQ
PUSH1 0x41
JUMPI
```

PUSH1 0x0은 스택에 0을 푸시한다. 그렇지 않으면 다시 빈 상태가 된다. CALLDATALOAD는 스마트 컨트랙트로 전송된 calldata 내의 인덱스를 인수로 받아들이고, 다음과 같이 해당 인덱스에서 32바이트를 읽는다.

```
calldataload(p) // 바이트 위치 p에서 시작하는 32바이트의 calldata를 로드한다.
```

0은 PUSH1 0x0 명령에서 전달된 인덱스이므로 CALLDATALOAD는 바이트 0에서 시작하는 32바이트의 calldata를 읽은 다음, 원래의 0x0을 팝(pop)한 후 스택의 맨 위로 밀어 넣는다. PUSH29 0x1000000... 명령어 다음에 스택은 다음과 같다.

스택
0x1000000...(길이가 29바이트)
<바이트 0에서 시작하는 32바이트의 calldata>

SWAP1은 스택의 맨 위 요소를 그 뒤의 *i*번째 요소로 전환한다. 이 경우 0x1000000...을 calldata와 바꾼다. 새로운 스택은 다음과 같다.

스택
<바이트 0에서 시작하는 32바이트의 calldata>
0x1000000...(길이가 29바이트)

다음 명령어는 DIV이며 다음과 같이 작동한다.

```
div(x, y) // 정수 나누기 x / y
```

이 경우, x = 바이트 0에서 시작하는 32바이트의 calldata, y = 0x100000000...(총 29바이트) 이다. 디스패처가 나눗셈을 하는 이유를 생각해 볼 수 있는가? 여기에 힌트가 있다. 인덱스 0 에서 시작하여 더 빨리 calldata에서 32바이트를 읽는다. 해당 calldata의 처음 4바이트는 함수 식별자다.

앞에서 푸시한 0x100000000...은 29바이트 길이로, 시작 부분에 1이 있고 그 뒤에 모두 0이다. 32바이트의 calldata를 이 값으로 나누면 인덱스 0부터 시작하는 calldata 로드의 **최상위 4 바이트**만 남게 된다. 인덱스 0에서 시작하는 calldata의 처음 4바이트가 함수 식별자가 되는데, 이것이 EVM이 함수 식별자를 추출하는 방법이다.

이 부분이 여러분에게 명확하지 않다면 다음과 같이 생각해 보자. 십진수에서, 1234000 / 1000 = 1234. 16진수에서도 이것은 다르지 않다. 모든 장소가 10의 배수가 되는 대신 16의 배수다. 더 작은 예제에서 10^3(1000)으로 나누면 최상위 자릿수만 유지되는 것처럼 32바이트 기본 16 값을 16^{29}으로 나누는 것이 똑같다.

DIV(함수 식별자)의 결과는 스택에 푸시되고, 스택은 다음과 같다.

스택
<데이터에서의 함수 식별자>

PUSH4 0xffffffff 및 AND 명령어는 중복된다. 따라서 스택을 완료한 후에도 스택이 동일하게 유지되므로 스택을 무시할 수 있다. DUP1 명령어는 함수 식별자인 스택의 첫 번째 항목을 복제한다. 다음 명령어인 PUSH4 0x2e1a7d4d는 함수의 사전 계산된 함수 식별자를 withdraw(uint256) 스택에 푸시한다. 스택은 다음과 같다.

스택
0x2e1a7d4d
<데이터에서의 함수 식별자>
<데이터에서의 함수 식별자>

다음 명령어인 EQ는 스택의 상위 두 항목을 꺼내어 비교한다. 디스패처가 주 업무를 수행하는 곳이다. 트랜잭션의 msg.data 필드에서 전송된 함수 식별자와 withdraw(uint256)의 함수 식별자가 일치하는지 여부를 비교한다. 그것들이 동일하다면 EQ는 1을 스택으로 밀어 넣고, 이는 결국 withdraw 함수로 점프하는 데 사용될 것이다. 그렇지 않으면 EQ가 0을 스택에 푸시한다.

우리 컨트랙트에 실제로 전달된 트랜잭션이 withdraw(uint256) 함수 식별자로 시작되었다고 가정하면, 스택은 다음과 같이 된다.

스택
1
<데이터에서의 함수 식별자>(현재는 0x2e1a7d4d)

다음으로 withdraw(uint256) 함수가 컨트랙트의 어디에 있는지 나타내는 주소인 PUSH1 0x41이 있다. 이 명령어를 실행하면 스택은 다음과 같다.

스택
0x41
1
msg.data에서의 함수 식별자

JUMPI 명령어가 다음에 스택의 상위 두 요소를 인수로 다시 받아들인다. 이 경우에는 EVM에 `withdraw(uint256)` 함수의 위치로 점프하도록 실행하는 `jumpi(0x41, 1)`이 있으며, 해당 함수 코드의 실행이 진행될 수 있다.

튜링 완전성과 가스

우리가 이미 살펴봤듯이, 어떤 종류의 프로그램이라도 실행할 수 있다면 그 시스템 또는 프로그래밍 언어는 **튜링 완전(Turing complete)**이다. 그러나 이 기능에는 매우 중요한 주의사항이 있다. 일부 프로그램은 영원히 실행될 수 있다는 점이다. 여기서 중요한 것은 단순히 프로그램을 살펴보는 것만으로는 영원히 실행되는지 또는 실행되지 않는지 여부를 알 수 없다는 것이다. 우리는 실제로 프로그램의 실행을 끝내고 결과가 어떻게 되는지 기다려야 한다. 물론, 영원히 실행된다면 영원히 기다려야 한다. 이것을 **정지 문제(halting problem)**라고 부르며, 이것이 해결되지 않으면 이더리움에게는 큰 문제가 아닐 수 없다.

정지 문제로 인해 이더리움 월드 컴퓨터는 절대로 멈추지 않는 프로그램이 실행될 위험이 있다. 이것은 우연한 사고에 의해 일어날 수도 있고, 또는 악의에 의해 일어날 수도 있다. 우리는 이더리움이 어떤 스케줄러도 없이 단일 스레드 머신처럼 동작한다는 것을 이야기했다. 그래서 무한 루프에 빠지게 되면 전체 이더리움을 사용할 수 없게 된다.

그러나 가스를 사용하면 해결 방법이 생긴다. 미리 지정된 최대 계산량을 수행한 후에 실행이 종료되지 않는다면 프로그램 실행은 EVM에 의해 중단된다. 이렇게 하면 EVM이 '유사(quasi)' 튜링 완료 머신이 된다. 프로그램이 특정 계산량 내에서 종료되는 경우에만 입력한 모든 프로그램을 실행할 수 있다. 이더리움에서는 그 한도가 고정되어 있지 않다. 최대 한도까지 지급할 수 있다('블록 가스 한도'라고 부름). 모든 사람이 시간이 지남에 따라 그 최대치를 늘리는 것에 동의할 수도 있다. 그럼에도 불구하고 주어진 특정 시점에서는 한계가 주어져 있기 때문에 실행 중 가스를 너무 많이 소비하는 트랜잭션은 중단된다.

다음 절에서는 가스를 살펴보고 작동 방식을 자세히 살펴본다.

가스

가스(gas)는 이더리움 블록체인에서 작업을 수행하는 데 필요한 계산 및 스토리지 자원을 측정하는 이더리움의 단위다. 트랜잭션 수수료가 킬로바이트 단위의 트랜잭션 크기만 고려하는 비트코인과 달리, 이더리움은 트랜잭션 및 스마트 컨트랙트 코드 실행에 의해 수행되는 모든 계산 단계를 고려해야 한다.

트랜잭션 또는 컨트랙트에 의해 수행되는 각 작업에는 고정된 양의 가스가 소비된다. 이더리움 황서(Ethereum Yellow Paper)의 몇 가지 예는 다음과 같다.

- 2개의 숫자를 추가하는 것은 3개의 가스를 소비한다.
- Keccak-256 해시 계산 시 해시되는 각 256비트 데이터에 대해 30가스 + 6가스 비용이 든다.
- 트랜잭션 비용은 21,000가스다.

이더리움의 중요한 구성요소인 가스는 이더리움의 (휘발성) 가격과 채굴자에 대한 보상 버퍼 역할과 DoS(Denial-of-Service) 공격에 대한 방어 수단 역할을 한다. 네트워크에서 우발적이거나 악의적인 무한 루프 또는 기타 계산 낭비를 방지하기 위해 각 트랜잭션의 개시자는 지급하려는 계산량의 한도를 설정해야 한다. 따라서 가스 시스템은 공격자가 소비하는 계산, 대역폭 및 스토리지 자원에 비례하여 지급해야 하므로 공격자가 '스팸' 트랜잭션을 보내지 못하게 한다.

실행 중 가스 계산

트랜잭션을 완료하는 데 EVM이 필요한 경우, 첫 번째 인스턴스에는 트랜잭션의 가스 한도로 지정된 양과 동일한 가스 공급량이 제공된다. 실행되는 모든 연산코드에는 가스가 소비되므로 EVM이 프로그램을 단계별로 진행함에 따라 EVM의 가스 공급량이 감소한다. 각 작업을 수행하기 전에 EVM은 작업 실행에 필요한 비용을 지급할 만큼 충분한 가스가 있는지 확인한다. 가스가 충분하지 않으면 실행이 중지되고 트랜잭션이 원상태로 되돌아간다.

가스가 고갈되지 않고 EVM의 실행이 성공적으로 끝나면, 사용된 가스 비용이 트랜잭션 비용으로 채굴자에게 지급되고 트랜잭션에 지정된 가스 가격에 따라 이더로 변환된다.

> 채굴 비용 = 가스 비용 * 가스 가격

가스 공급 장치에 남아 있는 가스는 발신자에게 돌려주며, 트랜잭션에서 지정된 가스 가격에 따라 다시 이더로 변환된다.

> 잔여 가스 = 가스 한도 – 가스 비용
> 환불 이더 = 잔여 가스 * 가스 가격

실행하다 '가스를 모두 사용하면(run out of gas)' 작업이 즉시 종료되어 '가스 없음(out of gas)' 예외가 발생한다. 트랜잭션이 되돌려지고 상태에 대한 모든 변경사항이 롤백된다.

트랜잭션이 성공적이지는 않았지만, 채굴자가 이미 그 시점까지 전산 작업을 수행했으므로 송금자에게 트랜잭션 수수료가 부과되고 보상을 해야 한다.

가스 계산 고려사항

EVM에 의해 수행될 수 있는 다양한 작업의 상대적인 가스 비용은 이더리움 블록체인을 공격으로부터 가장 잘 보호하기 위해 신중하게 선택되었다. 표 C-1에서 다양한 EVM 연산코드에 대한 가스 비용의 세부적인 표를 볼 수 있다.

더 많은 연산 집약적인 작업은 더 많은 가스가 필요하다. 예를 들어, SHA3 함수를 실행하는 것은 ADD 작업(3개 가스)보다 10배 더 비싸다(30개 가스). 더욱 중요한 건, EXP 같은 일부 연산에서는 피연산자의 크기에 따라 추가 지급이 필요하다는 것이다. EVM 메모리를 사용하고 컨트랙트의 온체인 스토리지에 데이터를 저장하는 데도 가스가 소비된다.

실제 자원 비용과 가스 비용을 비교하는 중요성은 2016년에 공격자가 비용의 불일치를 발견하고 이를 악용했을 때 입증되었다. 이 공격으로 인해 계산 비용이 많이 드는 트랜잭션이 발생했으며, 이더리움 메인넷이 거의 중단되었다. 이 불일치는 상대적 가스 비용을 조정하는 하드 포크(코드명 '탠저린 휘슬(Tangerine Whistle)')로 해결되었다.

가스 비용 대 가스 가격

가스 **비용(cost)**은 EVM에 사용되는 계산 및 스토리지의 척도이지만, 가스 자체는 이더로 측정한 **가격(price)**도 갖고 있다. 트랜잭션을 수행할 때 발신자는 각 가스 단위에 대해 (이더로) 지급할 가스 가격을 지정하여 시장이 이더 가격과 (가스로 측정한) 컴퓨팅 운영 비용 간의 관계를 결정할 수 있게 한다.

트랜잭션 수수료 = 사용된 총 가스 × 지급된 가스 가격(이더)

새로운 블록을 만들 때 이더리움 네트워크에 있는 채굴자들은 펜딩되어 있는 트랜잭션들 중에 더 높은 가스 가격을 지불하려는 트랜잭션을 선택할 수 있다. 따라서 더 높은 가스 가격을 제공하면 채굴자에게 트랜잭션을 포함하고 더 빨리 확인하도록 유도할 것이다.

실제로 트랜잭션의 발신자는 사용될 것으로 예상되는 가스양보다 높거나 같은 가스 한도를 설정한다. 가스 한도를 가스 소비량보다 많게 설정하면 발신자는 초과 금액에 대한 환불을 받게 되며, 채굴자는 실제로 수행한 작업에 대해서만 보상받는다.

가스 비용(gas cost)과 **가스 가격(gas price)**의 차이에 대해 분명히 하는 것이 중요하다. 요약하면 다음과 같다.

- 가스 비용은 특정 작업을 수행하는 데 필요한 가스 단위 수다.
- 가스 가격은 이더리움 네트워크로 트랜잭션을 보낼 때 가스 단위당 지급하고자 하는 이더의 양이다.

 가스는 가격이 있지만 '소유'하거나 '소비'할 수는 없다. 가스는 얼마나 많은 계산 작업이 수행되고 있는지를 나타내는 수로서 EVM 내부에만 존재한다. 발신자는 트랜잭션 수수료를 이더로 부과하고 EVM 계산을 위해 가스로 전환한 다음, 이더로 전환된 트랜잭션 수수료를 채굴자에게 지급한다.

네거티브 가스 비용

이더리움은 컨트랙트 실행 중에 사용된 가스 중 일부를 환불함으로써 사용된 저장 변수 및 계정을 삭제하도록 권장한다.

EVM에는 음의 가스 비용이 드는 두 가지 작업이 있다.

- 컨트랙트를 삭제(SELFDESTRUCT)하면 24,000가스의 환급 가치가 있다.

- 0이 아닌 값에서 0으로 저장 주소를 변경하면(SSTORE[x] = 0) 15,000가스의 환급 가치가 있다.

환불 메커니즘의 악용을 피하기 위해 트랜잭션의 최대 환불액은 사용된 총 가스양의 반(반올림)으로 설정된다.

블록 가스 한도

블록 가스 한도는 블록의 모든 트랜잭션에서 소비될 수 있는 가스의 최대량이며, 한 블록에 들어갈 수 있는 트랜잭션 건수를 제한한다.

예를 들어, 가스 한도가 30,000, 30,000, 40,000, 50,000, 50,000으로 설정된 5개의 트랜잭션이 있다고 가정해 보자. 블록 가스 한도가 180,000이면 해당 트랜잭션 중 4개는 한 블록에, 5번째는 향후 블록을 기다려야 한다. 앞에서 설명한 것처럼 채굴자는 블록에 포함할 트랜잭션을 결정한다. 채굴자가 다른 조합을 선택하는 경향이 있는데, 주로 네트워크에서 다른 순서로 트랜잭션을 받기 때문이다.

채굴자가 현재 블록 가스 한도를 초과하는 가스가 필요한 트랜잭션을 포함하려 한다면, 그 블록은 네트워크에 의해 거절될 것이다. 대부분의 이더리움 클라이언트는 '트랜잭션이 블록 가스 한도를 초과함(transaction exceeds block gas limit)'이라는 경고를 통해 그러한 트랜잭션을 하지 못하게 할 것이다. 이더리움 메인넷의 차단 가스 한도는 이 책 작성 당시 https://etherscan.io에 따르면 8백만 가스다. 약 380개의 기본 트랜잭션(각 트랜잭션이 21,000가스 소비) 블록에 포함될 수 있음을 의미한다.

블록 가스 한도는 누가 결정하는가?

네트워크의 채굴자들은 블록 가스 한도를 집합적으로 결정한다. 이더리움 네트워크에서 원하는 사람은 게스(Geth) 또는 패리티(Parity) 이더리움 클라이언트에 연결하는 Ethminer 같은 마이닝 프로그램을 사용한다. 이더리움 프로토콜에는 채굴자가 가스 한도에 투표할 수 있는 메커니즘이 내장되어 있어 이후 블록에서 용량을 늘리거나 줄일 수 있다. 블록 채굴자는 어느 방향으로든 1/1,024(0.0976%)의 비율로 블록 가스 한도를 조정하기 위해 투표할 수 있다. 이 결과는 당시 네트워크의 필요에 따라 조정 가능한 블록 크기다. 이 메커니즘은 기본 채굴 전략과 결합되어 채굴자가 최소 470만 가스의 가스 한도에 투표하지만, 블록당 최근 총 가스 사용량의 평균 150%를 목표로 한다(1,024블록의 지수 이동 평균).

결론

이 장에서 우리는 다양한 스마트 컨트랙트 추적과 EVM에서 바이트코드가 어떻게 실행되는지를 통해 이더리움 가상 머신에 대해 살펴보았다. 또한, EVM의 계산 메커니즘인 가스가 어떻게 정지 문제를 해결하고 이더리움을 DoS(서비스 거부) 공격으로부터 보호하는지 살펴봤다. 다음으로, 14장에서는 탈중앙화된 합의를 도출하기 위해 이더리움이 어떤 메커니즘을 사용하는지 살펴볼 것이다.

14

합의

이 책 전체에 걸쳐 우리는 '합의 규칙(consensus rules)'에 대해 이야기했는데, 이는 시스템이 탈중앙화되었지만 결정론적인 방식으로 운영되기 위해 각자가 지켜야 하는 규칙을 일컫는다. 컴퓨터 과학에서 **합의(consensus)**는 블록체인보다 먼저 나왔으며, 분산 시스템에서 상태를 동기화하는 좀 더 포괄적인 문제와 관련이 있다. 즉, 분산 시스템에서 각기 다른 참여자가 한 시스템의 전체 상태에 모두 동의하도록(결과적으로) 하는 것이다. 이를 '합의 도달(reaching consensus)'이라고 한다.

탈중앙화된 레코드 보관 및 검증의 핵심 기능에 관해서는, 상태 업데이트에서 파생된 정보가 올바른지 확인하기 위해 신뢰에만 의존하는 것이 문제가 될 수 있다. 이러한 문제는 진실을 결정할 중앙기관이 없는 탈중앙화된 네트워크에서 상당히 일반적인 문제다. 검열에 저항할 수 있는 능력과 정보 접근을 허가하는 권위에 의존할 필요가 없기 때문에 중앙 결정권자의 부재는 블록체인 플랫폼의 주요 매력 중 하나다. 그러나 여기에는 비용이 발생한다. 신뢰할 수 있는 중재인이 없으면 다른 방법을 사용하여 불일치, 기만 또는 차이점을 해결해야 한다. 합의 알고리즘은 보안 및 탈중앙화를 해결하는 데 사용되는 메커니즘이다.

블록체인에서 합의는 시스템의 매우 중요한 속성이다. 간단히 말해, 돈과 관련되어 있다! 따라서 블록체인의 맥락에서 **합의**는 탈중앙화를 유지하면서 공통의 상태에 도달할 수 있는 것에 관한 것이다. 즉, 합의는 **통제자가 없는 엄격한 규칙 체계(strict rules without rulers)**를 만들기 위한 것이다. '책임이 있는(in charge)' 사람, 조직 또는 그룹은 없으며, 대신 파워와 컨트롤은 광범위한 참여자의 네트워크에 분산되어 있어서 이들 참여자들은 규칙을 따르고 정직하게 행동함으로써 자신의 이익을 보호하게 된다.

통제를 중앙 집중화하지 않고 적대적인 상황에서 분산 네트워크를 통해 합의에 이르는 능력은 공개 블록체인의 핵심 원칙이다. 이러한 과제를 해결하고 가치 있는 탈중앙화의 속성을 유지하기 위해 커뮤니티는 여러 가지 합의 모델을 계속 실험하고 있다. 이 장에서는 이러한 합의 모델과 이더리움 같은 스마트 컨트랙트 블록체인에 대해 예상되는 영향을 탐구한다.

 합의 알고리즘은 블록체인의 작동 방식에서 중요한 부분을 차지하지만, 스마트 컨트랙트의 추상화보다 훨씬 낮은 기본 계층에서 작동한다. 즉, 합의의 세부사항 대부분은 스마트 컨트랙트의 작성자들에게는 숨겨져 있다. 인터넷을 이용하기 위해 라우팅이 어떻게 작동하는지 알아야 할 필요가 없듯이, 이더리움을 사용하기 위해 그것이 어떻게 작동하는지를 알 필요는 없다.

작업증명을 통한 합의

원본 블록체인 고안자인 비트코인은 **작업증명(PoW)**이라는 **합의 알고리즘(consensus algorithm)**을 개발했다. 아마도 PoW는 비트코인을 뒷받침하는 가장 중요한 발명품일 것이다. PoW의 구어체 용어는 '채굴(mining)'로, 합의의 주요 목적에 대한 오해를 불러일으킨다. 실세계 채굴의 목적은 귀금속 또는 기타 자원의 추출이기 때문에, 사람들은 종종 채굴의 목적이 새로운 통화의 창출이라고 생각한다. 하지만 오히려 실제 채굴(그리고 다른 모든 합의 모델)의 목적은 가능한 한 많은 참가자로부터 탈중앙화된 시스템에 대한 통제권을 유지하며 **블록체인을 보호하는 것(secure the blockchain)**이다. 새로 발행된 화폐의 보상은 시스템의 보안에 기여하는 사람들에게 주는 인센티브다. 즉, 목적을 위한 수단이다. 그런 의미에서 보상은 수단이며, 탈중앙화된 보안은 목적이다. PoW 합의에서 채굴에 참여하는 데 필요한 에너지 비용은 보상에 상응하는 '처벌(punishment)'이다. 즉, 참가자가 규정을 지키지 않고 보상을 얻지 못한다면, 이미 채굴을 위해 전기에 투자한 자금을 위험에 빠뜨릴 수 있다. 따라서 PoW 합의는 참여자가 자기 이익 앞에서 정직하게 행동하도록 유도하는 위험과 보상의 면밀한 균형이다.

이더리움은 현재 PoW 블록체인이며, 동일한 기본 목표를 위한 동일한 기본 인센티브 시스템에서 동일한 PoW 알고리즘을 사용하며, 탈중앙화된 제어 상황에서 블록체인을 지키는 역할을 한다. 이더리움의 PoW 알고리즘은 비트코인과 약간 다른데, **이대시(Ethash)**라고 한다. 우리는 366페이지의 '이대시: 이더리움의 작업증명 알고리즘' 절에서 알고리즘의 기능과 디자인 특성을 살펴볼 것이다.

지분증명(PoS)을 통한 합의

역사적으로, 작업증명은 제안된 첫 번째 합의 알고리즘이 아니었다. 작업증명 도입에 앞서, 많은 연구자는 현재 **지분증명(Proof of Stake, PoS)**이라고 불리는 금전적인 스테이킹(financial staking)을 기반으로 한 합의 알고리즘의 변형을 제안했다. 어떤 측면에서 작업증명은 지분증명의 대안으로 발명되었다. 비트코인이 성공함에 따라 많은 블록체인이 작업증명을 모방했다. 그러나 합의 알고리즘에 대한 연구가 폭발적으로 증가하면서 지분 증명이 부활하고 기술도 크게 향상되었다. 이더리움의 창립자들은 처음부터 합의 알고리즘을 궁극적으로 지분증명으로 옮기기를 희망하고 있었다. 실제로, 이더리움 작업증명에는 **난이도 폭탄(difficulty bomb)**이라는 핸디캡이 있으며, 이는 이더리움 채굴을 점차 어렵게 만들어서 작업증명에서 지분증명으로의 전환을 강요하고 있다.

이 책을 출판할 때 이더리움은 여전히 작업증명을 사용하고 있지만, 지분증명에 대한 진행 중인 연구가 거의 완료되고 있다. 이더리움의 계획된 지분증명 알고리즘은 **캐스퍼(Casper)**라고 한다. 이대시를 대신하여 캐스퍼를 도입하려는 시도는 지난 2년 동안 여러 번 연기되어, 난이도 폭탄을 완화하고 강제로 작업증명을 지분증명으로 변경하는 것을 연기시키는 개입이 필요했다.

일반적으로 지분증명 알고리즘은 다음과 같이 작동한다. 블록체인은 검증인(validator) 집합을 유지하며, 블록체인의 기본 암호화폐(이더리움의 경우 이더)를 보유한 사람은 이더를 컨트랙트에 예치시키는 특별한 유형의 트랜잭션을 보냄으로써 검증인이 될 수 있다. 검증인은 유효한 다음 블록에 대해 제안하고 투표하는 순서를 따르며, 각 검증인의 투표 중요도는 보증금(즉, 지분)의 크기에 따라 다르다. 중요한 것은, 특정 검증인이 보유한 블록이 대다수의 검증인에 의해 거부된다면 보증금을 잃을 위험이 있다는 점이다. 반대로, 검증인은 대다수가 수락한 모든 블록에 대해 누적된 지분에 비례하여 작은 보상을 얻는다. 따라서 지분증명은 검증인에게 보상 및 처벌 제도에 따라 정직하게 행동하고 합의 규칙을 따르도록 한다. 지분증명과 작업증명의 주된 차이점은 지분증명에서 처벌은 블록체인에 내재되어 있는 반면(예: 이더의 지분 손실), 작업증명에서는 처벌이 외적(예: 전기 사용에 대한 자금 손실)이라는 것이다.

이대시: 이더리움의 작업증명 알고리즘

이대시(Ethash)는 이더리움 작업증명 알고리즘이다. 그것은 비탈릭 부테린(Vitalik Buterin)의 대거(Dagger) 알고리즘과 타데우스 드리자(Thaddeus Dryja)의 하시모토(Hashimoto) 알고리즘의 조합인 대거-하시모토(Dagger-Hashimoto)의 진화된 알고리즘을 사용한다. 이대시는 **방향성 비순환 그래프(Directed Acyclic Graph, DAG)**로 알려진 대규모 데이터 세트의 생성 및 분석에 의존한다. DAG의 초기 크기는 약 1GB이고, 천천히 선형으로 크기가 커지며, 매 순간(3만 블록 또는 대략 125시간마다) 업데이트된다.

DAG의 목적은 자주 접근하는 대규모 데이터 구조를 유지하는 데 필요한 이대시 PoW 알고리즘을 만드는 것이다. 이는 이대시가 'ASIC 저항성'을 갖게 만들려는 것으로, 고속 **그래픽 처리 장치(Graphics Processing Unit, GPU)**보다 훨씬 빠른 **주문형 반도체(Application-Specific Integrated Circuits, ASIC)** 채굴 장비를 만들기가 더 어려워진다는 의미이다. 이더리움의 창립자는 특수 실리콘 제조 공장 및 대규모 예산에 접근할 수 있는 사람들이 채굴 인프라를 지배하고 합의 알고리즘의 보안을 훼손할 수 있는 PoW 채굴의 중앙 집중화를 피하고자 했다.

이더리움 네트워크에서 작업증명을 수행하기 위해 소비자 수준의 GPU를 사용하면 전 세계의 더 많은 사람이 채굴 공정에 참여할 수 있다. 채굴자들이 더 독립적일수록 채굴 파워는 더 탈중앙화되어 있다. 이는 우리가 비트코인 같은 상황을 피할 수 있음을 의미한다. 비트코인에서는 채굴 파워 대부분이 몇 군데 대규모 산업 채굴 작업의 손에 집중되어 있다. 채굴을 위한 GPU 사용의 단점은 2017년에 전 세계적으로 GPU 부족 현상을 일으켜 가격이 급등하고 게이머들의 항의를 불러일으켰다는 것이다. 이로 인해 소매 업체의 구매 제한이 발생하여 구매자가 고객당 1~2개의 GPU만 구매하도록 제한을 했다.

최근까지 이더리움 네트워크에서 ASIC 채굴자의 위협은 거의 존재하지 않는다. 이더리움을 위해 ASIC을 사용하려면 고도로 맞춤화된 하드웨어의 설계, 제조 및 배포가 필요하다. 그것들을 생산하려면 시간과 돈에 상당한 투자가 필요하다. 이더리움 개발자가 지분증명 합의 알고리즘으로 이동하려는 오랜 계획은 ASIC 공급 업체가 이더리움 네트워크를 오랫동안 타깃팅하지 못하게 했을 가능성이 크다. 이더리움이 지분증명으로 이동하자마자 작업증명 알고리즘용으로 설계된 ASIC은 채굴자가 다른 암호화폐를 채굴하는 데 사용할 수 없으면 쓸모없어진다. 후자의 가능성은 PIRL 및 Ubiq 같은 다양한 이대시 기반 합의 코인을 통해 현실이 되었으며, 이더리움 클래식은 가까운 미래에 작업증명 블록체인으로 남을 것을 약속했다. 이것은 ASIC 채굴이 작업증명 합의에 따라 운영되는 동안 이더리움 네트워크에 영향을 끼치는 것을 의미한다.

캐스퍼: 이더리움의 지분증명 알고리즘

캐스퍼는 이더리움의 지분증명 합의 알고리즘으로 제안된 이름이다. 아직 활발한 연구 개발이 진행 중이며, 이 책을 출판할 당시 이더리움 블록체인에 아직 구현되지 않았다. 캐스퍼는 두 가지 경쟁적인 '방식(flavor)'으로 개발되고 있다.

- 캐스퍼 FFG: 'The Friendly Finality Gadget'
- 캐스퍼 CBC: 'The Friendly GHOST/Correct-by-Construction'

처음에 캐스퍼 FFG는 하이브리드 작업증명/지분증명 알고리즘으로 제안되었는데, 이것은 좀 더 영구적인 '순수 지분증명' 알고리즘으로 가기 위한 중간 단계로 구현된 것이다. 그러나 2018년 6월 캐스퍼 FFG에 대한 연구 작업을 이끌고 있던 비탈릭 부테린은 순수 지분증명 알고리즘을 선호하여 하이브리드 모델을 '폐기(scrap)'하기로 했다. 현재 캐스퍼 FFG와 캐스퍼 CBC는 모두 병렬로 개발되고 있다. 비탈릭의 설명에 따르면,

> FFG와 CBC 간의 주된 논쟁거리는 CBC가 더 나은 이론적 특성을 가진 것처럼 보이지만, FFG는 구현하기가 더 쉬운 것처럼 보인다는 점이다.

캐스퍼의 역사, 진행 중인 연구 및 향후 계획에 대한 자세한 내용은 다음 링크에서 확인할 수 있다.

- 이더리움 캐스퍼(지분증명, http://bit.ly/2RO5HAl)
- 캐스퍼 역사 파트 1(http://bit.ly/2FlBojb)
- 캐스퍼 역사 파트 2(http://bit.ly/2QyHiic)
- 캐스퍼 역사 파트 3(http://bit.ly/2JWWFyt)
- 캐스퍼 역사 파트 4(http://bit.ly/2FsaExl)
- 캐스퍼 역사 파트 5(http://bit.ly/2PPhhOv)

합의의 원칙

합의 알고리즘의 원칙과 가정은 다음과 같은 주요 질문을 통해 좀 더 명확하게 이해할 수 있다.

- 누가 과거를 바꿀 수 있으며, 어떻게 할 수 있는가?(이것은 **불변(immutability)**이라고도 한다.)
- 누가 미래를 바꿀 수 있으며, 어떻게 할 수 있는가?(이것은 **최종(finality)**이라고도 한다.)
- 그러한 변경을 하는 데 필요한 비용은 얼마인가?
- 그러한 변화를 일으키는 힘은 어떻게 탈중앙화되어 있는가?
- 무언가가 바뀌었는지 누가 알 수 있으며, 어떻게 알 수 있는가?

합의 알고리즘은 점점 더 혁신적인 방식으로 이러한 질문에 대답하려고 시도하면서 빠르게 진화하고 있다.

논쟁과 경쟁

이 시점에서 여러분은 궁금해할 것이다. 우리는 왜 많은 합의 알고리즘이 필요한가? 어느 것이 더 효과적인가? 후자의 질문에 대한 대답은 지난 10년간 분산 시스템에서 가장 흥미로운 연구 분야의 중심에 있다. 컴퓨터 과학에서 효과적(better)이라는 의미는 가정, 목표 및 피할 수 없는 상충관계(trade-off)에 관한 것이다.

어떠한 알고리즘도 탈중앙화된 합의의 모든 문제를 최적화할 수는 없다. 누군가가 하나의 합의 알고리즘이 다른 알고리즘보다 '더 우수'하다고 제안하면 무엇이 더 나은지에 대한 질문을 해야 한다. 불변성? 최종성? 탈중앙화? 비용? 최소한 아직 이러한 질문에 대한 명확한 대답은 없다. 게다가 합의 알고리즘의 설계는 수십억 달러 규모의 산업계 중심에 있으며, 엄청난 논쟁을 불러일으킨다. 결국, 애플리케이션마다 다른 대답이 있을 수 있는 것처럼 '올바른' 대답이 없을 수도 있다.

전체 블록체인 업계는 엄청난 금전적 가치가 걸린 적대적인 조건에서 이러한 질문을 테스트하는 중이다. 결국 역사가 논쟁에 대답할 것이다.

결론

이더리움의 합의 알고리즘은 이 책이 완성될 때까지도 여전히 유동적이다. 미래 버전에서는 캐스퍼와 기타 관련 기술들이 성숙되어 이더리움에 배포되면 그에 대한 세부 내용을 추가할 예정이다. 이 장을 끝으로 우리의 여행을 마치며, 추가 참고 자료는 부록에 나와 있다. 끝까지 이 책을 읽어준 독자들에게 축하와 감사의 말씀을 드린다!

이더리움 포크의 역사

대부분의 하드 포크(hard fork)는 업그레이드 로드맵의 일부로 계획되며, 커뮤니티의 구성원 대부분이 동의한 업데이트들로 구성되어 있다(즉, 사회적 합의가 있음). 그러나 일부 하드 포크에서는 합의가 이루어지 않아서 여러 개의 다른 블록체인이 생겨난다. 이더리움과 이더리움 클래식으로의 분할을 가져온 이벤트가 그런 사례 중 하나로, 이 부록에서 논의한다.

이더리움 클래식(ETC)

이더리움 클래식은 이더리움 커뮤니티의 구성원이 긴급 하드 포크(코드명 'DAO')를 구현한 후에 나왔다. 2016년 7월 20일, 192만 블록 높이에서 이더리움은 DAO로 알려진 스마트 컨트랙트에서 가져간 약 360만 이더를 반환하기 위해 하드 포크를 통해 비정상적인 상태 변경을 도입했다. 거의 모든 사람은 도난당한 이더가 탈취자의 손에 넘어가는 것이 플랫폼 자체뿐만 아니라 이더리움 생태계의 발전에 중대한 해를 끼칠 것이라는 데 동의했다.

DAO가 존재하지도 않았던 것처럼 이더를 각각의 소유자에게 돌려주는 것은 정치적으로 논쟁의 여지가 있지만 기술적으로는 쉽다. 생태계에 속한 많은 사람은 불변성의 예외가 없는 것이 이더리움 블록체인의 기본 원칙이어야 한다고 생각하면서 이 변화에 동의하지 않았다. 그들은 이더리움 클래식이라는 별명으로 원래의 체인을 유지하기로 했다. 분할 자체가 처음에는 이념적이었지만, 이후 두 체인은 실체로 진화했다.

탈중앙화된 자율 조직(DAO)

DAO는 커뮤니티 기반 자금과 거버넌스(governance)를 프로젝트에 제공하기 위한 목적으로 Slock.it에 의해 만들어졌다. DAO의 핵심 아이디어는 제안서가 제출되고, 큐레이터(curator)가 제안을 관리하고, 이더리움 커뮤니티 내의 투자자로부터 기금을 모금하며, 프로젝트가 성공하면 투자자는 이익의 일부를 받게 된다는 것이었다.

DAO는 이더리움 토큰의 첫 번째 실험 중 하나였다. 참가자는 이더를 직접 프로젝트에 자금으로 제공하는 대신, 자신의 이더를 DAO 토큰으로 교환하고 프로젝트 기금에 투표하여 나중에 이더로 다시 교환할 수 있다.

DAO 토큰은 2016년 4월 5일부터 4월 30일까지 개최된 크라우드세일(crowdsale)로 구입할 수 있었고, 존재하는 총 이더의 14%(https://econ.st/2qfJO1g)를 모았는데 그 금액은 1억 5천만 달러에 달했다.

재진입 버그

2016년 6월 9일 개발자 피터 베세네스(Peter Vessenes)와 크리세스(Chriseth)는 자금을 관리하는 대부분의 이더리움 기반 컨트랙트가 컨트랙트 자금을 비울 수 있는 공격(http://bit.ly/2AAaDmA)에 잠재적으로 취약한 것으로 보고했다. 며칠 후인 6월 12일, 스티븐 투알(Stephen Tual, Slock.it의 공동 설립자)은 DAO의 코드가 피터와 크리세스가 설명한 버그에 취약하지 않다고 보고했다(http://bit.ly/2qmo3g1). 우려했던 DAO 기여자들은 안도의 한숨을 내쉬었으나, 공격자가 이미 경고된 바와 유사한 공격을 사용하여 DAO를 빼낸 사실을 5일이 지난 후 알게 되었다. 결국, DAO 공격자는 DAO에서 360만 개에 달하는 이더를 가져갔다.

동시에, 로빈 후드 그룹(Robin Hood Group, RHG)이라고 자칭하는 자원봉사자들의 모임은 DAO 공격자로부터 도난당하지 않도록 나머지 자금을 출금하기 위해 동일한 악용 사례를 사용하기 시작했다. 6월 21일에 RHG(https://bit.ly/2UXThqN)는 DAO의 자금 중 약 70%(약 720만 개)를 확보했으며 커뮤니티에 반환할 계획이라고 발표했다(ETC 네트워크에서 성공적으로 수행했으며, 포크

이후 이더리움 네트워크에서는 할 필요가 없었다). RHG는 빠른 판단과 신속한 조치로 커뮤니티의 이더를 대량으로 확보하는 데 기여한 점이 인정되어 많은 칭찬과 표창을 받았다.

기술적 세부사항

필 다이안(Phil Daian, http://bit.ly/2EQaLCI)이 버그에 대해 좀 더 자세한 설명을 했지만, 간단하게 설명하면 DAO의 중요한 함수에서 두 줄의 코드가 잘못된 순서로 작성되어 있었다. 공격자가 출금할 자격이 있는지를 확인하기 전에 이더를 반복적으로 출금하라는 요청을 할 수 있었다. 이런 유형의 취약점은 197페이지의 '재진입성' 절에 설명되어 있다.

공격 흐름

여러분의 은행 계좌에 100달러가 있고 은행 출납원에게 몇 장의 출금 전표를 가져다준다고 상상해 보자. 창구 직원은 순서대로 각 전표의 돈을 주고 모든 전표를 처리한 후에 여러분의 출금을 기록할 것이다. 세 장을 가져와 각각 100달러를 출금한다면 어떨까? 3000장을 가지고 갔다면 어떻게 될까?

DAO 공격은 다음과 같이 작동했다.

1. DAO 공격자는 DAO 컨트랙트를 통해 DAO 토큰(DAO)을 출금하도록 요청한다.
2. 공격자는 DAO가 출금된 것을 보여주기 위해 컨트랙트가 그 기록을 갱신하기 전에 '다시' DAO를 출금하도록 컨트랙트에 요청한다.
3. 공격자는 가능한 한 많이 2단계를 반복한다.
4. 이 컨트랙트는 최종적으로 단일 DAO 출금을 기록하고 중간에 발생한 출금을 추적하지 못한다.

DAO 하드 포크

다행히도 DAO에는 몇 가지 안전장치가 내장되어 있었다. 특히 모든 출금 요청에는 28일의 지연이 있었다. 이것은 대략 6월 17일부터 7월 20일까지 DAO 공격자가 자신의 DAO 토큰을 이더로 변환할 수 없기 때문에 커뮤니티가 잠시 동안 공격에 대해 어떻게 해야 할지를 논의했다.

몇몇 개발자들은 실행 가능한 솔루션을 찾는 데 중점을 두었고, 이 짧은 시간 동안 여러 가지 방법을 모색했다. 그중에서 합의에 도달할 때까지 DAO 출금을 지연하기 위한 **DAO 소프트 포크**(soft fork, http://bit.ly/2qhruEK)가 6월 24일에 발표되었고, 예상치 못한 상태 변경 때문에 DAO 공격 이전으로 돌아가기 위해 **DAO 하드 포크**(hard fork, http://bit.ly/2AAGjlu)가 7월 15일에 발표되었다.

6월 28일에 개발자들은 DAO 소프트 포크에서 DoS 공격(http://bit.ly/2zgOxUn)을 발견하고 DAO 하드 포크가 상황을 완전히 해결할 수 있는 유일한 실행 가능한 방법이라고 결론지었다. DAO 하드 포크는 DAO에 투자한 모든 이더를 새로운 환불 스마트 컨트랙트로 전환하여 원래의 소유자가 전액 환불을 청구할 수 있도록 한다. 이것은 해킹된 자금을 반환하기 위한 해결책을 제공했지만, 아무리 해당 주소가 격리되어 있다 하더라도 네트워크에서 특정 주소의 잔액을 조작하는 것을 의미했다. **childDAOs**라고 알려진 DAO의 일부에 이더가 남아 있을 수도 있다. 수탁자 그룹은 수작업으로 그 당시에 6~7백만 달러(http://bit.ly/2RuUrJh)의 가치가 있었던 남은 이더를 승인했다.

시간이 다 되어감에 따라 여러 이더리움 개발팀은 사용자가 이 포크를 사용할지 여부를 결정할 수 있는 클라이언트를 만들었다. 그러나 클라이언트 개발자들은 이 선택사항을 옵트인(opt-in)할지(기본적으로 포크하지 않음) 또는 옵트아웃(opt-out)할지(기본값으로 포크) 여부를 결정하려고 했다. 7월 15일에 carbonvote.com(http://bit.ly/2ABkTuV)에서 투표가 열렸다. 다음 날, 투표는 블록 높이 1,894,000(http://bit.ly/2yHb7Gl)에서 종료되었다. 총 이더 공급량의 5.5%(http://bit.ly/2RuUrJh)가 투표했고, 그중에 투표의 80%(총 이더 공급량의 4.5%)가 옵트아웃에 투표했다. 옵트아웃 투표의 1/4은 단일 주소에서 나왔다.

최종 결정은 옵트아웃으로 났고, DAO 하드 포크에 반대하는 사람들은 자신이 실행하고 있는 소프트웨어의 구성 옵션을 변경하여 명시적으로 반대 의사를 표시해야 했다.

7월 20일에 블록 높이 1,920,000(http://bit.ly/2zfalKB)에서 이더리움은 DAO 하드 포크를 구현하여(http://bit.ly/2yJxZ83) 2개의 이더리움 네트워크가 생성되었다. 하나는 상태 변경을 포함하고, 다른 하나는 이를 무시한 것이었다.

DAO 하드 포크된 이더리움(현재 이더리움)이 채굴 파워의 대부분을 획득했을 때 많은 사람은 이전 포크에서처럼 합의가 이루어지고 소수 체인이 사라지리라 생각했다. 그럼에도 불구하고, 이더리움 커뮤니티의 상당 부분(가치와 채굴 파워로 약 10%)이 이더리움 클래식으로 알려진 포크되지 않은 체인을 지원하기 시작했다.

포크가 시작된 지 며칠 만에 몇몇 거래소는 이더리움(ETH)과 이더리움 클래식(ETC)을 모두 목록화하기 시작했다. 하드 포크의 본질 때문에 분할 시점에 이더를 보유한 모든 이더리움 사용자는 두 체인 모두에서 자금이 있었으며, ETC의 시장 가치는 곧 7월 24일에 폴로닉스(Poloniex, http://bit.ly/2qhuNvP) 상장 ETC로 확정되었다.

DAO 하드 포크의 타임라인

- 2016년 4월 5일: Slock.it은 데자부 보안(Dejavu Security)의 보안 감사에 따라 DAO를 만든다(http://bit.ly/2Db4boE).

- 2016년 4월 30일: DAO 크라우드세일이 시작된다(http://bit.ly/2qhwhpl).

- 2016년 5월 27일: DAO 크라우드세일이 끝난다.

- 2016년 6월 9일: 일반 재귀 호출 버그(http://bit.ly/2AAaDmA)가 발견되어 사용자의 잔액을 추적하는 많은 솔리디티 컨트랙트에 영향을 미쳤다.

- 2016년 6월 12일: 스티븐 투얼은 DAO 기금이 위험에 처해 있지 않다고 선언한다(http://bit.ly/2qmo3g1).

- 2016년 6월 17일: DAO가 공격당하고(http://bit.ly/2EQaLCI) 발견된 버그의 변종('재진입 버그'라고 함)을 사용하여 자금을 출금하기 시작하여 최종적으로 이더의 30%를 가져간다.

- 2016년 6월 21일: RHG는 DAO 내에 저장된 이더의 70%를 확보했다고 발표했다(http://bit.ly/2zgl3Gk).

- 2016년 6월 24일: 게스와 패리티 클라이언트를 통한 옵트인(opt-in) 신호를 통해 소프트 포크 투표(http://bit.ly/2qhruEK)가 발표된다. 이 서비스는 커뮤니티가 해야 할 일을 더 잘 결정할 때까지 일시적으로 자금을 보류하도록 설계되었다.

- 2016년 6월 28일: 소프트 포크는 취약점(http://bit.ly/2zgOxUn)이 발견되어 폐기되었다.

- 2016년 6월 28일부터 7월 15일까지: 사용자가 하드 포크 여부를 논의한다. 음성 공개 토론의 대부분은 /r/ethereum 서브레딧에서 열렸다.

- 2016년 7월 15일: DAO 공격에 사용된 자금을 반환하기 위해 DAO 하드 포크(http://bit.ly/2qmo3g1)가 제안되었다.

- 2016년 7월 15일: DAO 하드 포크가 옵트인(기본값으로 포크하지 않음) 또는 옵트아웃(기본적으로 포크)할지 여부를 결정하기 위해 CarbonVote에서 투표가 개최되었다(http://bit.ly/2ABkTuV).

- 2016년 7월 16일: 총 이더 공급의 5.5%가 투표(http://bit.ly/2RuUrJh), 득표의 80%(전체 공급의 4.5%)는 옵트아웃 하드 포크를 찬성, 투표의 1/4이 단일 주소에서 나왔다.
- 2016년 7월 20일: 하드 포크(http://bit.ly/2yJxZ83)는 1,920,000 블록에서 발생했다.
- 2016년 7월 20일: DAO 하드 포크에 반대하는 사용자는 이전 클라이언트 소프트웨어를 계속 실행했으며, 두 체인에서 트랜잭션이 재생(replayed)되는 문제가 발생했다(http://bit.ly/2qjJm27).
- 2016년 7월 24일: 폴로닉스(http://bit.ly/2qhuNvP)는 최초 이더리움 체인을 ETC라는 시세 기호로 나열했으며(http://bit.ly/2qhuNvP), 이것이 첫 번째 교환이었다.
- 2016년 8월 10일: RHG는 Bity SA의 조언에 따라 ETH로 변환하기 위해 290만 개의 복구된 ETC를 폴로닉스로 전송한다(http://bit.ly/2JrLpK2). 총 RHG 보유량의 14%는 ETC에서 ETH 및 기타 암호화폐로 변환되었으며, 폴로닉스는 예치된 ETH의 86%를 동결했다(http://bit.ly/2ETDdUc).
- 2016년 8월 30일: 동결된 자금은 폴로닉스가 RHG로 보냈고, RHG는 ETC 체인에 환불 컨트랙트를 세팅했다.
- 2016년 12월 11일: 이더리움 창립 맴버인 찰스 호스킨슨(Charles Hoskinson)이 IOHK의 ETC 개발팀을 이끌게 되었다.
- 2017년 1월 13일: 트랜잭션 재생 문제를 해결하기 위해 ETC 네트워크가 업데이트되었으며, 체인은 이제 기능적으로 분리되었다.
- 2017년 2월 20일: 초기 ETC 개발자 이고르 아르타모노프(Igor Artamonov, splix)가 이끄는 ETCDEV 팀이 결성되었다.

이더리움과 이더리움 클래식

초기 분할은 DAO를 중심으로 이루어졌지만, 2개의 네트워크, 즉 이더리움과 이더리움 클래식은 현재 별도의 프로젝트다. 대부분의 개발은 아직 이더리움 커뮤니티에서 수행하고 단순히 이더리움 클래식 코드베이스로 포팅했다. 그럼에도 불구하고 이 모든 차이점은 끊임없이 진화하고 있으며, 이 부록에서 다루기에는 너무 광범위하다. 그러나 핵심 개발 및 커뮤니티 구조에서 체인이 크게 다르다는 점은 주목할 만한 가치가 있다. 몇 가지 기술적인 차이점을 다음에 설명한다.

EVM

대부분의 경우(이 책의 집필 당시) 두 네트워크는 서로 호환이 잘된다. 하나의 체인에서 생성된 컨트랙트 코드가 다른 노드에서 예상대로 실행된다. EVM OPCODES에는 약간의 차이점이 있다(EIP 140(http://bit.ly/2ylajkF), 145(http://bit.ly/2qhKz9Y), 214(http://bit.ly/2SxsrFR) 참고).

핵심 네트워크 개발

공개된 프로젝트이기 때문에 블록체인 플랫폼은 대개 사용자와 기여자가 많다. 그러나 핵심 네트워크 개발(즉, 네트워크를 실행하는 코드)은 이런 유형의 소프트웨어를 개발하는 데 필요한 전문 기술과 지식 때문에 소그룹에서 수행하는 경우가 많다. 이더리움에서 이 작업은 이더리움 재단과 자원봉사자에 의해 수행된다. 이더리움 클래식에서는 ETCDEV, IOHK, 자원봉사자가 수행한다.

기타 주목할 만한 이더리움 포크

엘라이즘(Ellaism, https://ellaism.org/about/)은 PoW를 독점적으로 사용하여 블록체인을 보호하고자 하는 이더리움 기반 네트워크다. 모든 지원과 개발이 커뮤니티에 의한 자유로운 기부로 사전 채굴과 의무적인 개발자 수수료가 없다. 개발자들은 자신들의 것이 '가장 정직한 순수 이더리움 프로젝트 중 하나'이고, 진지한 개발자, 교육자, 열광자를 위한 플랫폼으로서 독특하고 흥미로운 프로젝트라고 믿고 있다. 엘라이즘은 순수한 스마트 컨트랙트 플랫폼이다. 그 목표는 공정하고 신뢰할 수 있는 스마트 컨트랙트 플랫폼을 만드는 것이다. 플랫폼의 원칙은 다음과 같다.

- 프로토콜에 대한 모든 변경과 업그레이드는 엘라이즘의 원칙을 유지하고 강화하기 위해 노력해야 한다.
- 통화 정책: 2억 8천만 코인
- 검열 없음: 누구도 유효한 트랜잭션이 컨펌되지 못하도록 막을 수 없어야 한다.
- 오픈 소스: 엘라이즘 소스 코드는 누구나 읽고, 수정하고, 복사하고, 공유할 수 있도록 항상 공개되어야 한다.
- 무허가: 어떤 임의의 게이트키퍼도 다른 사람이 네트워크의 일부분(사용자, 노드, 채굴자

등)이 되는 것을 막을 수 있어서는 안 된다.

- 의사익명(pseudonymous): 엘라이즘을 소유하고 사용하기 위해 ID가 필요 없다.
- 대체 가능: 모든 화폐는 동등하고 똑같이 쓸모 있어야 한다.
- 되돌릴 수 없는 트랜잭션: 확인된 블록은 고정불변이어야 한다. 블록체인 히스토리는 변경할 수 없어야 한다.
- 논쟁의 여지가 없는 하드 포크: 전체 커뮤니티의 합의 없이 어떤 하드 포크도 불가하다. 꼭 필요한 경우 기존 합의를 깰 수 있다.
- EVM의 성능 향상 같은 많은 기능 업그레이드를 하드 포크 없이 수행할 수 있다.

이더리움에서도 몇 가지 다른 포크가 발생했다. 이러한 포크들은 기존 이더리움 네트워크에서 직접 분리되었으므로 이 중 일부는 하드 포크라 할 수 있다. 나머지는 소프트웨어 포크다. 이더리움의 클라이언트/노드 소프트웨어를 사용하지만, 이더리움과 공유되는 어떠한 기록도 없이 완전히 별개의 네트워크를 운영한다. 이더리움에는 앞으로도 포크가 더 많이 발생할 것이다.

이더리움 포크라고 주장하지만, 실제로 ERC20 토큰을 기반으로 하고 이더리움 네트워크에서 실행되는 다른 프로젝트도 있다. 이들의 두 가지 예는 EtherBTC(ETHB)와 이더리움 모디피케이션(Ethereum Modification, EMOD)이다. 이들은 전통적인 의미의 포크가 아니며, 때때로 '에어드롭(airdrops)'이라고도 한다.

다음은 주목할 만한 포크 중 일부에 대한 간략한 요약이다.

- **익스팬스(Expanse)**는 이더리움 블록체인의 첫 번째 포크였다. 비트코인 토크 포럼을 통해 2015년 9월 7일에 발표되었다. 실제 포크는 일주일 후 2015년 9월 14일에 80만 블록 높이에서 발생했다. 그것은 원래 크리스토퍼 프랑코(Christopher Franko)와 제임스 클레이턴(James Clayton)에 의해 설립되었다. 그들의 명시된 비전은 '정체성, 통치, 자선, 상업, 형평'을 위한 진보된 체인을 창출하는 것이었다.
- **이더리움포그(EthereumFog, ETF)**는 2017년 12월 14일에 출시되었으며, 4,730,660 블록 높이에서 분기되었다. 프로젝트의 목표는 포그 계산과 탈중앙화형 스토리지에 초점을 맞춤으로써 '세계 탈중앙화형 포그 계산'을 개발하는 것이다. 실제로 이와 관련하여 수반할 일에 대한 정보는 거의 없다.
- **이더제로(EtherZero, ETZ)**는 2018년 1월 19일 4,936,270 블록 높이에서 발생했다. 이 포크

의 주목할 만한 혁신은 마스터노드(masternode) 아키텍처의 도입과 댑의 다양성을 확대하기 위해 스마트 컨트랙트의 트랜잭션 수수료를 없애는 것이었다. 이더리움 커뮤니티의 일부 유명 인사, 마이이더월렛, 메타마스크로부터 개발과 관련된 명확성 부족과 일부 피싱 가능성으로 인해 비판이 있었다.

- 이더인크(EtherInc, ETI)는 2018년 2월 13일 5,078,585 블록 높이에서 발족되었으며, 탈중앙화형 조직 구축에 중점을 두고 있다. 명시된 목표에는 블록 시간 단축, 채굴자 보수 인상, 엉클 보상금 삭감, 채굴 가능 화폐에 대한 상한 설정 등이 포함된다. 이더인크는 이더리움과 동일한 비공개키를 사용하며, 원래의 비분기 체인에서 이더를 보호하기 위해 재사용 보호 기능을 구현했다.

B

이더리움 표준

이더리움 개선 제안(EIP)

이더리움 개선 제안(Ethereum Improvement Proposal) 저장소는 https://github.com/ethereum/ EIPs/에 있다. 워크플로는 그림 B-1에 나와 있다.

EIP-1에서(https://bit.ly/2NmejOc):

> EIP는 이더리움 개선 제안을 의미한다. EIP는 이더리움 커뮤니티에 정보를 제공하거나 이더리움 또는 프로세스 또는 환경에 대한 새로운 기능을 설명하는 설계 문서다. EIP는 기능의 간결한 기술 사양과 기능의 이론적 근거를 제공해야 한다. EIP 저자는 커뮤니티 내에서 합의를 구축하고 반대 의견을 문서화할 책임이 있다.

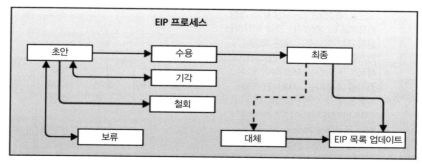

그림 B-1 이더리움 개선 제안 워크플로

가장 중요한 EIP와 ERC 목록

표 B-1 **주요 EIP와 ERC**

EIP/ERC #	제목/설명	저자	계층	상태	생성
EIP-1(http://bit.ly/2OVq6qa)	EIP 목적 및 가이드라인	마틴 베즈(Martin Becze), 허드슨 제임슨(Hudson Jameson)	메타	최종	
EIP-2(http://bit.ly/2yJtTNa)	홈스테드의 하드 포크 변화	비탈릭 부테린(Vitalik Buterin)	코어	최종	
EIP-5(http://bit.ly/2Jrx93V)	RETURN과 CALL의 가스 사용량	크리스티안 라이트위스너(Christian Reitwiessner)	코어	초안	
EIP-6(http://bit.ly/2OYbc2t)	SUICIDE 연산코드의 이름 바꾸기	허드슨 제임슨	인터페이스	최종	
EIP-7(http://bit.ly/2JxdBeN)	DELEGATECALL	비탈릭 부테린	코어	최종	
EIP-8(http://bit.ly/2Q6Oly6)	홈스테드에 대한 devp2p 포워드 호환성 요구사항	펠릭스 랑게(Felix Lange)	네트워킹	최종	
EIP-20(http://bit.ly/2CUf7WG)	ERC-20 토큰 표준. 댑과 지갑이 다중 인터페이스/댑에서 토큰을 처리할 수 있도록 토큰 컨트랙트가 구현할 수 있는 표준 함수를 설명한다. 메서드는 다음과 같다. totalSupply, balanceOf(address), transfer, transferFrom, approve, allowance. 이벤트에는 다음을 포함한다. Transfer(토큰이 전송될 때 트리거됨), Approval(approve가 호출될 때 트리거됨)	파비안 보겔스텔러(Fabian Vogelsteller), 비탈릭 부테린	ERC	최종	프론티어
EIP-55(http://bit.ly/2Q6R4YB)	혼합된 체크섬 주소 인코딩	비탈릭 부테린	ERC	최종	
EIP-86(http://bit.ly/2OgE5la)	트랜잭션의 출처와 서명의 추상화. 계정 보안을 '추상화'하고 사용자가 '계정 컨트랙트'를 생성하는 것을 허용하는 설정. 장기적으로는 모든 계정이 가스를 지불할 수 있는 컨트랙트이고, 사용자는 원하는 서명 확인 및 논스 검사를 수행하는 자체 보안 모델을 자유롭게 정의하는 모델로 이동하는 것이다(ECDSA와 기본 논스 체계가 현재 트랜잭션 처리로 하드코딩된 계정을 보호하는 유일한 '표준' 방법인 인-프로토콜(in-protocol) 메커니즘을 사용하는 대신).	비탈릭 부테린	코어	보류(대체 예정)	콘스탄티노플

EIP/ERC #	제목/설명	저자	계층	상태	생성
EIP-96(http://bit.ly/2QedSFC)	블록해시와 상태 루트 변경. 클라이언트를 복잡하게 구현해서 BLOCKHASH 연산 코드를 처리해야 하는 필요성과 프로토콜 복잡성을 줄이기 위해 상태에 블록해시를 저장한다. 훨씬 더 효율적인 초기 라이트 클라이언트 동기화를 쉽게 하기 위해. 매우 먼 블록 번호가 있는 블록 사이에 직접 링크를 만드는 부가적인 영향으로 백 블록 검사가 얼마나 멀리 나아갈지를 확장한다.	비탈릭 부테린	코어	보류	콘스탄티노플
EIP-100(http://bit.ly/2AC05DM)	난이도 조정을 목표 평균 블록 시간으로 하고 엉클을 포함하도록 변경한다.	비탈릭 부테린	코어	최종	메트로폴리스 비잔티움
EIP-101(http://bit.ly/2Jr1zDv)	세레니티 화폐와 암호 추상화. 이더와 서브토큰을 컨트랙트에 의해 비슷하게 취급할 수 있는 이점을 가진 수준으로 이더를 추상화하고, 다중서명과 같은 프로토콜을 사용하고 최소한의 합의 구현의 복잡성을 줄임으로써 근본적인 이더리움 프로토콜을 정제한다.	비탈릭 부테린	유효한	세레니티 기능	세레니티 캐스퍼
EIP-105(http://bit.ly/2Q5sdEv)	이진 샤딩과 컨트랙트 호출 의미론. 이더리움 트랜잭션을 이진 트리 샤딩 메커니즘을 사용하여 병렬 처리하고 나중에 샤딩 스키마를 위한 단계를 설정하기 위한 '샤딩 스캐 폴딩' EIP. 진행 중인 연구(https://bit.ly/ 2D8g6Bd 참고)	비탈릭 부테린	유효한	세레니티 기능	세레니티 캐스퍼
EIP-137(http://bit.ly/2yG2Dzi)	이더리움 도메인 이름 서비스 - 사양	닉 존슨(Nick Johnson)	ERC	최종	
EIP-140(http://bit.ly/2yJtWZm)	새로운 연산코드: REVERT. 제공된 모든 가스를 소모하지 않고 실행을 중지하고 EVM 실행 상태 변경사항을 롤백하거나(대신 컨트랙트는 메모리 비용만 지불해야 함) 혹은 로그가 유실된다. 그리고 호출자에게는 오류 코드 혹은 메시지와 함께 메모리 위치에 대한 포인터를 리턴한다.	알렉스 베레그자시(Alex Beregszaszi), 니콜라이 무셰기안(Nikolai Mushegian)	코어	최종	메트로폴리스 비잔티움
EIP-141(http://bit.ly/2CQMXfe)	지정된 유효하지 않은 EVM 명령어	알렉스 베레그자시	코어	최종	
EIP-145(http://bit.ly/2qhKz9Y)	EVM의 비트 단위 시프트 명령어	알렉스 베레그자시, 파웰 빌리카 (Paweł Bylica)	코어	보류	
EIP-150(http://bit.ly/2qhxflQ)	IO가 많은 작업에 대한 가스 비용 변경	비탈릭 부테린	코어	최종	

EIP/ERC #	제목/설명	저자	계층	상태	생성
EIP-155(http://bit.ly/2CQUgne)	간단한 재생 공격 방지. 재생 공격은 EIP-155 이전 이더리움 노드 또는 클라이언트를 사용하는 모든 트랜잭션이 서명되어 이더리움과 이더리움 클래식 체인에서 유효하고 실행되도록 허용한다.	비탈릭 부테린	코어	최종	홈스테드
EIP-158(http://bit.ly/2JryBmT)	상태 클리어링(clearing)	비탈릭 부테린	코어	대체	
EIP-160(http://bit.ly/2CR6VGY)	EXP 비용 증가	비탈릭 부테린	코어	최종	
EIP-161(http://bit.ly/2OfU96M)	상태 트리 제거(불변 보존 대안)	개빈 우드 (Gavin Wood)	코어	최종	
EIP-162(http://bit.ly/2JxdKil)	초기 ENS 해시 등록 기관	모렐리안 (Maurelian), 닉 존슨 (Nick Johnson), 알렉스 반 드 산데(Alex Van de Sande)	ERC	최종	
EIP-165(http://bit.ly/2OgsOkO)	ERC-165 표준 인터페이스 감지	크리스티안 라이트위스너 외	인터페이스	초안	
EIP-170(http://bit.ly/2OgCWu1)	컨트랙트 코드 크기 제한	비탈릭 부테린	코어	최종	
EIP-181(http://bit.ly/2ERNv7g)	이더리움 주소의 역 분석을 위한 ENS 지원	닉 존슨	ERC	최종	
EIP-190(http://bit.ly/2P0wPz5)	이더리움 스마트 컨트랙트 패키징 표준	파이퍼 메리엄 (Piper Merriam) 외	ERC	최종	
EIP-196(http://bit.ly/2SwNQiz)	타원 곡선 alt_bn128에 덧셈과 스칼라 곱셈을 위한 미리 컴파일된 컨트랙트. 블록 가스 한도 내에서 zkSNARK 검증을 수행하려면 필요하다.	크리스티안 라이트위스너	코어	최종	메트로폴리스 비잔티움
EIP-197(http://bit.ly/2ETDC9a)	타원 곡선 alt_bn128에서 최적의 페어링 검사를 위한 미리 컴파일된 컨트랙트. EIP-196과 결합	비탈릭 부테린, 크리스티안 라이트위스너	코어	최종	메트로폴리스 비잔티움
EIP-198(http://bit.ly/2DdTCRN)	무한 정수(big integer) 모듈러 지수 연산. RSA 서명 검증 및 기타 암호화 애플리케이션을 사용하도록 미리 컴파일한다.	비탈릭 부테린	코어	최종	메트로폴리스 비잔티움

EIP/ERC #	제목/설명	저자	계층	상태	생성
EIP-211(http://bit.ly/2qjYJr3)	새로운 연산코드: RETURNDATASIZE와 RETURNDATACOPY. 새로운 연산코드 RETURNDASIZE와 RETURNDATACOPY를 사용하여 연산코드를 호출하기 위해 간단한 가스 충전과 최소 변경으로 EVM 내부의 가변 길이 값을 반환하는 지원을 추가한다. 기존의 calldata를 처리하는 것과 유사하게 호출자가 호출한 부분(또는 해당 부분)을 메모리로 복사할 수 있는 가상 버퍼 내부에 반환 데이터를 보관하고 다음 호출 시 버퍼를 덮어쓴다.	크리스티안 라이트위스너	코어	최종	메트로폴리스 비잔티움
EIP-214(http://bit.ly/2OgV0Eb)	새로운 연산코드: STATICCALL. 스마트 컨트랙트 보안을 강화하고 호출에서 재진입 버그가 발생하지 않는다는 것을 개발자에게 보장할 수 있도록 호출 중 상태 수정을 허용하지 않고 자기 자신 또는 다른 컨트랙트에 상태 변경이 없는 호출을 허용한다. STATIC 플래그가 참인 자식을 호출하면 STATIC이 참인 실행 인스턴스 내에서 상태 변경 작업을 수행하려는 시도에 예외가 발생하고 호출이 반환되면 플래그를 재설정한다.	비탈릭 부테린, 크리스티안 라이트위스너	코어	최종	메트로폴리스 비잔티움
EIP-225(http://bit.ly/2JssHlJ)	블록이 신뢰할 수 있는 서명자만 채굴하는 권한 증명을 사용하는 린케비(Rinkeby) 테스트 네트워크	페테르 실라기 (Péter Szilágyi)			홈스테드
EIP-234(http://bit.ly/2yPBavd)	JSON-RPC 필터 옵션에 blockHash 추가	미카 졸투 (Micah Zoltu)	인터페이스	초안	
EIP-615(http://bit.ly/2yKrBNM)	EVM의 서브루틴 및 정적 점프	그레그 콜빈 (Greg Colvin), 파웰 빌리카, 크리스티안 라이트위스너	코어	초안	
EIP-616(http://bit.ly/2AzGX99)	EVM의 SIMD 작업	그레그 콜빈	코어	초안	
EIP-681(http://bit.ly/2qjYX1n)	트랜잭션 요청의 URL 형식	다니엘 A. 너지 (Daniel A. Nagy)	인터페이스	초안	
EIP-649(http://bit.ly/2OYgE5n)	메트로폴리스 난이도 폭탄 지연과 블록 보상 감소. 아이스 에이지(일명 난이도 폭탄)가 1년 지연되고 블록 보상이 5에서 3으로 감소했다.	아프리 스코돈 (Afri Schoedon), 비탈릭 부테린	코어	최종	메트로폴리스 비잔티움

EIP/ERC #	제목/설명	저자	계층	상태	생성
EIP-658(http://	영수증에 트랜잭션 상태 코드 포함. EIP-140에서 REVERT 연산코드가 도입된 후에 모든 가스를 소비한 경우에만 트랜잭션이 실패했다고 가정할 수 없기 때문에 발신자의 트랜잭션 영수증에 성공 또는 실패 상태를 나타내는 상태 필드를 가져와서 삽입한다.	닉 존슨	코어	최종	메트로폴리스 비잔티움
EIP-706(http://bit.ly/2Ogwpzs)	DEVp2p 스내피 압축	페테르 실라기	네트워킹	최종	
EIP-721(http://bit.ly/2AAkCIP)	ERC-721 대체할 수 없는 토큰 표준. 스마트 컨트랙트를 표준화된 지갑에서 추적되고 ERC20과 마찬가지로 가치 있는 자산으로 교환될 수 있으며 고유한 트랜잭션 가능한 대체 불가 토큰(NFT)으로 작동할 수 있도록 하는 표준 API. 크립토키티(CryptoKitties)는 이더리움 생태계에서 최초로 디지털 NFT를 대중적으로 구현한 것이었다.	윌리엄 엔트리켄 (William Entriken), 디터 셜리(Dieter Shirley), 제이콥 에반스 (Jacob Evans), 나스타시아 색스 (Nastassia Sachs)	표준	초안	
EIP-758(http://bit.ly/2qmuDmJ)	완료된 트랜잭션에 대한 구독 및 필터	잭 피터슨(Jack Peterson)	인터페이스	초안	
EIP-801(http://bit.ly/2RnqlHy)	ERC-801 카나리아 표준	리기(ligi)	인터페이스	초안	
EIP-827(http://bit.ly/2DdTKkf)	ERC827 토큰 표준. 전송 및 승인 내에서 호출을 실행할 수 있는 메서드로 토큰의 표준 인터페이스 ERC20을 확장한 것이다. 이 표준은 토큰을 전송하는 기본 기능을 제공하고 토큰이 승인되어 다른 체인상의 제3자가 사용할 수 있도록 허용한다. 또한 개발자는 전송 및 승인 시 호출을 실행할 수 있다.	아우구스토 렘블 (Augusto Lemble)	ERC	초안	
EIP-930(http://bit.ly/2Jq2hAM)	ERC930 영구 스토리지. ES(Eternal Storage) 컨트랙트는 쓰기 권한이 있는 주소가 소유한다. 저장소는 공용이므로 모든 사용자에게 읽기 권한이 있다. 변수 유형마다 하나의 매핑을 사용하여 매핑에 데이터를 저장한다. 이 컨트랙트를 사용하면 개발자는 필요한 경우 스토리지를 다른 컨트랙트로 쉽게 마이그레이션할 수 있다.	아우구스토 렘블	ERC	초안	

이더리움 EVM 연산코드와 가스 소비량

이 부록은 이더리움 VM(EVM) 연산코드에 대한 참조와 아파치 라이선스 2.0(http://bit.ly/2zfrv0b)에 따라 사용 허가된 지침으로 https://github.com/trailofbits/evm-opcodes의 사람들이 수행한 통합 작업을 기반으로 한다.

표 C-1 **EVM 연산코드와 가스 비용**

연산코드	이름	설명	추가 정보	가스
0x00	STOP	실행 중지	–	0
0x01	ADD	추가 작업	–	3
0x02	MUL	곱셈 연산	–	5
0x03	SUB	뺄셈 연산	–	3
0x04	DIV	정수 나누기 연산	–	5
0x05	SDIV	부호 있는 정수 나누기 연산(잘렸음)	–	5
0x06	MOD	모듈로 나머지 연산	–	5
0x07	SMOD	부호 있는 모듈로 나머지 연산	–	5
0x08	ADDMOD	모듈로 가산 연산	–	8
0x09	MULMOD	모듈로 곱셈 연산	–	8
0x0a	EXP	지수 연산	–	10***
0x0b	SIGNEXTEND	2의 보수 부호 정수의 길이를 확장한다.	–	5

연산코드	이름	설명	추가 정보	가스
0x0c ~ 0x0f	Unused	미사용	–	
0x10	LT	보다 작은 비교	–	3
0x11	GT	보다 큰 비교	–	3
0x12	SLT	부호 있는 LT 비교	–	3
0x13	SGT	부호 있는 GT 비교	–	3
0x14	EQ	동등 비교	–	3
0x15	ISZERO	단순 NOT 연산자	–	3
0x16	AND	비트 단위 AND 연산	–	3
0x17	OR	비트 단위 OR 연산	–	3
0x18	XOR	비트 단위 XOR 연산	–	3
0x19	NOT	비트 단위 NOT 연산	–	3
0x1a	BYTE	단어에서 한 바이트 검색	–	3
0x1b ~ 0x1f	Unused	미사용		
0x20	SHA3	Keccak-256 해시 계산하기	–	30
0x21 ~ 0x2f	Unused	미사용		
0x30	ADDRESS	현재 실행 중인 계정의 주소 가져오기	–	2
0x31	BALANCE	주어진 계정의 잔액 가져오기	–	400
0x32	ORIGIN	실행 개시 주소 가져오기	–	2
0x33	CALLER	발신자 주소 가져오기	–	2
0x34	CALLVALUE	이 실행을 담당하는 명령/트랜잭션에 의해 입금액을 가져오기	–	2
0x35	CALLDATALOAD	현재 환경의 입력 데이터 가져오기	–	3
0x36	CALLDATASIZE	현재 환경에서 입력 데이터의 크기 가져오기	–	2
0x37	CALLDATACOPY	현재 환경의 입력 데이터를 메모리로 복사	–	3
0x38	CODESIZE	현재 환경에서 실행 중인 코드의 크기 가져오기	–	2
0x39	CODECOPY	현재 환경에서 실행 중인 코드를 메모리로 복사	–	3
0x3a	GASPRICE	현재 환경에서 가스의 가격 가져오기	–	2
0x3b	EXTCODESIZE	계정 코드의 크기 가져오기	–	700
0x3c	EXTCODECOPY	계정의 코드를 메모리에 복사	–	700

연산코드	이름	설명	추가 정보	가스
0x3d	RETURNDATASIZE	반환 데이터 버퍼의 크기를 스택으로 푸시하기	EIP-211(http://bit.ly/2zaBcNe)	2
0x3e	RETURNDATACOPY	반환 데이터 버퍼의 데이터를 메모리로 복사	EIP-211(http://bit.ly/2zaBcNe)	3
0x3f	Unused	–	–	
0x40	BLOCKHASH	가장 최근에 완료한 256개의 블록 중 하나의 해시를 가져오기	–	20
0x41	COINBASE	블록의 수혜자 주소 가져오기	–	2
0x42	TIMESTAMP	블록의 타임스탬프 가져오기	–	2
0x43	NUMBER	블록 번호 가져오기	–	2
0x44	DIFFICULTY	블록의 난이도 가져오기	–	2
0x45	GASLIMIT	블록의 가스 한도 가져오기	–	2
0x46 ~ 0x4f	Unused	–	–	
0x50	POP	스택에서 단어 삭제	–	2
0x51	MLOAD	메모리에서 단어 불러오기	–	3
0x52	MSTORE	단어를 메모리에 저장	–	3*
0x53	MSTORE8	바이트를 메모리에 저장	–	3
0x54	SLOAD	저장소에서 단어 불러오기	–	200
0x55	SSTORE	저장 용량에 단어 저장	–	0*
0x56	JUMP	프로그램 카운터 변경	–	8
0x57	JUMPI	조건부로 프로그램 카운터 변경	–	10
0x58	GETPC	증분 이전의 프로그램 카운터 값 가져오기	–	2
0x59	MSIZE	활성 메모리의 크기를 바이트 단위로 가져오기	–	2
0x5a	GAS	사용 가능한 가스의 양을 감소시키는 것을 포함하여 사용 가능한 가스의 양을 가져오기	–	2
0x5b	JUMPDEST	점프에 유효한 대상 표시	–	1
0x5c ~ 0x5f	Unused	–	–	
0x60	PUSH1	스택에 1바이트 아이템 배치	–	3
0x61	PUSH2	스택에 2바이트 아이템 배치	–	3
0x62	PUSH3	스택에 3바이트 아이템 배치	–	3
0x63	PUSH4	스택에 4바이트 아이템 배치	–	3

연산코드	이름	설명	추가 정보	가스
0x64	PUSH5	스택에 5바이트 아이템 배치	–	3
0x65	PUSH6	스택에 6바이트 아이템 배치	–	3
0x66	PUSH7	스택에 7바이트 아이템 배치	–	3
0x67	PUSH8	스택에 8바이트 아이템 배치	–	3
0x68	PUSH9	스택에 9바이트 아이템 배치	–	3
0x69	PUSH10	스택에 10바이트 아이템 배치	–	3
0x6a	PUSH11	스택에 11바이트 아이템 배치	–	3
0x6b	PUSH12	스택에 12바이트 아이템 배치	–	3
0x6c	PUSH13	스택에 13바이트 아이템 배치	–	3
0x6d	PUSH14	스택에 14바이트 아이템 배치	–	3
0x6e	PUSH15	스택에 15바이트 아이템 배치	–	3
0x6f	PUSH16	스택에 16바이트 아이템 배치	–	3
0x70	PUSH17	스택에 17바이트 아이템 배치	–	3
0x71	PUSH18	스택에 18바이트 아이템 배치	–	3
0x72	PUSH19	스택에 19바이트 아이템 배치	–	3
0x73	PUSH20	스택에 20바이트 아이템 배치	–	3
0x74	PUSH21	스택에 21바이트 아이템 배치	–	3
0x75	PUSH22	스택에 22바이트 아이템 배치	–	3
0x76	PUSH23	스택에 23바이트 아이템 배치	–	3
0x77	PUSH24	스택에 24바이트 아이템 배치	–	3
0x78	PUSH25	스택에 25바이트 아이템 배치	–	3
0x79	PUSH26	스택에 26바이트 아이템 배치	–	3
0x7a	PUSH27	스택에 27바이트 아이템 배치	–	3
0x7b	PUSH28	스택에 28바이트 아이템 배치	–	3
0x7c	PUSH29	스택에 29바이트 아이템 배치	–	3
0x7d	PUSH30	스택에 30바이트 아이템 배치	–	3
0x7e	PUSH31	스택에 31바이트 아이템 배치	–	3
0x7f	PUSH32	스택에 32바이트(전체 단어) 아이템 배치	–	3
0x80	DUP1	1번째 스택 아이템 복제	–	3
0x81	DUP2	2번째 스택 아이템 복제	–	3
0x82	DUP3	3번째 스택 아이템 복제	–	3
0x83	DUP4	4번째 스택 아이템 복제	–	3

연산코드	이름	설명	추가 정보	가스
0x84	DUP5	5번째 스택 아이템 복제	-	3
0x85	DUP6	6번째 스택 아이템 복제	-	3
0x86	DUP7	7번째 스택 아이템 복제	-	3
0x87	DUP8	8번째 스택 아이템 복제	-	3
0x88	DUP9	9번째 스택 아이템 복제	-	3
0x89	DUP10	10번째 스택 아이템 복제	-	3
0x8a	DUP11	11번째 스택 아이템 복제	-	3
0x8b	DUP12	12번째 스택 아이템 복제	-	3
0x8c	DUP13	13번째 스택 아이템 복제	-	3
0x8d	DUP14	14번째 스택 아이템 복제	-	3
0x8e	DUP15	15번째 스택 아이템 복제	-	3
0x8f	DUP16	16번째 스택 아이템 복제	-	3
0x90	SWAP1	1번째와 2번째 스택 아이템 교환	-	3
0x91	SWAP2	1번째와 3번째 스택 아이템 교환	-	3
0x92	SWAP3	1번째와 4번째 스택 아이템 교환	-	3
0x93	SWAP4	1번째와 5번째 스택 아이템 교환	-	3
0x94	SWAP5	1번째와 6번째 스택 아이템 교환	-	3
0x95	SWAP6	1번째와 7번째 스택 아이템 교환	-	3
0x96	SWAP7	1번째와 8번째 스택 아이템 교환	-	3
0x97	SWAP8	1번째와 9번째 스택 아이템 교환	-	3
0x98	SWAP9	1번째와 10번째 스택 아이템 교환	-	3
0x99	SWAP10	1번째와 11번째 스택 아이템 교환	-	3
0x9a	SWAP11	1번째와 12번째 스택 아이템 교환	-	3
0x9b	SWAP12	1번째와 13번째 스택 아이템 교환	-	3
0x9c	SWAP13	1번째와 14번째 스택 아이템 교환	-	3
0x9d	SWAP14	1번째와 15번째 스택 아이템 교환	-	3
0x9e	SWAP15	1번째와 16번째 스택 아이템 교환	-	3
0x9f	SWAP16	1번째와 17번째 스택 아이템 교환	-	3
0xa0	LOG0	주제가 없는 로그 레코드 추가	-	375
0xa1	LOG1	하나의 주제와 함께 로그 기록 추가	-	750
0xa2	LOG2	두 가지 주제로 로그 기록 추가	-	1125
0xa3	LOG3	세 가지 주제로 로그 기록 추가	-	1500

연산코드	이름	설명	추가 정보	가스
0xa4	LOG4	네 가지 주제로 로그 기록 추가	–	1875
0xa5 ~ 0xaf	Unused	–	–	
0xb0	JUMPTO	임시 리베브마즘(libevmasm, http://bit.ly/2Sx2Vkg)은 다른 숫자를 가짐	EIP-615(http://bit.ly/2CR77pu)	
0xb1	JUMPIF	임시	EIP-615(http://bit.ly/2CR77pu)	
0xb2	JUMPSUB	임시	EIP-615(http://bit.ly/2CR77pu)	
0xb4	JUMPSUBV	임시	EIP-615(http://bit.ly/2CR77pu)	
0xb5	BEGINSUB	임시	EIP-615(http://bit.ly/2CR77pu)	
0xb6	BEGINDATA	임시	EIP-615(http://bit.ly/2CR77pu)	
0xb8	RETURNSUB	임시	EIP-615(http://bit.ly/2CR77pu)	
0xb9	PUTLOCAL	임시	EIP-615(http://bit.ly/2CR77pu)	
0xba	GETLOCA	임시	EIP-615(http://bit.ly/2CR77pu)	
0xbb ~ 0xe0	Unused	–	–	
0xe1	SLOADBYTES	pyethereum에서만 참조	–	–
0xe2	SSTOREBYTES	pyethereum에서만 참조	–	–
0xe3	SSIZE	pyethereum에서만 참조	–	–
0xe4 ~ 0xef	Unused	–	–	
0xf0	CREATE	연결된 코드로 새 계정 만들기	–	32000
0xf1	CALL	계정으로 메시지 호출	–	복잡함
0xf2	CALLCODE	대체 계정의 코드와 함께 이 계정으로 메시지 호출	–	복잡함
0xf3	RETURN	출력 데이터를 반환하는 실행 중지	–	0
0xf4	DELEGATECALL	대체 계정 코드와 함께 이 계정으로 메시지를 호출하지만, 대체 계정 코드로 이 계정에 계속 유지됨	–	복잡함
0xf5	CALLBLACKBOX	–	–	40
0xf6 ~ 0xf9	Unused	–	–	

연산코드	이름	설명	추가 정보	가스
0xfa	STATICCALL	CALL과 비슷하지만 상태를 수정하지 않음	–	40
0xfb	CREATE2	새 계정을 만들고 생성 주소를 sha3(sender + sha3(init code)) % 2**160으로 설정하기	–	
0xfc	TXEXECGAS	황서 FIXME에 없음	–	–
0xfd	REVERT	공급된 모든 가스를 소비하지 않고, 그리고 이유(reason) 제공 없이 실행을 중단하고 상태 변경을 되돌리기	–	0
0xfe	INVALID	지정된 유효하지 않은 명령	–	0
0xff	SELFDESTRUCT	실행을 중지하고 나중에 삭제할 계정 등록	–	5000*

개발 도구, 프레임워크, 라이브러리

프레임워크

이더리움 스마트 컨트랙트 개발을 쉽게 하기 위해 프레임워크를 사용할 수 있다. 스스로 모든 것을 하게 되면 모든 것이 어떻게 잘 맞는지 더 잘 이해할 수 있지만, 개발에는 지루하고 반복적인 작업이 많다. 이 절에서 설명하는 프레임워크를 통해 특정 작업을 자동화하고 개발을 쉽게 할 수 있다.

트러플(Truffle)

깃허브: https://github.com/trufflesuite/truffle

웹사이트: https://truffleframework.com

문서: https://truffleframework.com/docs

트러플 박스: http://truffleframework.com/boxes/

npm 패키지 저장소: https://www.npmjs.com/package/truffle

트러플 프레임워크 설치하기

트러플 프레임워크는 여러 Node.js 패키지로 구성된다. 트러플을 설치하기 전에 Node.js와 노드 패키지 관리자(npm)의 최신 버전을 설치해야 한다.

Node.js와 npm은 노드 버전 관리자(nvm)를 사용하여 설치할 것을 권장한다. nvm을 사용하여 모든 디펜던시들과 업데이트 부분을 설치할 수 있다. http://nvm.sh에 있는 지침을 따르자.

nvm이 운영체제에 설치되면 Node.js 설치는 간단하다. --lts 플래그를 사용하여 가장 최근의 '장기 지원(Long-Term Support, LTS)' 버전 Node.js를 설치할 수 있다.

```
$ nvm install --lts
```

node와 npm이 설치되어 있는지 확인하라.

```
$ node -v
v8.9.4
$ npm -v
5.6.0
```

다음으로 댑(DApp)에서 지원하는 Node.js 버전 정보가 포함된 숨겨진 파일인 .nvmrc를 만든다. 그리고 개발자가 프로젝트의 루트 디렉터리에서 nvm install 명령문을 실행하면 자동으로 해당 버전의 Node.js를 설치한다.

```
$ node -v > .nvmrc
$ nvm install
```

설치는 잘되었다. 이제 트러플을 설치하자.

```
$ npm -g install truffle

+ truffle@4.0.6
installed 1 package in 37.508s
```

기존 트러플 프로젝트(트러플 박스) 통합하기

미리 제작된 프로젝트를 기반으로 댑을 생성하거나 사용하려면, 트러플 박스(Truffle Box) 웹사이트에서 기존 트러플 프로젝트 하나를 선택하고 다음 명령을 실행하여 해당 프로젝트를 설치하라.

```
$ truffle unbox BOX_NAME
```

트러플 프로젝트 디렉터리 만들기

트러플을 사용할 각 프로젝트에 대해 프로젝트 디렉터리를 만들고 해당 디렉터리에서 트러플을 초기화하라. 트러플은 프로젝트 디렉터리 내에 필요한 디렉터리 구조를 만든다. 프로젝트 디렉터리에 프로젝트를 설명하는 이름을 지정하는 것이 일반적이다. 이 예제에서는 트러플을 사용하여 32페이지 '간단한 컨트랙트: 테스트 이더 Faucet' 절의 Faucet 컨트랙트를 배포할 것이므로 프로젝트 폴더의 이름을 Faucet이라고 지을 것이다.

```
$ mkdir Faucet
$ cd Faucet
Faucet $
```

Faucet 디렉터리에서 트러플을 초기화한다.

```
Faucet $ truffle init
```

트러플은 디렉터리 구조와 몇 가지 기본 파일을 만든다.

```
Faucet
+---- contracts
|    `---- Migrations.sol
+---- migrations
|    `---- 1_initial_migration.js
+---- test
+---- truffle-config.js
`---- truffle.js
```

또한, 트러플 외에 추가로 여러 가지 자바스크립트(Node.js) 지원 패키지를 사용한다. 이 패키지들은 npm으로 설치할 수 있다. npm 디렉터리 구조를 초기화하고 npm에서 제안하는 기본값을 사용한다.

```
$ npm init

package name: (faucet)
version: (1.0.0)
description:
entry point: (truffle-config.js)
test command:
git repository:
keywords:
author:
license: (ISC)
About to write to Faucet/package.json:

{
  "name": "faucet",
  "version": "1.0.0",
  "description": "",
  "main": "truffle-config.js",
  "directories": {
    "test": "test"
  },
  "scripts": {
    "test": "echo \"Error: no test specified\" && exit 1"
  },
  "author": "",
  "license": "ISC"
}

Is this ok? (yes)
```

이제 트러플 작업을 쉽게 하기 위해 사용할 디펜던시 패키지들을 설치할 수 있다.

```
$ npm install dotenv truffle-wallet-provider ethereumjs-wallet
```

이제 Faucet 디렉터리 안에 수천 개의 파일이 있는 **node_modules** 디렉터리가 생성되었다.

댑을 클라우드 운영 또는 지속적인 통합 환경에 배포하기 전에 엔진 필드를 지정하여 댑에 올바른 Node.js 버전과 이와 관련된 디펜던시들이 설치되도록 해야 한다. 이 필드를 구성하는 방법에 대한 자세한 내용은 문서(http://bit.ly/2zp2GPF)를 참고하자.

트러플 구성

트러플은 일부 빈 구성 파일, truffle.js 및 truffle-config.js를 생성한다. 윈도우 시스템에서 `truffle` 명령을 실행하려 할 때 truffle.js 이름과 충돌이 발생하므로 윈도우는 truffle.js를 실행하려고 시도한다. 이를 방지하기 위해서는 truffle.js를 삭제하고 truffle-config.js를 사용한다 (이미 충분히 고통받고 있는 윈도우 사용자를 위해서).

```
$ rm truffle.js
```

이제 우리는 truffle-config.js 파일을 편집하여 여기에 나와 있는 샘플 구성 파일로 내용을 바꾼다.

```
module.exports = {
    networks: {
        localnode: { // 로컬 노드가 연결되는 네트워크
            network_id: "*", // 모든 네트워크 ID와 일치
            host: "localhost",
            port: 8545,
        }
    }
};
```

이 구성은 좋은 출발점이다. localnode라는 이름으로 기본 이더리움 네트워크를 설정한다. 여기서는 패리티 같은 이더리움 클라이언트를 풀 노드 또는 라이트 클라이언트로 실행한다고 가정한다. 이 구성에 따라 트러플은 RPC를 통해 로컬 노드와 8545 포트로 통신한다. 트러플은 이더리움 메인 네트워크 또는 롭스텐 테스트 네트워크와 같은 로컬 노드가 연결된 모든 이더리움 네트워크를 사용할 것이다. 로컬 노드는 또한 지갑 기능을 제공할 것이다.

다음 절에서는 가나슈(ganache) 로컬 테스트 블록체인과 호스트 네트워크 제공 업체인 인퓨라(Infura)와 같이 트러플이 사용할 추가 네트워크를 구성할 것이다. 더 많은 네트워크를 추가함에 따라 구성 파일은 더욱 복잡해지겠지만, 테스트와 개발 작업 흐름에 대한 더 많은 옵션을 제공할 것이다.

트러플을 사용하여 컨트랙트 배포하기

우리는 이제 Faucet 프로젝트를 위한 기본적인 작업 디렉터리를 만들고 트러플과 그와 관련된 의존 관계 모듈을 설정했다. 컨트랙트는 프로젝트의 contracts 하위 디렉터리에 있다. 디렉터리

에는 이미 컨트랙트 업그레이드를 관리하는 Migrations.sol이라는 '도우미(helper)' 컨트랙트가 있다. 다음 절에서 Migrations.sol의 사용법을 살펴보겠다.

Faucet.sol 컨트랙트(예제 2-1)를 contracts 하위 디렉터리에 복사하여 프로젝트 디렉터리가 다음과 같이 보이게 하자.

```
Faucet
+---- contracts
|    +---- Faucet.sol
|    `---- Migrations.sol
...
```

이제 우리는 트러플로 컨트랙트를 컴파일할 수 있다.

```
$ truffle compile
Compiling ./contracts/Faucet.sol...
Compiling ./contracts/Migrations.sol...
Writing artifacts to ./build/contracts
```

트러플 마이그레이션: 배포 스크립트 이해

트러플은 **마이그레이션(migration)**이라는 배포 시스템을 제공한다. 다른 프레임워크에서 작업한 적이 있다면, 비슷한 것을 보았을 것이다. 루비 온 레일즈(Ruby on Rails), 파이썬 장고(Python Django) 및 다른 많은 언어와 프레임워크에는 migrate 명령이 있다.

이런 대부분의 프레임워크에서 마이그레이션의 목적은 각기 다른 버전의 소프트웨어 간에 데이터 스키마의 변경사항을 처리하는 것이다. 이더리움의 마이그레이션 목적은 약간 다르다. 이더리움 컨트랙트는 불변이고 배포를 위한 가스 비용 때문에, 트러플은 이미 배포된 컨트랙트와 버전을 추적하는 마이그레이션 메커니즘을 제공한다. 수십 개의 컨트랙트와 복잡한 디펜던시를 가진 복잡한 프로젝트에서는 변경되지 않은 컨트랙트가 재배포됨에 따른 비용을 지급하고 싶어 하지는 않을 것이다. 또한, 이미 배포된 컨트랙트의 버전을 수동으로 추적하고 싶지도 않을 것이다. 트러플 마이그레이션 메커니즘은 모든 컨트랙트 배포를 추적하는 스마트 컨트랙트인 Migrations.sol을 배포함으로써 이 모든 것을 수행한다.

우리는 Faucet.sol이라는 단 하나의 컨트랙트만 가지고 있는데, 이것은 마이그레이션 시스템이 오버킬(overkill)이라는 것을 의미한다. 불행히도, 우리는 그것을 사용해야 한다. 그러나 한 컨트랙트에 사용하는 방법을 배워두면 개발 작업 흐름에 도움이 되는 좋은 습관을 기를 수 있다. 프로젝트가 점점 복잡해지면 이러한 노력이 효과를 발휘할 것이다.

트러플의 migrations 디렉터리는 마이그레이션 스크립트가 있는 곳이다. 현재 Migrations.sol 컨트랙트 자체를 배포하는 스크립트는 1_initial_migration.js뿐이다.

```
1  var Migrations = artifacts.require("./Migrations.sol");
2
3  module.exports = function(deployer) {
4      deployer.deploy(Migrations);
5  };
```

Faucet.sol을 배포하려면 두 번째 마이그레이션 스크립트가 필요하다. 이 스크립트를 2_deploy_contracts.js라고 부르자. 몇 가지 작은 변경만 적용된 1_initial_migration.js와 같은 간단한 스크립트다. 사실 1_initial_migration.js의 내용을 복사하고 Migrations를 Faucet으로 간단하게 바꾸면 된다.

```
1  var Faucet = artifacts.require("./Faucet.sol");
2
3  module.exports = function(deployer) {
4      deployer.deploy(Faucet);
5  };
```

스크립트는 Faucet을 정의하는 아티펙트(artifact)로서 Faucet.sol 솔리디티 소스 코드를 식별하는 변수 Faucet을 초기화한다. 그런 후에 이 컨트랙트를 배포하는 deploy 함수를 호출한다.

우리는 모두 준비가 되었다. 트러플 마이그레이션을 사용하여 배포해 보자. --network 인수를 사용하여 컨트랙트를 배포할 네트워크를 지정해야 한다. 우리는 구성 파일에 localnode라는 하나의 네트워크만 지정했다. 로컬 이더리움 클라이언트가 실행 중인지 확인한 후 다음을 입력하라.

```
Faucet $ truffle migrate --network localnode
```

이더리움 네트워크에 연결하고 지갑을 관리하기 위해 로컬 노드를 사용하기 때문에 트러플이 생성하는 트랜잭션을 승인해야 한다. 우리는 롭스텐 테스트 블록체인에 연결된 패리티를 실행 중이다. 따라서 마이그레이션하는 동안 패리티의 웹 콘솔에 그림 D-1과 같은 팝업이 표시된다.

그림 D-1 Faucet 컨트랙트를 배포하기 위한 확인을 요청하는 패리티

총 4개의 트랜잭션이 있다. 하나는 Migrations를 배포하는 트랜잭션, 다른 하나는 배포 카운터를 1로 업데이트하는 트랜잭션, 하나는 Faucet을 배포하는 트랜잭션, 다른 하나는 배포 카운터를 2로 업데이트하는 트랜잭션이다.

트러플은 마이그레이션이 완료되었음을 보여주고, 각 트랜잭션을 보여주며, 컨트랙트 주소를 보여준다.

```
$ truffle migrate --network localnode
Using network 'localnode'.

Running migration: 1_initial_migration.js
  Deploying Migrations...
  ... 0xfa090db179d023d2abae543b4a21a1479e70ca7d35a469a5d1a98bfc6bd80fe8
  Migrations: 0x8861c27715550bed8362c0345add158489df6db0
Saving successful migration to network...
  ... 0x985c4a32716826ddbe4eae284104bef8bc69e959899f62246a1b27c9dfcd6c03
Saving artifacts...
Running migration: 2_deploy_contracts.js
  Deploying Faucet...
  ... 0xecdbeef77f0558edc689440e34b7bba0a3ba7a45e4b680b071b47c30a930e9d6
  Faucet: 0xd01cd8e7bd29e4bff8c1693f59eee46137a9f300
Saving successful migration to network...
  ... 0x11f376bd7307edddfd40dc4a14c3f7cb84b6c921ac2465602060b67d08f9fd8a
Saving artifacts...
```

트러플 콘솔 사용하기

트러플은 (로컬 노드를 통해) 이더리움 네트워크와 상호작용하고, 배포된 컨트랙트와 상호작용하며, 지갑 공급자와 상호작용하는 데 사용할 수 있는 자바스크립트 콘솔을 제공한다. 현재 구성(localnode)에서 노드와 지갑 공급자는 로컬 패리티 클라이언트다.

트러플 콘솔을 시작하고 몇 가지 명령을 시도해 보자.

```
$ truffle console --network localnode
truffle(localnode)>
```

트러플은 선택된 네트워크 구성(localnode)을 보여주는 프롬프트를 표시한다.

 사용하고 있는 네트워크를 기억하고 알고 있어야 한다. 테스트 컨트랙트를 실수로 배포하거나 이더리움 메인 네트워크에서 트랜잭션을 수행하는 것을 원하지는 않을 것이다. 그와 같은 실수로 비싼 대가를 치를 수도 있다.

트러플 콘솔은 환경을 쉽게 탐색할 수 있는 자동 완성 기능을 제공한다. 부분적으로 완료된 명령 뒤에 탭을 누르면 트러플이 명령을 완성해 준다. 1개 이상의 명령이 입력과 일치하는 경우, 탭을 두 번 누르면 모든 가능한 명령이 표시된다. 사실 빈 프롬프트에서 탭을 두 번 누르면, 트러플은 사용 가능한 모든 명령을 나열한다.

```
truffle(localnode)>
Array Boolean Date Error EvalError Function Infinity JSON Math NaN Number Object
RangeError ReferenceError RegExp String SyntaxError TypeError URIError decodeURI
decodeURIComponent encodeURI encodeURIComponent eval isFinite isNaN parseFloat
parseInt undefined

ArrayBuffer Buffer DataView Faucet Float32Array Float64Array GLOBAL Int16Array
Int32Array Int8Array Intl Map Migrations Promise Proxy Reflect Set StateManager
Symbol Uint16Array Uint32Array Uint8Array Uint8ClampedArray WeakMap WeakSet
WebAssembly XMLHttpRequest _ assert async_hooks buffer child_process clearImmediate
clearInterval clearTimeout cluster console crypto dgram dns domain escape events fs
global http http2 https module net os path perf_hooks process punycode querystring
readline repl require root setImmediate setInterval setTimeout stream string_
decoder tls tty unescape url util v8 vm web3 zlib

__defineGetter__ __defineSetter__ __lookupGetter__ __lookupSetter__ __proto__
constructor hasOwnProperty isPrototypeOf propertyIsEnumerable toLocaleString
toString valueOf
```

대다수의 지갑 및 노드 관련 함수는 web3.js 라이브러리의 인스턴스인 web3 객체에 의해 제공된다. web3 객체는 패리티 노드에 RPC 인터페이스를 추상화한다. 또한, Migrations와 Faucet이라는 익숙한 이름을 가진 2개의 객체를 볼 수 있다. 이 2개의 객체는 방금 배포한 컨트랙트를 나타낸다. 트러플 콘솔을 사용하여 컨트랙트와 상호작용한다. 먼저 web3 객체를 통해 지갑을 확인해 보자.

```
truffle(localnode)> web3.eth.accounts
[ '0x9e713963a92c02317a681b9bb3065a8249de124f',
  '0xdb5dc1a13e3a55cf3b4587cd8d1e5fdeb6738145' ]
```

패리티 클라이언트에는 롭스텐의 테스트용 이더를 가진 2개의 지갑이 있다. web3.eth.accounts 속성은 모든 계정의 목록을 포함한다. getBalance 함수를 사용하여 첫 번째 계정의 잔액을 확인할 수 있다.

```
truffle(localnode)> web3.eth.getBalance(web3.eth.accounts[0]).toNumber()
191198572800000000
truffle(localnode)>
```

web3.js는 로컬 클라이언트 같은 공급자를 통해 이더리움 시스템에 포괄적인 인터페이스를 제공하는 대규모 자바스크립트 라이브러리다. 부록 E에서 web3.js에 대해 더 자세히 살펴볼 것이다. 이제 컨트랙트와 상호작용을 시도해 보겠다.

```
truffle(localnode)> Faucet.address
'0xd01cd8e7bd29e4bff8c1693f59eee46137a9f300'
truffle(localnode)> web3.eth.getBalance(Faucet.address).toNumber()
0
truffle(localnode)>
```

다음으로 우리는 sendTransaction을 사용하여 Faucet 컨트랙트에 자금을 조달하기 위해 테스트 이더를 보낸다. 이더 단위를 변환하기 위해 web3.toWei를 사용한다. 실수하지 않고 18개의 0을 입력하는 일은 어렵고 위험하므로 항상 값을 입력하기 위해 사용하는 것이 좋다. 다음은 트랜잭션을 보내는 방법이다.

```
truffle(localnode)> web3.eth.sendTransaction({from:web3.eth.accounts[0],
                to:Faucet.address, value:web3.toWei(0.5, 'ether')});
```

```
'0xf134c75b985dc0e0c27c2f0412251e0860eb530a5055e660f21e7483ab336808'
```

패리티 웹 인터페이스로 전환하면 이 트랜잭션을 확인하는 팝업이 표시된다. 트랜잭션이 완료되면 Faucet 컨트랙트 잔액을 확인할 수 있다.

```
truffle(localnode)> web3.eth.getBalance(Faucet.address).toNumber()
500000000000000000
```

컨트랙트에서 일부 테스트용 이더를 출금하기 위해 출금 함수를 호출해 보자.

```
truffle(localnode)> Faucet.deployed().then(instance =>
                    {instance.withdraw(web3.toWei(0.1,
                    'ether'))}).then(console.log)
```

패리티 웹 인터페이스에서 트랜잭션을 승인해야 한다. 다시 확인하면 Faucet 컨트랙트의 잔액이 줄어들고 테스트 지갑에 0.1이더가 있음을 알 수 있다.

```
truffle(localnode)> web3.eth.getBalance(Faucet.address).toNumber()
400000000000000000
truffle(localnode)> Faucet.deployed().then(instance =>
                    {instance.withdraw(web3.toWei(1, 'ether'))})
StatusError: Transaction: 0xe147ae9e3610334...8612b92d3f9c
  exited with an error (status 0).
```

임바크(Embark)

깃허브: https://github.com/embark-framework/embark/

문서: https://embark.status.im/docs/

npm 패키지 저장소: https://www.npmjs.com/package/embark

임바크는 개발자가 탈중앙화된 애플리케이션을 쉽게 개발하고 배포할 수 있도록 구축된 프레임워크다. 임바크는 이더리움, IPFS, 위스퍼(Whisper) 및 스웜(Swarm)과 통합되어 다음과 같은 기능을 제공한다.

- 컨트랙트를 자동으로 배포하고 JS 코드로 사용할 수 있도록 한다.

- 변경사항을 확인하고, 필요할 경우에 컨트랙트를 업데이트해서 다시 배포한다.
- 다른 체인(예: 테스트넷, 로컬, 메인넷)을 관리하고 상호작용한다.
- 상호 의존적인 컨트랙트의 복잡한 시스템을 관리한다.
- IPFS에서 관리하는 파일을 업로드하고 검색하는 것을 포함하여 데이터를 저장하고 검색한다.
- 전체 애플리케이션을 IPFS 또는 스웜에 배포하는 과정을 쉽게 진행할 수 있다.
- 위스퍼를 통해 메시지를 주고받는다.

임바크는 npm으로 설치할 수 있다.

```
$ npm -g install embark
```

오픈제플린(OpenZeppelin)

깃허브: https://github.com/OpenZeppelin/openzeppelin-solidity

웹사이트: https://openzeppelin.org/

문서: https://docs.openzeppelin.org/docs/open-zeppelin.html

오픈제플린은 솔리디티 언어로 재사용할 수 있고 안전한 스마트 컨트랙트를 위한 개방형 프레임워크다.

제플린(Zeppelin, https://zeppelin.solutions/) 팀이 이끄는 커뮤니티를 중심으로 100명이 넘는 외부 컨트리뷰터(contributor)가 있다. 이 프레임워크의 주요 초점은 업계 표준의 컨트랙트 보안 패턴과 권장 지침을 통해서 보안을 달성하는 것이다. 또한, 이를 위해서 엄청난 수의 컨트랙트를 감사하고 실제 애플리케이션 기반으로 프레임워크를 사용하는 커뮤니티의 지속적인 테스트 및 감사를 통해 얻은 제플린 개발자들의 모든 경험을 활용한다.

오픈제플린 프레임워크는 이더리움 스마트 컨트랙트에 가장 널리 사용되는 솔루션이다. 이 프레임워크에는 현재 ERC20 및 ERC721 토큰의 구현, 크라우드세일 모델의 많은 특징 및 Ownable, Pausable, LimitBalance 같은 컨트랙트에서 흔히 볼 수 있는 간단한 동작을 포함한 충분한 컨트랙트 라이브러리가 있다. 이 저장소의 컨트랙트는 때에 따라 사실상 표준 구현으로 작동한다.

이 프레임워크는 MIT 라이선스를 따르며, 모든 컨트랙트는 재사용과 확장의 용이성을 보장하는 모듈 방식으로 설계되었다. 이것들은 완벽하고 기본적인 빌딩 블록으로, 다음 이더리움 프로젝트에서 사용할 수 있다. 프레임워크를 설정하고 오픈제플린 컨트랙트를 사용하여 간단한 크라우드세일을 만들어보자. 이로 인해 오픈제플린 프레임워크가 얼마나 사용하기 쉬운지 알 수 있을 것이다. 이 예제는 또한 보안 구성요소를 직접 작성하는 대신 재사용하는 것이 중요함을 강조한다.

먼저 openzeppelin-solidity 라이브러리를 작업 영역에 설치해야 한다. 이 글을 쓰고 있는 시점의 최신 버전은 v1.9.0이므로 다음과 같이 사용한다.

```
$ mkdir sample-crowdsale
$ cd sample-crowdsale
$ npm install openzeppelin-solidity@1.9.0
$ mkdir contracts
```

이 글의 작성 당시 오픈제플린은 발행, 제한, 귀속 확정일, 수명주기 등에 대해 다른 특성을 지닌 ERC20, ERC721, ERC827 표준을 따르는 여러 기본 토큰 컨트랙트를 포함한다.

ERC20 토큰을 작성해 보자. 즉, 초기 공급이 0에서 시작하고 토큰 소유자(여기서는 크라우드세일 컨트랙트)가 새 토큰을 만들고 구매자에게 판매할 수 있다. 이렇게 하기 위해 다음 내용으로 contracts/SampleToken.sol 파일을 생성한다.

```
pragma solidity 0.4.23;

import 'openzeppelin-solidity/contracts/token/ERC20/MintableToken.sol';

contract SampleToken is MintableToken {
    string public name = "SAMPLE TOKEN";
    string public symbol = "SAM";
    uint8 public decimals = 18;
}
```

오픈제플린은 이미 토큰의 기반으로 사용할 수 있는 MintableToken 컨트랙트를 제공하므로, 우리는 단지 우리 경우에 한정된 세부사항만을 정의한다. 다음으로, 크라우드세일 컨트랙트를 만들자. 토큰과 마찬가지로 오픈제플린은 이미 다양한 크라우드세일을 제공한다. 현재 배포, 발행, 가격 및 유효성 검증과 관련된 다양한 시나리오에 대한 컨트랙트를 찾을 수 있다. 따라서 크라우드세일의 목표를 설정하고 판매가 완료될 때까지 충족되지 않으면 모든 투자자에게 환불을 해야 한다. 이를 위해 RefundableCrowdsale(http://bit.ly/2yHoh65) 컨트랙트를 사용할 수 있다. 아니면 초기 구매자에게 인센티브를 주기 위해 가격을 올려서 크라우드세일을 정의하고 싶을 수도 있다. 이러한 용도로 IncreasingPriceCrowdsale(http://bit.ly/2PtWOys) 컨트랙트가 있다. 컨트랙트(CappedCrowdsale, http://bit.ly/2OVsCN8)가 지정된 양의 이더를 받거나, TimedCrowdsale(http://bit.ly/2zp2Nuz) 컨트랙트로 마감 시간을 설정하거나, WhitelistedCrowdsale(http://bit.ly/2CN8Hc9) 컨트랙트로 구매자의 화이트리스트를 작성할 때 크라우드세일을 종료할 수 있다.

앞서 말했듯이, 오픈제플린 컨트랙트는 기본적인 빌딩 블록이다. 이러한 크라우드세일 컨트랙트는 결합되도록 설계되었다. 오픈제플린 컨트랙트를 확장하는 방법에 대한 지침은 기본 Crowdsale(http://bit.ly/2ABIQSI) 컨트랙트의 소스 코드를 참고하자. 우리 토큰의 크라우드세일을 위해 이더가 크라우드세일 컨트랙트에 의해 수신될 때 토큰을 발행할 필요가 있다. 그래서 MintedCrowdsale(http://bit.ly/2Sx3HOc)을 기본으로 사용하자. 그리고 더 재미있게 만들기 위해 PostDeliveryCrowdsale(http://bit.ly/2Qef0Jm)을 만들자. 그래서 토큰은 크라우드세일이 끝난 후에만 출금할 수 있다. 이를 위해 우리는 Contracts/SampleCrowdsale.sol에 다음과 같이 쓸 것이다.

```solidity
pragma solidity 0.4.23;

import './SampleToken.sol';
import 'openzeppelin-solidity/contracts/crowdsale/emission/MintedCrowdsale.sol';
import 'openzeppelin-solidity/contracts/crowdsale/ \
    distribution/PostDeliveryCrowdsale.sol';

contract SampleCrowdsale is PostDeliveryCrowdsale, MintedCrowdsale {

    constructor(
        uint256 _openingTime,
        uint256 _closingTime
        uint256 _rate,
        address _wallet,
        MintableToken _token
    )
        public
        Crowdsale(_rate, _wallet, _token)
        PostDeliveryCrowdsale(_openingTime, _closingTime)
    {
    }
}
```

다시 말하지만, 우리가 작성한 코드는 거의 없다. 우리는 오픈제플린 커뮤니티가 제공한 실전에서 테스트된(battle-tested) 코드를 재사용했다. 그러나 이 경우는 우리 SampleToken 컨트랙트의 경우와는 다르다는 점에 유의해야 한다. 크라우드세일 자동화 테스트(http://bit.ly/2Q8lQ3o)를 보면 테스트가 격리되어 실행된 것을 볼 수 있다. 다른 단위의 코드를 더 큰 구성요소에 통합할 때 모든 유닛을 개별적으로 테스트하는 것만으로는 충분하지 않다. 왜냐하면 두 유닛 간의 상호작용으로 인해 예기치 못한 반응이 나올 수 있기 때문이다. 특히, 여기에서 솔리디티의 세부사항을 이해하지 못하면 개발자들이 놀랄 만한 다중 상속의 예도 있다. 우리의 SampleCrowdsale 컨트랙트는 간단하며, 프레임워크가 이와 같이 간단한 경우를 만들기 위해 설계되었으므로 기대했던 대로 작동한다. 이 프레임워크에서 소개하는 단순성 때문에 경계심을 풀면 안 된다. 좀 더 복잡한 솔루션을 만들기 위해 오픈제플린 프레임워크의 일부를 통합할 때마다 솔루션의 모든 측면을 완전히 테스트하여 유닛들의 모든 상호작용이 의도한 대로 작동하는지 확인해야 한다.

마지막으로, 우리 솔루션에 만족하고 그것을 철저히 테스트한 후에는 이를 배포해야 한다. 오픈제플린은 트러플과 잘 통합되어 있으므로, 400페이지의 '트러플 마이그레이션: 배포 스크립트 이해' 절에서 설명한 대로 다음과 같은 마이그레이션 파일(migrations/2_deploy_contracts.js)을 작성할 수 있다.

```
const SampleCrowdsale = artifacts.require('./SampleCrowdsale.sol');
const SampleToken = artifacts.require('./SampleToken.sol');

module.exports = function(deployer, network, accounts) {
    const openingTime = web3.eth.getBlock('latest').timestamp + 2; // 2초후
    const closingTime = openingTime + 86400 * 20; // 20일
    const rate = new web3.BigNumber(1000);
    const wallet = accounts[1];

    return deployer
        .then(() => {
            return deployer.deploy(SampleToken);
        })
        .then(() => {
            return deployer.deploy(
                SampleCrowdsale,
                openingTime,
                closingTime,
                rate,
                wallet,
                SampleToken.address
            );
```

```
    });
};
```

 이것은 오픈제플린 프레임워크의 일부인 몇 가지 컨트랙트에 대한 간략한 개요였다. 오픈제플린 개발 커뮤니티에 참여하여 배우고 기여할 수 있다.

제플린OS(ZeppelinOS)

깃허브: https://github.com/zeppelinos

웹사이트: https://zeppelinos.org

블로그: https://blog.zeppelinos.org

제플린OS는 "스마트 컨트랙트 애플리케이션을 안전하게 개발하고 관리하기 위해 EVM상에 있는 도구 및 서비스의 오픈 소스 분산 플랫폼이다."

제플린OS의 코드는 사용할 때마다 각 애플리케이션에 재배포해야 하는 오픈제플린의 코드와 달리 온체인에 있다. ERC20 토큰 같은 특정 기능을 필요로 하는 애플리케이션은 구현을 재설계하고 재검증(오픈제플린이 해결한 것)할 수 있을 뿐만 아니라 배포할 필요도 없다. 제플린OS를 사용하면 데스크톱 애플리케이션이 기본 OS의 구성요소와 상호작용하는 것과 같은 방식으로, 애플리케이션이 토큰의 온체인 연결 구현체와 직접 상호작용할 수 있다.

제플린OS의 핵심에는 **프록시(proxy)**라고 하는 아주 영리한 컨트랙트가 있다. 프록시는 다른 컨트랙트를 감싸서 감출 수 있는 컨트랙트이며, 인터페이스를 노출시키기 위해서 세터(setter) 및 게터(getter)를 수동으로 구현하지 않아도 되며, 상태를 잃지 않고 업그레이드할 수 있다. 솔리디티 용어에서는 비즈니스 로직이 라이브러리 내에 포함된 일반 컨트랙트로 볼 수 있으며, 이 라이브러리는 상태를 잃지 않고 언제든지 새 라이브러리를 교환할 수 있다. 프록시가 구현체에 연결하는 방식은 개발자를 위해 완전히 자동화되고 캡슐화된다. 실질적으로 모든 컨트랙트는 코드 변경 없이 거의 업그레이드할 수 있다. 제플린OS의 프록시 메커니즘에 대한 자세한 내용은 블로그(http://bit.ly/2OfuNpu)에서 찾을 수 있으며, 깃허브(https://bit.ly/2E25lSP)에 사용할 수 있는 방법의 예가 있다.

제플린OS를 사용하여 애플리케이션을 개발하는 것은 npm을 사용하여 자바스크립트 애플리케이션을 개발하는 것과 유사하다. AppManager는 각 버전의 애플리케이션 패키지를 처리한다. 패키지는 컨트랙트의 디렉터리일 뿐이며, 각각은 하나 이상의 업그레이드 가능한 프록시를 가질 수 있다. AppManager는 애플리케이션별 컨트랙트에 대한 프록시를 제공할 뿐만 아니라, 제플린OS 구현을 위해 표준 라이브러리 형태로 프록시를 제공한다. 이에 대한 전체 예제를 보려면 examples/complex(http://bit.ly/2PtyJb3)를 참고하자.

현재 개발 중인 제플린OS는 개발자 도구, 컨트랙트 내에서 백그라운드 동작을 자동화하는 스케줄러, 개발 범위, 애플리케이션 간 상호 통신 및 가치 교환 시장을 촉진하는 마켓플레이스(marketplace) 같은 광범위한 추가 기능들을 제공하는 것이 목표다. 이 모든 것은 제플린OS 백서(http://bit.ly/2QcxV7K)에 설명되어 있다.

유틸리티

EthereumJS helpeth: 커맨드 라인 유틸리티

깃허브: https://github.com/ethereumjs/helpeth

helpeth는 개발자의 작업을 훨씬 쉽게 만들어주는 키와 트랜잭션 조작을 위한 커맨드 라인 도구다.

그리고 자바스크립트 기반 라이브러리 및 EthereumJS 도구 모음의 일부분이다.

```
Usage: helpeth [command]

Commands:
  signMessage <message>                        Sign a message
  verifySig <hash> <sig>                        Verify signature
  verifySigParams <hash> <r> <s> <v>           Verify signature parameters
  createTx <nonce> <to> <value> <data>         Sign a transaction
  <gasLimit> <gasPrice>
  assembleTx <nonce> <to> <value> <data>       Assemble a transaction from its
  <gasLimit> <gasPrice> <v> <r> <s>            components
  parseTx <tx>                                 Parse raw transaction
  keyGenerate [format] [icapdirect]            Generate new key
  keyConvert                                   Convert a key to V3 keystore format
  keyDetails                                   Print key details
  bip32Details <path>                          Print key details for a given path
```

```
addressDetails <address>                    Print details about an address
unitConvert <value> <from> <to>             Convert between Ethereum units

Options:
  -p, --private          Private key as a hex string           [string]
  --password             Password for the private key          [string]
  --password-prompt      Prompt for the private key password   [boolean]
  -k, --keyfile          Encoded key file                      [string]
  --show-private         Show private key details              [boolean]
  --mnemonic             Mnemonic for HD key derivation         [string]
  --version              Show version number                   [boolean]
  --help                 Show help                             [boolean]
```

dapp.tools

웹사이트: https://dapp.tools/

dapp.tools는 유닉스 철학의 정신으로 만들어진 포괄적인 블록체인 지향 개발자 도구 모음이다. 포함된 도구는 다음과 같다.

댑(Dapp)

댑은 새로운 댑 생성, 솔리디티 단위 테스트 실행, 컨트랙트 디버깅 및 배포, 테스트넷 시작 등과 같은 기본적인 사용자 지향 도구다.

세스(Seth)

세스는 트랜잭션 구성, 블록체인 질의, 데이터 형식 간 변환, 원격 호출 수행 및 유사한 일상 작업에 사용한다.

Hevm

Hevm은 민첩한 터미널 기반의 솔리디티 디버거를 갖춘 하스켈(Haskell) EVM 구현이다. 댑을 테스트하고 디버깅하는 데 사용된다.

evmdis

evmdis는 EVM 디스어셈블러(disassembler)다. 바이트코드에 대한 정적 분석을 수행하여 원시 EVM 작업보다 높은 추상화 수준을 제공한다.

스푸트니크VM

스푸트니크VM(SputunikVM)은 다른 이더리움 기반 블록체인을 위한 플러그 가능한 독립형 가상 시스템이다. 러스트(Rust)로 작성되었으며, 바이너리, 카르고(cargo) 생성 또는 공유된 라이브러리로 사용되거나 FFI, Protobuf와 JSON 인터페이스를 통해 통합될 수 있다. 스푸트니크 VM은 JSON-RPC API 및 블록마이닝의 대부분을 에뮬레이트하는 테스트용으로 설계된 별도의 바이너리인 sputnikvm-dev가 있다.

라이브러리

web3.js

web3.js는 이더리움 재단에서 개발한 JSON-RPC를 통해 클라이언트와 통신하기 위한 이더리움 호환 자바스크립트 API이다.

깃허브: https://github.com/ethereum/web3.js

npm 패키지 저장소: https://www.npmjs.com/package/web3

web3.js API 0.2x.x 문서: https://github.com/ethereum/wiki/wiki/JavaScript-API

web3.js API 1.0.0-beta.xx 문서: https://web3js.readthedocs.io/en/1.0/web3.html

web3.py

web3.py는 이더리움 재단에서 관리하는 이더리움 블록체인과 상호작용할 수 있는 파이썬 라이브러리다.

깃허브: https://github.com/ethereum/web3.py

PyPi: https://pypi.org/project/web3/4.0.0b9/

문서: https://web3py.readthedocs.io/

EthereumJS

EthereumJS는 이더리움을 위한 라이브러리 및 유틸리티 모음이다.

깃허브: https://github.com/ethereumjs

웹사이트: https://ethereumjs.github.io/

web3j

web3j는 이더리움 클라이언트와의 통합 및 스마트 컨트랙트 작업을 위한 자바 및 안드로이드 (Android) 라이브러리다.

깃허브: https://github.com/web3j/web3j

웹사이트: https://web3j.io

문서: https://docs.web3j.io

EtherJar

EtherJar는 이더리움과 통합하기 위한 또 다른 자바 라이브러리이고 스마트 컨트랙트와 함께 동작한다. 자바 8 이상을 기반으로 하는 서버 측 프로젝트를 위해 설계되었으며, RPC, 이더리움 데이터 구조 및 스마트 컨트랙트 접근과 관련된 저수준의 접근과 고수준의 래퍼 (wrapper)를 제공한다.

깃허브: https://github.com/infinitape/etherjar

니더리움

니더리움(Nethereum)은 이더리움 용도의 닷넷 통합 라이브러리다.

깃허브: https://github.com/Nethereum/Nethereum

웹사이트: http://nethereum.com/

문서: https://nethereum.readthedocs.io/en/latest/

ethers.js

ethers.js 라이브러리는 작고 완벽하며 완전한 기능으로 광범위하게 테스트된 MIT 라이선스 기반 이더리움 라이브러리다. 또한, 이 라이브러리는 이더리움 재단으로부터 확장 및 유지관리에 대한 DevEx 권한 위임을 받았다.

깃허브 링크: https://github.com/ethers-io/ethers.js

문서: https://docs.ethers.io

에메랄드 플랫폼

에메랄드 플랫폼(Emerald Platform)은 이더리움 위에 댑을 구축하기 위한 라이브러리와 UI 구성요소를 제공한다. 에메랄드 JS 및 에메랄드 JS UI는 자바스크립트 애플리케이션 및 웹사이트를 빌드하는 데 필요한 모듈과 리액트(React) 구성요소를 제공한다. 에메랄드 SVG 아이콘은 블록체인 관련 아이콘의 집합이다. 자바스크립트 라이브러리 외에도 에메랄드에는 개인키와 트랜잭션 서명을 처리하기 위한 러스트 라이브러리가 있다. 모든 에메랄드 라이브러리 및 구성요소는 아파치 라이선스(Apache License) 버전 2.0에 따라 사용이 허가된다.

깃허브: https://github.com/etcdevteam/emerald-platform

문서: https://etcdev.gitbook.io/docs

테스트 스마트 컨트랙트

스마트 컨트랙트 개발을 위해 일반적으로 사용하는 테스트 프레임워크가 몇 가지 있는데, 표 D-1에 요약해 놓았다.

표 D-1 **스마트 컨트랙트 테스트 프레임워크 요약**

프레임워크	테스트 언어	테스트 프레임워크	체인 애뮬레이터	웹사이트
트러플(Truffle)	자바스크립트/솔리디티	모카(Mocha)	TestRPC/가나슈	https://truffleframework.com/
임바크(Embark)	자바스크립트	모카	TestRPC/가나슈	https://embark.status.im/docs/
댑(Dapp)	솔리디티	ds-test (사용자 정의)	ethrun(패리티)	https://dapp.tools/dapp/
포풀러스(Populus)	파이썬	pytest	파이썬 체인 에뮬레이터	https://populus.readthedocs.io

트러플(Truffle)

트러플은 자바스크립트(모카 기반) 또는 솔리디티로 작성된 단위 테스트만 허용한다. 이러한 테스트는 가나슈(Ganache)에 대해 실행된다.

임바크(Embark)

임바크는 모카와 통합되어 자바스크립트로 작성된 단위 테스트를 실행한다. 테스트는 TestRPC/가나슈에 배포된 컨트랙트에 따라 실행된다. 임바크 프레임워크는 자동으로 스마트 컨트랙트를 배포하고 컨트랙트가 변경되면 자동으로 재배포한다. 또한 배포된 컨트랙트를 추적하고 정말 필요한 경우에만 컨트랙트를 배포한다. 임바크에는 assert. equal 같은 기능을 사용하여 EVM에서 신속하게 컨트랙트를 실행하고 테스트할 수 있는 테스트 라이브러리가 포함되어 있다. embark test 테스트 명령은 test 디렉터리 아래에서 어떤 테스트 파일로도 실행할 수 있다.

댑(Dapp)

댑은 이더리움 바이트코드를 실행하여 정확성을 검증하기 위해서 원시 솔리디티 코드(ds-test라 불리는 라이브러리)와 ethrun이라는 패리티로 빌드된 러스트 라이브러리를 사용한다. ds-test 라이브러리는 정확성을 검증하기 위한 어설션(assertion) 함수와 콘솔에 데이터를 로깅하는 이벤트를 제공한다.

어설션은 다음 기능을 포함한다.

```
assertEq(address a, address b)
assertEq(bytes32 a, bytes32 b)
assertEq(int a, int b)
assertEq(uint a, uint b)
assertEq0(bytes a, bytes b)
expectEventsExact(address target)
```

로깅 명령은 정보를 콘솔에 기록하여 디버깅하는 데 유용하다.

```
logs(bytes)
log_bytes32(bytes32)
log_named_bytes32(bytes32 key, bytes32 val)
log_named_address(bytes32 key, address val)
log_named_int(bytes32 key, int val)
log_named_uint(bytes32 key, uint val)
log_named_decimal_int(bytes32 key, int val, uint decimals)
log_named_decimal_uint(bytes32 key, uint val, uint decimals)
```

포풀러스(Populus)

포풀러스는 파이썬과 자체 체인 에뮬레이터를 사용하여 솔리디티로 작성된 컨트랙트를 실행한다. 단위 테스트는 파이썬에서 pytest 라이브러리로 작성된다. 포풀러스는 테스트를 위해 컨트랙트 개발을 구체적으로 지원한다. 이 컨트랙트 파일 이름은 glob 패턴 Test*.sol과 일치해야 하며, 프로젝트 테스트 디렉터리인 tests 아래에 어디든 위치해 있어야 한다.

온-블록체인 테스트

대부분의 테스트가 배포된 컨트랙트에서 발생하지 않아야 하지만, 컨트랙트의 동작은 이더리움 클라이언트를 통해 확인할 수 있다. 다음 명령을 사용하여 스마트 컨트랙트 상태를 평가할 수 있다. 이 명령은 geth 터미널에 입력해야 한다. web3 콘솔도 지원한다.

*txhash*에서 컨트랙트 주소를 얻으려면 다음과 같이 사용하라.

```
eth.getTransactionReceipt(txhash);
```

이 명령은 *contractaddress*에 배포된 컨트랙트 코드를 가져온다. 이것은 배포가 적절했는지를 확인하는 데 사용할 수 있다.

```
eth.getCode(contractaddress)
```

이 명령은 *options*에 지정된 주소에 있는 컨트랙트의 전체 로그를 가져온다. 로그는 컨트랙트의 기록을 보는 데 유용하다.

```
eth.getPastLogs(options)
```

마지막으로, 이 명령은 *position*의 오프셋(offset)과 함께 *address*에 있는 저장소를 가져온다.

```
eth.getStorageAt(address, position)
```

가나슈: 로컬 테스트 블록체인

가나슈는 컨트랙트 배포, 애플리케이션 개발 및 테스트 실행에 사용할 수 있는 로컬 테스트 블록체인이다. 윈도우, 맥 OS 및 리눅스용 데스크톱 애플리케이션(그래픽 사용자 인터페이스 포함)으로 사용할 수 있다. ganache-cli라는 커맨드 라인 유틸리티로 사용할 수도 있다. 가나슈 데스크톱 애플리케이션에 대해서는 https://truffleframework.com/ganache를 참고하라.

ganache-cli 코드는 https://bit.ly/2Sp7lMY에서 찾아볼 수 있다.

커맨드 라인 ganache-cli를 설치하려면 npm을 사용하라.

```
$ npm install -g ganache-cli
```

다음과 같이 ganache-cli를 사용하여 테스트를 위해 로컬 블록체인을 시작할 수 있다.

```
$ ganache-cli \
  --networkId=3 \
  --port="8545" \
  --verbose \
  --gasLimit=8000000 \
  --gasPrice=4000000000;
```

이 커맨드 라인에 대한 몇 가지 주의사항은 다음과 같다.

- truffle.js의 --networkId 및 --port 플래그 값이 구성과 일치하는지 확인하라.
- '가스 부족' 예외가 불필요하게 발생하지 않도록 --gasLimit 플래그 값이 https://ethstats.net에 표시된 최신 메인넷 가스 한도(예: 8,000,000 가스)와 일치하는지 확인하라. 4000000000의 --gasPrice가 4기가웨이의 게스 가격을 나타낸다는 사실을 알아두라.
- 여러분은 이전의 HD 지갑 및 관련 주소를 복원하기 위해 선택적으로 --mnemonic 플래그 값을 입력할 수 있다.

E

web3.js 튜토리얼

설명

이 튜토리얼은 web3.js에 대한 소개로, web3@1.0.0-beta29 web3.js를 기반으로 한다.

web3.js 자바스크립트 라이브러리는 일반 JSON RPC 사양을 구현한 이더리움 호환 자바스크립트 API와 함께 이더리움 에코시스템에 대한 특정 기능을 포함하는 모듈 모음이다.

이 스크립트를 실행하기 위해서는 인퓨라 서비스(https://infura.io)를 사용하기 때문에 자체 로컬 노드를 실행할 필요가 없다.

논블록(비동기) 방식에서의 web3.js 컨트랙트의 기본적인 상호작용

유효한 npm 버전이 있는지 확인하라.

```
$ npm -v
5.6.0
```

만약 npm이 초기화되어 있지 않다면,

```
$ npm init
```

기본적인 종속 관계의 모듈을 설치하라.

```
$ npm i command-line-args
$ npm i web3
$ npm i node-rest-client-promise
```

이 명령어는 새로운 디펜던시(dependencies)로 package.json 설정 파일이 업데이트된다.

Node.js 스크립트 실행

기본 실행은 다음과 같다.

```
$ node code/web3js/web3-contract-basic-interaction.js
```

인퓨라(Infura) 토큰을 사용하라(https://infura.io/에서 등록하고 api-key를 infura_token이라는 로컬 파일에 저장하라).

```
$ node code/web3js/web3-contract-basic-interaction.js \
  --infuraFileToken /path/to/file/with/infura_token
```

혹은

```
$ node code/web3js/web3-contract-basic-interaction.js \
  /path/to/file/with/infura_token
```

이 명령어는 여러분 소유의 토큰으로 파일을 읽어서 실제 명령어로 커맨드 라인 인수로서 전달한다.

데모 스크립트 검토

다음은 데모(demo) 스크립트인 web3-contract-basic-interaction을 살펴보자.

Web3 객체를 사용하여 기본적인 web3 공급자를 얻는다.

```
var web3 = new Web3(infura_host);
```

우리는 web3와 상호작용하고 몇 가지 기본 기능을 시도할 수 있다. 프로토콜 버전을 보자.

```
web3.eth.getProtocolVersion().then(function(protocolVersion) {
    console.log(`Protocol Version: ${protocolVersion}`);
})
```

이제 현재의 가스 가격을 살펴보자.

```
web3.eth.getGasPrice().then(function(gasPrice) {
    console.log(`Gas Price: ${gasPrice}`);
})
```

현재 체인에서 마지막으로 채굴된 블록은 무엇인가?

```
web3.eth.getBlockNumber().then(function(blockNumber) {
    console.log(`Block Number: ${blockNumber}`);
})
```

컨트랙트 상호작용

이제 컨트랙트와 기본적인 상호작용을 시도해 보겠다. 이 예제에서는 코반(Kovan) 테스트넷에서 WETH9_ 컨트랙트(https://bit.ly/2MPZZLx)를 사용할 것이다.

먼저 컨트랙트 주소를 초기화하자.

```
var our_contract_address = "0xd0A1E359811322d97991E03f863a0C30C2cF029C";
```

그러면 우리는 잔액을 확인할 수 있다.

```
web3.eth.getBalance(our_contract_address).then(function(balance) {
    console.log(`Balance of ${our_contract_address}: ${balance}`);
})
```

그리고 바이트코드를 볼 수 있다.

```
web3.eth.getCode(our_contract_address).then(function(code) {
    console.log(code);
})
```

다음으로 우리는 이더리움 탐색기 API와 상호작용할 환경을 준비할 것이다.

코반체인을 위한 이더스캔(Etherscan) 탐색 API에서 컨트랙트 URL을 초기화하자.

```
var etherscan_url =
    "https://kovan.etherscan.io/api?module=contract&action=getabi&
    address=${our_contract_address}"
```

이더스캔 API와 상호작용하도록 REST 클라이언트를 초기화하자.

```
var client = require('node-rest-client-promise').Client();
```

그리고 클라이언트 promise(프로미스)를 get한다.

```
client.getPromise(etherscan_url)
```

유효한 클라이언트 promise가 있으면 이더스캔 API에서 ABI 컨트랙트를 얻을 수 있다.

```
.then((client_promise) => {
    our_contract_abi = JSON.parse(client_promise.data.result);
```

이제 우리는 나중에 소비할 promise로 our contract를 생성할 수 있다.

```
    return new Promise((resolve, reject) => {
        var our_contract = new web3.eth.Contract(our_contract_abi,
                                                  our_contract_address);
        try {
            // 만약 잘 실행된다면
            resolve(our_contract);
        } catch (ex) {
            // 만약 실행에 문제가 있다면
            reject(ex);
        }
    });
})
```

만약 our_contract인 프로미스가 성공적으로 반환된다면, 우리는 그 promise와 상호작용을 할 수 있다.

```
.then((our_contract) => {
```

다음은 컨트랙트 주소를 보자.

```
console.log(`Our Contract address:
            ${our_contract._address}`);
```

또는

```
console.log(`Our Contract address in another way:
            ${our_contract.options.address}`);
```

이제 컨트랙트 ABI를 질의해 보자.

```
console.log("Our contract abi: " +
            JSON.stringify(our_contract.options.jsonInterface));
```

callback을 사용하여 컨트랙트의 총 공급량을 확인할 수 있다.

```
our_contract.methods.totalSupply().call(function(err, totalSupply) {
    if (!err) {
        console.log(`Total Supply with a callback: ${totalSupply}`);
```

```
    } else {
        console.log(err);
    }
});
```

또는 콜백을 전달하는 대신 반환된 promise를 사용할 수 있다.

```
our_contract.methods.totalSupply().call().then(function(totalSupply){
    console.log(`Total Supply with a promise: ${totalSupply}`);
}).catch(function(err) {
    console.log(err);
});
```

대기 중인 비동기 작업

지금까지 기본적인 튜토리얼을 보았으므로 비동기 await 구조를 사용하여 동일한 상호작용을 시도할 수 있다. code/web3.js에 있는 web3-contract-basic-interaction-async-await.js 스크립트를 다시 보라. 그리고 튜토리얼과 비교하여 어떻게 다른지 확인해 보라. async-await는 비동기 상호작용이 호출을 차단하는 시퀀스처럼 동작하기 때문에 읽기가 더 쉽다.

짧은 링크 참고

이 책에서는 가능하면 짧은 링크(이 링크 앞에 http://bit.ly/를 먼저 입력해야 함)를 사용했다. 이 짧은 링크는 페이지의 공간을 덜 차지하고 인쇄판 독자가 브라우저로 쉽게 옮길 수 있게 해준다. 그러나 짧은 링크가 연결되지 않을 수 있으며, 이러한 서비스를 제공하는 회사가 특정 링크를 차단할 수도 있다. 전체 링크는 본문에 있는 순서대로 표시했다.[4]

스마트 컨트랙트 보안

짧은 링크	전체 링크
2Ogvnng	https://solidity.readthedocs.io/en/latest/units-and-global-variables.html#address-related
2EVo70v	https://solidity.readthedocs.io/en/latest/security-considerations.html#use-the-checks-effects-interactions-pattern
2EQaLCI	http://hackingdistributed.com/2016/06/18/analysis-of-the-dao-exploit/
2MOfBPv	https://consensys.github.io/smart-contract-best-practices/known_attacks/ #integer-overflow-and-underflow
2xvbx1M	https://randomoracle.wordpress.com/2018/04/27/ethereum-solidity-and-integer-overflows-programming-blockchains-like-1970/

---

4 **옮긴이** 부록 F는 제이펍의 이 책 소개 페이지에서 PDF로도 볼 수 있다.

짧은 링크	전체 링크
2CUf7WG	https://github.com/ethereum/EIPs/blob/master/EIPS/eip-20.md
2RovrDf	https://solidity.readthedocs.io/en/latest/introduction-to-smart-contracts.html
2AAElb8	https://ethereum.stackexchange.com/questions/3667/difference-between-call-callcode-and-delegatecall
2Oi7UlH	https://solidity.readthedocs.io/en/latest/introduction-to-smart-contracts.html#delegatecall-callcode-and-libraries
2RmueMP	https://solidity.readthedocs.io/en/latest/abi-spec.html#function-selector
2Dg7GtW	https://medium.com/chain-cloud-company-blog/parity-multisig-hack-again-b46771eaa838
2CUh2KS	https://ethereum.stackexchange.com/questions/191/how-can-i-securely-generate-a-random-number-in-my-smart-contract
2Q589lx	https://blog.positive.com/predicting-random-numbers-in-ethereum-smart-contracts-e5358c6b8620
2JtdqRi	https://etherscan.io/address/0x95d34980095380851902ccd9a1fb4c813c2cb639#code
2Q58VyX	https://www.reddit.com/r/ethdev/comments/7x5rwr/tricked_by_a_honeypot_contract_or_beaten_by/
2yKme14	https://vessenes.com/the-erc20-short-address-attack-explained/
2yFOGRQ	https://medium.com/huzzle/ico-smart-contract-vulnerability-short-address-attack-31ac9177eb6b
2CQjBhc	https://www.reddit.com/r/ethereum/comments/6r9nhj/cant_understand_the_erc20_short_address_attack/
2Q5VIG9	https://solidity.readthedocs.io/en/latest/abi-spec.html
2Q1ybpQ	https://vessenes.com/the-erc20-short-address-attack-explained/
2RnS1vA	http://hackingdistributed.com/2016/06/16/scanning-live-ethereum-contracts-for-bugs
2CSdF7y	https://solidity.readthedocs.io/en/latest/common-patterns.html
2OfHalK	https://github.com/etherpot/contract/blob/master/app/contracts/lotto.sol
2Jpzf4x	http://aakilfernandes.github.io/blockhashes-are-only-good-for-256-blocks
2ACsfi1	https://www.kingoftheether.com/thrones/kingoftheether/index.html
2ESoaub	https://www.kingoftheether.com/postmortem.html
2Q6E4IP	https://consensys.github.io/smart-contract-best-practices/known_attacks/#race-conditions
2yI5Dv7	https://github.com/ethereum/wiki/wiki/Ethash
2SygqQx	http://hackingdistributed.com/2017/08/28/submarine-sends/
2EUlLzb	https://hackernoon.com/front-running-bancor-in-150-lines-of-python-with-ethereum-api-d5e2bfd0d798
2Oh8j7R	https://etherscan.io/address/0xf45717552f12ef7cb65e95476f217ea008167ae3
2OdUC9C	https://solidity.readthedocs.io/en/latest/units-and-global-variables.html

짧은 링크	전체 링크
2AAebFr	https://etherscan.io/address/0x0d8775f648430679a709e98d2b0cb6250d2887ef#code
2Q1AMA6	https://applicature.com/blog/history-of-ethereum-security-vulnerabilities-hacks-and-their-fixes
2ESWG7t	https://etherscan.io/address/0xe82719202e5965Cf5D9B6673B7503a3b92DE20be#code
2ERI0pb	https://medium.com/cryptronics/storage-allocation-exploits-in-ethereum-smart-contracts-16c2aa312743
2OgxPtG	https://www.reddit.com/r/ethdev/comments/7wp363/how_does_this_honeypot_work_it_seems_like_a/
2OVkSL4	https://medium.com/coinmonks/an-analysis-of-a-couple-ethereum-honeypot-contracts-5c07c95b0a8d
2Ogp2la	https://github.com/ethereum/wiki/wiki/Safety#beware-rounding-with-integer-division
2SwDnE0	https://vessenes.com/ethereum-contracts-are-going-to-be-candy-for-hackers/
2qm7ocJ	https://vessenes.com/tx-origin-and-ethereum-oh-my/
2P3KVA4	https://medium.com/coinmonks/solidity-tx-origin-attacks-58211ad95514

토큰

짧은 링크	전체 링크
2CUf7WG	https://github.com/ethereum/EIPs/blob/master/EIPS/eip-20.md
2EUYCMR	https://github.com/ConsenSys/Tokens/blob/master/contracts/eip20/EIP20.sol
2xPYck6	https://github.com/OpenZeppelin/openzeppelin-solidity/blob/v1.12.0/contracts/token/ERC20/StandardToken.sol

핵심
용어

이 핵심 용어에는 이더리움과 관련된 많은 용어가 들어 있다. 이 용어들은 책 전체에 걸쳐 사용되므로 빨리 참고하려는 분들에게 도움이 될 것이다.

account(계정)

주소, 잔액, 논스 및 선택적(optional) 스토리지 및 코드를 포함하는 객체다. 계정은 컨트랙트 계정과 외부 소유 계정(EOA)의 두 가지 유형이 있다.

address(주소)

일반적으로 주소는 블록체인에서 트랜잭션을 받거나(대상 주소) 보낼 수 있는(소스 주소) 외부 소유 계정(EOA) 또는 컨트랙트 계정을 나타낸다. 좀 더 구체적으로는 ECDSA 공개 키의 Keccak 해시 중 가장 오른쪽에 있는 160비트다.

assert

솔리디티(Solidity)에서 assert(false)는 잘못된 연산코드를 가리키는 0xfe로 컴파일되어 나머지 모든 가스를 사용하고 모든 변경사항을 되돌린다. assert() 문이 실패하면 잘못되거나 예기치 않은 상황이 발생하므로 코드 수정이 필요하다. 절대로 발생해서는 안 되는 상황을 피하려면 assert()를 사용해야 한다.

big-endian(빅엔디안)

최상위 비트가 가장 높은 주소에 저장되는 형식. 최하위 비트가 가장 높은 주소에 저장되는 리틀엔디안(little-endian)의 반대 형식

BIP(Bitcoin Improvement Proposal)

비트코인 개선 제안. 비트코인 커뮤니티의 구성원이 비트코인을 개선하기 위해 제출한 일련의 제안. 예를 들어, BIP-21은 비트코인 URI(Uniform Resource Identifier) 체계를 개

선하기 위한 제안이다.

block(블록)

블록은 트랜잭션과 그 트랜잭션의 필수 정보(블록 헤더), 엉클(옴머(ommer)) 블록 헤더 등으로 구성된다. 채굴자들은 이더리움 네트워크에 블록을 추가한다.

blockchain(블록체인)

이더리움에서 작업증명(PoW) 시스템에 의해 검증된 일련의 블록들은 이전 블록과 체인처럼 연결되며, 최초 블록인 제네시스 블록까지 연결된다. 이더리움은 블록 크기 제한이 없다는 점에서 비트코인 프로토콜과 다르다. 대신, 다양한 가스 한도를 사용한다.

bytecode(바이트코드)

소프트웨어 인터프리터 또는 가상 머신에 의한 효율적인 실행을 위해 설계된 추상화된 명령어 세트. 사람이 읽을 수 있는 소스 코드와 달리 바이트코드는 숫자 형식으로 표현된다.

Byzantium fork(비잔티움 포크)

메트로폴리스 개발 단계를 위한 2개의 하드 포크(Byzantium + Constantinople) 중 첫 번째 포크. 비잔티움 포크는 EIP-649를 포함한다(EIP-649: 메트로폴리스 난이도 폭탄 연기 및 블록 보상 감소, 아이스 에이지(용어 'Ice Age' 참고)가 1년 연기되고 블록 보상이 5이더에서 3이더로 감소했다).

compiling(컴파일)

고수준 프로그래밍 언어(예: 솔리디티)로 작성된 코드를 저수준 언어(예: EVM 바이트코드)로 변환하는 것

consensus(합의)

다수의 노드(보통은 네크워크상의 대부분의 노드)가 로컬에서 검증한 최상의 블록체인에서 동일한 블록들을 가지고 있는 상태. '합의 규칙'과 혼동하지 말길 바란다.

consensus rules(합의 규칙)

전체 노드가 다른 노드와 합의를 유지하기 위해 따르는 블록 유효성 검사 규칙이다. '합의'와 혼동하지 말길 바란다.

Constantinople fork(콘스탄티노플 포크)

2019년 1월로 예정되었던 메트로폴리스 단계의 두 번째 부분. 보안 취약점 때문에 연기

되었으며, 2019년 3월 1일 하드 포크가 시행되었다. 여러 변화 중 주요 내용은 EVM 성능 향상 및 PoS 전환을 위한 사전 작업 기능 추가다.

contract account(컨트랙트 계정)

다른 계정(EOA 또는 컨트랙트)에서 트랜잭션을 수신할 때마다 실행되는 코드가 포함된 계정

contract creation transaction(컨트랙트 생성 트랜잭션)

수신자가 '제로 어드레스'인 컨트랙트를 등록하고 이더리움 블록체인('zero address' 참고)에 기록하는 데 사용되는 특수 트랜잭션

DAO(Decentralized Autonomous Organization)

분산된 자율 기구. 계층적인 관리 없이 운영되는 회사 또는 기타 조직. 또한 2016년 4월 30일에 시작된 'The DAO'라는 컨트랙트를 언급할 수도 있는데, 이 컨트랙트는 2016년 6월에 해킹되었다. 이것은 해킹된 DAO 컨트랙트를 되돌리고 이더리움과 이더리움 클래식을 2개의 경쟁 시스템으로 분할하게 하는 블록 1,192,000번의 하드 포크(코드네임 DAO)에 궁극적으로 동기를 부여했다.

DApp(Decentralized Application)

분산 애플리케이션. 좁은 의미로서 스마트 컨트랙트 및 웹 사용자 인터페이스를 말한다. 좀 더 일반적으로 말하자면, 댑(DApp)은 개방적이고 분산된 피어투피어 인프라 서비스 위에 구축된 웹 애플리케이션이다. 또한 대부분의 댑은 분산 스토리지와 메시지 프로토콜 및 플랫폼을 포함한다.

deed(증서)

ERC721 제안에 도입된 NFT(Non-Fungible Token) 표준. ERC20 토큰과 달리 증서는 소유권을 증명할 수 있지만 상호 교환은 되지 않으며, 현재 어느 관할권에서도 법적 문서로 인정되지는 않는다('NFT' 참고).

difficulty(난이도)

작업증명(PoW)을 산출하는 데 필요한 계산량을 제어하는 네트워크 전체 설정

digital signature(전자 서명)

사용자가 생성한 문서를 개인키를 이용하여 만드는 짧은 문자열 데이터로, 해당 공개키, 서명 및 문서를 가진 사람이 (1) 문서가 해당 개인키의 소유자에 의해 '서명'되었음을

확인할 수 있고, (2) 문서가 서명된 후에 변경되지 않음을 확인할 수 있다.

ECDSA(Elliptic Curve Digital Signature Algorithm)

타원 곡선 디지털 서명 알고리즘. 이더리움이 사용하는 암호 알고리즘으로, 소유자만이 자금을 사용할 수 있도록 한다.

EIP(Ethereum Improvement Proposal)

이더리움 개선 제안. 이더리움 커뮤니티에 정보를 제공하고 제안된 새로운 기능이나 프로세스 또는 환경을 설명하는 설계 문서. 자세한 내용은 https://bit.ly/2F0T3rj를 참고하자('ERC' 참고).

ENS(Ethereum Name Service)

이더리움 네임 서비스. 자세한 내용은 https://bit.ly/2t6dH5F를 참고하자.

entropy(엔트로피)

암호문의 맥락에서 예측 불가능성 혹은 무작위성의 정도. 개인키 같은 비밀 정보를 생성할 때 알고리즘은 일반적으로 높은 엔트로피 소스에 의존하여 결과를 예측할 수 없도록 보장한다.

EOA(Externally Owned Account)

외부 소유 계정. 이더리움 네트워크의 인간 사용자에 의해 생성된 계정

ERC(Ethereum Request for Comments)

이더리움 의견 요청. 이더리움 사용의 특정 표준을 정의하려고 시도하는 일부 EIP에 주어진 라벨

Ethash(이대시)

이더리움 1.0을 위한 작업증명 알고리즘. 자세한 내용은 https://bit.ly/2lvTeAZ를 참고하자.

Ether(이더)

이더리움 생태계에서 사용되는 원시 암호화폐는 스마트 컨트랙트를 실행할 때 가스 비용을 포함한다. 그 상징은 그리스 대문자 Xi자인 Ξ이다.

event(이벤트)

EVM 로깅 기능을 사용할 수 있다. 댑(DApp)은 이벤트를 수신하고 이를 사용하여 사용자 인터페이스에서 자바스크립트 콜백을 트리거할 수 있다. 자세한 내용은 https://bit.

ly/2RFtNwD를 참고하라.

EVM(Ethereum Virtual Machine)

이더리움 가상 머신. 바이트코드를 실행하는 스택 기반 가상 시스템. 이더리움에서 실행 모델은 일련의 바이트코드 명령어와 환경 데이터의 작은 튜플을 고려하여 시스템 상태가 변경되는 방법을 지정한다. 이는 가상 상태 머신의 공식 모델을 통해 설정된다.

EVM assembly language(EVM 어셈블리 언어)

사람이 읽을 수 있는 형태의 EVM 바이트코드

fallback function(폴백 함수)

데이터 또는 선언된 함수 이름이 없을 때 호출되는 기본 함수

Faucet(파우셋)

테스트넷에서 사용할 수 있는 무료 테스트 이더의 형태로 자금을 분배하는 서비스

Finney(피니)

이더의 액면가. 10^{15}피니 = 1이더

fork(포크)

대체 체인의 생성을 야기하는 프로토콜의 변경 또는 채굴 중 2개의 잠재적 블록 경로의 일시적인 분기

Frontier(프론티어)

2015년 7월부터 2016년 3월까지 지속된 이더리움의 초기 테스트 개발 단계

Ganache(가나슈)

체인이 작동하는 방법을 제어하면서 테스트를 실행하고, 명령을 실행하고, 상태를 검사하는 데 사용할 수 있는 개인용 이더리움 블록체인

gas(가스)

스마트 컨트랙트를 수행하기 위해 이더리움에서 사용되는 가상 연료. EVM은 계정 메커니즘을 사용하여 가스 소비를 측정하고 컴퓨팅 리소스의 소비를 제한한다('turing complete' 참고).

gas limit(가스 한도)

트랜잭션 또는 블록이 소비할 수 있는 최대 가스양

Gavin Wood(개빈 우드)

이더리움의 공동 창립자이자 전 CTO인 영국 프로그래머. 2014년 8월에 스마트 컨트랙트 작성을 위한, 컨트랙트 중심의 프로그래밍 언어인 솔리디티를 제안했다.

genesis block(제네시스 블록)

블록체인의 첫 번째 블록. 특정 네트워크 및 해당 암호 해독을 초기화하는 데 사용된다.

geth(게스)

Go-Ethereum. Go 언어로 작성된 이더리움 프로토콜의 가장 눈에 띄는 구현 중 하나

hard fork(하드 포크)

블록체인에서의 영구적인 분기. 하드 포크 변경이라고도 한다. 일반적으로 업그레이드 되지 않은 노드가 (새로운 합의 규칙을 따르는) 업그레이드된 노드로 작성된 블록의 유효성을 검사할 수 없을 때 발생한다. 포크, 소프트 포크, 소프트웨어 포크 또는 깃(Git) 포크와 혼동하지 말자.

hash(해시)

해시 함수로 생성된 가변 길이 입력의 고정 길이 지문

HD wallet(HD 지갑)

계층적이고 결정론적인(HD) 키 생성 및 전송 프로토콜(BIP-32)을 사용하는 지갑

HD wallet seed(HD 지갑 시드)

HD 지갑의 마스터 개인키 및 마스터 체인 코드를 생성하는 데 사용되는 값. 지갑 시드는 니모닉(mnemonic) 단어로 표현할 수 있으므로 사람이 개인키를 쉽게 복사, 백업 및 복원할 수 있다.

Homestead(홈스테드)

2016년 3월 이더리움 블록 1,150,000번에서 시작된 두 번째 개발 단계

ICAP(Inter-exchange Client Address Protocol)

상호 교환 클라이언트 주소 프로토콜. 이더리움 주소 인코딩은 국제 은행 계좌 번호(International Bank Account Number, IBAN) 인코딩과 부분적으로 호환되며, 이더리움 주소에 대해 다목적, 체크섬 및 상호운용 가능한 인코딩을 제공한다. ICAP 주소는 'eXtended Ethereum'이라는 새로운 IBAN 의사 국가 코드 XE를 사용하며, 비관할 통화

(예: XBT, XRP, XCP)에서 사용된다.

Ice Age(아이스 에이지)

이더리움 블록 200,000번에서 진행된 하드 포크. 기하급수적으로 증가하는 난이도 증가(일명 난이도 폭탄)를 도입하여 지분증명(PoS)으로 전환하도록 동기 부여

IDE(Integrated Development Environment)

통합 개발 환경. 일반적으로 코드 편집기, 컴파일러, 런타임 및 디버거를 결합한 사용자 인터페이스

immutable deployed code problem(변경 불가능한 배포 코드 문제)

배포된 컨트랙트(또는 라이브러리) 코드는 변경 불가. 표준 소프트웨어 개발 프랙티스는 버그를 수정하고 새로운 기능을 추가할 수 있어야 한다. 따라서 이는 스마트 컨트랙트 개발에서 극복해야 할 문제다.

internal transaction(내부 트랜잭션 또는 '메시지')

컨트랙트 계정에서 다른 컨트랙트 계정 또는 EOA로 전송된 트랜잭션

IPFS(Inter Planetary File System)

분산형 파일 시스템. 프로토콜 및 네트워크이며, 분산형 파일 시스템에 하이퍼 미디어를 P2P(Peer-to-Peer) 방식으로 저장하고 공유할 수 있는 콘텐츠 주소지정(contents-addressable)이 가능하도록 설계된 오픈소스 프로젝트다.

KDF(Key Derivation Function)

키 파생 함수. KDF는 '암호 스트레칭 알고리즘'으로도 알려져 있다. 또한 KDF는 암호문을 반복 해싱하여 암호문 암호화에 대한 무차별 공격, 사전 및 무지개 테이블 공격으로부터 보호하며 키저장소(keystore) 형태를 사용한다.

Keccak-256

이더리움에서 사용되는 암호화 해시 함수. Keccak-256은 SHA-3으로 표준화되어 있다.

keystore file(키저장소 파일)

추가 보안을 위해 암호문으로 암호화된 개인키(무작위로 생성)를 포함하는 JSON 인코딩 파일

LevelDB(레벨DB)

레벨DB는 다양한 플랫폼에 바인딩되는 가볍고, 단일 용도의 라이브러리로 구현된 디스크 기반 키-밸류 저장소 형태의 오픈 소스다.

library(라이브러리)

이더리움에서 라이브러리는 지급 가능(payable) 함수, 폴백(fallback) 함수 및 데이터 스토리지가 없는 특별한 컨트랙트 형태다. 그러므로 라이브러리는 이더를 받거나, 보유하거나, 혹은 데이터를 저장할 수 없다. 라이브러리는 다른 컨트랙트에서 읽기 전용 계산을 호출할 수 있는, 이전에 배포된 코드로 사용된다.

lightweight client(경량 클라이언트)

이더리움 클라이언트는 블록체인의 로컬 사본을 저장하지 않거나 블록과 트랜잭션을 검증하는 이더리움 클라이언트다. 이더리움 클라이언트는 지갑 기능과 트랜잭션을 생성하거나 브로드캐스트할 수 있는 기능을 제공한다.

Merkle Patricia Tree(머클 패트리샤 트리)

이더리움에서 효율적으로 키-밸류 쌍을 저장하기 위한 데이터 구조다.

message(메시지)

시리얼라이즈하지 않고 이더리움 EVM(Ethereum Virtual Machine) 안에서만 보내는 내부 트랜잭션

message call(메시지 콜)

하나의 계정에서 다른 계정으로 메시지를 전달하는 행위. 만약 대상 계정이 EVM 코드와 연결되어 있으면 해당 객체의 상태와 메시지 실행으로 VM이 시작될 것이다.

METoken(Mastering Ethereum Token)

마스터링 이더리움 토큰. ERC20 토큰은 이 책에서 데모용으로 사용한다.

Metropolis(메트로폴리스)

메트로폴리스는 2017년 10월에 출시된 이더리움의 세 번째 개발 단계다.

miner(채굴자)

반복적인 해싱(hashing)으로 새로운 블록에 대한 유효한 작업증명을 찾는 네트워크 노드(node)

Mist(미스트)

이더리움 재단에서 만든 첫 번째 이더리움 지원 브라우저다. 미스트는 ERC20 토큰 표준의 첫 번째 구현체인 브라우저 기반의 지갑을 포함하고 있다(파비안 보겔스텔러(Fabian Vogelsteller)는 ERC20의 저자이자 미스트의 주요 개발자다). 미스트는 카멜케이스(camelCase) 체크섬(EIP-55, 86페이지의 '대문자로 16진수 인코딩된 체크섬(EIP-55)' 절 참고)을 도입한 첫 번째 지갑이다. 미스트는 전체 노드를 실행하고 스윔 기반 스토리지 및 ENS(Ethereum Name Server) 주소를 지원하는 완전한 분산 애플리케이션 브라우저를 제공한다.

network(네트워크)

이더리움 네트워크. 모든 이더리움 노드(네트워크 참여자)에게 트랜잭션과 블록을 전파하는 피어투피어 네트워크

NFT(Non-Fungible Token)

대체 불가능한 토큰('증서'라고도 함). NFT는 ERC721 제안에서 소개된 토큰 표준이다. NFT는 추적과 트랜잭션을 할 수 있지만, 각각의 토큰은 고유하여 구별하기 쉽다. NFT는 ERC20 토큰처럼 교환할 수 없다. NFT는 디지털과 물리적 자산의 소유권을 나타낸다.

node(노드)

네트워크에 참여하는 클라이언트 소프트웨어

nonce(논스)

암호학에서 한 번만 사용할 수 있는 값이다. 이더리움에는 두 가지 형태의 논스가 있다. 계정 논스는 재전송 공격을 막기 위한 각 계정별 트랜잭션 카운터(counter)이고, 작업증명 논스는 작업증명을 충족시키기 위해 사용하는 임의의 값이다.

ommer(옴머)

채굴자가 유효한 블록을 발견하면 다른 채굴자가 블록체인의 끝부분에 추가된 경쟁 블록을 게시했을 수 있다. 비트코인과는 다르게, 이더리움에서 고아 블록은 새로운 블록에 의해 옴머로 포함될 수 있으며 부분 블록 보상을 받을 수 있다. 옴머라는 용어는 부모 노드의 형제 자매가 선호하는 중성적 용어다. 때로는 '엉클(uncle)'이라고도 한다.

Parity(패리티)

이더리움 클라이언트 소프트웨어로 가장 많이 알려진 상호운영 구현 중 하나다.

private key(개인키)

‘secrete key’ 참고

PoS(Proof of Stake)

지분증명. 암호화폐 블록체인 프로토콜이 분산 합의를 달성하는 것을 목표로 하는 방법이다. 지분증명은 사용자에게 트랜잭션의 유효성 검사에 참여할 수 있도록 일정량의 암호화폐(네트워크에서의 ‘지분’) 소유권을 증명하도록 요청한다.

PoW(Proof of Work)

작업증명. 상당량의 계산이 필요한 찾아야 할 데이터 조각(증명). 이더리움에서 채굴자는 네트워크 전체 난이도 목표를 충족시키는 이대시 알고리즘에 대한 숫자 솔루션(numeric solution)을 찾아야 한다.

public key(공개키)

개인키에서 일방향 함수를 통해 유도된 숫자로 공개적으로 공유할 수 있으며, 개인키를 사용하여 만든 디지털 서명을 다른 사람이 확인하는 데 사용할 수 있다.

receipt(영수증)

이더리움 클라이언트가 반환한 데이터는 트랜잭션의 해시, 블록 번호, 사용된 게스의 양 및 스마트 컨트랙트 배포 시 컨트랙트의 주소를 포함하여 특정 트랜잭션의 결과를 나타낸다.

reentrancy attack(재진입 공격)

피해자의 컨트랙트 기능을 호출하는 공격자의 컨트랙트로 구성된 공격이다. 이러한 방법은 계약을 실행 중인 피해자가 공격자의 컨트랙트를 다시 호출하는 방식이다, 예를 들어, 잔액을 업데이트하거나 인출 금액을 계산하는 피해자 컨트랙트의 일부를 건너뛰면서 자금을 도난당할 수 있다.

reward(보상)

작업증명 솔루션을 발견한 채굴자에게 네트워크의 보상으로서 각각의 새로운 블록에 포함된 이더의 양

RLP(Recursive Length Prefix)

재귀 길이 접두사. 이더리움 개발자가 임의의 복잡성과 길이의 객체(데이터 구조)를 인코딩하고 시리얼라이즈하도록 설계된 인코딩 표준

Satoshi Nakamoto(사토시 나카모토)

비트코인을 설계하고 참조 구현체를 만든 사람 혹은 사람들의 이름이다. 그리고 디지털 통화의 이중 지출 문제를 처음으로 해결했다. 실제 이름은 아직 알려지지 않고 있다.

secret key(비밀키)

이더리움 사용자가 디지털 서명을 생성하여 계정 또는 컨트랙트의 소유권을 증명할 수 있는 비밀 번호('public key', 'address', 'ECDSA' 참고)

Serenity(세레니티)

이더리움의 네 번째이자 최종 개발 단계다. 세레니티는 아직 출시 계획이 없다.[5]

Serpent(서펀트)

파이썬과 유사한 구문을 가진 절차적(명령형) 스마트 컨트랙트 프로그래밍 언어다.

SHA(Secure Hash Algorithm)

보안 해시 알고리즘. 미국 표준기술연구소(National Institute of Standards and Technology, NIST)에서 발행한 암호화 해시 함수 모음이다.

singleton(싱글톤)

오직 하나의 인스턴스(instance)만이 존재하는 객체(object)를 설명하는 컴퓨터 프로그래밍 용어다.

smart contract(스마트 컨트랙트)

이더리움 컴퓨팅 인프라에서 실행되는 프로그램이다.

Solidity(솔리디티)

자바스크립트(JavaScript), C++ 혹은 자바(Java)와 유사한 구문을 가진 절차적(명령형) 프로그래밍 언어다. 이더리움 스마트 컨트랙트를 위해서 가장 인기 있고 자주 사용되는 언어로 개빈 우드(이 책의 공동 저자)가 만들었다.

Solidity inline assembly(솔리디티 인라인 어셈블리)

솔리디티 프로그램 내 이더리움 가상 머신 어셈블리 언어다. 솔리디티가 지원하는 인라인 어셈블리는 특정 작업을 더 쉽게 작성할 수 있게 한다.

---

5 [옮긴이] 이더리움 2.0으로 알려진 세레니티의 사전 출시(pre-release) 버전이 2019년 1월 31일(현지 시간) 깃허브에 업로드되었다.

Spurious Dragon(스퓨리어스 드래곤)

이더리움 블록체인의 블록 2,675,000번에서 발생한 하드 포크로, 더 많은 서비스 거부 공격 및 클리어 상태와 재생 공격 방지 메커니즘을 포함한다.

Swarm(스웜)

분산 스토리지 네트워크로 댑(DApp)을 빌드하기 위해 Web3, 위스퍼(Whisper)와 함께 사용된다.

szabo(사보)

이더의 한 명칭. 10^{12}사보 = 1이더

Tangerine Whistle(탠저린 휘슬)

블록 2,463,000번에서 발생한 이더리움 블록체인의 하드 포크는 특정 I/O 집약적인 작업에 대해 가스 계산을 변경하고 낮은 가스 비용을 악용한 서비스 거부 공격으로부터 누적된 상태를 제거하는 것이다.

testnet(테스트넷)

테스트 네트워크의 약어로, 이더리움 메인 네트워크에서의 동작을 시뮬레이션하기 위해 사용한다.

transaction(트랜잭션)

데이터는 특정 주소를 대상으로 원래 계정에 의해 서명된 이더리움 블록체인에 보내진다. 트랜잭션에는 트랜잭션 가스 한도 같은 메타데이터가 포함한다.

Truffle(트러플)

가장 일반적으로 사용하는 이더리움 개발 프레임워크 중의 하나다.

turing complete(튜링 완전)

영국의 수학자이자 컴퓨터 과학자인 앨런 튜링(Alan Turing)의 이름을 따서 명명한 개념. 데이터 조작 규칙(컴퓨터의 명령어 세트, 프로그래밍 언어 또는 셀룰러 오토마톤(cellular automaton) 등) 시스템은 튜링 기계를 시뮬레이션하는 데 사용할 수 있다면 '튜링 완전' 또는 '계산상 보편적'이라고 한다.

Vitalik Buterin(비탈릭 부테린)

러시아계 캐나다인 비탈릭 부테린은 프로그래머이자 작가로, 이더리움 창시자이자 《비트코인 매거진(Bitcoin Magazine)》의 공동 설립자로 잘 알려져 있다.

Vyper(바이퍼)

서펀트(Serpent)와 유사하고 파이썬(Python)과 비슷한 구문의 고수준 프로그래밍 언어다. 순수 함수형 언어에 가깝게 접근하려는 의도로 비탈릭 부테린이 만들었다.

wallet(지갑)

비밀키를 보유하는 소프트웨어다. 이더리움 계정을 제어하고 스마트 컨트랙트와 상호작용 접속을 위해 사용한다. 키는 지갑에 보관할 필요가 없다. 대신, 좀 더 안전한 보안을 위해 오프라인 저장소(예: 메모리 카드 및 종이)에 보관하고 검색한다. 지갑이라는 이름에도 불구하고 실제 동전이나 토큰을 보관하지 않는다.

Web3

웹의 세 번째 버전. 개빈 우드가 처음 제안했고, Web3의 새로운 버전을 제시하고 웹 애플리케이션에 초점을 둔다. 중앙 집중적인 소유와 애플리케이션 관리로부터 프로토콜을 기반으로 구축된 애플리케이션에 이르기까지를 말한다.

wei(웨이)

이더의 최소 단위 명칭이다. 10^{18}웨이 = 1이더

Whisper(위스퍼)

분산(P2P) 메시징 서비스다. 댑(DApp) 빌드를 위해 Web3 및 스웜(Swarm)과 함께 사용된다.

zero address(제로 어드레스)

컨트랙트 생성 트랜잭션의 목적지로 지정된 주소 전체가 0으로 구성된 특별한 이더리움 주소

찾아보기